국어 교사와 예비 교사를 위한 국어 문법 즉문즉답

문법하고 싶은 문법

국어 교사와 예비 교사를 위한 **국어 문법 즉문즉답**

문법하고 싶은

문법

신승용
안윤주
지음

문법 교수와 국어 교사가 옥신각신 펴낸 읽기 쉬운 문법 Q&A

역락

머리말

　이 책을 처음 쓸 때만 해도 현장의 국어 선생님들을 염두에 두고 시작했는데, 책을 쓰면서 임용 시험을 준비하는 사범대 학생들도 예상 독자에 포함하여 내용을 집필하였다. 지금까지 20년 가까이 학생들에게 문법을 가르치면서 정작 학생들의 입장에서 무엇이 어려운지를 진지하게 고민하지 못했다는 반성을 이 책을 쓰는 동안 하게 되었다. 그래서 이 책은 교수로서의 눈높이가 아닌, 질문자의 눈높이에서 읽기 쉽고 이해하기 쉽게 설명하려고 노력하였다. 이는 공동 저자이면서 국어 선생님인 안윤주 선생님이 질문자의 입장에서 어려운 내용을 쉽게, 복잡한 내용을 단순하게 수정하고 보완할 수 있게 해 주었기에 가능한 일이었다. 이 과정에서 어떻게 가르쳐야 할지 스스로도 많이 배운 셈이다. 그래서 이 책은 가르치는 사람으로서 나를 돌아보게 한 계기도 된 셈이다.

　이 책은 문법서이긴 하지만, 기존의 문법 개론서들과는 다른 책이다. 국어학의 위계와 체계라는 형식에 치우치지 않고, 질문과 이에 대한 설명 형식의 옴니버스식으로 구성되어 있다. 그러면서도 문법 체계를 파악할 수 있게 구성하였다. 그리고 무엇은 무엇이다 식의 기술을 최대한 지양하였다. 국어 선생님들이 제기한 질문에 단순히 답을 안내하는 것이 아니라 '왜?' 그렇게 되는지를 설명하고자 노력하였다. 그래서 국어 선생님들이 학생들에게 문법을 암기 과목이 아니라 탐구하고 이해하는 과목으로 가르치는 데 조금이나마 도움이 되었으면 하는 바람으로 집필하였다.

　돌이켜 보면, 그동안 국어 선생님들이 학생들을 가르칠 때 이 정도는 알았으면 좋겠다는 문법 내용을, 국어 선생님들이 당연히 알아야 한다고 생각했던 것 같다. 그러다 보니 책 작업을 하면서 공동 저자인 안윤주 선생님한테 왜 그걸 모르냐고 알게 모르게 부담을 주고 상처를 준 것도 같다. 안윤주 선생님의 눈이 있었기에 국어 선생님들이 알았으면 좋겠다고 생각했던 문법 내용을, 실제 국어 선생님들이 쉽게 이해하고 알 수 있게 쓸 수 있게 된 것 같다. 내용 이해를 돕기 위한 웹툰과 도식 작업도 만만치 않은 일이었음에도 꼼꼼하게 잘 마무리해 주었다. 공동 저자이긴 하지만 이 자리에서 안윤주 선생님한테 미안한 마음과 동시에 고마운 마음을 전하지 않을 수 없다.

이 책의 통사론 부분은 서강대학교 국문학과 이정훈 교수님이 흔쾌히 내용 감수를 해 주었다. 시간도, 품도 많이 들고 귀찮은 일임에도 꼼꼼히 검토해 주어서 미처 놓치거나 잘못 기술된 부분들이 수정될 수 있었다. 이 자리를 빌려 고맙다는 말을 전한다. 마지막으로 이 책의 출판을 흔쾌히 허락해 준 역락 출판사, 그리고 편집하느라 고생한 역락 편집부 분들께도 고마움을 전한다.

2020. 8. 신승용

머리말

국어 교사에게 문법을 가르친다는 것은 어떤 의미일까? 문법에 대한 호불호는 차치하더라도 문법을 가르치는 국어 교사로서 또는 문법을 공부하는 국어 전공자로서 문법을 배우고 가르친다는 것은 어떤 의미일까? 다행인지 모르겠지만 나는 문법을 좋아하는 편이다. 그럼에도 불구하고 학교에서 학생들에게 문법을 가르칠 때, '문법을 제대로 이해시키기란 결코 만만치 않군, 왠지 모르겠지만 뭔가 마음에 들지 않는 수업이었어.' 라는 생각을 여러 번 했었다. 왜 그런 생각을 하게 되었는지 곰곰이 곱씹어 보면 나에게 문법적 지식이 많이 부족하다는 결론에 다다르게 된다. 그리고 자연스럽게 문법 공부를 좀 더 해야겠다는 결심을 하게 되지만 다음과 같은 이유로 작심삼일이 되고 만다.

먼저 헷갈리는 부분에 대해 묻고 싶은데 부끄럽게도 나의 무식이 탄로나면 어떡하나 하는 두려움이 있었다. 또한 잘 모르는 부분에 대해 질문하고 싶거나 내가 생각하는 것이 맞는지 동료 교사와 이야기해 보고 싶은데, 딱히 그럴 만한 사람을 쉽게 찾을 수 없었다. 마지막으로, 참고할 만한 마땅한 문법서가 없거나, 설령 문법서를 가지고 있다 하더라도 지금 당장 내가 궁금한 부분을 어디서부터 어떻게 찾아야 할지 막막하게 느꼈었다. 그렇다고 해서 문법서를 찾아보며 공부를 할 시간적 여유가 많은 것도 아니다. 그럼에도 겨우 문법서를 펼치면 어려운 단어, 재미 없는 전개, 고도의 집중력 요구 같은 일련의 사건들이 고구마 백만 개를 먹은 듯한 답답함을 고스란히 선물해 준다.

다행히도 나의 이런 게으름과 어려움을 하늘도 아셨는지 우연히 전국의 국어 교사가 모여 있는 단톡방에 들어갈 수 있는 귀한 기회를 얻었다. 그 안에서 집단 지성이란 소중한 경험을 누려보기도 했다. 단톡방에는 많은 국어 교사들이 문법에 대한 질문을 하고 있었고, 서로 서로 도와가며 그 해답을 찾아가고 있었다. 그때 나뿐만 아니라 다른 국어 교사들도 문법에 대해 질문할 거리가 많았었구나, 그동안 참 많이도 답답했겠구나 하는 생각이 들었다.

이 책은 이렇게 나와 비슷한 생각을 가지고 있는 국어 교사들에게, 그리고 앞으로 국어를 전공할 후배들에게 일종의 나침반이 되기를 바라면서 감히 시작하게 되었다. 고백하건데, 나는 이런 책의 저자가 될 만한 자질이 있는 사람이 절대 아니다. 오로지 읽기 쉬운 문법서, 이해하기 쉬운 언어로 쓰여진 문법서가 있기를 간절히 바라는 평소의 염원으로 시작하게 되었을 뿐이다. 대학원에서 문법을 가르쳐 주셨던 신승용 교수님께서 이런 문법서를 만들어 보자는 제의를 하셨고, 처음부터 철저하게 기존의 문법서와는 완전히 차원이 다른 책을 만들자는 합의가 있었기에 가능했던 것이다.

이 책은 글만 가득한 재미 없는 문법서에서 탈피하기 위하여 즉문즉답 형식으로 서술하였다. 또한 이해하는 데 오랜 시간이 걸리는 부분, 중요하다고 생각되는 부분은 시각적으로 표현하려고 노력하였다. 처음으로 시도해 본 웹툰 형식과 여러 표들은 '어떻게 하면 내용을 좀 더 쉽게 바라보게 할 수 있을까'에 초점을 맞추었다. 당연히 그림의 질에 대해서는 독자들의 넓은 이해를 구할 수밖에 없어 송구할 따름이다. 하지만 어떻게 하면 쉽게 이해할 수 있을까? 어떻게 하면 더 잘 이해할 수 있을까를 수도 없이 고민한 흔적이라고 생각해 주면 좋겠다.

처음에는 나의 문법적 무지가 이렇게나 유용하게 사용될지 몰랐다. 내가 무지하면 무지할수록 더 쉬운 언어로 다시 태어날 수밖에 없는 구조였기 때문이다. 더 쉽게 써야 한다는 나의 억지 같은 주장을 받아들여 주시고 계속해서 거듭 거듭 수정하여 주신 교수님의 인내심에도 정말 감사한다. 그리고 책표지를 예쁘게 만들어 준 대진중학교 전재철 미술 선생님께도 이 자리를 통해 감사함을 전한다.

지금은 저자대 독자로 만날 수밖에 없는 구조이지만, 우리 모두는 학교에서 다양한 문제 상황으로 만나는 동료들이다. 또한 수업 시간에 이 책을 적용했다고 해서 완벽한 수업으로 갑자기 바뀔 수 있다고 말할 수는 없다. 다만 누군가에게

도움이 될 수 있다는 생각이 이 책을 만들었기 때문에 부디 이 책을 접한 바쁜 나의 동료들이 문법하고 싶은 어느 날, 시간과 수고를 줄이면서도 문법에 대한 이해의 폭을 넓히길 소망할 뿐이다.

2020. 8. 안윤주

차례

3. 활용과 곡용, 문장에 대한 Q & A

4. 반의어와 중의성에 대한 Q & A

5. 훈민정음과 국어사에 대한 Q & A

찾아보기

영어 단어 목록

A

D

N

S

V

1.

음운과
음운 변동에 대한
Q & A

1.1. 이중모음은 왜 음운이 아닌가요?

한마디로 설명

음운의 정의는 '뜻을 갈라내는 기능을 하는 최소의 변별적 단위'이다. 이 정의에 입각해서 보면, 이중모음은 최소의 변별적 단위가 아니라 최소의 변별적 단위 2개가 하나의 단위처럼 행동하는 것이다. 즉 2개의 음운으로 이루어진 음운 연쇄이다. 이중모음을 구성하는 각각은 음운이지만, 이중모음 자체는 두 개의 음운으로 이루어진 음운보다 큰 하나의 단위이다.

모음은 단모음과 이중모음으로 나뉜다. 단모음은 하나의 음운이다. 이에 비해 이중모음은 한 음절의 중성(음절핵)에서 2개의 음운이 한 번에 조음되는 소리이다. 이중모음을 나타내는 한글 자모 'ㅑ, ㅕ, ㅘ, ㅝ'를 국제음성기호로 나타내면 /ya, yə, wa, wə/처럼 2개의 음운으로 이루어져 있음을 확인할 수 있다.

자세히 설명

사실에 대한 설명은 정의에 입각해서 이루어진다. 그래서 정의가 불분명하면 사실에 대한 설명도 어렵다. 대나무가 식물인지 나무인지를 물으면, 이에 대한 대답은 식물의 정의, 나무의 정의에 입각해서 판단할 수밖에 없다. 겉으로 보이는 모습에 따라 판단하는 것이 아니라, 개념적 정의에 입각해서 판단하는 것이다. 대나무가 나무처럼 보이지만 나무가 아니라 식물인 것처럼, 음운 현상 역시 눈에 보이는 것이 곧 실제가 아닐 수 있다.

어떠한 소리가 음운이냐 아니냐도 음운의 정의에 입각해서 판단한다. 음운의 정의 자체가 학문적으로 단일화된 것은 아니다. 현재 음운론에서 적어도 10개 이상의 조금씩 다른 음운의 정의가 있다. 그러나 개론적 수준에서 일반적으로 통용되는 음운의 정의는 (1)과 같다.[1]

> (1) 뜻을 갈라내는 기능을 하는 최소의 변별적 단위(minimal distinctive unit)

이중모음이 음운이냐 아니냐 하는 의문을 풀려면 (1)의 정의에서 '최소'라는 개념에 주목할 필요가 있다. 이중모음은 최소의 단위가 아니기 때문이다. 이중모음에서 '이중(二重)'은 글자 그대로 2개가 중첩된 것이라는 뜻인데, 이때 무엇이 2개냐하면 음운이 2개이다. 그러니까 이중모음은 음운이 2개 중첩된 하나의 모음이라는 뜻이다.[2]

모음은 단모음과 이중모음으로 나뉜다. 따라서 이중모음이 모음이냐고 물으면 당연히 이중모음도 모음이다. 하위어는 상위어를 함의하기 때문이다.[3] 단모음과 이

---

1 음운의 정의에 대한 보다 자세한 설명은 ☞1.2. 현대국어의 비분절음은 장단뿐인가요? 참조.

2 이중모음은 /ya/, /yə/처럼 반모음 /y/로 시작하는 /y/계 이중모음과, /wa/, /wə/처럼 반모음 /w/로 시작하는 /w/계 이중모음으로 구분한다. 그리고 '반모음-모음'의 연쇄는 공명도가 낮다가 높아지는 연쇄라는 사실에서 상향 이중모음(또는 상승 이중모음)이라고 한다. 반대로 /ay/, /aw/처럼 '모음-반모음'의 연쇄는 공명도가 높다가 낮아지는 연쇄여서 하향 이중모음(또는 하강 이중모음)이라고 한다.

3 상위어, 하위어는 분류와 관련된 개념이다. 예컨대 '꿩'은 암수에 따라 '장끼'와 '까투리'로 분류된다. 이때 분류의 아래에 있는 '장끼'와 '까투리'가 하위어이고, '꿩'이 상위어이다. 하위어가 상위어를 함의한다는 말은 '장끼는 꿩이다', '까투리는 꿩이다'가 참이라는 말과 같다. 반면에 '꿩은 장끼이다'는 참을 보장 받지 못한다. 꿩은 장끼일 수도 있고, 까투리일 수도 있어서 정확히 장끼

중모음의 차이는 음운의 수에 있다. 즉 이중모음은 2개의 음운으로 이루어진 연쇄로 음운보다 큰 단위이다. 이중모음은 음운이 2개로 이루어진 모음이고, 국어에는 없지만 3개의 음운으로 이루어진 삼중모음도 있다. 이는 단일어와 복합어의 차이와 평행하다. 단일어와 복합어는 둘 다 단어인데, 단일어는 형태소가 하나인 단어이고, 복합어는 형태소가 2개 이상인 단어이다. 그래서 단일어는 형태소라고 해도 되지만, 복합어를 형태소라고 하는 것은 참을 보장 받지 못한다.

그러면 이중모음이 2개의 음운 연쇄라는 것은 어떻게 증명하느냐? 그것은 증명할 것도 없이 발음을 해 보면 누구나 확인할 수 있다. 단모음은 음운이 하나이니까 발음을 했을 때 조음 동작이 단일하다. 즉 단모음 /a/를 발음해 보라. 그러면 발음을 시작했을 때와 발음을 끝냈을 때 입의 모양에 변화가 없다. 하나의 음운이니까 조음 동작에 변화가 있을 수 없다. 그런데 이중모음인 'ㅑ/ya/' 또는 'ㅘ/wa/'를 발음해 보라. 그러면 발음을 시작할 때의 입의 모양과 발음을 마쳤을 때 입의 모양이 달라진다는 것을 확인할 수 있을 것이다. 왜 그럴까? 그것은 이중모음을 이루고 있는 두 개의 음운의 조음 위치와 조음 방법이 다르기 때문이다. 앞에 음운(반모음)을 발음할 때의 조음 위치와 조음 방법과 뒤의 음운(모음)을 발음할 때의 조음 위치와 조음 방법이 다르므로 당연히 입의 모양이 달라지게 된다.

한글 자모 'ㅟ'의 발음은 화자에 따라서 단모음으로 발음하기도 하고, 이중모음으로 발음하기도 한다. 이는 〈표준 발음법〉에도 그대로 반영되어 있다. 그래서 단모음의 발음과 이중모음의 발음을 둘 다 표준 발음으로 인정하고 있다. 물론 현재 일부 지역의 노년 화자들을 제외한 대부분의 화자들은 'ㅟ'를 이중모음으로 발음하고 있어서, 단모음 'ㅟ[ü]'의 발음이 무엇인지 인식하지는 못한다. 아무튼 단모음과 이중모음에 대한 위의 설명을 이해했다면 내가 발음하는 'ㅟ'가 단모음인지 이중모

음인지 까투리인지 알 수 없기 때문이다. 그래서 하위어는 상위어를 함의하지만, 상위어는 하위어를 함의하지 못한다고 한다.

음인지를 이제 스스로 확인할 수 있을 것이다. 아마도 이 책을 읽는 독자는 거의 대부분은 'ㅟ'를 발음했을 때, 발음의 시작과 끝의 입의 모양에 이동이 있을 것이다. 즉 'ㅟ'를 이중모음 [wi]로 발음하고 있을 것이다.

모음이 단모음과 이중모음으로 나뉘는 것처럼, 음운도 하나의 음운으로 이루어진 음운과 2개의 음운으로 이루어진 음운으로 나뉜다면 이중모음도 음운이라고 할 수 있을 것이다. 그러나 음운은 모음처럼 하위분류가 없는 개념이다. 즉 음운은 음운이냐 아니냐만 성립하는 개념이다. 그래서 2개의 음운 연쇄인 이중모음은 2개의 음운으로 이루어진, 음운보다 큰 단위이긴 하지만, 이중모음이 음운은 아니다. 이중모음이라는 단위는 (1)의 정의에서 말하는 '최소의 변별적 단위'가 아니기 때문이다. 어떠한 소리가 음운이냐 아니냐의 물음은 하나의 소리를 대상으로 하는 것이다. 그래서 2개의 소리로 이루어진 단위인 이중모음은 음운이냐 아니냐의 물음의 대상 자체가 되지 않는다.

이는 위에서처럼 단어와 구의 관계를 떠올리면 좀 더 쉽게 이해될 수 있을 것이다. 즉 '놀이 공부'가 단어이냐고 물으면, 그 대답은 '단어가 아니다'이다. 2개의 단어로 이루어져 있는 단위이긴 하지만, 단어보다 큰 단위인 구(명사구)여서 단어의 집합에 포함되지 않기 때문이다. 그러면 '봄바람'은 단어인가? '봄바람'도 2개의 단어로 이루어진 단위라는 점에서는 명사구인 '놀이 공부'와 같지만, '봄바람'은 2개의 단어가 결합하여 또 하나의 단어가 된 단위이기 때문에 단어이다. 이는 단어의 분류 개념을 생각하면 아주 단순하다. 단어는 하나의 형태소로 이루어진 단일어와, 2

개 이상의 형태소로 이루어진 복합어로 나뉜다. '봄바람'은 2개 이상의 형태소로 이루어진 복합어, 더 구체적으로 말하면 합성어이므로 단어이다. 그러나 '놀이 공부'는 단어보다 큰 단위로 단어의 집합에 포함될 수 없다. 그래서 '놀이 공부'는 어떤 단어이냐의 물음의 대상 자체가 되지 않는다.

그러면 '반모음-모음'의 음운 연쇄인 이중모음과, 2개의 모음인 '모음-모음' 연쇄는 어떻게 다른가? 이 차이는 음절의 개념을 이해하면 쉽게 파악할 수 있다. 이중모음 'ㅑ/ya/'와 두 모음의 연쇄인 '이아/ia/'를 음절로 나타내면 (2)와 같다.

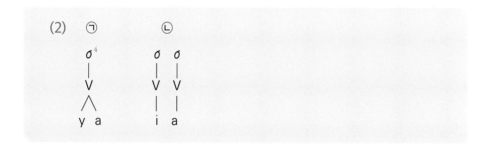

(2㉠)에서 보듯이 이중모음 'ㅑ/ya/'는 한 음절이다. 즉 한 음절 안의 중성(음절핵)에서 2개의 음운이 조음된다. 이에 비해 두 모음의 연쇄인 '이아/i.a/'는 (2㉡)에서 보듯이 두 개의 음절이다.

이처럼 이중모음과 두 모음의 연쇄는 음절을 통해서 보면 구조적으로 다르다는 것을 쉽게 확인할 수 있다. 모음 두 개의 연쇄를 음운이냐고 물을 수 없다. 마찬가지로 이중모음이 음운이냐고 물을 필요가 없다. 이중모음은 '반모음+모음'(또는 '모음+반모음')처럼 두 음운이 하나의 단위로 발음되는 것이므로, 이중모음 자체가 하나의 음운은 아니다. 하나의 음운이 아니라 두 음운이 결합한 하나의 단위이다.

---

4   'σ'는 음절을 나타내는 기호이다.

현대국어의 비분절음은 장단뿐인가요?

한마디로 설명

비분절음 중에서 변별적 기능을 하는 비분절음을 비분절 음운이라고 한다. 따라서 질문을 정확하게 다시 하면 "현대국어의 비분절 음운은 장단뿐인가요?"라고 하는 것이 맞다. 현대국어에서 장단(length)은 비분절 음운이 맞다. 그런데 장단만 비분절 음운은 아니다. 국어 전체를 대상으로 하면, 성조(tone) 역시 뜻을 갈라내는 기능을 하는 비분절 음운이다. 성조가 비분절 음운으로 변별적 기능을 하는 지역은 경상도, 강원도, 함경도이다. 다른 지역에서는 성조가 변별적 기능을 하지 못한다.

학교문법의 대상 언어가 표준어만은 아니므로 현대국어에 비분절 음운이 장단뿐이라고 하는 것은 맞는 진술이라고 할 수 없다. 국어 전체를 대상으로 하면 '장단'과 '성조'라고 하는 것이 맞다. 다만 표준어로 국한해서 비분절 음운이 무엇이냐고 하면 그것은 장단뿐이다.

자세히 설명

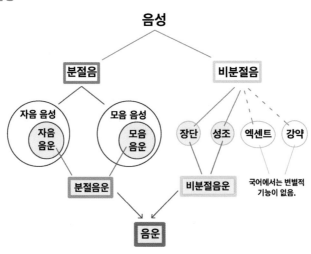

26

음성에는 분절음과 비분절음이 있는데, 분절음은 분절되는 소리를 말하고, 비분절음은 분절되지 않는 소리를 말한다.[1] 분절음은 자음 음성과 모음 음성으로 구분된다. 비분절음 즉, 분절되지 않는 소리에는 '악센트(accent), 성조(tone), 장단(length), 강약(strength)' 등이 있다.

보통 우리가 음성이라고 할 때의 음성은 음운과 대응되어서 주로 쓰인다. 즉 음성 중에서 변별적 기능을 하는 음성을 음운이라고 한다. 이때의 음성은 비분절음을 포함하지 않는 개념으로서의 음성이다. 보통 음성이라고 할 때는 이러한 의미의 음성을 의미하고, 학교문법에서 음성을 가르칠 때도 음운과 대응되는 개념으로서 음성을 가르친다. 이때의 음성은 분절음과 같은 의미이다.

그런데 언어학에서의 음성의 정의는 '발성 기관을 통해서 나오는 소리 중에서 의사소통에 쓰이는 소리'이다. 이러한 음성의 정의에 따르면 비분절음 역시 음성에 해당한다. 그래서 정확히 음성이라고 하면, 분절음과 비분절음을 포함한다. 그래서 분절음과 비분절음을 구분하게 되면, 음성의 정의 역시 분절음만을 가리키는 것이 아니라 비분절음을 포함하는 개념이 된다.

비분절 음운을 이해하려면 먼저 분절 음운 즉, 음운이 무엇인지 이해할 필요가 있다.

(1) **음운의 정의**
  ㉠ 말의 뜻을 구별해 주는 소리의 가장 작은 단위
  ㉡ 최소의 변별적 단위(minimal distinctive unit)

---

[1] 일반적으로 '분절음', '비분절음'이라고 하는데, 분절음은 분절음성과 같은 말이고, 비분절음은 비분절음성과 같은 말이다. 관습적으로 분절음, 비분절음이라는 용어를 사용한다.

(1㉠)은 학교문법에서의 음운을 설명할 때의 정의이고, (1㉡)은 음운론에서의 일반적인 정의이다. (1㉠)의 음운의 정의에서는 '말'의 정의가 다시 문제가 된다. '말'은 소리에서부터 형태소, 단어, 문장 모두를 가리킬 수 있기 때문이다. 그래서 좀 더 정확한 음운의 정의는 (1㉡)이다. 변별적 단위 중에서 최소인 것은 소리이고, 소리 중에서 변별적인 소리가 곧 음운이다. 변별적인 소리는 변별적이지 않은 소리의 존재를 전제한다. 당연히 소리 중에는 비변별적인 소리도 존재한다. 이때 비변별적인 소리를 음성이라고 한다. 정리하면 음성 중에는 변별적인 음성도 있고, 비변별적인 음성도 있는데, 이 중에서 변별적인 음성이 바로 음운이다.

　인간이 발성기관을 통해 낼 수 있는 소리의 수와 종류는 언어보편적으로 같다고 가정한다. 즉 음성(phone)의 종류와 수는 모든 언어가 동일하다고 가정한다. 그런데 뜻을 갈라내는 기능을 하는 음운(phoneme)의 수와 종류는 언어마다 다르다. 언어가 다르다고 인식하는 가장 중요한 부분 중의 하나가 바로 이러한 음운의 차이 때문이다.

　음성 중에서 분절되는 소리를 분절음이라고 하는데, 분절음에는 자음 음성과 모음 음성이 있다. 자음 음성 중에서 변별적 기능을 하는 것이 자음 음운이고, 모음 음성 중에서 변별적 기능을 하는 것이 모음 음운이다. 변별적 단위라는 것은 곧 변별적 기능을 하는 단위라는 말과 같다. 자음 음운, 모음 음운을 줄여 자음, 모음이라고 한다. 이는 학교문법에서도 마찬가지이다. 음성으로서 자음과 모음, 음운으로서 자음과 모음을 구별해야 하는 경우가 아니면, 관습적으로 자음, 모음이라고 할 때 자음, 모음은 자음 음운, 모음 음운을 가리킨다.

　그러면 변별적 기능을 한다는 것이 무슨 의미인가?

(2)

	국제음성기호²로 전사	한글 자모로 들리는 대로 전사
㉠	[pom] : [kom]	봄 : 곰
㉡	[pom] : [bom]³	봄 : 봄
㉢	[san] : [ʃan]	산 : 산

　국어 화자라면 누구나 (2㉠)에서 [p]와 [k]는 다른 소리라는 것을 안다. 즉 [p]와 [k]는 변별적인 소리이다. 두 소리가 변별적이므로 두 소리의 다름으로 인해 [pom]과 [kom]은 뜻이 다르다. 반면 (2㉡)의 [p]와 [b]는 음성적으로는 분명 다른 소리이지만, 국어 화자는 [pom]이라고 하든 [bom]이라고 하든 /봄/으로 인식한다. 즉 [p]와 [b]를 변별적으로 인식하지 못한다. 다시 말해 국어에서 [p]와 [b]는 변별적 단위가 아니다. 그래서 국어 화자는 [b]를 들어도 [p]로 인식한다. 이 말은 [b]는 변별적 기능을 하지 못한다는 뜻이고, 그래서 국어에서 [b]는 음운이 아니다. (2㉢)의 [s]와 [ʃ]의 관계 역시 [p]와 [b]의 관계와 같다. 국어 화자는 [ʃan]을 들려주어도 [san]으로 인식한다. 그러므로 국어에서 [ʃ] 역시 음운이 아니다.

　모음을 예로 들어 다시 한 번 생각해 보자.

2　음성을 표기하는 기호가 언어마다, 또 문자마다 다를 경우 소리를 연구하는 것이 어렵게 된다. 그래서 여러 나라의 언어학자들이 모여 각 소리를 나타내는 기호를 국제적으로 표준화하였는데, 이를 국제음성기호라고 한다. 영어로 International Phonetic Alphabet인데, 머리글자를 따서 IPA라고도 한다. 국제음성기호는 로마자를 기반으로 만들었기 때문에 부분적으로 로마자와 비슷한 기호가 많다.

3　국제음성기호로 국어의 [ㅂ]은 [p]이고, [ㅍ]은 [pʰ], [ㅃ]은 [p']이다. [b]는 [p]의 유성음인데, 국어에는 [b]가 음운이 아니기 때문에 국어 화자는 [p]와 [b]의 차이를 변별하지 못한다.

(3)	국제음성기호로 전사	한글 자모로 들리는 대로 전사
㉠	[tal] : [tol]	달 : 돌
㉡	[kɛ] : [ke]	개 : 개

국어 화자라면 누구나 [tal]과 [tol]이 서로 뜻이 다르다는 것을 안다. [tal]과 [tol]에서 차이가 나는 것은 [a]와 [o]뿐이다. 그러므로 뜻을 다르게 하는 기능을 하는 소리는 [a]와 [o]라는 것을 확인할 수 있다. 국어 화자라면 누구나 [a]와 [o]를 들으면 두 소리가 다르다는 것은 인식한다. 즉 [a]와 [o]는 변별적인 기능을 하는 소리 즉, 음운이다. 두 소리가 변별적이기 때문에 두 소리의 차이가 뜻을 다르게 한다.

그런데 (3㉡)의 [ɛ]와 [e]의 경우, 일부 지역의 일부 세대 화자를 제외하면 현재의 대부분의 국어 화자는 이 두 소리가 다르다고 인식하지 못한다. 즉 [ɛ]와 [e]가 더 이상 변별적이지 않다. 그래서 [kɛ]라고 들려주든 [ke]라고 들려 주든 둘 다 같은 말이라고 인식하게 된다. 두 발음이 같다고 인식한다는 것은 [ɛ]와 [e]를 변별적으로 인식하지 못한다는 말이고, 두 소리가 변별적이지 않기 때문에 두 소리 중 하나만이 음운이고, 다른 하나는 음운이 아니다.

이렇게 말하면 표기상 '개'와 '게'가 구별되지 않느냐고 반문할 수 있다. 그런데 기호의 특성을 이해하면 의문이 해소될 것이다. 한글 자모는 소리를 나타내는 기호들 가운데 하나이다. 지구상에 존재하는 문자들 역시 기호의 하나이다. 따라서 하나의 소리를 적을 수 있는 기호는 적어도 지구상에 존재하는 문자의 수보다 더 많다.[4] (2)와 (3)에서 사용한 기호 [pom], [tal]은 국제음성기호로 소리를 적은 것이고, 한글

---

[4] 당장 모스부호, 점자로도 소리를 나타낼 수 있다. 이밖에도 필요에 의해 만들어진 여러 인위적인 기호로도 소리를 나타낼 수 있으므로, 지구상에 존재하는 문자보다 소리를 나타내는 기호가 더 많다는 것이 쉽게 이해가 될 것이다.

자모로 적으면 '봄', '달'이다. 여기까지 이해했으면 'ㅐ'와 'ㅔ' 자체가 음운이 아니라 각각 소리 [ε], [e]를 나타내는 기호의 하나라는 것을 이해했을 것이다.

국어 화자에게 기호 'ㅐ'와 'ㅔ'는 시각적으로 다르므로 당연히 다르다고 인식한다. 하지만 이는 말 그대로 기호의 모양이 다르다는 것을 인식하는 것이다. 'ㅐ'와 'ㅔ'가 나타내는 소리인 [ε]와 [e]를 변별적으로 인식하는 것은 아니다. 즉 '개'와 '게'를 변별한다는 것은 기호의 차이를 변별하는 것이지, 기호 'ㅐ'에 해당하는 소리 [ε]와 'ㅔ'에 해당하는 소리 [e]를 변별한다는 것은 아니다.

음성과 음운에 대한 이해를 바탕으로 이제 비분절음과 비분절 음운의 관계를 살펴보자. 일단 음성과 음운의 관계를 이해했다면, 비분절음 중에 비분절 음운이 있다는 것 정도는 이해했을 것이다. 자음과 모음은 (4)에서 보듯이 분절된다. 분절된다는 것은 쪼갤 수 있다는 말과 같다.

(4)에서 보듯이 '달'은 'ㄷ-ㅏ-ㄹ'로 쪼갤 수 있다. 그래서 자음과 모음을 분절음(segmental phon)이라고 하고, 분절음 중에서 변별적 기능을 하는 분절음을 분절 음운(segmental phoneme)이라고 한다.

분절 음운의 존재는 분절되지 않는 음운이 있다는 것을 내포하고 있다. 당연히 분절되지 않는 음 즉, 비분절음이 있고, 이 비분절음(non-segmental phone) 중에서 변별적 기능을 하는 비분절음을 비분절 음운(non-segmental phoneme)이라고 한다. 음성 중에서 변별적 기능을 하는 음성을 음운이라고 하듯이, 비분절음 중에서 변별적 기능을 하는 비분절음을 비분절 음운라고 하는 것이다. 이때 변별적 기능을 한다는 것은 결과적으로 그것으로 인해 뜻이 구별된다는 의미이다. 이를 정리하면 (5)와 같다.

(5) **음운의 분류**

음운(phoneme) ┌ 분절 음운(segmental phoneme)
           └ 비분절 음운(non-segmental phoneme)

음운은 달리 음소라고도 한다. '음운'과 '음소' 모두 영어의 phoneme의 번역어이다. 즉 음운과 음소는 동일한 내용을 나타내는 다른 형식일 뿐이다. 학교문법은 두 용어 중에서 '음운'을 일반적으로 사용한다.

그런데 일부 개론서나 일군의 연구자들이 음운과 음소를 구별해서 사용하는 경우가 있다. 이럴 경우에는 음운이 상위어이고 음소가 하위어이다. 즉 음운을 다시 음소와 운소(suprasegmental phoneme)로 구분하는 것이다. 운소는 비분절 음운의 다른 이름이다. 그런데 일반언어학에서 '음운'에 대응하는 용어가 따로 있고, '음소'에 대응하는 용어가 따로 있는 것이 아니다. 그래서 이러한 용어의 사용은 일반 언어학적인 것은 아니고, 국어학 내에서의 자의적인 구분이다. 음운을 음소와 운소를 아우르는 용어로 사용하는 것은 옳고 그름의 문제는 아니다. 내용과 형식의 결합이 자의적이고 사회적 약속이라는 사실을 이해한다면, 용어의 사용은 약속의 문제일 뿐 옳고 그름의 문제가 아니라는 것도 이해할 수 있으리라 생각한다.

최초의 질문으로 돌아와서, 그러면 비분절음에는 어떤 것이 있는가? 일반적으로 비분절음이라고 하면, '악센트(accent), 성조(tone), 장단(length), 강약(strength)' 등이 이에 해당한다. 일부 학자들의 경우 '억양(intonation), 휴지(pause), 경계(boundary)' 등을 비분절음에 포함하는 경우도 있지만, 일반적으로 억양, 휴지, 경계는 음운론적 층위의 단위가 아니다. 억양은 통사론적 층위의 단위이고, 휴지와 경계는 형태론적 층위의 단위이다. 그렇기 때문에 음운론에서 비분절음이라고 할 때 이들을 포함하지 않는 것이 일반적이다. 다시 말해 음운론적 층위에서 비분절음이라고 할 때는 악센트, 성조, 장단, 강약을 이른다.

비분절음에 대해 이해를 했다면, 이제 국어에서 변별적 기능을 하는 비분절음 즉 비분절 음운에는 어떤 것이 있는지에 대해 살펴보자. 현대국어에 존재하는 비분절 음운에는 장단과 성조가 있다. 먼저 장단에 대해 살펴보자.

> (6) 말:(言) : 말(馬)
>
> ※ ':'는 장음 부호

(6)에서 분절 음운 즉, 자음과 모음은 정확히 'ㅁ-ㅏ-ㄹ'로 같다. 그러나 두 '말'은 뜻이 다르다. 이때 뜻을 다르게 하는 기능을 하는 것은 분절음인 자음과 모음일 수 없다. 두 '말'의 자음과 모음이 같기 때문이다. 그러면 무엇인가? 왼쪽의 '말'은 길이가 길고, 오른쪽의 '말'은 길이가 짧다. 즉 길이가 긴지 짧은지가 두 '말'의 뜻을 다르게 한다. 따라서 (6)에서 뜻을 갈라내는 기능을 하는 최소의 단위는 바로 길이 즉, '장단'이다. 따라서 정의상 '장단'은 음운이다. 그런데 자음과 모음처럼 분절되지 않기 때문에 비분절 음운이다. 장단은 모음에 얹혀서 발음되는 것으로 가정한다.[5]

그런데 현대국어에서 비분절 음운이 장단뿐이라고 하면, 그것은 표준어나 중부 방언을 대상으로 할 때만 맞는 말이다. 국어 전체를 대상으로 하게 되면 맞지 않다.

---

5   최근의 이론에서는 장단이 분절음인 자음, 모음과 다른 층위에서 모음과 연결되어 있는 단위로 가정한다. 그래서 non-segmental이 아니라 auto-segmental이라고 한다. auto-segmental의 의미는 분절음에 얹혀 있는 것이 아니라 분절음과 독립된 다른 층위에서 분절음과 연결되어 있다는 의미이다.

학교문법의 대상이 표준어만은 아니라는 점에서 학교문법에서도 현대국어에서 비분절 음운이 장단밖에 없다고 하는 것은 맞는 진술이라고 할 수 없다.

그러면 또 어떤 것이 비분절 음운인가? 그것은 바로 성조이다. 백두대간을 기준점으로 오른쪽 즉, 동쪽 지역인 경상도 방원, 강원도 방언, 함경도 방언은 현재까지 성조가 변별적인 기능을 하고 있다. 다시 말해 이들 지역에서 성조는 뜻을 갈라내는 기능을 하고 있다. 그러므로 정의에 따라 음운이다. 단 분절되지 않는 단위이므로 비분절 음운이다.

> (7)　대구(大口) : 대구(大邱)
>
> 　　　LL　　　HL
>
> *L은 저조, H는 고조를 나타낸다.

(7)은 경북 방언의 성조인데, 생선의 한 종류인 대구(大口)와 지역명인 대구(大邱)는 정확하게 동음이의어이다. 즉 분절음인 자음과 모음이 정확히 같다. 그러나 경북 지역 화자들은 두 '대구'를 정확히 구분한다. 왼쪽 '대구(大口)'의 성조는 'LL(저저)'이고, 오른쪽 '대구(大邱)'의 성조는 'HL(고저)'로 다르기 때문이다. 즉 (7)의 두 '대구'는 성조에 의해 뜻이 달라진다. 따라서 성조는 정의에 따라 음운이고, 분절되지 않는 음운이므로 비분절 음운이다.

중세국어에서는 성조가 전국적으로 비분절 음운으로 기능했다. 성조의 유형도 고조(H)와 저조(L)만 있는 것이나 저고조(LH)도 있었다. 이를 각각 훈민정음의 용어로 표현하면 거성(H), 평성(L), 상성(LH)이다. 중세국어 성조 중에서 상성은 현대국어에서 대부분 장음으로 나타난다.

예컨대 중세국어에서 '둘:(二)', '많:다'의 어간 '많:-'은 상성이었다. 상성이면서 동시에 장음을 가지고 있었다. 근대국어로 오면서 성조가 소멸되는데, 성조가 소멸되었다는 것은 성조가 더 이상 뜻을 갈라내는 기능을 하지 못하는 것으로 변화했다는 말이다. 그런데 상성인 음절은 성조가 상성이면서 동시에 장음인 음절이었다. 근대국어로 오면서 성조는 소멸되었지만, 장단은 현대국어까지 소멸되지 않고 이어져 오고 있다. 그래서 중세국어에서 상성이었던 단어들은 성조는 소멸되었지만 장음은 남아 현대국어에서도 그대로 장음으로 대응된다. 이는 매우 규칙적이어서 현대국어에서 장음인 단어를 중세국어에서 찾아보면 거의 예외없이 상성이라는 것을 확인할 수 있다.

억양이 비분절 음운이 아니냐는 질문을 하는 경우가 있다. 광의의 의미에서 억양 역시 분절되는 단위가 아니므로 비분절음으로 포함할 여지는 있다. 그러나 억양은 음절이나 단어에 놓이는 단위가 아니라 문장 전체에 걸리는 단위이다. 그렇기 때문에 음운론적 단위로서 비분절음을 말할 때 억양은 그 대상이 아니다. 통사론에서 특히 문장의 마지막 억양은 문장의 유형을 결정할 만큼 유의미한 단위임에는 틀림이 없다.

(8)
　㉠ 밥 먹어: 의문문

　㉡ 밥 먹어: 평서문

　㉢ 밥 먹어: 명령문

(8㉠~㉢)은 모두 동일한 문장이다. 그런데 모두 다른 문장이다. 문장의 마지막 억양이 어떠하냐에 따라 의문문이 되기도 하고, 평서문, 명령문이 되기도 한다. 이처럼 (8)에서 문장의 유형을 결정해 주는 것은 어휘가 아니라 문장의 마지막 억양이다. 그런 점에서 억양은 통사론에서 매우 중요한 기능을 하고 있다는 것을 확인할 수 있다.

'읊다'에 어떤 음운 변동이 어떻게 적용되어 [읍따]가 되었나요?

한마디로 설명

/읊다/의 표면형 [읍따]에 적용된 음운 변동은 자음군 단순화, 음절의 끝소리 규칙[1], 경음화 세 가지이다. 그런데 이 세 규칙이 정확히 어떤 순서로 적용되었는지를 증명하는 것은 쉽지 않다. 다만 한 가지는 분명한데, 그것은 음절의 끝소리 규칙이 경음화에 선행한다는 것이다. 경음화의 원인이 불파이고, 불파에 의해 종성에 7개(/ㅂ, ㄷ, ㄱ, ㅁ, ㄴ, ㅇ, ㄹ/)의 자음만 올 수 있는 즉, 음절의 끝소리 규칙이 발생하기 때문이다.

종성에 자음이 최대 1개밖에 올 수 없는 음절구조제약의 결과인 자음군 단순화는 불파와는 또 다른 음절구조제약이다. 즉 국어의 음절구조제약은 2가지가 있는데, 하나는 음절말 불파이고, 다른 하나는 초성과 종성에 자음이 최대 하나밖에 올 수 없는 제약이다. 음절구조제약에 의해 자음군 중에 하나가 탈락하고, 남은 1개의 자음이 불파된다. 따라서 자음군 단순화가 음절의 끝소리 규칙에 선행한다고 보는 것이 가장 타당하다. 그래서 아래에서 보듯이 '자음군 단순화(/ㄹ/ 탈락) → 음절의 끝소리 규칙 → 경음화'의 순서로 적용되었다고 본다.

---

[1] 음절의 끝소리 규칙, 7종성 법칙, 말음 법칙, 받침 법칙, 평파열음화, 평폐쇄음화, 중화 등 여러 가지 용어로 불리는데, 어쨌든 동일한 현상에 대한 다른 표현이다. 이때 동일한 현상이란 음절말 불파의 결과를 말한다. 즉 음절말 불파의 결과적 현상에 대해 관점에 따라 다른 명칭들이 붙여진 것이다. 내용과 형식이 자의적이라는 기본적인 사실을 이해하면, 이렇게 명칭이 다양한 것이 이상한 것은 아니지만 혼란스러운 것은 사실이다. 학교문법의 관점에서는 '음절의 끝소리 규칙'이라는 명칭을 사용한다. 음운 변동의 유형으로 보면 음절말에서 음운의 대립이 유지되지 못하는 현상이므로 '중화'이다.

읊다 ➡ 읖다 ➡ 읍다 ➡ 읍따

자음군   음절의   경음화
단순화   끝소리 규칙

자세히 설명

어간말에 자음군을 가지고 있는 단어들은 뒤에 모음으로 시작하는 음절이 오지 않는 한 자음군 C1C2 중에 하나가 반드시 탈락한다. 이는 초성과 종성에 자음이 최대 1개만 올 수 있는 국어의 음절구조제약 때문이다. 뒤에 모음으로 시작하는 음절이 오면 (1㉠)처럼 C2가 후행 음절 초성으로 연음된다.

(1) ㉠ 닭이 → [달기], 닭을 → [달글]
     ㉡ 닭 → [닥]
     ㉢ 닭도 → [닥또], 닭만[당만]

자음군 중에서 하나는 반드시 탈락하는데, '닭'에서는 (1㉡,㉢)에서 보듯이 'ㄺ' 중에서 /ㄹ/이 탈락하였다. 자음군 중에 하나가 반드시 탈락해야 하는 것은 음절구조제약이지만, 자음군 C1C2 중에 어느 자음이 탈락하는지에 대해서는 규칙성을 말하기 어렵다.[2] 같은 'ㄺ'이 자음군이지만, '읽고[일꼬]'에서는 '닭도[닥또]'에서와 달

37

---

2   발음은 물리적인 연속체이니까 자음군 C1C2 중에 모음에서 먼 곳에 있는 C2가 탈락하는 것이 자연스럽다. 그래서 많은 경우 즉, 'ㄳ, ㄵ, ㄼ, ㄿ'은 C2가 탈락하고 'ㄶ, ㅀ' 역시 /ㅎ/이 축약되는 경우가 아니면 C2인 /ㅎ/이 탈락한

리 /ㄱ/이 탈락하기 때문이다.

어간말에 자음군을 가진 어간은 일단 자음군 중에 하나가 탈락해야 하기 때문에 이들 어간이 굴절³을 할 때는 2가지 이상의 음운 변동을 겪는 경우가 많다.

(2) ㉠ /닭도/ → 닥도 → [닥또]
      | |
   자음군 단순화   경음화

    ㉡ /닭만/ → 닥만 → [당만]
       | |
    자음군 단순화   비음동화

(2)의 경우에는 음운 변동의 적용 순서를 정확히 말할 수 있다. 많은 경우 이처럼 음운 변동이 적용된 순서를 비교적 정확하게 분석할 수 있다.

그런데 일부의 경우에는 적용된 음운 변동이 무엇인지는 알 수 있지만, 음운 변동이 적용된 순서를 정확히 말하기 어려운 경우가 있다. 여기서 말하기 어렵다는 것은 이런 순서일 것이라고 가정할 수는 있지만, 증명할 수 없다는 뜻이다.

다. 그러나 'ㄲ'은 '삶[삼]'처럼 항상 C1이 탈락한다. 'ㄺ, ㄼ, ㄿ'은 화자마다, 방언마다 차이가 있다. 그래서 음운론적으로 규칙성을 말하기 어렵다고 한 것이다. 〈표준 발음법〉에서 자음군의 발음을 일일이 이것이 표준 발음이라고 정해 놓기는 하였지만, 그것이 표준 발음이어야 하는 특별한 이유가 있는 것은 아니다. 그냥 그렇게 정한 것이다. 표준어의 정의대로 교양 있는 사람들이 두루 쓰는 현대 서울말의 발음이 그것이라고 추상적으로 가정하고 규정해 놓은 것일 뿐이다.

3 굴절은 곡용과 활용을 아우르는 개념이다. 굴절 중에 곡용은 체언에 조사가 결합하는 것을 이르고, 활용은 용언 어간에 어미가 결합하는 것을 이른다.

(3) /읊다/ → [읍따]

(3)에서 확인할 수 있는 현상은

　㉮ /ㄹ/이 탈락하였고,

　㉯ /ㅍ/이 /ㅂ/으로 바뀌었고,

　㉰ 둘째 음절 초성 /ㄷ/이 된소리 /ㄸ/으로 바뀌었다.

　㉮에서 /ㄹ/이 탈락한 것은 음절말(종성)에 자음이 하나밖에 올 수 없는 국어의 음절구조제약 때문이다. ㉯에서 /ㄹ/이 탈락하고 남은 /ㅍ/이 /ㅂ/으로 바뀌는 것은 음절말(종성) 자음의 불파 때문이다. 음절말 자음의 불파로 인한 결과적 현상이 음절의 끝소리 규칙이다. 종성에 최대 1개의 자음만 올 수 있는 음절구조제약에 의해 자음군이 단순화되는데, 불파는 그렇게 자음군 단순화가 적용되어 남은 자음에 적용되는 발음 제약이다. 그러니까 자음군 단순화가 불파에 선행하는 음절구조제약이다. 따라서 자음군 단순화와 불파의 순서는 '자음군 단순화 → 불파'이다. [읍따]에서 둘째 음절 [따]의 경음화는 불파된 /ㅂ/ 때문에 일어난 것이다. 그래서 ㉮~㉰의 적용 순서는 ⑷와 같다.

(4)

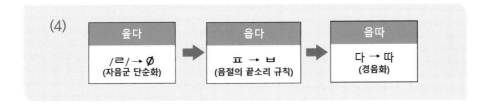

읊다	읍다	읍따
/ㄹ/ → ∅ (자음군 단순화)	ㅍ → ㅂ (음절의 끝소리 규칙)	다 → 따 (경음화)

39

⑵보다는 조금 복잡하긴 하지만 ⑶의 경우에도 ⑷처럼 음운 변동의 적용 순서를

파악하는 데 크게 문제는 없다.

그런데 (5)의 경우에는 그 순서를 확정하기 어렵다.

> (5) /핥다/ → [할따]

표면형 [할따]에 적용된 음운 변동을 표면적으로 눈에 보이는 것만 찾아보자.

ⓐ 어간말 자음군 /ㄾ/ 중에서 /ㅌ/이 탈락
ⓑ 어미 두음 /ㄷ/이 /ㄸ/으로 경음화

표면적으로 눈에 보이는 것은 위의 두 가지뿐이다. 그런데 먼저 ⓐ에 대해 살펴보자. /ㅌ/이 탈락한 것은 눈에 보인다. 그런데 /ㅌ/이 그냥 탈락한 것이라면 어미 [따]에 적용된 경음화는 왜 일어났을까? /ㅌ/이 그냥 탈락하고 나면 /ㄹ/이 남는데, /ㄹ/ 뒤에서는 경음화가 일어나지 않는 것이 자연스럽다. '알다[알다], 불다[불다]'에서 보듯이 어간 말음 /ㄹ/ 뒤에서는 [다]가 경음화되지 않는다. 이는 ⓐ가 적용된 후에 바로 ⓑ가 적용될 수 없다는 것을 말해 준다. 따라서 다시 생각해 보아야한다.

[할따]의 경음화를 설명하기 위해서는 보이지 않지만, 어떤 음운 변동이 있었다고 가정해야 한다. 이때 가정할 수 있는 어떤 음운 변동은 바로 음절의 끝소리 규칙이다. 그 이유는 어미 두음의 경음화를 설명할 수 있는 단서를 어간말 자음군 /ㄾ/ 외에 다른 곳에서는 찾을 수 없기 때문이다. 그래서 '낱개[낟깨]'에서처럼 '낱개 → 낟개(음절의 끝소리 규칙) → 낟깨(경음화)'와 같은 음운 과정이 있었다고 보는 것이다. 보이지는 않지만 이러한 가정 하에 [할따]를 설명하면 (6)과 같다.

(6)
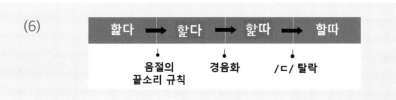

(6)은 '/읊다/ → [읍따]'에 적용된 음운 변동과 비슷해 보이기는 하지만, '읊다 [읍따]'에서는 제기되지 않던 문제가 발생한다. [읍따]에서는 /ㄹ/이 먼저 탈락하기 때문에 '음절의 끝소리 규칙 → 경음화'를 가정하는 데 문제가 없었다. 그러나 [할따]에서는 [읍따]처럼 '음절의 끝소리 규칙 → 경음화'의 순서를 쉽게 가정하기가 어렵다. 그 이유는 두 가지이다.

첫째, '음절의 끝소리 규칙 → 경음화'의 순서를 가정하는 것은 표면형에서 존재하지도 않고, 절대로 실현될 수도 없는 '핥다'와 '핥따'를 상정해야만 한다. 앞에서 국어에는 음절말에 자음이 하나밖에 올 수 없는 음절구조제약이 있고, 이 제약은 발음을 했을 때 즉, 표면형에서의 제약이라고 설명하였다. 또한 음절의 끝소리 규칙의 원인이 되는 불파 역시 표면형에서 발음을 했을 때의 제약이다. 그리고 자음군 단순화는 불파 즉, 음절의 끝소리 규칙에 선행하는 음절구조제약이다.[4] 따라서 음절의 끝소리 규칙이 적용되려면 자음군 단순화가 먼저 적용되어야 한다. 이 사실을 떠올리면 자음군 단순화보다 음절의 끝소리 규칙이 먼저 적용된 '핥다'나 '핥따'가 존재할 수 없다는 것을 이해할 수 있을 것이다. 이처럼 음절의 끝소리 규칙과 '핥'은 서로 양립할 수 없다. 즉 음절의 끝소리 규칙이 적용되었다면 절대로 '핥'이

4 종성에 자음이 하나밖에 올 수 없고, 하나밖에 올 수 없는 그 자음도 불파로 인해 모든 자음이 실현되지 못하고 7개(/ㅂ, ㄷ, ㄱ, ㅁ, ㄴ, ㅇ, ㄹ/)만 실현된다. 이처럼 논리적으로 종성에 자음이 하나밖에 올 수 없는 제약이 음절말에서 불파되는 제약보다 선행한다고 가정한다.

존재할 수 없는데, '핥'이 존재하려면 종성에 자음이 하나밖에 올 수 없는 제약에 앞서 음절의 끝소리 규칙이 먼저 적용되어야 한다.

　둘째, 억지스럽지만 '핥'에서 음절의 끝소리 규칙이 적용된 '핥'이 실재할 수 있다는 것을 일단 인정해 보자. 그런데 이를 인정한다고 해서 문제가 해결되는 것도 아니다. '음절의 끝소리 규칙 → 경음화'의 순서를 가정하게 되면 '핥'에서 /ㄷ/이 탈락하는 시점이 문제가 된다. [ㄷ]은 어떻게든 어미 두음을 경음화시키기 전에 탈락해서는 안 되고, 반드시 어미 두음을 경음화시킨 후에 탈락해야 한다. 즉 '핥다 → 핥다 → 핥따 → 할따'에서 '핥다' 시점에서 탈락하면 안 되고, 반드시 '핥따'에서 탈락해야 한다. '핥다'에서 /ㄷ/이 탈락해 버리면, 어미 두음의 경음화를 설명할 수 없기 때문이다. 그러나 문제는 이렇게 가정해야 하는, 또는 이렇게 가정할 수 있는 어떠한 근거도 없다. 즉 /ㄷ/이 '핥따' 이후에 탈락한다는 것은 전혀 증명될 수가 없다. 그리고 무엇보다도 자음군 단순화가 음절의 끝소리 규칙에 선행하는 것이 자연스러운 음운 과정인데, 이러한 자연스러운 음운 과정을 왜 거스르는지 그 이유를 설명할 수도 없다.

　지금까지 살펴본 것처럼 '핥다[할따]'를 (6)과 같이 설명하는 것은 실증적이지 않다. 실재하지 않는 '핥다', '핥따'를 상정해야 하고, /ㄷ/이 탈락하는 시점도 인위적으로 '핥따' 이후라고 약정해야만 한다. 말 그대로 '상정'하고 '약정'한다는 것은 증명이 아니다. 그래서 이러한 설명은 추상적이라는 비판을 받는다.

　그러면 다시 원점으로 돌아와서 /핥다/ → [할따]를 어떻게 설명해야 하는가? 현재로서는 '/핥다/ → [할따]'에 어떤 음운 변동들이 적용되었는지, 그리고 그 음운 변동들의 적용 순서는 어떻게 되는지를 실증적으로 증명할 수 없다. 어떤 순서로 적용된다고 하기 위해서는 그러한 순서이어야 하는 것을 증명해야 하는데, 어떤 식으로도 증명이 되지 않기 때문이다.

　그러나 현재 그래도 가장 개연성 있는 설명은 (6)의 순서이다. (6)이 문제가 있는 설명이긴 하지만, 그래도 그나마 논리적으로 문제가 상대적으로 적다는 뜻이다. 그래서 말 그대로 다른 것에 비해 개연성이 있는 설명이라는 뜻이고, (6)이 언어적 사실과 일치한다는 의미는 결코 아니다. 학교문법에서 가르쳐야 한다면 현재로서는 (6)의 순서로 가르치는 것이 그나마 가장 현실적인 대안이다. 언어적 사실과 일치하는 설명이 확립되기 전까지는, 가능한 설명 중 가장 설명적으로 그럴듯한 것을 가르칠 수밖에 없다.

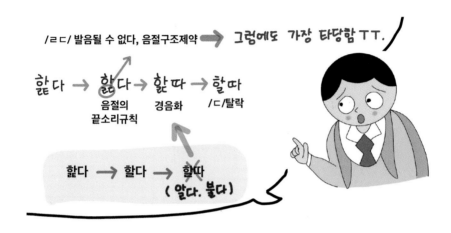

참고로 '/앉다/ → [안따]', '/얹다 → [언따]'에 적용된 음운 변동 역시 (6)과 평행하다.

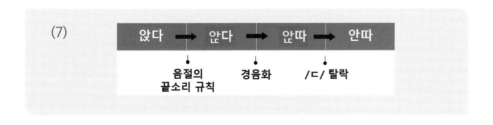

(7)에서 보듯이 (6)과 같이 설명할 수 있다. 하지만 또한 (6)에서 제기되었던 문제를 그대로 안고 있다.

'예삿일[예산닐]'은 사잇소리 현상인가요, /ㄴ/ 첨가인가요?

한마디로 설명

'예삿일'은 '예사+일'이 결합한 합성어이다. 발음 '예사+일 → [예산닐]'에는 /ㄴ/이 두 개 첨가되었는데, [산]의 /ㄴ/은 사잇소리 현상으로 첨가된 것이고, [닐]의 /ㄴ/은 /ㄴ/ 첨가로 첨가된 것이다. 그러니까 '예삿일[예산닐]'은 사잇소리 현상과 /ㄴ/ 첨가 둘 다 적용되었다.

참고로 〈한글 맞춤법〉에서는 '사잇소리 현상'이 아니라 '사이시옷 첨가'라는 용어를 사용한다. '예삿일[예산닐]'은 〈한글 맞춤법〉 제30항 사이시옷 첨가 규정에서 'ㄴ-ㄴ' 소리가 덧나는 예로 제시되어 있다. 하지만 'ㄴ-ㄴ'이 모두 사이시옷 첨가는 아니므로 음운론적으로는 정확한 표현은 아니다. 다만 'ㄴ-ㄴ' 중에 앞에 /ㄴ/은 사이시옷 첨가 이므로 사이시옷 첨가의 예가 될 수는 있다. 그리고 뒤의 /ㄴ/은 /ㄴ/ 첨가이므로 /ㄴ/ 첨가의 예 또한 될 수 있다.

자세히 설명

사잇소리 현상을 이해하려면 먼저 다음의 두 가지를 확인할 필요가 있다.

1 합성어이면서, 두 어근 중 적어도 하나는 고유어일 것
2 ⓐ 후행 어근의 첫소리가 된소리가 되거나,
　ⓑ 선행 어근의 종성에 표면적으로 [ㄴ]이 첨가된 경우

1은 사잇소리 현상의 대상에 대한 규정이다. 그래서 '해님'처럼 파생어는 사잇

소리 현상의 대상이 아니다. 그리고 '효과(效果)[효꽈]', '사건(事件)[사껀]' 처럼 후행 어근의 첫소리가 된소리가 되지만 한자어인 경우는 역시 사잇소리 현상의 대상이 아니다.

②는 사잇소리 현상의 판단 준거에 대한 것이다. 사잇소리가 첨가되었는지 아닌지를 판단하는 준거는 두 가지이다. ⓐ '내+가[낻까]', '산+불[산뿔]' 처럼 후행 어근의 첫소리가 된소리가 된 경우, ⓑ '내+물[낸물]' 처럼 선행 음절 종성에 표면적으로 [ㄴ]이 첨가된 경우, 이 두 경우에 사잇소리 현상 즉, 사이시옷이 첨가되었다고 판단한다.

사잇소리 현상의 정의와 관련하여서는 학자에 따라, 국어학 개론서에 따라, 또한 학교문법 교과서에 따라 약간의 차이가 있다. 그 핵심은 '콩잎[콩닙]', '좀약[좀냑]' 에서의 /ㄴ/ 첨가를 사잇소리 현상과 같은 것으로 볼 것이냐 아니냐이다. 그리고 첨가된 소리가 무엇이냐 하는 것 역시 이견이 있다. 상황이 이러하기 때문에 용어 역시 단일 개념으로 사용되지 못하고 있다. 그래서 같은 용어를 사용하지만, 그 용어의 정의가 다른 경우도 있다. 관련된 용어를 모두 제시하면 다음과 같다.

- 사이시옷 첨가
- 사잇소리 첨가
- 사잇소리 현상
- /ㄴ/ 첨가

우선 학교문법에서는 '사잇소리 현상' 이라는 용어를 사용하고, 〈한글 맞춤법〉에서는 '사이시옷 첨가' 라는 용어를 사용한다. 학교문법에서 '사이시옷 첨가' 는 사잇소리 현상의 하위분류 즉, 사잇소리 현상의 하나이다. 즉 학교문법에서는 사잇소리 현상의 하위에 사이시옷 첨가와 /ㄴ/ 첨가 두 가지를 두는 분류를 채택하고 있다.

구체적인 예를 가지고 좀 더 자세히 설명하기로 하겠다.[1]

(1) 냇가, 촛불, 종갓집, 장맛비

(2) 냇물[낸물], 콧날[콘날], 잇몸[인몸]

(3)[2] 막일[망닐], 홑이불[혼니불] / 집안일[지반닐], 길옆[길렵], 옛얘기[옌냬기]
/ 내복약(內服藥)[내봉냑], 식용유(食用油)[시굥뉴], 종착역(終着驛)[종창녁]

위의 네 가지 용어(사이시옷 첨가, 사잇소리 첨가, 사잇소리 현상, /ㄴ/ 첨가) 중에서 어떤 용어를 사용하느냐는 결국 (1) ~ (3)의 예를 어떻게 분류하느냐의 문제와 연관되어 있다. 이와 관련된 관점의 차이 역시 네 가지 정도로 나뉜다. 아래부터는 (1)을 가리킬 때는 '냇가[낻까]'의 예를, (2)를 가리킬 때는 '냇물[낸물]'의 예를, (3)을 가리킬 때는 '막일[망닐]'의 예를 들어 설명하겠다.

  개

  • '냇가[낻까]', '냇물[낸물]'은 사이시옷 첨가
  • '막일[망닐]'은 /ㄴ/ 첨가

1 기원적으로 '냇가'와 '냇물'의 'ㅅ'은 중세국어 속격 조사 'ㅅ'이었다. 이에 대한 자세한 설명은 ☞5.7. [낻까]의 표기가 왜 '낻가'가 아니고 '냇가'인가요? 참조.
2 '/'를 경계로 맨 왼쪽은 파생어, 가운데는 합성어, 가장 오른쪽은 한자어의 예이다.

㉮는 구체적으로 ⑴, ⑵에서 첨가된 소리는 /ㅅ/, ⑶에서 첨가된 소리는 /ㄴ/
이라고 명시한 것이다. 이러한 입장은 통시적으로 '냇가'의 'ㅅ'이 중세국어 관형격
조사 'ㅅ'과 관련되어 있다는 사실을 고려한 것이다.[3] ㉮와 같은 용어 사용의 대표
적인 경우가 어문 규정이다.

> ㉯
> - '냇가[낻까], '냇물[낸물]'을 사잇소리 첨가
> - '막일[망닐]'을 /ㄴ/ 첨가

㉮와 ㉯의 차이는 '사이시옷'과 '사잇소리'이다. 그렇지만 이는 단순히 형식적
인 차원의 차이만은 아니다. ㉮와 달리 ㉯에서 사이시옷이라고 하지 않고 사잇소리
라고 한 이유는 첨가된 소리가 정확히 /ㅅ/인지 아닌지 증명하기 어렵다는 학문문
법에서의 논쟁을 반영한 것이다.

우리가 실제 발음하고 듣는 형태, 음운론에서는 이를 표면형이라고 하는데, 표
면형 [낻까]에서 확인할 수 있는 소리는 /ㄷ/이고, [낸물]에서 확인할 수 있는 소리
는 /ㄴ/이다. 물리적으로 첨가된 소리가 /ㅅ/이라는 것은 확인할 수 없다.

〈한글 맞춤법〉은 [낻까]에서 [ㄷ], [낸물]에서 [ㄴ]이 결국 /ㅅ/이 첨가된 이후
음운 변동이 적용된 것이라고 해석하는 관점이다. 그래서 표기상 '냇가', '냇물'처
럼 'ㅅ'을 받침에 적은 것이다.

만일 표기형을 근거로 첨가된 소리가 /ㅅ/이라고 하는 것은 본말이 뒤바뀐 해
석이다. 다시 말해 표기형 '냇가', '냇물'은 〈한글 맞춤법〉의 표기일 뿐이고, '냇가',
'냇물'처럼 'ㅅ'으로 표기되었다는 것과 실제로 첨가된 소리가 /ㅅ/이라는 것은 다

---

3 사이시옷과 중세국어 속격 조사와의 연관성에 대해서는 ☞2.10. 왜 '소고기'
를 '쇠고기'라고도 하나요? 참조.

른 얘기이다. 〈한글 맞춤법〉의 표기는 대부분 언어적 사실을 반영하여 정한 것이긴 하지만, 표기 자체를 곧 바로 언어적 사실로 이해하는 것은 문법적인 사고는 아니다. 그렇다고 '냇가', '냇물'에 첨가된 소리가 /ㅅ/이 아니라는 것은 아니다. /ㅅ/일 가능성은 여전히 열려 있다. 다만 표기를 들어 첨가된 소리가 /ㅅ/이라고 하는 것은 문법적인 해석이 아니라는 뜻이다.

[다]

- '냇가[낻까]', '냇물[낸물]', '막일[망닐]' 모두 모두 사잇소리 현상
- 사잇소리 현상의 하위에 사이시옷 첨가, /ㄴ/ 첨가
- '냇가[낻까]'와 '냇물[낸물]'은 사이시옷 첨가
- '막일[망닐]'은 /ㄴ/ 첨가

[나]와 [다]의 차이는 '사잇소리 첨가:사잇소리 현상'이라는 명명의 차이도 있지만, 핵심은 집합의 크기이다. 즉 [나]에서 사잇소리 첨가의 집합은 '냇가[낻까]'와 '냇물[낸물]'인데, [다]에서 사잇소리 현상의 집합은 '냇가[낻까]', '냇물[낸물]'에 더하여 '막일[망닐]'까지 포함된다. [다]는 학교문법에서 일반적으로 채택하고 있는 방식인데, 부분적으로 [나]를 채택한 경우도 있다.

마지막으로 네 번째는 아래와 같다.

[라]

- '냇가[낻까]', '냇물[낸물]', '막일[망닐]'을 모두 사잇소리 현상
- 사잇소리 현상의 하위에 사이시옷 첨가, /ㄴ/ 첨가
- '냇가[낻까]'는 사이시옷 첨가
- '냇물[낸물]'과 '막일[망닐]'이 같은 /ㄴ/ 첨가[4]

㉰와 ㉱의 차이는 '냇물[낸물]'에 대한 해석상의 차이이다. 즉 ㉰는 '냇물[낸물]'을 '냇가[낻까]'와 같은 사이시옷 첨가 현상의 예로 해석한 반면, ㉱는 '냇물[낸물]'을 '막일[망닐]'과 같은 /ㄴ/ 첨가로 해석한 것이다.

여기서 '냇물[낸물]'을 왜 /ㄴ/ 첨가라고 하느냐는 질문이 제기될 수 있다. 앞에서도 언급했듯이 표기형 '냇물'의 'ㅅ'은 그것이 실제 [ㅅ]이 첨가되어 'ㅅ'으로 표기한 것이 아니라, 표면형 [낸물]에서 확인할 수 있는 [ㄴ]이 /ㅅ/이 첨가된 후 음운 변동이 적용되어(내+물 → 냇물 → 낻물 → 낸물) [ㄴ]이 된 것이라고 해석하여 'ㅅ'으로 표기한 것뿐이다.

그런데 우리가 표면형 [낸물]에서 실제로 귀로 확인할 수 있는 소리는 [ㄴ]이 첨가된 것이다. 그래서 표면형에서 우리가 들은 그대로의 소리인 /ㄴ/이 첨가된 것으로 보아야 한다는 주장이 가능하다. 표면형 [낸물]에서 /ㅅ/이 첨가되었는지 여부는 증명이 불가능하다. 증명이 불가능하니까 실제 나타난 그대로 /ㄴ/ 첨가라고 보자는 것이다.

학문문법에서는 연구자에 따라 ㉮ ~ ㉱ 네 가지 관점 중 어느 하나의 입장을 취

4   이렇게 해석하는 입장에서 맞춤법 표기 '냇물'은 기저형을 제대로 나타낸 것으로 보지 않는다. [낸물]에서 일어난 교체를 /ㄴ/ 첨가라고 한다는 것은 [낸물]의 기저형이 /냇물/이 아니라 /낸물/이라고 보는 것이다. 즉 전제가 다른 것이다.

하고 있다. 어문 규정은 어느 하나를 정해야 하기 때문에 네 가지 중에서 ㉮의 관점을 채택하고 있다. 그리고 학교문법에서도 용어 사용이 통일되지 않은 채 ㉰의 관점을 채택한 경우가 가장 많기는 하지만, ㉯의 관점, ㉱의 관점도 부분적으로 채택되어 있다. 이처럼 학문적으로도 용어 자체가 통일되어 있지 않고, 어문 규범과 학교문법에서의 용어 사용도 다르다. 그렇기 때문에 '냇가[낻까]', '냇물[낸물]', '막일[망닐]'을 구분하는 일이 헷갈릴 수밖에 없는 것이 현실이다.

그러면 어느 것이 맞느냐 하고 물을 수 있다. 이에 대한 대답은 용어에 초점을 두지 말고, '냇가[낻까]', '냇물[낸물]', '막일[망닐]' 세 유형의 현상 자체의 특성을 구별해 주는 것이 바람직하다. 현상과 명명의 연결 역시 자의적인 것이고, 그래서 어느 명명이 맞고 어느 명명은 틀렸다는 식의 태도는 바람직하지 않다.

교육 현장에서는 어문 규정에서의 용어 사용과 학교문법의 용어 사용이 다른 것이 문제가 된다. 〈한글 맞춤법〉에서의 용어는 '사이시옷 첨가'이다. 어문 규정⁵에서는 '사잇소리 현상'이라는 용어를 사용하지 않는다. '냇가[낻까]'와 '냇물[낸물]'은 〈한글 맞춤법〉에서 사이시옷 첨가의 예로 제시되어 있고, '막일[망닐]'은 〈표준 발음법〉에서 /ㄴ/ 첨가의 예로 제시되어 있다. 그러니까 어문 규정 내에서 '막일[망닐]'은 사이시옷 첨가의 예가 아니다.

그런데 더 복잡한 것은 〈한글 맞춤법〉에서 ⑷와 같은 예를 사이시옷 첨가의 예로 제시하고 있다는 점이다.

(4)   예삿일[예산닐], 나뭇잎[나문닙], 훗일[훈닐]

---

5   어문 규정에는 〈한글 맞춤법〉, 〈표준어 규정〉, 〈국어의 로마자 표기법〉, 〈외래어 표기법〉 4가지가 있다. 〈표준 발음법〉은 〈표준어 규정〉의 하위 규정이다.

(4)는 '냇물[낸물]'에서의 음운 현상과 '막일[망닐]'에서의 음운 현상 둘 다 적용된 것이다. 즉 사이시옷 첨가와 /ㄴ/ 첨가 둘 다 적용된 예들이다. 그 음운론적 과정을 보면 (5)와 같다. 아래에서부터의 용어 사용은 ㉮의 방식을 따르겠다.

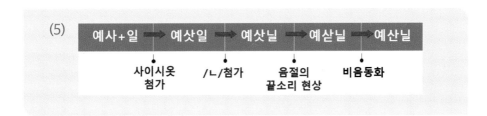

(5)에서 보듯이 (4)에는 사이시옷 첨가도 일어났고, /ㄴ/ 첨가도 일어났다. 사이시옷 첨가와 /ㄴ/ 첨가의 순서는 사이시옷 첨가가 먼저이다. 왜냐하면 /ㄴ/ 첨가는 선행 음절 종성이 있을 때만 일어나기 때문이다. 아무튼 문제는 규범에서 사이시옷 첨가의 예로 (4)를 제시하면서 /ㄴ/ 첨가와 혼란을 야기할 수밖에 없는 원인을 제공한 면도 없지 않다.

㉱처럼 '막일[망닐]'에서의 /ㄴ/ 첨가를 '냇물[낸물]'의 /ㄴ/ 첨가와 같은 현상으로 보는 경우가 있기는 하지만, 이는 일반적이지 않다. 일반적으로 '냇물[낸물]'과 '막일[망닐]'을 같은 /ㄴ/ 첨가로 보지는 않는다. '냇물[낸물]'은 '냇가[낻까]'와 같은 현상 즉, 사이시옷 첨가로 보고, '막일[망닐]'은 별도의 현상 즉, /ㄴ/ 첨가로 보는 것이 일반적이다. 그 근거는 다음과 같다.

첫째, '막일[망닐]'의 /ㄴ/ 첨가는 순수하게 음운론적인 조건에서 의해 일어난 현상인 반면, '냇물[낸물]'은 그렇지 않다. '막일[망닐]'은 선행 음절 종성이 있고, 후행 음절 초성이 모음 /ㅣ/나 반모음 /y/로 시작할 때 예외 없이 /ㄴ/이 첨가된다. 그래서 '막일[망닐]'에서처럼 파생어는 물론이고, '집안일[지반닐]'처럼 합성어에서도 일어나고, '내복약(內服藥)[내봉냑]'처럼 한자어에서도 일어난다. 심지어 '진영아[진녕아]'처럼 이름에서도 조건만 되면 /ㄴ/ 첨가가 일어나고, '하던 일[하던닐],

먹던 약[먹떤냑] 처럼 단어 경계를 넘어서도 적용된다.

하지만 '냇물[낸물]'은 순수하게 음운론적인 조건에서 일어나는 것이 아니라 형태·의미론적인 조건도 충족되어야 첨가가 일어난다. 그 조건은 ㉠ 합성어이고, ㉡ 두 어근 중 적어도 하나는 고유어이고, ㉢ 두 어근의 의미 관계가 '시간, 소유, 장소, 기원, 용도'의 의미 관계일 때, ㉣ 그리고 음운론적으로 선행 음절 종성이 비어 있을 때이다. '냇물[낸물]'에서 표면형에서 확인되는 소리는 /ㄴ/이긴 하지만, 이 /ㄴ/이 첨가되는 조건은 '냇가[낻까]'에서 사잇소리가 첨가되는 조건과 동일하다. 다만 이러한 조건에서 후행 어근의 두음이 /ㄴ, ㅁ/일 때에는 표면형(발음형)에서 /ㄴ/이 첨가된 것처럼 나타난다. 그러나 이 /ㄴ/은 '냇가[낻까]'와 같이 /ㅅ/이 첨가되었다 하더라도 후행 어근의 두음이 /ㄴ, ㅁ/이기 때문에 결국 '내+물 → 냇물 → 낻물 → 낸물' 처럼 비음동화되어 표면적으로는 /ㄴ/이 될 수밖에 없다.

둘째, 첨가되는 위치가 서로 다르다. '냇물[낸물]'은 선행 어근의 종성에 첨가되지만, '막일[망닐]'은 후행 어근의 두음에 첨가된다. 첨가되는 조건만 다른 것이 아니라, 첨가되는 위치도 다르다. 그래서 '냇물[낸물]'과 '막일[망닐]'에서 표면적으로만 보면 첨가된 소리가 /ㄴ/으로 같아 보이지만, 실제 첨가된 소리는 '냇물[낸물]'에서는 /ㅅ/, '막일[망닐]'에서는 /ㄴ/으로 서로 다르다.

1.5. '갈등[갈뜽]'과 '갈대[갈때]'의 경음화는 같은 것인가요?

한마디로 설명

경음화가 일어나는 원인은 여러 가지가 있다. 그래서 경음화는 경음화되었다는 결과적 현상을 파악하는 것보다는 그 원인을 파악하여 이해하는 것이 중요하다.

'갈등(葛藤)[갈뜽]'은 한자어라는 어휘적 조건에서만 일어나는 경음화이고, '갈대[갈때]'는 사잇소리 첨가에 의한 경음화이다. 경음화가 일어났다는 결과적 양상은 같지만, 그 원인은 서로 다르다.

자세히 설명

국어에서 경음화가 일어나는 원인은 여러 가지가 있는데, 크게 5가지 정도로 나눌 수 있다.

원인	예	조건
㉮ 한자어 /ㄹ/ 뒤 경음화	결단(決斷)[결딴] 발생(發生)[발쌩] 절전(節電)[절쩐]	❶ 한자어일 것 ❷ 선행 음절 종성이 /ㄹ/로 끝날 것 ❸ 후행 음절 초성이 /ㄷ, ㅅ, ㅈ/으로 시작할 것
㉯ 합성어에서 사잇소리 첨가에 의한 경음화	물고기[물꼬기] 봄바람[봄빠람] 봄비[봄삐]	❶ 합성어(어근+어근)일 것 ❷ 두 어근 중에서 적어도 하나는 고유어일 것 ❸ 선행 어근의 마지막 음절 자음이 유성 자음인 /ㅁ, ㄴ, ㅇ, ㄹ/로 끝날 것 ❹ 두 어근의 의미 관계가 '시간, 소유, 기원, 장소, 용도' 중의 하나일 것

㉓ 음절말 불파에 이은 경음화	입김[입낌] 국밥[국빱] 닫다[닫따]	· 음절말
㉔ 용언 어간말 비음 뒤 경음화	(아이를) 안다[안따]	· 용언 어간의 말자음이 비음일 때
㉕ 관형사형 어미 '-을' 뒤 경음화	할 수[할쑤] 갈 바[갈빠] 잘 자리[짜리]	· 관형사형 어미 '-을' 뒤에 의존 명사가 올 때, 또는 일부 자립 명사가 올 때

각각에 대해 순서대로 설명을 하면 아래와 같다.

먼저 ㉮의 '한자어 /ㄹ/ 뒤 경음화'에 대해서 살펴보자.

(1) 결단(決斷)[결딴], 발생(發生)[발쌩], 절전(節電)[절쩐]

(2) ㉠ 발견(發見)[발견], 결별(訣別)[결별]
     ㉡ 분단(分斷)[분단], 반사(反射)[반사], 선전(宣傳)[선전]

질문의 '갈등[갈뜽]'과 같은 원인에 의해 경음화가 일어난 예가 (1)이다. (1)의 경음화에는 세 가지 조건이 있다. 첫째, 한자어일 것, 둘째, 선행 음절 종성이 /ㄹ/로 끝날 것, 셋째, 후행 음절 초성이 /ㄷ, ㅅ, ㅈ/으로 시작할 것, 이렇게 세 가지 조건이 모두 충족되면 경음화가 예외 없이 일어난다. 그러면 (2)에서 경음화가 일어나지 않은 이유가 자연스럽게 설명될 수 있다. (2㉠)은 한자어이고, 선행 음절 종성이 /ㄹ/로 끝났지만, 후행 음절 초성이 /ㄷ, ㅅ, ㅈ/이 아니어서 경음화가 일어나지 않았다. 그리고 (2㉡)은 한자어이고, 후행 음절 초성이 /ㄷ, ㅅ, ㅈ/이지만, 선행 음절 종성이 /ㄹ/이 아니기 때문에 역시 경음화가 일어나지 않았다.

그런데 아래 (3)은 (1)의 조건이 아닌데도 왜 경음화가 일어날까? 심지어 '이권

[이꿘]', '사건[사껀]'은 선행 음절이 모음으로 끝났는데도 경음화가 된다. (3)의 경음화는 규칙화 자체가 불가능하다. 그래서 (3)은 '권(權), 과(科), 법(法), 건(件)…' 등의 특정 한자의 특성으로 설명하는 것 외에는 딱히 설명할 길이 없다.

> (3) 이권(利權)[이꿘], 문과(文科)[문꽈], 형법(刑法)[형뻡], 사건(事件)[사껀]

정리하면, (1)에서 설정한 조건 즉, 한자어이면서 선행 음절 종성이 /ㄹ/이고, 후행 음절 초성이 /ㄷ, ㅅ, ㅈ/일 때는 예외 없이 경음화가 일어난다. 그러나 이밖의 다른 조건에서 경음화가 일어나지 않는 것은 아니다. 즉 일반적이지는 않지만, (1)의 조건이 아닐 때에도 예외적으로 (3)처럼 경음화 일어나기도 한다. 그러나 (1)의 조건에서 경음화가 일어나지 않는 경우는 없다.

囝의 합성어에서 사잇소리 첨가에 의한 경음화에 대해 살펴보자.[1]

> (4) 봄비[봄삐], 갈대[갈때][2], 물고기[물꼬기], 산새[산쌔], 강가[강까]

---

1   사잇소리 첨가에는 '냇가[낻까]' 외에도 '냇물[낸물]'과 같은 예도 있다. 사잇소리 첨가에 대한 자세한 설명은 ☞ 1.4. '예삿일[예산닐]'은 사잇소리 현상인가요, /ㄴ/ 첨가인가요? 참조.

2   '갈대'는 '갈'의 '대'이다. '갈'은 지금의 '갈대'를 뜻하는 우리말이고, '대'는 '줄기'를 뜻하는 우리말이다. '갈'은 김소월의 '엄마야 누나야'라는 시에 나오는 '창문 밖에는 갈잎의 노래'의 '갈'이다. '갈잎'은 '갈의 잎'을 말한다. '갈대'는 원래 '갈'이라는 식물의 줄기를 가리키는 말이었는데, 지금은 '갈대'가 '갈'의 의미로 확장되어 쓰이고 있는 것이다.

> (5) 불고기, 생고기, 팔다리

(4)의 경음화는 네 가지 조건이 모두 충족될 때 일어난다. 첫째, 합성어(어근+어근)일 것, 둘째, 두 어근 중에서 적어도 하나는 고유어일 것, 셋째, 선행 어근의 마지막 음절 자음이 유성 자음인 /ㅁ, ㄴ, ㅇ, ㄹ/로 끝날 것, 넷째, 두 어근의 의미 관계가 '시간, 소유, 기원, 장소, 용도' 중의 하나일 것, 이렇게 네 가지 조건이 충족되었을 때 경음화가 일어난다. 그러면 왜 (5)는 경음화가 일어나지 않았을까? (5)는 첫째, 둘째, 셋째 조건을 충족시키기는 했지만, 넷째 조건이 충족되지 않아서 경음화가 일어나지 않았다.[3] (5)의 합성어는 두 어근의 의미 관계가 '시간, 소유, 기원, 장소, 용도' 어느 것에도 해당되지 않는다.

단어 중에는 (6)처럼 이미 사잇소리가 형태에 반영된 것들도 있다.[4]

> (6) ㉠ 냇가[낻까], 바닷가[바닫까], 종갓집[종갇찝], 장맛비[장맏삐]
> ㉡ 냇물[낸물], 잇몸[인몸], 잔칫날[잔친날]

(6)은 사잇소리가 첨가된 상태로 단어의 형태가 재구조화된 것들이다. 이들의 경우는 '어근+어근'에서 선행 어근의 말음절이 모음으로 끝났을 때이다. 지금까지의

---

3   넷째의 조건인 두 어근의 의미 관계는 음운론적인 조건환경이 아니다. 의미 관계 자체가 명료하지 않고, 연구자에 따라 다른 해석도 가능하다. 그래서 넷째 조건은 여전히 논란이 되는 부분이다.

4   사잇소리 첨가가 표기상에 반영된 합성어들에 내재된 통시적인 사건에 대해서는 ☞5.7. [낻까]의 표기가 왜 '낻가'가 아니고 '냇가'인가요? 참조.

설명을 이해했다면 '해+님'이 '해님'인지 '햇님'인지 설명할 수 있을 것이다. 사잇소리 첨가는 합성어라는 조건, 그리고 두 구성 요소 중에서 적어도 하나는 고유어일 때인데, '해님'은 합성어가 아니라 파생어이기 때문에 사잇소리 첨가의 대상이 되지 않는다.

　ⓓ의 음절말 불파에 이은 경음화는 국어에서 우리가 그렇게 발음하지 않을 수 없기 때문에 일어나는 경음화이고, 그렇기 때문에 가장 높은 빈도로 일어나는 경음화이다. 즉 (7)의 경음화는 발음 구조의 압력에 의해 일어나는 현상이다.[5]

> (7)　입김[입낌], 닫고[닫꼬], 국밥[국빱], 잎새[입쌔], 낟개[낟깨]

---

　(7)은 학교문법에서 음절의 끝소리 규칙[6]이라고 부르는 현상과 관련이 있다. 음절의 끝소리 규칙은 음절말에서 [ㅂ, ㄷ, ㄱ, ㅁ, ㄴ, ㅇ, ㄹ] 이렇게 7개의 자음만이 발음될 수 있는 현상을 가리키는 용어이다. 그러면 왜 음절말에서 7개의 자음만 발음될 수 있는가? 그것은 바로 국어는 다른 언어와 달리 음절말 자음을 불파시키는 언어이기 때문이다.[7] 음절말 자음의 불파는 공기의 압력을 상승시키게 되는데, 상승된 압력의 공기가 후행 음절 초성의 자음을 강하게 발음하게 하여 경음화가 일어나

5　음절말 불파에 이은 경음화에 대한 보다 자세한 설명은 ☞1.14. '독도[독또]'는 왜 동화가 아닌가요? 참조.

6　음절의 끝소리 규칙, 7종성 법칙, 말음 법칙, 평파열음화, 평폐쇄음화, 중화 등 여러 가지 용어로 불리는데, 어쨌든 동일한 현상에 대한 다른 표현이다. 이때 동일한 현상이란 음절말 불파를 말한다. 즉 음절말 불파의 결과적 현상에 대해 관점에 따라 다른 명칭들이 붙여진 것이다.

7　국어의 음절구조제약에 대해서는 ☞1.3. '읊다'에 어떤 음운 변동이 어떻게 적용되어 [읍따]가 되었나요? 참조.

게 된다. 이러한 경음화는 예외도 없고, 국어에서 가장 많이 나타나는 경음화이다.

㉣의 용언 어간말 비음 뒤 경음화는, 용언의 어간말이라는 형태론적인 정보가 도입되는 경음화이다. 즉 용언 어간말이라는 형태론적인 정보와 비음이라는 음운론적인 정보 두 가지가 충족되었을 때 일어나는 경음화이다.

(8) ㉠ (아이를) 안다[안따], 안고[안꼬]
　　㉡ (신을) 신다[신따], 신고[신꼬]
　　㉢ (계란을) 삶다[삼따], 삶고[삼꼬]

(9) (나는 그 사람을 잘) 안다[안ː다]

(8)에서 보듯이 용언 어간의 말자음이 비음일 때 경음화가 일어난다. (8㉢)의 '삶-' 역시 자음군 'ㄼ'의 마지막 자음은 비음 /ㅁ/이다. 이 사실을 정확히 이해했다면, (9)의 '안다[안ː다]'에서 경음화가 일어나지 않은 이유를 설명할 수 있을 것이다. (9)의 '안다'의 'ㄴ'은 용언 어간말의 'ㄴ'이 아니라 현재 시제 선어말어미 '-ㄴ-'이다. 그래서 ㉣의 경음화 조건을 충족시키고 있지 못하므로 경음화가 일어나지 않았다. '안다'에서 용언의 어간말 자음은 /ㄴ/이 아니라 /ㄹ/이다(알+ㄴ+다).

㉤의 관형사형 어미 '-을' 뒤에서의 경음화 역시, 관형사형 어미 '-을' 뒤라는 통사론적인 정보가 도입되는 경음화이다.

(10) 할 수[할쑤], 갈 바[갈빠], 잘 데[잘떼]

(11) ㉠ 갈 사람[갈싸람], 죽을 병[주글뼝]
　　㉡ 돌아갈 고향[돌아갈] [고향], 머무를 공간[머무를] [공간]

(10)처럼 관형사형 어미 '-을' 뒤에 의존명사가 올 때는 예외 없이 경음화가 일어난다. 그런데 관형사형 어미 '-을' 뒤에 명사가 올 때는 (11㉠)처럼 경음화가 일어나기도 하고, (11㉡)처럼 경음화가 일어나지 않기도 한다.

그러면 명사가 올 때는 왜 (11㉠)처럼 경음화가 일어나기도 하고, (11㉡)처럼 일어나지 않기도 하는가? 그것은 기식 단위(호흡 단위)로 설명한다. 즉 [갈사람]처럼 하나의 기식으로 발음하면 [갈싸람]으로 경음화가 일어난다. 그런데 의식적으로 '[갈] [사람]' 처럼 두 개의 기식 단위로 발음하면 경음화가 일어나지 않는다.

이렇게 보면 의존명사가 후행하는 (10)에서는 왜 경음화가 예외 없이 일어나는지 이해할 수 있을 것이다. 그것은 '관형사형 어미 '-을'+의존 명사' 구성은 항상 하나의 기식 단위로 발음하기 때문이다. 일상의 자연스러운 발화에서 '할 수'는 항상 [할쑤]처럼 하나의 기식 단위로 발음하지, '[할] [수]' 처럼 두 개의 기식 단위로 발음하는 일이 없다.

'꽃잎이[꼰니피]'에 적용된 음운 변동의 종류는 /ㄴ/ 첨가, 음절의 끝소리 규칙, 비음동화 3가지이다. 세 가지 음운 변동의 적용 순서에 대해서는 '/ㄴ/ 첨가'가 일어나고 난 뒤에 비음동화가 적용된다는 것만 분명하게 말할 수 있다. 음절의 끝소리 규칙과 /ㄴ/ 첨가의 순서는 확증하기 어렵다.

'꽃잎이[꼰니피]'에 /ㄴ/ 첨가, 음절의 끝소리 규칙, 비음동화 이렇게 3가지 음운 변동이 적용되었다는 것은 어렵지 않게 알 수 있다. 그러나 이 3가지 음운 변동의 적용 순서에 대해서는 확실하게 말하기 어렵다. 다만 [꼰]에 적용된 비음동화를 설명하기 위해서는 일단 '잎'에 /ㄴ/ 첨가가 먼저 일어나야 한다는 것은 논리적으로 명확하다. /ㄴ/ 첨가가 일어나지 않았는데, '꽃'이 [꼰]이 될 수는 없기 때문이다. 그래서 /ㄴ/ 첨가와 비음동화의 적용 순서는 일단 '/ㄴ/ 첨가 → 비음동화'로 확정할 수 있다.

그런데 음절의 끝소리 규칙과 /ㄴ/ 첨가의 순서는 확정할 수 없다. 즉 /ㄴ/ 첨가가 음절의 끝소리 규칙이 적용되기 전인 '꽃잎' 단계에서 일어났는지, 아니면 음절의 끝소리 규칙이 적용된 '꼳잎' 단계에서 일어났는지를 증명하기가 어렵다. 그 이유는 (1ⓒ) 때문이다.

(1) ㉠ 옷이[오시], 솥을[소틀]
　　 ㉡ 옷안[오단], 낱알[나달]

(1㉠)에서는 음절의 끝소리 규칙이 적용되기 전에 연음이 먼저 일어났지만, (1㉡)에서는 음절의 끝소리 규칙이 먼저 적용되고 나서 연음이 되었다. (1㉠)과 (1㉡)의 차이는 (1㉠)은 형태소 경계이고, (1㉡)은 단어 경계이다. 학교문법에서 조사를 품사의 하나로 분류하지만, 실질적으로 국어학에서 조사는 단어가 아니라 의존 형태소이다. 그래서 (1㉠)에서 '옷+이', '솥+을' 사이에는 형태소 경계가 있다고 해석한다. 이에 비해 (1㉡)에서 '옷'과 '안'은 모두 단어이므로 '옷+안' 사이에는 단어 경계가 있다. '낱+알' 역시 평행하다. 그래서 (1㉠)과 (1㉡)의 차이에 대해 형태소 경계와 단어 경계가 관여적이라고 해석한다. 즉 형태소 경계에서는 연음이 먼저 일어나고, 단어 경계에서는 음절의 끝소리 규칙이 먼저 일어난 후에 연음이 된다고 설명한다.

'꽃잎'에서 '꽃'과 '잎'은 둘 다 단어이므로 둘 사이의 경계는 단어 경계이다. 그래서 (1㉡)을 고려하면 '꽃잎'은 연음 이전에 '꼳입'처럼 음절의 끝소리 규칙이 먼저 적용될 수 있는 환경이다. 그리고 /ㄷ/이 연음되기 전에 /ㄴ/이 첨가되었다고 할 수 있다.

그런데 현실 발음에서는 단어 경계일 때도 연음이 먼저 되는 경우도 있다.

(2) 맛있다[마딛따 ~ 마싣따], 멋있다[머딛따 ~ 머싣따]

61

(2)에서 '맛'과 '있-'의 경계는 단어 경계이다. 그래서 음절의 끝소리 규칙이 먼저 적용된 후에 연음이 되어 [마딛따]로 실현된다. 그러나 음절의 끝소리 규칙이 적용되기 전에 연음이 먼저 일어난 [마싣따] 역시 존재한다. 최근의 젊은 세대에서는

[마딛따]보다 [마신따]로 발음하는 비율이 높다.

[마신따]의 존재는 '꽃잎'에서 음절의 끝소리 규칙이 적용되기 전에 /ㄴ/ 첨가가 일어났을 수도 있음을 보여 준다. /ㄴ/ 첨가가 일어나고 나면(꽃잎 → 꽃닢), 필연적으로 '꽃'의 종성 /ㅊ/은 연음될 수 없게 되어 음절의 끝소리 규칙에 의해 /ㄷ/이 될 수밖에 없다. 따라서 /ㄴ/ 첨가가 음절의 끝소리 규칙 이전에 일어났다고 하는 것도 가능하다.

결론적으로 '꽃잎' 단계에서 /ㄴ/ 첨가가 일어나는지, '꼳잎' 단계에서 /ㄴ/ 첨가가 일어나는지, 어느 쪽도 증명하기 어렵다. 증명하기 어렵기 때문에 둘 다 가능성으로 열려 있는 셈이다.

음운 변동은 아니지만 '꽃잎이[꼰니피]'에서 '잎'의 /ㅍ/이 언제 연음되는지에 대해서도 생각해 보자. 이것도 정확히 어느 시점이라고 증명하기 어렵다. 그렇지만 다음의 두 가지 가능성을 가정할 수는 있다. 첫째, '꽃'의 /ㅊ/에 음절의 끝소리 규칙이 적용되기 전에 /ㅍ/이 연음되는 경우([꽃니피]~[꽃이피]), 둘째, '꽃'에 음절의 끝소리 규칙이 적용될 때 연음되는 경우이다([꼰니피]~[꼳이피]). 어느 순서가 맞는지 증명할 수는 없지만, 두 가지 가능성 중의 하나이다.

표준 발음은 아니지만 '꽃잎이'를 [꼰니비]로 발음하는 것을 주위에서 쉽게 들을 수 있다.

(3) ㉠ [꼰니피]
     ㉡ [꼰니비]

(3)에서 '잎+이'는 형태소 경계이다. 그래서 (3㉠)처럼 연음이 먼저 일어난 [꼰니피]로 발음되고, 이 발음이 표준 발음이다. 그런데 (3㉡)에서 보듯이 형태소 경계임에도 불구하고 [꼰니비]처럼 음절의 끝소리 규칙이 먼저 적용된 후에 연음이 되기

도 한다. 실제 많은 사람들이 [꼰니비]로 발음하고 있다. '꽃잎이'에서 '잎+이'는 형태소 경계이지만, '잎'의 /ㅍ/을 연음시키지 않고 음절의 끝소리 규칙을 먼저 적용한 후에 연음하여 [꼰니비]가 된 것이다. (3)의 사실은 규범에서의 표준 발음 규정과 실제 언어의 차이를 보여 준다. 이처럼 현실 언어에서는 형태소 경계에서는 연음이 먼저 일어나고, 단어 경계에서는 음절의 끝소리 규칙이 적용된 후 연음이 일어나는 것이 항상 그렇다고 하기 어렵다.

지금까지의 논의를 종합하여 '꽃잎이'에 적용된, 가능한 음운 변동의 적용 순서를 생각해 보면, (4)처럼 3가지이다.

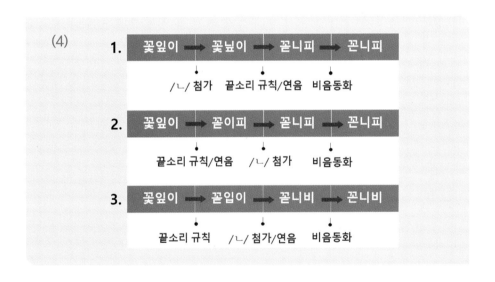

이 중에서 일반적으로 가장 타당하다고 받아들여지는 순서는 1번이다. 학교문법 역시 기본적으로 1번의 순서로 설명하고 있다.

1.7. '담력[담녁]'은 왜 비음동화가 아닌가요?

한마디로 설명

비음동화는 비음이 아닌 소리가 비음에 영향을 받아 비음으로 바뀌는 현상이다. 얼핏 보면 '담력[담녁]'도 종성의 비음 /ㅁ/ 때문에 /ㄹ/이 비음 /ㄴ/으로 바뀐 것처럼 보인다. 그래서 '담력[담녁]' 역시 비음동화가 아닌가 하는 생각을 할 수 있다.

그러나 '국력[궁녁], 입력[임녁]'처럼 선행 음절의 종성이 있을 때, 후행 음절 /ㄹ/은 예외 없이 /ㄴ/으로 바뀐다. /ㄹ/이 /ㄴ/으로 바뀌고 나면, 비음동화의 환경이 되어서 비음동화가 일어난다(국력 → 국녁 → 궁녁). 즉 /ㄹ/이 /ㄴ/으로 바뀌는 음운 변동이 비음동화의 환경을 만들어 준다.

'국력[궁녁]', '입력[임녁]'을 동시에 고려한다면, '담력[담녁]'을 비음동화라고 할 수 없음을 알 수 있다. '국력', '입력'에서는 /ㄱ/, /ㅂ/ 뒤에서 /ㄹ/이 /ㄴ/으로 바뀌었기 때문에 비음동화일 수가 없다. 다만 /ㄹ/이 /ㄴ/으로 바뀐 '국녁(← 국력)'에서 [궁녁]이 된 것은 비음동화이다.

자세히 설명

비음동화는 역행동화로 비음 앞에서 비음이 아닌 음운이 비음으로 바뀌는 음운 변동이다.

(1)

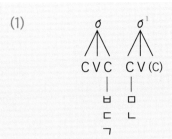

후행 음절 초성이 /ㅁ, ㄴ/이고 선행 음절 종성이 /ㅂ, ㄷ, ㄱ/일 때, 선행 음절 종성 /ㅂ, ㄷ, ㄱ/이 후행 음절 초성 /ㅁ, ㄴ/의 조음 방법에 동화되어 각각 /ㅁ, ㄴ, ㅇ/으로 바뀌는 현상이 비음동화이다.[2]

(2) ㉠ 입는다[임는다], 입말[임말],
    ㉡ 닫는다[단는다], 낯말[난말] (낯말 → 낟말 → 난말)
    ㉢ 먹는다[멍는다], 국물[궁물]

---

1   'σ'는 음절을 나타내는 기호이다.
2   국어에서 연구개 비음 /ㅇ/은 초성에 올 수 없다. 그래서 후행 음절 초성에 올 수 있는 비음은 /ㅁ, ㄴ/만 가능하다. 그리고 선행 음절 종성에는 음절의 끝소리 규칙에 의해 /ㅂ, ㄷ, ㄱ, ㅁ, ㄴ, ㅇ, ㄹ/ 7개 자음만 올 수 있는데, 비음동화가 적용될 수 있는 자음은 /ㅂ, ㄷ, ㄱ/ 3개이다. /ㅁ, ㄴ, ㅇ/은 이미 비음이기 때문에 비음동화의 대상이 될 수 없고, /ㄹ/ 역시 비음동화되지 않는 자음이다.

양순음 치조음 연구개음

ㅂ   ㄷ   ㄱ

↓   ↓   ↓

ㅁ   ㄴ   ㅇ

(2)에서 보듯이 비음동화는 자신과 같은 조음 위치의 비음으로 바뀌는 음운 변동
이다. 즉 조음 위치의 이동은 없고, 단지 비음이 아닌 / ㅂ, ㄷ, ㄱ/이 비음 / ㅁ, ㄴ/
앞에서 자신과 같은 조음 위치의 비음 / ㅁ, ㄴ, ㅇ/으로 각각 바뀐다. 그래서 비음
동화를 조음 방법 동화라고 한다. 이때 조건환경 / ㅁ, ㄴ/을 비음동화의 동화주[3]라
고 한다.

그러면 질문의 초점으로 돌아와서 '담력[담녁]'은 왜 비음동화가 아닌지에 대해
살펴보자. 다른 경우는 신경 쓰지 않고 오로지 '담력[담녁]' 하나만 보면, 어쨌든 비
음이 아닌 / ㄹ/이 비음 / ㄴ/으로 바뀌었고, 그 이유가 선행 음절 종성의 비음 / ㅁ/
때문이라고 생각할 수 있다. 여기까지의 관찰이 틀리지는 않았다. 그런데 (3)의 예를
함께 고려하면서 '담력[담녁]'을 다시 보자.

(3) ㉠ 국력[궁녁], 격리[경니]
     ㉡ 입력[임녁], 법률[범뉼]

(3)에서 일어난 음운 변동은 2가지이다. 하나는 / ㄱ/이 / ㅇ/으로 바뀐 것이고,

---

3   동화를 일으키는 주체인데, 동화에서 동화주는 조건환경이다. 규칙을 'x → y /
    __z'라는 형식으로 나타내는데, 이때 x는 입력, y는 출력, z는 조건환경이다.

다른 하나는 /ㄹ/이 /ㄴ/으로 바뀐 것이다. 그러면 이 두 가지 음운 변동이 어떤 순
서로 적용되었을까? 역시 2가지 가정이 가능하다. 대표적으로 '국력[궁녁]'을 예로
들어 설명하겠다.[4]

(4)   ㉠   ㉡
           /국력/   /국력/
             ↓   ↓
            국녁   궁력
             ↓   ↓
           [궁녁]   [궁녁]

(4㉠)은 /ㄹ/ → /ㄴ/ 교체(국력 → 국녁)가 먼저 일어난 후에 비음동화(국녁 → 궁녁)
가 일어난다고 가정하는 것이다. 이에 비해 (4㉡)은 /ㄱ/ → /ㅇ/ 교체(국력 → 궁력)
가 먼저 일어난 후에 /ㄹ/ → /ㄴ/ 교체(궁력 → 궁녁)가 일어난다고 가정하는 것이
다. 어느 것이 타당한 설명일까?

먼저 (4㉡)에 대해 검증해 보자. '국력 → 궁력'은 /ㄹ/ 앞에서 /ㄱ/이 비음 /ㅇ/
으로 바뀌는 것인데, 왜 /ㄱ/이 /ㄹ/ 앞에서 비음이 되는지 설명할 방법이 없다.
/ㄹ/은 유음이기 때문에 /ㄹ/ 때문에 /ㄱ/이 비음 /ㅇ/으로 바뀔 수는 없기 때문
이다. 그래서 (4㉡)의 가능성은 일단 제외된다.

다음으로 (4㉠)에 대해 검증해 보자. (4㉠)에서는 '국력 → 국녁'을 설명해야 하는
부담이 있다. 즉 /ㄱ/ 뒤에서 왜 /ㄹ/이 /ㄴ/으로 교체하는지를 설명해야 한다. 그

67

---

4   '입력[임녁]' 역시 '국력[궁녁]'의 설명과 평행하다.

런데 이는 국어에서 음절 초성에서의 /ㄹ/의 제약으로 설명할 수 있다.

(5) ㉠ 노인(←로인), 여행(←녀행 ← 려행)
     ㉡ 입력[임녁], 국력[궁녁], 종로[종노], 담력[담녁]
     ㉢ 신라[실라], 난로[날로]
     ㉣ 음운론[으문논], 생산량[생산냥]

(6) 오리, 다리, 허리, 피리

(5㉠)은 두음법칙의 예이고, (5㉢)은 유음동화의 예이다. (5)와 (6)을 종합해 볼 때 국어에서 음절 초성의 /ㄹ/이 실현될 수 있는 조건은 (6)처럼 선행 음절이 모음으로 끝날 때, 그리고 (5㉢)처럼 선행 음절 종성이 /ㄴ/일 때이다. (5㉡)처럼 선행 음절에 종성이 있을 때는 두음법칙과 마찬가지로 /ㄹ/이 /ㄴ/으로 바뀐다. 단 (5㉢)처럼 선행 음절 종성이 /ㄴ/일 때는 /ㄴ/을 자신과 같은 /ㄹ/로 동화시킴으로써(유음동화) 실현될 수 있다. 그러나 선행하는 /ㄴ/을 자신과 같은 /ㄹ/로 동화시키지 못하면, (5㉣)의 '음운론[으문논]'처럼 역시 /ㄹ/이 /ㄴ/으로 바뀐다.

'국력 → 국녁'에서 /ㄹ/이 /ㄴ/으로 바뀌는 것은 이러한 /ㄹ/의 실현 제약으로 설명이 가능하다. 그래서 (4㉠)과 (4㉡)의 가능성 중에서 (4㉠)이 타당하다고 결론 지을 수 있다. '국력 → 국녁'이 되고 나면 비음동화가 적용될 수 있는 환경이 만들어져 비음동화가 적용되어 [궁녁]이 된다.

이제 '담력[담녁]'이 왜 비음동화가 아닌지에 대한 설명이 되었을 것이다. '담력
[담녁]'은 '국력 → 국녁'과 같은 현상이므로, 비음동화일 수 없는 것이다. 그러니까
'담력[담녁]'에서 /ㄹ/이 /ㄴ/으로 바뀐 것은 음운 /ㅁ/때문이 아니라, 선행 음절
종성이 있으면 /ㄹ/이 실현되지 못하고 /ㄴ/으로 바뀌는 /ㄹ/의 초성 제약 때문이
다. 비음 때문에 /ㄹ/이 /ㄴ/으로 바뀐 것이 아니므로 당연히 비음동화라고 할 수
없고, 무엇보다 동화가 아니다. 그래서 '담력[담녁]'만 놓고, '담력[담녁]'을 비음동
화라고 하는 것은 나무만 보고 숲을 보지 못하는 오류에 해당한다.

그러면 '담력[담녁]'의 음운 변동을 가리키는 이름은 무엇인가? 이에 대해서 딱
히 합의된 명칭이 없다. 개론서에 따라서는 '/ㄹ/ 비음화'라는 용어를 사용하기도
하고, '국물[궁물]'은 비음동화, '담력[담녁]'은 비음화라고 하여 둘을 구별하기도
하고, 단순히 '/ㄹ/ → /ㄴ/ 교체'라고 부르기도 한다. 학교문법에서의 명칭도 딱히
정해져 있지 않다. 명명은 자의적인 것이어서 정확히 어떤 명칭으로 불러야 하느냐
가 중요한 문제는 아니다. 그러나 어쨌든 '담력[담녁]'을 비음동화나 비음화라고 부

르는 것은 자칫 오해의 여지가 있기 때문에 주의할 필요가 있다. '담력[담녁]'은 동화가 아니므로, '동화'나 동화를 뜻하는 '화(化)'가 붙은 명명은 피하는 것이 바람직하다.

1.8. '묻혀[무쳐]'는 어떤 음운 변동이 일어났나요?

한마디로 설명

'묻혀'를 어간과 어미로 구분하여 표기하면 '묻히+어'이다. 따라서 '묻혀[무쳐]'에 적용된 음운 변동은 모두 4가지이다.

묻히+어 ➡ 무티어 ➡ 무치어 ➡ 무쳐 ➡ [무처]
/ㅎ/ 축약　구개음화　/y/ 반모음화　/y/탈락

위에서 보듯이 /ㅎ/ 축약, 구개음화, /y/ 반모음화, /y/ 탈락 이렇게 4개의 음운 변동이 적용되었다. 이때 4개의 음운 변동이 적용되는 순서에 대해서는 이견이 있는데, 이는 아래 [자세히 설명]에서 계속 살펴보기로 하자.

자세히 설명

〈한글 맞춤법〉에서 활용형의 표기는 원칙적으로 어간과 어미를 구별해서 적는 즉, 어법에 맞게 적는 것을 원칙으로 하고 있다. 하지만 일부 활용형에서는 음운 변동이 적용된 형태로 적는 표기법을 채택하고 있다. 이러한 표기로 인해 어떤 음운 변동이 적용되었는지 파악하기 어려운 경우가 있다. 하지만 대부분의 경우 활용형의 표기에 음운 변동을 반영하지 않는다. 예컨대 '읽다'의 발음은 자음군단순화와 경음화가 적용된 [익따]이지만, 표기는 음운 변동을 반영하지 않고 어법게 맞게 적는 표기 즉, '읽다'이다. [멍는다] 역시 비음동화를 반영하지 않는 '먹는다', [할른지]

71

역시 유음동화를 반영하지 않은 '할는지'로 표기한다.

　어간의 표기를 음운 변동이 적용된 형태로 적는 전형적인 경우는 (1)이다. 〈한글 맞춤법〉은 (1)에서 보듯이 /ㄹ/ 말음 어간의 표기를 /ㄹ/이 탈락한 형태로 적게 하고 있다.

> (1)　노니, 노시고, 놀, 논, 놉니다, 노세

　(2)는 음운 변동을 전면적으로 반영하지는 않았지만, 음운 변동을 부분적으로 표기에 반영한 경우이다.

	표기형	발음	어간+어미
㉠	가져	[가저]	가지+어
㉡	읽혀	[일켜]	읽히+어
㉢	묻혀	[무처]	묻히+어

(2) (표 왼쪽 바깥에 "(2)" 표기됨)

　(2㉠~㉢)은 모두 /y/ 반모음화가 표기에 반영되었다. 그러나 /y/ 반모음화 외의 다른 음운 변동은 표기에 반영되지 않았다. (2㉠)에서는 /y/ 탈락이라는 음운 변동이 표기에 반영되지 않았고, (2㉡)에서는 /ㅎ/ 축약이 표기에 반영되지 않았다. 질문의 대상이 된 (2㉢)에서는 /ㅎ/ 축약, 구개음화, /y/ 탈락 이렇게 3개의 음운 변동이 표기에 반영되지 않았다. 그래서 활용형에 적용된 음운 변동을 분석하기 위해서는 음운 변동이 적용되기 전의 어간과 어미로 분석한 후, 발음형과 대조하여 적용된 음운 변동을 찾아야 한다.

　그러면 이제 질문의 대상이 된 '묻혀[무처]'에 대해 구체적으로 살펴보자. '묻혀'

를 어간과 어미로 분석하면 '묻히+어'이다. '묻히+어 → 묻혀[무처]'에 적용된 음운 변동이 무엇인지에 대해서는 이미 살펴본 4개(/ㅎ/ 축약, 구개음화, /y/ 반모음화, /y/ 탈락)라는 것에 대해 이견이 없다. 그러나 이 4개의 음운 변동이 어떤 순서로 적용되었는지에 대해서는 논란이 있다. 그 이유는 정확히 어떤 순서로 적용되었는지를 실증적으로 증명하기가 어렵기 때문이다. '묻히어 → [무처]'에 적용된 음운 변동의 적용 순서에 대한 가정은 (3)처럼 세 가지를 생각해 볼 수 있다.

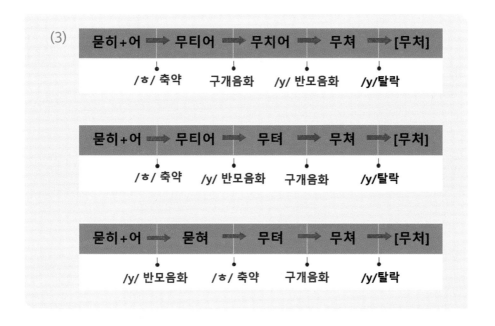

'묻히어 → 묻혀[무처]'에 적용된 음운 변동의 적용 순서와 관련된 논란의 핵심은 두 가지이다.

첫째, /ㅎ/ 축약이 먼저 일어나느냐, /y/ 반모음화가 먼저 일어나느냐?

둘째, /ㅎ/ 축약이 먼저 일어났다고 할 때 그 다음의 순서가 '구개음화 → /y/ 반모음화'이냐, '/y/ 반모음화 → 구개음화'이냐?

현재로서는 첫째의 경우도 둘째의 경우도 증명하기가 어렵다. 증명을 하려면 반드시 그러한 순서이어야만 하는 근거를 제시할 수 있어야 하는데, 그럴 수 없다는 말이다. 둘째의 경우 '구개음화 → /y/ 반모음화' 순서이면 구개음화의 조건환경은 모음 / ㅣ / 앞이 된다. 반면 '/y/ 반모음화 → 구개음화' 순서이면 구개음화의 조건환경은 반모음 /y/ 앞이 된다.

첫째, 둘째와 달리 아래의 셋째와 넷째는 증명할 수 있다.

      셋째, /ㅎ/ 축약이 구개음화보다 먼저 일어났다.

      넷째, 구개음화가 /y/ 탈락보다 먼저 일어났다.

구개음화로 결과된 소리가 /ㅊ/이므로 /ㅎ/ 축약이 구개음화보다 먼저 일어나야만 한다. /ㄷ/이 /ㅊ/이 될 수는 없기 때문이다. 그리고 구개음화는 /y/ 탈락보다 먼저 일어나야 한다. 왜냐하면 '무텨'에서는 /y/가 탈락할 이유가 없기 때문이다. /y/ 탈락은 [무쳐]([mutʃʰyə])에서 일어난다(무쳐[mutʃʰyə] → 무처[mutʃʰə]). 따라서 'ㅌ → ㅊ'이 되는 구개음화가 /y/ 탈락보다 먼저 일어나야만 한다.

어떤 음운 변동이 일어났는지를 정확하게 파악하기 위해서는 표기만을 보고 생각해서는 안 된다. 왜 그럴까? 표기형을 대상으로 음운 변동을 분석하게 되면 이미 표기에 반영된 음운 변동을 놓칠 수 있기 때문이다. 그러면 어떻게 해야 하는가? 음운 변동을 분석할 때는 다음의 두 가지를 머릿속에 넣어 둘 필요가 있다.

(가) 표기형과 표면형(발음형)을 비교해서 어떤 음운 변동이 적용되었는지 분석해야 한다. 〈한글 맞춤법〉에서 소리대로 적은 것은 표기가 곧 표면형이다. 하지만 어법에 맞게 적은 것은 표기와 발음이 다르다는 사실을 반드시 기억해야 한다.

(4)는 표기형과 표면형이 다른 경우이다. 당연히 표기형과 표면형을 비교·대조함으로써 어떤 음운 변동이 적용되었는지를 파악할 수 있다.

> (4) ㉠ 맑다[막따]
>   ㉡ 많다[만타]
>   ㉢ 있다[읻따]

표기형과 표면형을 비교·대조하면, (4㉠)에서는 /ㄹ/ 탈락과 경음화, (4㉡)에서는 /ㅎ/ 축약, (4㉢)에서는 음절의 끝소리 규칙과 경음화가 적용되었다는 것을 분석해 낼 수 있다.

> (나) 활용형은 반드시 용언 어간의 기본형과 어미의 기본형을 먼저 확인한 후에 적용된 음운 변동을 분석해야 한다. 그럴 때 정확한 음운 변동 분석이 가능하다. 곡용형 역시 마찬가지이다. 곡용형 역시 체언 어간과 조사의 기저형을 확인한 후에 적용된 음운 변동을 분석해야 한다.

활용형과 곡용형은 원칙적으로 어법에 맞게 적게 되어 있다. 즉 용언의 어간은 어미와 구분해서, 체언 어간은 조사와 구분해서 표기하게 되어 있다. 그런데 일부 활용형은 음운 변동이 적용된 형태로 적게 한 경우들이 있다. 위에서 살펴본 (1)이 대표적인 경우인데, 이밖에도 (5)처럼 음운 변동이 적용된 형태로 표기하는 활용형들이 있다.

(5)		표기형	어간+어미	표기에 반영된 음운 변동
	㉠	가니	가+으니	/ㅡ/ 모음 탈락
	㉡	봤다	보+았+다	/w/ 반모음화
	㉢	갔다	가+았+다	동일모음 탈락
	㉣	놔라	놓+아라	/ㅎ/ 탈락, /w/ 반모음화

연음은 음운 변동으로 보지 않는다. 왜냐하면 연음은 음운의 음절 위치가 바뀔 뿐 음운의 변동은 없기 때문이다. 예컨대 '막으니'의 경우 소리 나는 대로 적으면 [마그니]인데, 이때 변동된 음운도 없고, 첨가나 탈락된 음운도 없다. 그래서 연음은 음운 변동이 아니다. 이를 국제음성기호로 나타내 보이면 분명하게 알 수 있다. '/mak.ɨ.ni/ → [ma.kɨ.ni]'('.'는 음절 경계)에서 보듯이 연음이 되기 전과 후에 음운에는 아무런 변동이 없고, 단지 /k/가 첫음절 종성에서 둘째 음절 초성으로 위치만 이동하였을 뿐이다.

참고로 불규칙 용언의 활용형 중에서 모음으로 시작하는 어미와의 활용형은 소리대로 적는 표기에 해당한다. 그런데 그것은 공시적으로 음운 변동이 적용된 소리대로 적은 표기가 아니라, 과거에 음운 변동이 적용된 소리대로 적은 표기이다.

(6)	자음 어미와의 활용형	모음 어미와의 활용형
	덥다 덥고 덥지	더우니 더우면 더워

(6)에서 어간 '더우-'는 '덥-'에서 음운 변동이 일어나서 '더우-'가 된 것이 아니라, 중세국어에서 근대국어로 넘어오던 시기에 'ㅸ 〉 w' 변화가 적용되어 '더우-'가

된 것이다(더브니 → 더우니, 더버 → 더워). 공시적으로 '덥-'에서 '더우-'가 된 것도 아니고, '더우-'가 '덥-'이 된 것도 아니다. '덥-'과 '더우-'의 관계를 이처럼 공시적으로 설명할 수 없기 때문에 '덥다'를 불규칙 용언이라고 한다.[1]

---

[1]   불규칙 활용에 대한 자세한 설명은 ☞2.19. 불규칙은 왜 불규칙이고 불규칙에는 어떤 것들이 있나요? 참조.

한마디로 설명

   용언의 어간은 반드시 어미와 결합해야만 문장에 쓰일 수 있다. 그렇기 때문에 '개어 → 개'에서 어미 '-어'가 탈락했다고 볼 수 없다. 만일 어미 '-어'가 탈락한 것이라면, 용언 어간 '개-'가 홀로 쓰인 것이 되기 때문이다.

   '개어 → 개'는 공시적인 음운 규칙으로 명쾌하게 설명하기 어렵다. 현재 설명할 수 있는 방법은 '개어 → 개애(완전 동화) → 개'이다. 즉 어미 '-어'가 어간 모음에 완전 동화되어 '-애'가 된 후에 어간의 /ㅐ/ 모음이 탈락했다고 보는 것이다.

   그런데 '개'의 /ㅐ/는 장모음으로 실현되어 정확한 발음은 [개:]이다. 이는 '개애'에서 어간의 /ㅐ/ 모음이 탈락하면서, 보상적 장모음화[1]가 적용되었다. 즉 어간의 /ㅐ/ 모음이 탈락하면서 장모음이라는 흔적을 남긴 것이다. 보상적 장모음화를 고려하면, '개애 → 개'는 탈락이 아니라 축약이다.

---

1   모음이 탈락하면서 길이를 그 흔적으로 남기는 현상을 이른다. 예컨대 '마음 → 맘: '에서의 /ㅡ/ 탈락과 '가+으니 →가니'의 /ㅡ/ 탈락을 비교해 보면 쉽게 이해할 수 있을 것이다. 두 경우 모두 모음 /ㅡ/가 탈락한 것은 같다. 하지만 전자는 남아 있는 '마'의 /ㅏ/ 모음의 길이가 길어졌지만, 후자는 남아 있는 '가'의 모음의 길이에 변화가 없다. '맘: '의 장음이 바로 /ㅡ/ 탈락을 보상한 것이라는 의미로 보상적 장모음화라고 한다. 그래서 전자는 탈락의 흔적으로 음의 길이 즉, 장음을 남기고 있으므로 축약이고, 후자는 /ㅡ/가 흔적 없이 탈락하였으므로 탈락이다.

자세히 설명

모음으로 끝난 어간 중에 '-아/어'가 결합했을 때 공시적인 음운 규칙으로 설명하기 어려운 활용형들이 있다. '개- + -어 → 개'도 이러한 활용형 중의 하나이다. '개어 → 개'를 설명하기에 앞서 비교적 설명이 단순한 예를 먼저 살펴보자.

(1)은 어간의 말모음이 '-아/어'인 용언과 '-아/어X[2]' 어미가 결합했을 때의 활용형이다.

(1)

	㉠	㉡	㉢
	가+아 → 가	가+아서 → 가서	가+았+다 → 갔다
	서+어 → 서	서+어서 → 서서	서+었+다 → 섰다

(1)에서 탈락한 모음은 '아/어'이다. 그런데 표면적으로만 보면, 어간의 '아/어'가 탈락한 것인지, 어미의 '아/어'가 탈락한 것인지 분명하지 않다. (1㉡,㉢)을 보고 (1㉠)에서 탈락한 모음이 어미의 '-아/어'라고 생각할 수도 있다. 하지만 용언의 어간은 홀로 쓰이지 못하고 반드시 어미와 결합해야만 쓰일 수 있다. 이 사실을 아는 사람이라면, (1㉠)에서 어미의 '-아/어'가 탈락했다고 말하지는 않을 것이다. 어간은 어미 없이 홀로 쓰일 수 없기 때문에 (1㉠)에서 탈락한 모음은 어간의 '아/어'일 수밖에 없다. 따라서 (1㉠)에서는 명확히 어간의 '아/어'가 탈락하였다.

이에 비해 (1㉡,㉢)에서는 어미의 '-아/어'가 탈락했다고 해석한다. (1㉡,㉢)에서 어미의 '-아/어'가 탈락했다고 보는 것은, '가아서 → 가서'에서 어미의 '아'가 탈

---

2   '-아/어X'는 '-아/어', '-아서/어서', '-았/었-'처럼 어미의 두음이 '-아'나 '-어'로 시작하는 어미(어말어미, 선어말어미)를 통칭한다.

락했다고 하더라도 '서'에서 어미의 존재를 확인할 수 있기 때문이다. 즉 '가서'에서는 어미 '-서'를, '갔다'에서는 선어말어미 '-ㅆ-'이 남아 있다.

그런데 (1ⓒ,ⓒ)에서도 (1ⓒ)과 같이 어간의 '아/어'가 탈락했다고 하는 것도 가능하다. (1ⓒ,ⓒ)의 경우 어간의 '아/어'가 탈락한 것인지, 어미의 두음 '아/어'가 탈락한 것인지 어느 쪽도 증명이 불가능하기 때문이다. 다만 (1ⓒ)에서 어미의 '-아/어'가 탈락했다고 할 수 없다는 것은 위에서 설명한 것처럼 증명이 가능하다. 학교문법에서는 (1ⓒ)은 어간의 /ㅏ/가, (1ⓒ,ⓒ)은 어미의 /ㅏ/가 탈락한 것으로 설명하고 있다.

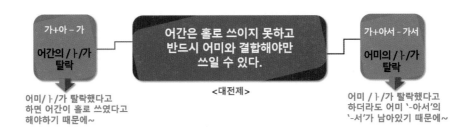

이 사실을 기억하고서 '개어 → 개'를 살펴보자.

(2)	㉠	㉡	㉢
	개+어 → 개 :	개+어서 → 개 : 서	개+었+다 → 갰 : 다
	세+어 → 세 :	세+어서 → 세 : 서	세+었+다 → 셌 : 다

(2)는 (1)에 비해서 좀 복잡하다. 우선 눈에 보이는 대로 어미 '-어'가 탈락했다고 하면 편하겠지만, 앞서 얘기했듯이 그러면 어간 '개-'가 홀로 쓰인 것이 되므로 어미 '-어'가 탈락했다고 할 수는 없다. 어미 '-어'가 탈락한 게 아니라면 무엇이 탈락했는지 표면적으로는 찾기가 어렵다.

그런데 (2)가 (1)과 다른 점은 (1)은 음절의 수가 흔적 없이 −1이 되었지만, (2)는 음절의 수가 흔적 없이 −1이 된 것이 아니라 장음(長音)이라는 흔적을 남기고 있다. 그래서 (2)를 설명하는 방법 중의 하나가 (3)처럼 모음의 완전 동화가 일어난 후에 모음이 탈락했다고 보는 것이다. 이때 모음이 흔적 없이 탈락하는 것이 아니라 장음이라는 흔적을 남기기 때문에 탈락이 아니라 축약으로 해석한다.

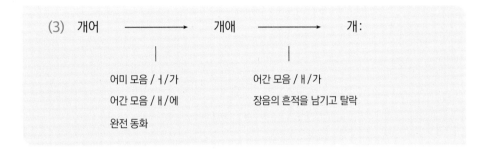

(3)에서 보듯이 먼저 어미의 두음 '−어'가 어간 말모음 /ㅐ/에 완전히 동화된다. 그러고 나서 어간의 모음이 장음이라는 흔적을 남기고 탈락한다. 이때 탈락되는 모음은 완전동화된 어미 '애'가 아니라 어간의 모음 /ㅐ/이다. 이는 앞에서 이미 설명했듯이 만일 완전동화된 어미 '애'가 탈락한다고 하게 되면, 어간이 홀로 쓰인 결과가 되기 때문이다. '세어 → 세'도 '개어 → 개'와 평행하다. 즉 '세어 → 세에(완전 동화) → 세ː(어간 /ㅔ/ 탈락)'와 같은 과정을 겪었다.

그런데 (3)은 '개어 → 개ː'를 설명하는 하나의 개연성이 있는 해석이지, (3)이 실제 사실이라고 확증할 수는 없다. 즉 (3)의 설명은 현재로서는 그래도 가장 그럴듯한 설명이라는 것이지, (3)의 설명이 실제 언어적 사실인지 아닌지는 알 수 없다. (3)이 사실이 되려면 어미 '−어'가 어간 모음에 완전동화된 '개애'가 실재해야 하는데, 실제 언어에서 '개애'는 전혀 확인되지 않기 때문이다.

'개어 → 개'보다 더 많은 질문을 받는 예가 (4)이다.

(4)	㉠	㉡	㉢
	되+어 → 돼 :	되+어서 → 돼 : 서	되+었+다 → 됐 : 다

'되어 → 돼'의 과정을 공시적으로 설명하는 것은 현재로서는 어렵다. 이를 설명하려는 시도가 없지는 않지만, 설명적으로 타당하다는 일반적 동의를 얻지 못하고 있다. 아무튼 그러한 설명 중의 하나가 (5)이다. '되어[tö-ə] → 돼[twɛ]'는 한글 자모로는 그 과정을 나타낼 수가 없기에 부득이 국제음성기호(IPA)를 통해 나타낸다.

(5) 되어/tö-ə/ → töe → twɛ

   | |

ö에 의해 ə가 e로 교체   ö가 w 반모음화

(5)와 같은 설명이 제안된 바 있지만, 여기에는 풀어야 하는 문제가 있다.

첫째, 후설 모음 ə가 ö에 의해 전설 모음 /e/로 교체하는 것을 설명하기 어렵다. '아기 → 애기', '학교 → 핵교'에서처럼 후설 모음을 전설 모음으로 교체시키는 'ㅣ모음 역행동화(움라우트)'의 경우, 동화주는 /i, y/이다. /ö/가 후설 모음을 전설 모음으로 바뀌게 하는 동화주의 기능을 하는 예가 없다.

둘째, 무엇보다 ö가 /w/로 반모음화되는 것을 설명할 수 없다. 이러한 예가 존재하지 않기 때문이다. 우선 'ㅚ'를 단모음 /ö/로 발음하는 화자가 별로 없다. 대부분의 화자는 'ㅚ'를 이중모음 /we/로 발음한다.

셋째, 설령 /ö/가 /w/로 반모음화되는 것을 인정한다 하더라도 반모음화는 /ə/가 전설모음화된 후에 일어나야 한다. 만일 /ə/가 전설모음화되기 전에 반모음화되

82

면 'wə'가 되어 버리기 때문이다. 그래서 /ö/는 반드시 /ə/가 /e/로 전설모음화된 후에 /w/로 반모음화되어야 한다. 그러나 왜 그래야 하는지 설명할 방법이 없다.

넷째, /ㅓ/가 전설 모음으로 바뀐다면 같은 높이의 /e/로 바뀌는 것이 자연스러운데, 최종 표면형 '돼[twɛ]'에서 모음은 /e/가 아니라 저모음 /ɛ/이다. 따라서 'ㅔ(e) → ㅐ(ɛ)'가 되는 과정이 추가로 상정되어야 한다(ə → e → ɛ).

이처럼 '되어 → 돼'는 현재로서는 타당한 설명이 어렵다. 구체적으로 어떤 교체가 일어났는지 그리고, 어떤 음운이 탈락했는지를 현재로서는 타당하게 설명하지 못한다.

음운론적으로는 '돼'의 발음이 표기와 같다면 [twɛ]인데, 문제는 현실 발음에서는 [twɛ]가 아니라 [twe]라는 것도 설명을 곤혹스럽게 하는 부분이다. '되-'의 표준 발음은 'ㅚ'를 단모음으로 발음한 [tö]와 'ㅚ'를 이중모음으로 발음한 [twe] 둘 다 인정한다. 이 중에서 '되-'의 현실 발음은 [twe]가 일반적이다. 그런데 '돼'의 경우도 표기대로 발음한다면 [twɛ]이긴 하지만, 현실 발음에서 '돼'의 실제 발음은 [twe]이다. /e/와 /ɛ/를 변별하지 못하는 화자는 당연히 [twɛ]와 [twe]도 변별해서 인식하지 못한다. 변별해서 인식하지 못하기 때문에 당연히 변별해서 발음하지도 못한다. 그래서 '되'나 '돼' 모두 현실 발음은 [twe]로 같다.

〈한글 맞춤법〉에서 '되어'를 '돼'로 적는 것은 '되어'가 축약되었다는 것을 시각적으로 나타낸 것 이상도 이하도 아니다. 다시 말해 '돼'는 시각적으로만 '되'와 구분될 뿐이지 '돼'와 '되'가 발음상으로 구별되지는 않는다. 앞에서 설명했듯이 '돼'도 [twe]이고, '되'도 [twe]이다. 물리적으로 같은 소리를 다르게 인식한다는 것은 있을 수 없는 일이다. '되어'가 축약된 결과는 [twe]인데, 이를 맞춤법에서 '되'라고 적지 않고 '돼'라고 적은 것은 '되'라고 적으면 어간이 혼자 쓰인 것처럼 보이기 때문이다. 그래서 '돼'라고 표기함으로써 '되어'가 축약되었다는 것을 시각적으로나마 보여 주는 것이다.

'되어 → 돼'에서는 '개어 → 개:'에서 설명했던 것처럼 모음의 완전동화도 가정할 수 없다. 'ㅚ'는 원순모음이고, 'ㅓ'는 비원순모음이어서 완전동화를 가정하면 조음 위치와 조음 방법이 모두 바뀌는 교체를 가정해야 하기 때문이다. 그러나 일반적으로 동화는 조음 방법을 동화하든지 아니면 조음 위치를 동화하든지 둘 중 하나이다. 조음 방법과 조음 위치가 모두 동화되는 것이 불가능하다고 할 수는 없지만, 그럴 만한 음성학적, 음운론적 동인이 없다. 이래저래 '되어 → 돼'는 아직까지 깔끔하게 설명되지 않은 상태로 남아 있다.

1.10. '보아 → 봐'는 음운의 개수가 그대로인데 왜 모음 축약인가요?

한마디로 설명

'보아[poa] → 봐[pwa]'에서 일어난 교체된 내용은 'o → w'이다. 즉 모음 /o/가 반모음 /w/로 바뀐 것이다. 교체의 대상이 모음이니까 모음 교체의 하나로 볼 수 있는데, 교체된 결과에 초점을 두면 반모음화이다. 음운의 개수는 교체가 일어나기 전이나 후나 똑같이 3개이다. 음운의 수가 줄지 않았으므로 음운 축약은 아니다. 그러므로 모음 축약이라는 명칭은 적절하지 않다. 음운 단위에 초점을 두고 명명한다면 반모음화라고 하는 것이 가장 정확한 명칭이다. 다만 반모음화되면서 결과적으로 음절의 수가 −1이 되었으므로 음절 축약이라고 할 수는 있다.

반모음의 종류에 따라 '보아 → 봐'는 '/w/ 반모음화', '기어 → 겨'는 '/y/ 반모음화'라고 한다. 학교문법의 경우 2011 교육과정을 반영한 검정 교과서들까지는 '보아 → 봐'를 모음 축약으로 기술하였는데, 2015 교육과정을 반영한 교과서들에서는 반모음화라는 용어를 사용하고 있다.

자세히 설명

축약은 음운의 개수가 −1이 되면서 그 흔적이 남아 있는 경우이다.[1] 음운의 개수가 흔적 없이 −1이 되면 탈락이다. 이처럼 축약과 탈락은 음운의 개수가 −1이 된다

---

1   '선생님 → 샘' 처럼 음운의 개수가 −1 이상인 축약도 많다. −1 이상인 음운 축약은 그 축약 과정이 단순하지 않아서, 아직 온전하게 설명하지 못하는 경우가 대부분이다.

는 점에서는 같지만, 다만 -1이 된 음운의 흔적이 남아 있느냐 없느냐의 유무에 의해 결정된다.

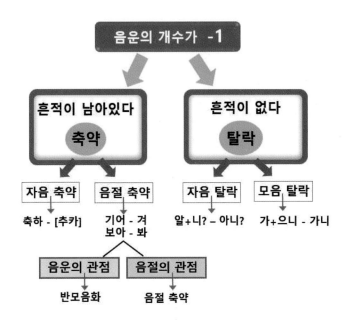

'축하 → [추카]'에서 보듯이 /ㅎ/이 없어져서 음운의 개수가 -1이 되는데, /ㅎ/이 흔적 없이 사라진 것이 아니라 '/ㄱ/ → /ㅋ/'에서 그 흔적을 남기고 있다. 그래서 '축하[추카]'는 축약이다. 축약된 대상이 자음이니까 자음 축약인데, 구체적으로 말하면 축약된 자음이 /ㅎ/이기 때문에 '/ㅎ/ 축약'이라고 한다.

이와 달리 탈락은 흔적 없이 음운의 개수가 -1이 된다. 예컨대 '알+니? → 아니?'에서는 /ㄹ/이 탈락하여 음운의 개수가 -1이 되는데, /ㄹ/이 흔적을 남기지 않고 탈락하였다. 이처럼 흔적을 남기지 않고 음운의 개수가 -1이 될 때 탈락이라고 한다. 탈락된 음운이 자음이니까 자음 탈락인데, 구체적으로 말할 때는 탈락된 자음이 /ㄹ/이므로 '/ㄹ/ 탈락'이라고 한다.

평행하게 모음의 개수가 -1이 되면 모음 축약이거나 모음 탈락이다. 이 가운데서 흔적을 남기고 모음의 개수가 -1이 되면 모음 축약이고, 흔적 없이 모음의 개수가 -1이 되면 모음 탈락이다. 모음 탈락의 전형적인 예는 '가 + 으니 → 가니'이다. 이때는 /ㅡ/ 모음이 흔적을 남기지 않고 탈락했기 때문에 탈락이다. 탈락된 음운이 모음이니까 모음 탈락인데, 구체적으로 말할 때는 탈락된 모음이 /ㅡ/ 모음이므로 '/ㅡ/ 모음 탈락'이라고 한다.

모음 축약이라고 할 때는 2가지 유형이 있다.

(1) 사이/sai/ → 새[sɛ], 아이/ai/ → 애[ɛ]

(2)　　　　㉠　　　　　　　㉡

　　　　기어/kiə/　　　　보아/poa/

　　　　　↓　　　　　　　　↓

　　　　겨[kyə]　　　　　봐[pwa]

(1)에서는 음운의 개수가 -1이 되었다. 그러나 /a/와 /i/ 중에서 어느 하나가 탈락한 것이 아니라 제3의 모음인 /ɛ/로 교체하였다. /ɛ/는 높낮이로는 저모음이고, 전후 위치로는 전설 모음이다. 그러니까 /ɛ/는 높낮이에서는 저모음 /a/의 성격을 물려받았고 전후 위치로는 전설 모음인 /i/의 특성을 물려받았다. 즉 /ㅐ/는 /a/의 흔적과 /i/의 흔적을 나누어 가지고 있다. 그래서 (1)은 탈락이 아닌, 전형적인 모음 축약이다.

(2㉠)에서 교체의 내용은 /i/ → /y/이고, (2㉡)에서는 /o/ → /w/이다. 즉 (2)에서는 음운의 개수에 변화가 없다. 그래서 음운의 관점에서는 탈락도 아니고 축약도 아니다. 음운론적으로 엄밀히 말하면 (2)는 모음이 반모음으로 바뀌는 교체 즉, 반모음화이다. 교체된 반모음의 성격에 따라 (2㉠)은 '/y/ 반모음화', (2㉡)은 '/w/ 반모음화'라고 한다.

그런데 ⑵를 반모음화가 아니라 모음 축약이라고 명명하기도 한다. 명명은 자의적인 것이니까 ⑵를 반모음화라고 하든 모음 축약이라고 하든 명명 자체가 문제가 되지는 않는다. 다만 ⑵를 모음 축약이라고 할 때는 모음 축약의 정의가 수정되어야 한다. 즉 이때의 모음 축약은 ⑴과 같은 음운 단위에서의 모음 축약과, ⑵와 같은 음절 단위에서의 음절 축약을 포괄하는 개념으로서의 모음 축약이다. 음운의 관점에서 모음 축약은 두 모음이 하나의 모음이 되면서 흔적을 남기는 것으로, ⑴이 전형적인 예에 해당한다. 그런데 ⑵는 모음이 반모음으로 바뀌면서 모음의 수는 −1이 되긴 하지만, 음운의 수에는 변화가 없다. 단지 음절의 수가 −1이 되었다. 그래서 정확히 말하면 음운 축약이 아니라 음절 축약이다.

국어에서 음절을 이룰 수 있는 것은 모음이고, 자음이나 반모음은 단독으로는 음절을 이룰 수 없다. 이러한 까닭에 음절의 수가 −1이 된다는 것은 모음이 관여적일 수밖에 없다. ⑵에서도 모음이 반모음이 되면서 결국 음절의 수가 −1이 된 것이다. 그래서 ⑵를 모음 축약으로 볼 수 있는 여지도 없지는 않다.

교체를 크게 자음 교체와 모음 교체로 구별한다면, ⑵는 모음 교체에 해당한다. 자음 교체, 모음 교체는 교체의 대상이 된 음운이 자음이냐 모음이냐에 따른 구분이다. 그래서 앞에서 설명했듯이 ⑵에서 실제 교체의 대상이 된 음운은 모음 /i/, /o/이기 때문에 모음 교체라고 할 수 있다. ⑵가 문제가 되는 것은 모음 교체이냐 아니냐가 아니라 축약이냐 아니냐이다. 정리하면 ⑵는 음운의 관점에서는 축약이 아니고, 음절의 관점에서는 음절 축약이다. 따라서 ⑵를 모음 축약이라고 말하더라도, 반드시 음운의 축약이 아닌 음절 단위에서의 축약이라는 것을 분명히 구분해 주어야 한다.

1.11. '놓다'의 활용형 '놔라[놔:라]'는 왜 규칙 활용인가요?

한마디로 설명

규칙 활용인지 불규칙 활용인지를 판단하려면, 첫째, 활용형에 적용된 교체를 찾고, 둘째, 그 교체가 공시적으로 설명될 수 있는 것인지 아닌지를 확인해야 한다. 그래서 활용형에 적용된 교체가 공시적으로 설명 가능한 것이면 규칙 활용이고, 활용형에 적용된 교체가 공시적으로 설명할 수 없는, 과거에 일어난 변화이면 불규칙 활용이다.

위에서 보듯이 '놓아라 → 놔라[놔:라]'[1]에는 '/ㅎ/ 탈락', '/w/ 반모음화'[2] 2개의 교체가 일어났는데, 두 교체 모두 공시적으로 설명 가능하다. 그래서 [놔:라]는 '놓다'의 규칙 활용형이다. [놔:라]에는 음절 축약에 따른 장모음화도 적용되었는데, 장모음화는 초분절음 단위에서의 교체로 이 역시 공시적으로 설명 가능하다.

결론적으로 '놓다'는 규칙 활용을 하는 규칙 용언이고, '놔라'는 규칙 활용형이다.

---

1   ':'은 장음(長音)을 표시한 것이다.

2   '노아라[noara] → 놔라[nwaːra]'에서 일어난 교체는 모음 /o/가 반모음 /w/로 바뀐 것이다. 그래서 이를 반모음화라고 한다. 그런데 음절 단위에서는 2음절이 1음절로 줄어드는데, 음절 하나가 통째로 탈락하는 것이 아니라 흔적을 남기고 있기 때문에 음절 축약이라고 하기도 한다. 이에 대한 자세한 설명은 ☞ 1.10. '보아 → 봐'는 음운의 개수가 그대로인데 왜 모음 축약인가요? 참조.

규칙 활용은 규칙 용언의 활용을 이르는 말이고, 불규칙 활용은 불규칙 용언의 활용을 이르는 말이다.[3] 그러면 규칙 용언은 어떤 용언이고, 불규칙 용언은 어떤 용언인가? 규칙 용언과 불규칙 용언을 가르는 기준은 활용형에 적용된 교체가 공시적으로 설명할 수 있는 것이냐 아니냐의 유무이다.[4] 즉 활용형에 적용된 교체를 공시적으로 설명할 수 있으면 규칙 활용이고, 활용형에 적용된 교체를 공시적으로 설명할 수 없으면 불규칙 활용이다.

불규칙 용언은 불규칙 활용을 하는 용언인데, 불규칙 용언의 모든 활용형이 불규칙인 것은 아니고 활용형 중에 불규칙인 것이 있다.[5] 즉 활용형 중에 불규칙 활용형이 하나라도 있으면, 그 용언은 불규칙 용언으로 분류된다.

(1) ㉠ 덥다[덥따], 덥고[덥꼬], 덥지[덥찌]
 　　 ㉡ 더우니[더우니], 더우면[더우면], 더워서[더워서]

3　규칙과 불규칙에 대한 자세한 설명은 ☞2.19. 불규칙은 왜 불규칙이고 불규칙에는 어떤 것들이 있나요? 참조.

4　학교문법에서는 일반적으로 '변화'를 상위어에 두고 공시적인 변화는 '변동', 통시적인 변화는 '변화'로 구분한다. 이렇게 분류하면 '변화'가 상위어 변화인지, '변동'에 대응되는 하위어 '변화'인지 헷갈리게 된다. 그래서 학문문법에서는 교체를 상위어에 두고 공시적 교체, 통시적 교체로 구분하기도 한다.

5　용언(동사, 형용사)의 어간은 어미와 결합하여야만 문장에서 쓰일 수 있는데, 이처럼 용언의 어간이 어미와 결합하는 것을 활용이라고 한다. 그리고 용언 어간과 어미가 결합한 것을 활용형이라고 한다. 그러니까 '입다'의 어간 '입-'에 어미가 결합한 '입다, 입고, 입지, 입으니, 입으면, 입었다…' 각각이 모두 활용형이다.

(2) ㉠ 입다[입따], 입고[입꼬], 입지[입찌]
    ㉡ 입으니[이브니], 입으면[이브면], 입어서[이버서]

(1)은 '덥다'의 활용인데, (1㉠)에서 보듯이 자음으로 시작하는 어미와의 활용형은 불규칙 활용이 아니다. 자음으로 시작하는 어미와 결합할 때는 어간의 변동도 없고, 규칙 용언으로 알려진 (2㉠)의 '입다'의 활용과도 그 양상이 같다. '덥다'가 불규칙 용언인 것은 (1㉡)의 모음으로 시작하는 어미와의 활용형 때문이다.

(1㉠)에서 어간의 형태는 '덥-'이고, (1㉡)에서 어간의 형태는 '더우-'이다. 그러면 '덥-'과 '더우-'를 (3)처럼 설명할 수 있다고 가정해 보자.

(3) ㉠ 덥- → 더우-: 모음 앞에서 /ㅂ/이 /ㅜ/로 교체[6]
    ㉡ 더우- → 덥-: 자음 앞에서 /ㅜ/가 /ㅂ/으로 교체

그런데 (3㉠), (3㉡)을 공시적인 교체라고 할 수 있을까? '덥-'의 활용만 보면 그럴수 있을 것처럼 보인다. 하지만 (2)의 '입다'의 활용과 비교해 보라. '입다'의 어간말음 /ㅂ/은 '덥다'의 /ㅂ/과 같은 /ㅂ/인데 모음 앞에서 /ㅜ/로 교체하지 않는다.

따라서 (3㉠)의 규칙이 '입다'에는 적용될 수 없다. (3㉡)의 규칙 역시 '입다'에는 적용될 수 없다. 이는 (1)의 '덥다'의 활용을 설명하기 위해 임의적으로 가정한 (3㉠, ㉡)의 규칙이 타당하지 않다는 것을 말해 준다. 종성의 /ㅂ/은 (2)의 '입다'의 활용처럼 모음으로 시작하는 어미가 오면 [이브니, 이브면, 이버서]처럼 연음이 되는 것

91

---

6 /ㅂ/이 /ㅜ/가 아니라 /w/로 바뀌었다고 보는 것이 더 일반적이다. 여기서는 이해의 편의를 위해 /ㅂ/이 /ㅜ/로 바뀐 것으로 설명한다.

이 자연스럽고 일반적이다. 그런 점에서 '덥다'가 모음으로 시작하는 어미와 결합한 (1ⓒ)의 활용형은 공시적으로 설명할 수도 없고, 일반적이지도 않다. 그러므로 '덥다'가 모음으로 시작하는 어미와 활용한 것은 불규칙 활용형이다. 그렇기 때문에 '덥다'는 불규칙 용언이다.

지금까지의 설명을 이해했다면, 이제는 '놓다'가 왜 규칙 활용을 하는 규칙 용언인지 설명할 수 있을 것이다. 먼저 '놓다'의 활용 양상을 보자.

> (4) 놓다[노타], 놓고[노코], 놓지[노치], 놓는[논는]
>   놓으니[노으니], 놓으면[노으면], 놓아라[노아라] ~ 놔라[놔:라]

(4)의 '놓다'의 활용형에 적용된 교체를 정리하면 (5)와 같다.

(5)

	활용형[발음]	적용된 교체
㉠	놓다/놓고/놓치[노타/노코/노치]	/ㅎ/ 축약
㉡	놓는[논는]	음절의 끝소리 규칙 비음동화(놓는 → 녿는 → 논는)
㉢	놓으니/놓으면[노으니/노으면]	/ㅎ/ 탈락
㉣	놓아라[노아라] ~ 놔라[놔:라]	/ㅎ/ 탈락 /w/ 반모음화 장모음화

(5㉠)에서는 /ㅎ/ 축약, (5㉡)에서는 음절의 끝소리 규칙과 비음동화, (5㉢)에서는 /ㅎ/ 탈락, 그리고 (5㉣)에서는 /ㅎ/ 탈락, /w/ 반모음화, 장모음화가 적용되었다. (5)에서 일어난 교체는 모두 현대국어에 공시적으로 존재하는 것이고, 또한 공

시적으로 설명할 수 있는 것이다. 그래서 '놓다'는 규칙 용언이다. /ㅎ/ 말음으로 끝나는 용언 중에서 규칙 활용을 하는 용언에는 '놓다' 외에도 '낳다, 좋다, 넣다, 닿다…'가 있다. 그리고 어간말 자음군 C1C2에서 C2가 /ㅎ/인 '많다, 않다, 옳다, 싫다, 앓다…'도 역시 (5)와 평행하게 규칙 활용을 하는 규칙 용언이다.

그러면 '파랗다'는 왜 불규칙 용언인가? 규칙 활용은 활용형에 적용된 교체를 공시적으로 설명할 수 있을 때라고 정의하였다. 따라서 '파랗-'이 불규칙 용언인 이유는 '파랗-'의 활용형 중에 공시적으로 설명할 수 없는 것이 있기 때문이다.

(6) ㉠ 파랗다[파라타], 파라코[파라코], 파랗지[파라치]
     ㉡ 파라니, 파라면, 파래(서)

(6)에서 보듯이 자음으로 시작하는 어미와 결합할 때는 /ㅎ/ 축약이 일어나는데, 이는 규칙 용언인 '낳다'의 활용과 같다. 즉 '파랗다'가 자음으로 시작하는 어미와의 활용은 규칙 활용이다. 문제가 되는 것은 모음으로 시작하는 어미와 결합할 때의 활용형 '파라니, 파라면, 파래'이다.

(7)

낳다	파랗다
낳+으니 [나으니]	파랗+으니 [파라니]
낳+으면 [나으면]	파랗+으면 [파라면]
낳+아서 [나아서]	파랗+아서 [파래서]

(7)에서 보듯이 규칙 활용을 하는 '낳다'와 비교해 보면, 왜 '파랗다'가 불규칙 용언인지 쉽게 알 수 있을 것이다. '낳다'처럼 '파랗다'도 '-으니, -으면 -아서'와 결합하면 [파라으니, 파라으면, 파라아서]가 될 것으로 예상해 볼 수 있다. 그런데

(7)에서 보듯이 '파랗다'의 활용은 [파라니, 파라면, 파래서]이다. 왜 '파랗다'는 '낳다'의 활용 [나으니, 나으면, 나아서]처럼 [파라으니, 파라으면, 파라아서]로 활용하지 않고, [파라니, 파라면, 파래서]로 활용하는지 설명할 수 없다. 만일 어떤 임의적인 규칙을 설정하여 [파라니, 파라면, 파래서]를 설명한다고 해 보자. 하지만 당장 그렇게 설정한 임의적인 규칙은 '낳-'의 활용형 [나으니, 나으면, 나아서]와 충돌할 수밖에 없다. 그러므로 그러한 설명이 타당하지 못하다는 것은 금방 드러난다.

결론적으로 '파랗다'는 '낳다'와 달리 모음으로 시작하는 어미와의 활용형을 공시적으로 설명할 수 없다. 그래서 '파랗다'는 불규칙 활용을 하는 불규칙 용언이다. '빨갛다, 노랗다, 하얗다, 까맣다…'의 색채 형용사, '이렇다, 저렇다, 그렇다…'의 지시 형용사들도 모두 '파랗다'와 같은 양상의 활용을 하는 불규칙 용언이다.

왜 '파랗다'는 불규칙이고, '낳다'는 규칙인지 알아?
'낳아서[나아서]'는 모음 사이에서 'ㅎ탈락'만 설명하면 되는데 '파래서[파래서]'는
'ㅎ탈락'과 '파랗+아서'가 [파래서]가 되는 2가지 이유를 모두 설명할 수 있어야 해.
그런데 [파래서]를 공시적으로 설명할 수 없어!!!

1.12. '놓는다[논는다]'에서는 /ㅎ/이 바로 /ㄴ/으로 바뀐 건가요?

한마디로 설명

종성에 /ㅎ/은 음절의 끝소리 규칙에 의해 /ㅂ, ㄷ, ㄱ, ㅁ, ㄴ, ㅇ, ㄹ/ 중의 하나로 실현되어야 한다. 그런데 /ㅎ/은 후음 위치에서 조음되는 무성 마찰음이고, /ㄴ/은 치조 위치에서 조음되는 유성 비음이다. 즉 /ㅎ/과 /ㄴ/은 너무나 이질적인 두 소리이다.

그래서 /ㅎ/이 바로 /ㄴ/이 되었다고 볼 수 없다. /ㅎ/은 바로 /ㄴ/이 되는 것이 아니라 '놓는다 → 녿는다 → 논는다'처럼 먼저 음절의 끝소리 규칙에 의해 /ㄷ/으로 실현된 후에 비음 앞에서 비음동화되어 /ㄴ/이 되었다고 본다.

자세히 설명

/ㅎ/ 말음을 가진 동사가 /ㄴ/으로 시작하는 어미, 즉 현재 시제 선어말어미 '-는-'과 결합하면 표면적으로 /ㅎ/은 /ㄴ/으로 나타난다.

(1)   놓는다[논는다], 낳는다[난는다], 닿는다[단는다]

(1)에서 보면 어간 말음 /ㅎ/은 분명히 /ㄴ/으로 교체되었다. 이에 대해 /ㅎ/이 바로 /ㄴ/으로 교체되었다고 하면 좋겠지만, 음절의 끝소리 규칙 때문에 /ㅎ/은 종성에서 실현될 수가 없다. 그렇기 때문에 /ㅎ/이 바로 /ㄴ/으로 교체될 수는 없다. 그렇다면 /ㅎ/은 음절의 끝소리 규칙에 의해 /ㅂ, ㄷ, ㄱ/ 중에 하나로 먼저 교체된

후 그러고 나서 /ㄴ/으로 실현되었다고 보아야 한다(놓는다 → 놓는다 → 논는다).[1]

그런데 우리는 용언 어간말 /ㅎ/ 즉 '놓-'의 말음 /ㅎ/의 발음을 실제 들을 수는 없다. 그런 예가 존재하지 않기 때문이다. /ㅅ/ 종성인 '맛'의 경우 [맏]일 때는 /ㅅ/을 확인할 수 없지만, '맛이[마시]'처럼 모음으로 시작하는 조사와의 결합형에서 말음이 /ㅅ/이라는 것을 확인할 수 있다. 그러나 '놓-'의 경우에는 (2)에서 보듯이 자음으로 시작하는 어미가 오면 후행하는 자음과 축약되고, 모음으로 시작하는 어미가 오면 /ㅎ/이 탈락한다.

(2) ㉠ 놓고[노코], 놓지[노치], 놓더라[노터라]
     ㉡ 놓으니[노으니], 놓으면[노으면], 놓아[노아]

그래서 '놓-'의 말음 /ㅎ/이 실제로 발음된 예를 찾을 수 없다. 그렇기 때문에 /ㅎ/이 종성에서 불파되었을 때 /ㅂ, ㄷ, ㄱ/ 중 어느 소리로 되는지를 확인할 수 있는 예도 없다.

그런데 어떻게 '놓는다 → 놓는다 → 논는다'처럼 /ㅎ/이 /ㄷ/이 된 후에 비음동화되어 /ㄴ/이 되었다고 할 수 있는가? 음절말에서 비음동화되었을 때 /ㄴ/이 될 수 있는 소리는 /ㄷ/ 이외에 다른 자음일 수 없기 때문이다. /ㄱ/이 비음동화되

96

1 7종성 /ㅂ, ㄷ, ㄱ, ㅁ, ㄴ, ㅇ, ㄹ/ 중에서 /ㅁ, ㄴ, ㅇ, ㄹ/은 음절말에서 불파되지 않기 때문에 종성에 그대로 실현된다. 나머지 자음들은 모두 음절말에서 불파되기 때문에 /ㅂ, ㄷ, ㄱ/ 중의 하나로 실현된다. 따라서 종성에 있는 /ㅎ/은 그 자체로 실현될 수 없으므로 결국 불파되어 /ㅂ, ㄷ, ㄱ/ 중의 하나로 실현될 수밖에 없다. 불파화에 대한 자세한 설명은 ☞1.14. '독도[독또]'는 왜 동화가 아닌가요? 참조.

어 /ㄴ/이 된다거나 /ㅂ/이 비음동화되어 /ㄴ/이 될 수는 없기 때문이다. 우리는 실제 '놓-'이 불파된 [논]을 한 번도 들어본 적이 없고, 들어볼 수도 없다. 하지만 '놓는다[논는다]'를 통해서 귀납적으로 /ㅎ/이 음절말에서 불파되면 /ㄷ/으로 실현된다고 추론하는 것이다. /ㅎ/이 /ㄷ/으로 교체해야만 /ㄴ/ 앞에서 비음동화되어 /ㄴ/이 될 수 있기 때문이다.

1.13. '많소[만쏘]'는 /ㅎ/ 탈락 후 경음화가 일어난 건가요?

한마디로 설명

'많소[만쏘]'에서 일어난 경음화는 현재 음운론에서 설명하기 어려운 현상 중의 하나이다. 우선 질문에 대해 결론부터 얘기하면, /ㅎ/이 탈락한 후에 경음화되는 것은 아니다. /ㅎ/이 먼저 탈락하면 '많소 → 만소'가 되는데, 비음 /ㄴ/ 뒤에서 /ㅅ/이 경음화되어 [만쏘]가 될 이유가 없기 때문이다.

/ㅎ/ 말음 용언이 /ㅅ/과 결합하여 경음 /ㅆ/으로 실현되는 것은 분명한 사실이다. 이에 대해 몇 가지 설명이 제안되기는 하였지만, 일반적으로 받아들여지지는 못하고 있다. 다만 현재까지의 설명에서는 '많고[만코]', '많지[만치]'의 축약처럼 '/ㅎ/+/ㅅ/ → /ㅆ/'도 축약의 하나로 보는 것이 일반적이다. 그러나 왜 축약의 결과 거센소리가 아닌, 경음 /ㅆ/이 되는지에 대해서는 국어 음운론에서 아직까지 깔끔하게 설명하지 못하고 있다.

자세히 설명

/ㅎ/은 평음 /ㅂ, ㄷ, ㅈ, ㄱ/과 만나면 이들과 축약되어 /ㅍ, ㅌ, ㅊ, ㅋ/으로 실현된다.

(1)[1]   용언   체언

   ㉠ -------- 입학[이팍]

   ㉡ 놓다[노타]   맏형[마텽]

   ㉢ 놓지[노치]   --------

   ㉣ 놓고[노코]   국화[구콰]

(1)에서 보듯이 /ㅎ/이 앞에 있든, /ㅎ/이 뒤에 있든 상관없이 /ㅎ/이 /ㅂ, ㄷ, ㅈ, ㄱ/과 만나면 /ㅍ, ㅌ, ㅊ, ㅋ/으로 실현된다. /ㅎ/ 축약 현상은 /ㅎ/ 말음을 가진 용언의 활용에서(/ㅎ/ + /ㄷ, ㅈ, ㄱ/ → /ㅌ, ㅊ, ㅋ/), 그리고 체언에서는 후행하는 음절의 초성이 /ㅎ/일 때 나타난다(/ㅂ, ㄷ, ㄱ/ + /ㅎ/ → /ㅍ, ㅌ, ㅋ/).[2]

'많-'처럼 어간말 자음군 C1C2(ㄶ)중에서 C2가 /ㅎ/인 용언(앓-, 싫-, 옳- …)들도 /ㅎ/ 말음 용언인 '놓-'과 같은 활용 양상을 보인다. 즉 후행하는 어미의 두음이 /ㄷ, ㅈ, ㄱ/이면 축약되어 /ㅌ, ㅊ, ㅋ/으로 실현되고(많다[만타], 많지[만치], 많고[만코]), 후행하는 어미가 모음으로 시작하면 /ㅎ/이 탈락한다. 이때 /ㅎ/이 탈락하고 나면 어간의 /ㄴ/이 연음된다(많으니 → 만으니 → 마느니]).

---

1 (1㉠)에서 빈칸은 /ㅂ/으로 시작하는 어미가 없기 때문이고, (1㉢)에서 빈칸은 /ㅈ/ 말음 체언의 경우에는 음절의 끝소리 규칙에 의해 [ㄷ]으로 중화되어 결국 [ㅌ]으로 실현되기 때문이다.

2 체언 중에 /ㅎ/ 말음을 가진 단어는 '히읗'밖에 없다. 그래서 체언에서는 /ㅎ/이 선행하는 'ㅎ+/ㅂ, ㄷ, ㅈ, ㄱ/ → /ㅍ, ㅌ, ㅊ, ㅋ/'의 예가 없다. 그리고 /ㅎ/을 초성으로 가진 어미가 없기 때문에 용언에서는 '/ㅂ, ㄷ, ㅈ, ㄱ/ + /ㅎ/ → /ㅍ, ㅌ, ㅊ, ㅋ/'의 예가 없다.

(2)		규칙 용언		불규칙 용언
㉠	자음으로 시작 하는 어미	놓다[노타]	많다[만타]	파랗다[파라타]
		놓고[노코]	많고[만코]	파랗고[파라코]
		놓지[노치]	많지[만치]	파랗지[파라치]
㉡	모음으로 시작 하는 어미	놓으니[노으니]	많으니[마느니]	파라니(파랗+으니)
		놓으면[노으면]	많으면[마느면]	파라면(파랗+으면)
		놓아서[노아서]	많아서[마나서]	파래서(파랗+아서)

참고로 /ㅎ/ 불규칙 용언들도 자음으로 시작하는 어미와의 활용에서는 /ㅎ/ 규칙 용언과 같은 양상을 보인다. 즉 /ㅎ/ 불규칙 용언도 자음으로 시작하는 어미와의 활용은 규칙이다. 다만 /ㅎ/ 불규칙 용언인 '파랗-'이 불규칙 용언인 이유는 모음으로 시작하는 어미와의 활용형 때문이다. 모음으로 시작하는 어미와의 활용형 [파라니, 파라면, 파래서]에서의 교체를 공시적으로 설명할 수 없다. 그래서 '파랗-'이 불규칙 용언이다.[3]

/ㅎ/ 말음 용언이 /ㄷ, ㅈ, ㄱ/으로 시작하는 어미와 결합할 때 보이는 축약은 음운론적으로 설명하는 데 문제가 없다. 그러나 어미의 두음이 /ㅅ/인 어말어미 '-소', 선어말어미 '-습-'과 결합했을 때, /ㅅ/이 경음화되는 것을 설명하기는 쉽지 않다.

3 불규칙 활용에 대해서는 ☞2.19. 불규칙은 왜 불규칙이고 불규칙에는 어떤 것이 있나요, 그리고 ☞1.11. '놓다'의 활용형 '놔라[놔:라]'는 왜 규칙 활용인가요? 참조.

(3)

놓소[노쏘]	많소[만쏘]
놓습니다[노씁니다]	많습니다[만씁니다]

표면적으로 관찰된 교체는 'ㅎ+ㅅ → ㅆ'이다. 그런데 /ㅎ/은 /ㅅ/과 결합해서 거센소리가 된다면 모르겠지만, 경음 /ㅆ/이 되는 것은 음성학적으로 아주 특이한 현상이다. 그렇기에 이를 설명하는 것 역시 쉽지 않다.

지금까지 '많소[만쏘]'의 경음화와 관련하여 제안된 설명은 3가지 정도이다.

첫째, '많소 → 만소 → [만쏘]'로 보는 것이다. 즉 /ㅎ/이 탈락하고 나서 /ㄴ/ 때문에 경음화되었다고 보는 것이다.

그런데 이 설명은 유성 자음 뒤에서 평음이 된소리가 되었다고 해야 하는데, 이 역시 음성학적으로는 아주 특이한 경우여서 설득력이 떨어진다. '감기[감기], 안개[안개], 공기[공기], 날개[날개]'처럼 유성 자음 뒤에서 평음은 경음화되지 않는다. 이렇게 말하면, 아래 (4)와 같은 예가 있지 않느냐고 반문할 수 있다. (4)는 용언이라는 형태론적 조건이 충족되고, 여기에 용언 어간의 말자음이 비음이라는 조건이 충족될 때에 한해서 일어나는 경음화이다. (4ⓒ) 역시 자음군의 마지막 자음은 비음 /ㅁ/이므로 '용언 어간말 비음'이라는 조건을 충족한다.

(4) ㉠ 신다[신따], 신고[신꼬], 신지[신찌]
　　ⓒ 삶다[삼따], 삶고[삼꼬], 삶지[삼찌]

101

그런데 '많소[만쏘]'에서는 어간말 자음이 /ㄴ/이 아니라 /ㅎ/이므로 (4)의 경음화의 조건환경이 되지 못한다. (4)의 경음화의 조건환경은 어간의 말자음이 비음일 때이다. 그래서 '많소[만쏘]'를 (4)의 용언 어간말 비음 뒤 경음화로 설명할 수 없다.

그럼에도 만일 어쨌든 /ㅎ/이 탈락하고 난 뒤 /ㄴ/ 때문에 경음화되었다고 주장해 보자. 그런데 '놓소[노쏘]'에서는 /ㄴ/이 없는데도 경음화가 일어난다. 따라서 '놓소[노쏘]'를 함께 고려할 때 '많소[만쏘]'의 경음화를 /ㄴ/ 때문이라고 말할 수 없다는 것을 확인할 수 있다.

둘째, '많소[만쏘]'의 경음화를 (5)처럼 음절의 끝소리 규칙에 의해 /ㅎ/이 /ㄷ/으로 되고 나서, /ㄷ/이 /ㅅ/을 경음화시키고 자신은 탈락하였다고 설명하는 것이다. '많쏘 → '만쏘'에서의 /ㄷ/ 탈락은 종성에 자음이 하나밖에 오지 못하는 음절 구조제약으로 설명하면 되니까 얼핏 그럴듯해 보인다.

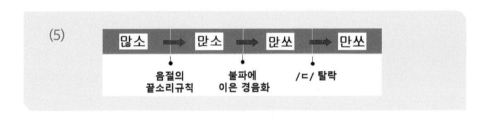

(5)

그러나 이 설명은 당장 '놓소[노쏘]'에서 바로 설득력이 떨어진다. 그러면 '놓소[노쏘]'의 경우에도 '많소[만쏘]'에서의 설명처럼 음절의 끝소리 규칙에 의해 /ㅎ/이 /ㄷ/이 된 후 /ㅅ/을 경음화시키고 나서 자신이 탈락해야 한다. 그런데 [논쏘]에서는 /ㄷ/이 탈락할 이유가 하나도 없다. 즉 [논쏘]가 얼마든지 가능함에도 [노쏘]로 실현되는 것을 설명할 길이 없다.

이렇게 말하면, 나는 [논쏘]로 발음한다고 말하는 사람이 있을 수 있다.[4] 실제로 [노쏘]라고 하지 않고 [논쏘]로 발음하기도 한다. 그런데 의식적으로 강하게 발음하

4 [노쏘]를 [논쏘]로 발음하는 것은 [오빠]를 [옵빠], [아빠]를 [압빠], [아까]를 [악까]로 발음하는 것과 평행한 현상이다.

지 않고 자연스럽게 발음할 때는 일반적으로 [노쏘]로 실현된다. 수의적으로 [노쏘]라고도 하고 [논쏘]라고도 하는 경우는 있지만, [노쏘]로 발음하지 않고 오로지 [논쏘]로만 발음하는 경우는 없다. 그래서 여전히 [노쏘]를 설명해야 한다. 그래서 '많소[만쏘]'를 (5)처럼 설명하는 것은 [노쏘]를 설명하지 못한다는 점에서 설득력이 떨어진다.

셋째, 'ㅎ+ㅅ' 축약의 결과는 /ㅅ/의 거센소리가 되는 것이 자연스럽지만, 국어에는 /ㅅ/의 거센소리가 없기 때문에 된소리로 인식한다는 것이다.

(6)

ㅂ	ㄷ	ㅅ	ㅈ	ㄱ
ㅍ	ㅌ		ㅊ	ㅋ
ㅃ	ㄸ	ㅆ	ㅉ	ㄲ

(6)에서 보듯이 /ㅅ/만 거센소리가 없다. /ㅅ/이 /ㅎ/과 결합해서 /ㅅ/의 거센소리 [sʰ]가 된다 하더라도 국어에는 [sʰ]가 음운으로 존재하지 않는다. 그래서 [sʰ]와 가장 가까운 소리인 /ㅆ/으로 인식한다는 것이다.

물리적인 실재와 인식적인 실재가 반드시 일치하는 것은 아니므로 일견 그럴듯해 보이는 설명이다. 그런데 이 설명이 타당하려면 물리적으로 '놓소[노쏘]', '만쏘[만쏘]'의 [쏘]가 /ㅅ/의 거센소리 [sʰ]이어야 한다. 하지만 국어 화자의 발음 [노쏘], [만쏘]의 물리적인 실재는 [sʰ]가 아니라 /ㅅ/의 경음 [ㅆ]이라는 사실에서 설득력이 떨어진다. 그러니까 물리적으로는 [sʰ]인데 [ㅆ]으로 인식하는 게 아니라, 물리적으로 [ㅆ]을 [ㅆ]으로 인식하는 것이다.

지금까지 '많소[만쏘]'의 경음화에 대해 제안된 3가지 설명을 살펴보았다. 일견 설명이 되는 부분도 있지만, 여전히 문제도 있음을 확인하였다. 그러면 다시 원위치로 돌아와서 왜 'ㅎ+ㅅ → ㅆ'가 되느냐? 현재로서는 제대로 된 설명을 하지 못한다가 물음에 대한 답이다. 학문이 모든 것을 설명해 주지는 못한다. 지금 당장은 온전하게 설명하지 못하지만, 이후에 이와 관련된 사실이 밝혀질 수도 있을 것이다. 아무튼 /ㅎ/과 /ㅅ/이 결합해서 경음 /ㅆ/이 되는 현상은 현재로서는 사실을 기술하는 선에 머무르고 있다. 왜 그런지까지는 아직 설명해 내지 못하고 있다.

1.14. '독도[독또]'는 왜 동화가 아닌가요?

한마디로 설명

　　동화는 피동화음(동화를 겪는 소리)이 동화주(조건환경)와 조음 위치가 같아지거나 조음 방법이 같아지는 음운 변동(교체)이다. '독도[독또]'에서 일어난 음운 변동은 경음화인데, 경음화된 '독도[독또]'에서는 동화주가 상정되지 않는다. 동화주가 상정되지 않으므로 경음화는 당연히 동화가 아니다.[1]

　　만일 '독도[독또]'가 동화라고 한다면, 동화주로 가정할 수 있는 것은 종성 /ㄱ/분이다. 그런데 동화주로 가정된 /ㄱ/과 교체가 적용된 /ㄸ/은 조음 위치도 다르고, 조음 방법도 다르다. 그러니까 조음 위치 동화가 일어난 것도 아니고, 조음 방법 동화가 일어난 것도 아니다. 오히려 경음화되기 전에는 '평음-평음(ㄱ-ㄷ)'이었는데, 경음화되고 나서는 '평음-경음(ㄱ-ㄸ)'이 되어 조음 방법은 더 이질적이 되었다. 그래서 경음화는 동화일 수 없다. 굳이 어느 하나로 분류해야 한다면, 오히려 이화[2]에 더 가깝다.

자세히 설명

　경음화라는 용어가 동화의 이름과 비슷한 'X화'의 형식을 취하고 있어서 경음

1　동화에 대한 자세한 설명은 ☞1.15. 구개음화는 왜 조음 방법 동화가 아닌가요? 참조.

2　이화는 동화의 반대이다. 동화 상태가 해제되는 것이 이화이다. 예컨대 '버선'의 고형은 '보션'인데, '보션'의 '보'는 원순모음화된 상태이다. 그런데 '버선'의 [버]는 원순모음화된 [보]의 동화 상태를 해제시킨 것이다.

화가 동화가 아닐까 하는 오해를 하는 경우가 많다. 그러나 [한마디로 설명]에서 간략히 설명한 것처럼 경음화는 동화가 아니다. 경음화는 그 원인에 따라 (1)과 (2)에서처럼 4가지 유형의 경음화가 있다.[3]

(1) 입국[입꾹], 극장[극짱], 박사[박싸], 닫고[닫꼬]

(2) ㉠ 김밥[김빱], 안방[안빵]
     ㉡ 발달[발딸], 발전[발쩐], 발생[발쌩]
     ㉢ 할 수[할쑤], 할 줄[할쭐]

(1)은 음절말 불파에 이은 경음화이다. (2㉠)은 사잇소리 첨가에 의한 경음화이고, (2㉡)은 한자어이면서 선행 음절 종성이 /ㄹ/로 끝나고, 후행 음절 초성이 /ㄷ, ㅅ, ㅈ/일 때 일어나는 경음화이다. 그리고 (2㉢)은 관형사형 어미 '-을' 뒤에서의 경음화이다.

(1)과 (2)의 경음화가 만일 동화라면 일단 동화주가 있어야 한다. 동화주가 없는데 동화가 일어날 수 없기 때문이다. 그런데 경음화에서는 동화주가 상정되지 않는다. 그럼에도 만일 억지스럽게 동화주를 가정해 본다면, 선행 음절의 종성이 후보일 수밖에 없다. 하지만 만일 선행 음절의 종성이 동화주라면, 교체가 일어난 후에 선행 음절 종성과 경음화된 후행 음절 초성이 조음 방법이든 조음 위치이든 어느 하나는 닮아 있어야 한다. 하지만 경음화가 일어난 후에 (1)은 '평음-경음'이고, (2㉠)은 '비음-경음', (2㉡)은 '유음-경음', (2㉢)은 '-을'이 관형사형 어미인데 어쨌든

---

3   경음화의 원인에 대한 보다 자세한 설명은 ☞ 1.5. '갈등[갈뜽]'과 '갈대[갈때]'의 경음화는 같은 것인가요? 참조.

음운론적으로는 'ㄹ-경음'이다. 이처럼 교체가 일어난 후의 두 자음간에는 조음 위치에서든 조음 방법에서든 음운론적 유사성이 전혀 없다. 이러한 사실에서도 경음화가 동화일 수 없다는 것을 분명히 알 수 있다.

경음화 중에서도 (1)의 경음화는 음절말 자음이 불파되는 국어의 특성으로 인해 일어난다. 국어의 경음화 중에서 가장 많은 빈도로 일어나는 경음화이고, 또한 예외도 전혀 없는 경음화이다. 국어 화자라면 누구나 예외없이 음절말 자음을 불파시켜 발음할 수밖에 없다. 그래서 음절말 자음의 불파는 국어의 음절구조제약 중의 하나이다. 국어의 음절구조제약은 2가지인데, 하나는 초성과 종성에서 발음될 수 있는 자음이 최대 하나라는 것이고, 다른 하나는 음절말 자음이 불파된다는 것이다. 종성에 실현될 수 있는 자음이 /ㅂ, ㄷ, ㄱ, ㅁ, ㄴ, ㅇ, ㄹ/ 7개로 제약되는, 음절의 끝소리 규칙은 음절말 자음의 불파로 인한 결과적 현상이다.

국어는 음절말 자음이 불파되는 언어인데 비해 영어를 비롯한 인구어들은 음절말 자음이 외파되는 언어이다. 영어의 'first [fɜːrst]', 독일어의 'markt [markt]'는 모두 종성에 자음이 3개 실현된 예이다. 이렇게 종성에 자음이 3개나 실현될 수 있는 이유는 음절말 자음이 외파되기 때문이다. 그러나 음절말 자음이 불파되는 국어에서는 최대 1개만 실현될 수 있다. 음절말 자음이 불파되는 언어는 외파되는 언어에 비해 매우 드물다. 그래서 음절말 자음의 불파는 다른 언어와 비교되는 국어의 중요한 특성 중의 하나이다.

우리가 말을 할 때는 허파에서 공기를 내보내면서 한다. 이때 공기를 내보내는 것을 외파라고 하고, 반대로 공기를 들이마시는 것을 내파라고 한다. 말을 할 때 쉬지 않고 말을 하지 못하는 이유는 공기를 들이마셨다가 들이마신 공기를 내보내면서 말을 하기 때문이다. 그런데 공기를 내보내는 동작을 중간에 막을 수가 있는데, 이러한 조음 동작의 결과가 바로 불파이다. 즉 허파에서 나온 공기를 입 밖으로 완전히 내보내기 전 어느 시점에서 조음 동작을 닫는 것을 불파라고 한다.

'입'이라는 단어를 발음하고 멈추었을 때 입 모양을 생각하면 쉽게 이해할 수 있다. [입]을 발음하고 멈추면 두 입술이 꽉 닫힌 상태인데, 이 상태에서 공기가 밖으로 나갈 수는 없다. 공기를 막는 방식은 크게 세 가지이다.

첫째, [입]처럼 두 입술로 막는 방식

둘째, [닫]처럼 혀끝을 윗잇몸에 붙여서 공기를 막는 방식

셋째, [박]처럼 혀뿌리로 목구멍을 막는 방식

자음이 제 음가대로 발음되려면 외파가 되어야 한다. 그래서 불파가 되면 자음이 제 음가대로 발음되지 못하게 된다.

(3) ㉠ 잎 → [입]

ㄴ 낫, 낮, 낯, → [낟]

있다 → [읻따]

같다[갇따]

㉢ 부엌 → [부억]

(3)에서 보듯이 /ㅍ/은 /ㅂ/으로, /ㅅ, ㅈ, ㅊ, ㅆ, ㅌ/은 /ㄷ/으로,[4] /ㅋ/은 /ㄱ/으로 실현된다. 이처럼 불파가 되면 실현될 수 있는 자음이 제약되는데, 이러한 제약의 결과 종성에서 /ㅂ, ㄷ, ㄱ, ㅁ, ㄴ, ㄹ, ㅇ/ 7개만 실현된다. 즉 종성에 7개의 자음만 실현되는 것은 음절말 자음의 불파로 인한 결과적 현상이다. 이 중에서 비음인 /ㅁ, ㄴ, ㅇ/은 공기가 코로 나가기 때문에 불파되지 않고, /ㄹ/은 공기

---

4 국어에서 종성에 /ㄸ/, /ㅉ/을 가진 음절이 없다. 만일 있다면 /ㄸ, ㅉ/ 역시 /ㄷ/으로 실현될 것이다.

가 혀의 양쪽 가장자리로 나가기 때문에 역시 불파되지 않는다. 그래서 종성의 /ㅁ, ㄴ, ㅇ, ㄹ/은 음절말 불파와 직접적으로 관련이 없다. 이 4개의 자음 외에 나머지 자음들은 (3)에서 보듯이 음절말 불파로 인해 제 음가대로 발음되지 못하고 /ㅂ, ㄷ, ㄱ/ 중의 하나로 발음된다.

음절말 자음의 불파로 인해 종성에서 7개의 자음만 실현될 수 있는데, 학교문법에서는 이를 '음절의 끝소리 규칙'이라고 한다. 그리고 음절말에서 발음될 수 있는 자음의 수가 7개이기 때문에 7종성 법칙이라고도 한다.

음운론적으로 음절말 자음의 불파는 초성에서 대립이 되던 자음이 종성에서 대립이 되지 못하는 현상이다. 그래서 이를 '중화'라고 한다. 즉 중화는 음절말 자음의 불파로 인해 일어나는 음운 변동의 유형에 대해서 이름을 붙인 것이다. 이에 비해 음절의 끝소리 규칙이나 7종성은 중화의 결과로 일어난 사실에 대해 이름을 붙인 것이다.

동화는 조음 위치 동화와 조음 방법 동화로 나뉜다. 조음 위치 동화는 동화주[1]와 조음 위치가 같아지는 교체이고, 조음 방법 동화는 동화주와 조음 방법이 같아지는 교체이다. 자음 동화의 동화주는 자음, 모음 동화의 동화주는 모음인 경우가 일반적이다. 그런데 구개음화는 동화주가 모음 /i/와 반모음 /y/라는 점에서 다른 동화와 차이가 있다.

구개음화의 동화주인 /i, y/의 조음 위치는 자음 체계에서 경구개음의 위치에 해당한다. 구개음화는 동화주인 /i, y/가 치조음 /ㄷ, ㅌ, ㄸ/을 자신과 같은 조음 위치의 경구개음 /ㅈ, ㅊ, ㅉ/으로 바뀌게 하는 교체이므로 조음 위치 동화이다.

만일 구개음화가 조음 방법 동화라면 피동화음 /ㄷ, ㅌ, ㄸ/이 동화주인 /i, y/와 유사한 조음 방법으로 교체한다고 해야 할 것이다. 그러나 동화된 소리인 /ㅈ, ㅊ, ㅉ/과 /i, y/ 사이에는 조음 방법 상에서 어떠한 유사성도 없다. 그렇기 때문에 조음 방법 동화 자체가 일어날 수 없다.

자세히 설명

동화의 명칭은 대부분 'X화'의 형식으로 붙여진다. 'X화'라는 이름을 제대로 이해하기만 해도 동화의 내용과 성격을 파악할 수 있다. 'X화'는 원래 X가 아닌 어떤

---

1   동화를 일으키는 주체인데, 동화에서 동화주는 조건환경이다. 규칙을 'x → y / __z'라는 형식으로 나타내는데, 이때 x는 입력, y는 출력, z는 조건환경이다.

소리가 동화의 결과 X로 된다는 것을 전제하고 있다. 예컨대 비음동화는 동화되기 전의 소리가 비음이 아니었으며, 동화의 결과 비음이 된 것이다. '/국민/ → [궁민]'을 보면 /ㄱ/은 비음이 아닌 평음이고, 동화의 결과 /ㄱ/이 비음 /ㅇ/이 된 것을 확인할 수 있다. 또 다른 예로 조음 위치 동화의 하나인 '닫고[닥꼬]'[2]의 연구개음화의 경우에는 원래는 연구개음이 아니었는데 연구개음이 되는 동화라는 것을 이름을 통해 알 수 있다. 즉 동화되기 전 /ㄷ/은 치조음이고, 동화된 /ㄱ/은 연구개음이다.

국어에서 자음의 동화는 (C)VC1.C2V(C)[3]처럼 선행 음절 종성 자음 C1과 후행 음절 초성 자음 C2 사이에서 일어난다.

(1)

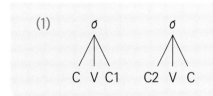

그런데 'X화'라는 이름만으로는 조음 방법 동화인지 조음 위치 동화인지를 알 수 없다. 조음 위치 동화인지 조음 방법 동화인지를 파악하기 위해서는 동화음과 피동화음의 조음 위치와 조음 방법을 분석해야 한다.

예컨대 '/닫고/ → [닥꼬]'의 경우 C1.C2의 조음 위치가 동화되기 전에는 'ㄷ-ㄱ(치조음-연구개음)'으로 서로 달랐다. 그런데 [닥꼬]처럼 동화된 후에는 'ㄱ-ㄱ(연구개음-연구개음)'으로 조음 위치가 같아졌다. 이처럼 동화의 결과 원래 조음 위치가 달랐던 두 소리가 조음 위치가 같아지면 조음 위치 동화이다. 이에 비해 '/국민/ →

---

2   표준 발음은 [닫꼬]인데, 실제 발음에서는 위치 동화(연구개음화)된 [닥꼬] 발음 이 더 많다.

3   '…C1.C2…'에서 C1과 C2 사이의 '.'은 음절의 경계를 나타낸다.

[궁민]'의 경우에는 비음 /ㅁ/ 앞에서 /ㄱ/이 /ㅇ/으로 바뀌었다(ㄱ-ㅁ → ㅇ-ㅁ). 즉 평음 /ㄱ/이 동화주인 비음 /ㅁ/ 앞에서 동화주와 같은 조음 방법의 비음 /ㅇ/으로 바뀌었다. 따라서 비음동화는 조음 방법 동화라는 것을 알 수 있다. 동화된 /ㅇ/과 동화주 /ㅁ/ 즉, 'ㅇ-ㅁ'은 '연구개음-양순음'으로 서로 조음 위치가 다르므로 조음 위치 동화일 수 없다.

국어에 존재하는 동화를 조음 위치 동화로 조음 방법 동화로 나누어 보면 (2)와 같다.

(2) • 조음 방법 동화: 비음동화, 유음동화, 원순모음화…
    • 조음 위치 동화: 구개음화, 양순음화, 연구개음화, ㅣ모음 역행동화(움라우트)…

그러면 구개음화는 왜 조음 위치 동화인가? '/굳이/ → [구지]'에서 보면 파열음 /ㄷ/이 파찰음 /ㅈ/으로 조음 방법이 바뀌었으니까 조음 방법 동화가 아닌가? 그런데 구개음화의 동화주가 모음 /i/와 반모음 /y/라는 사실을 떠올리면 조음 방법 동화가 아니라는 것을 추론할 수 있을 것이다. 경구개 자음 /ㅈ/과 모음과 반모음 /i, y/ 간에는 조음 방법 상에서 어떠한 유사성도 없기 때문이다.

구개음화에서 피동화음은 치조음 /ㄷ, ㅌ, ㄸ/이고, 동화의 결과 바뀐 소리는 경구개음 /ㅈ, ㅊ, ㅉ/, 그리고 동화주는 모음 /i/와 활음 /y/이다. 이때 전설 모음 /i, y/의 조음 위치는, 자음의 조음 위치로 보면 경구개 위치이다. 즉 /ㅈ, ㅊ, ㅉ/과 /i, y/는 조음 위치가 같다.[4] 이 사실을 이해하면 구개음화가 왜 조음 위치 동화인지 알

4   모음은 전후 위치에 따라 전설 모음(/ㅣ, ㅔ, ㅐ, ㅚ, ㅟ(/i, e, ɛ, ö, ü/)/)과 후설 모음(/ㅏ, ㅓ, ㅡ, ㅗ, ㅜ(/a, ə, i, o, u/)/)으로 구별하는데, 전설 모음의 위치는 자음의

수 있을 것이다. 즉 구개음화는 동화주인 /i, y/가 자음 /ㄷ, ㅌ, ㄸ/의 조음 위치를 자신과 같은 조음 위치의 자음 /ㅈ, ㅊ, ㅉ/으로 동화시킨 음운 변동이므로 조음 위치 동화이다.

자음 체계에서 좌우로 이동하는 동화는 조음 위치 동화이다. 이에 비해 상하로 이동하는 동화는 조음 방법 동화이다. 구개음화는 아래에서 보듯이 자음 체계에서 좌우로 이동하는 변화라는 것을 확인할 수 있다.

	양순음	치조음	경구개음	연구개음
조음 방법 동화 ↓	ㅂ ↓	ㄷ ⇒	ㅈ	ㄱ
	ㅁ	ㄴ		ㅇ
			y	w
			ㅣ	ㅜ
			전설 모음	후설 모음

조음 위치 동화 ⟷

그러면 이러한 구개음화가 왜 일어날까? 동화는 발음의 편의성을 추구하는 음운 변동이다. 구개음화 역시 동화의 하나이므로 구개음화가 일어나는 이유도 발음의 편의성 때문이다. 구개음화되기 전의 [구디]와 구개음화된 [구지]를 각각 최대한 빨리 반복해서 발음해 보면, [구디]보다 [구지]가 훨씬 더 빨리 반복해서 발음할 수 있다는 것을 알 수 있을 것이다. [구지]를 더 빨리 반복해서 발음할 수 있다는 것은 [구디]보다 [구지]가 발음하기 편하다는 것을 증언한다.

조음 위치로 보면 경구개 위치에 해당하고, 후설 모음의 위치는 자음의 조음 위치로 보면 연구개 위치에 해당한다. 반모음 /y/는 /i/와 같은 전설에서 발음되면서 /i/보다 더 높은 곳에서 발음되는 소리이다.

지금까지의 설명을 이해했다면, 이제 '/신라/ → [실라]'에 적용된 유음동화가 왜 조음 방법 동화인지도 설명할 수 있을 것이다. 만일 유음동화가 조음 위치 동화라고 가정해 보자. [실라]는 /ㄹ/ 앞에서 /ㄴ/이 /ㄹ/로 바뀐 음운 변동이다. 만일 유음동화가 조음 위치 동화가 되려면 일단 동화되기 전의 피동화음 /ㄴ/의 조음 위치와, 동화주인 조건환경 /ㄹ/의 조음 위치가 달라야 한다. 이미 조음 위치가 같다면 조음 위치 동화 자체가 성립할 수 없기 때문이다. 그런데 입력 /ㄴ/의 조음 위치도 치조이고, 동화주인 조건환경 /ㄹ/의 조음 위치도 치조이다. 따라서 유음동화는 조음 위치 동화일 수 없다. 그래서 결론적으로 유음동화는 조음 방법 동화이다.

동화는 조음 위치 동화와 조음 방법 동화 2가지밖에 없다. 그래서 조음 위치 동화임을 증명하라고 하면, 그것이 조음 방법 동화가 아니라는 것을 증명해도 된다. 반대로 조음 방법 동화임을 증명하라고 하면, 그것이 조음 위치 동화가 아니라는 것을 증명해도 된다. 만일 동화가 조음 위치 동화, 조음 방법 동화 외에 또 다른 제3의 동화가 있다면, 조음 방법 동화가 아니라는 것을 증명한다고 해서 조음 위치 동화라는 것이 증명되지는 못한다.

1.16. 왜 같은 '-음'이 결합했는데 명사형은 '욺'이고, 명사는 '울음'인가요?

한마디로 설명

　표기는 일종의 인위적인 약속이다. 물론 누가 약속했느냐고, 나는 약속하지 않았다고 반문할 수는 있다. 표기는 국어학자들이 모여서 표기 원칙을 정하고, 그렇게 마련된 표기 원칙에 따라 각 어휘의 표기를 결정한다. 그러면 우리는 그것을 약속된 것으로 받아들이는 것이다. 그래서 표기가 왜 이렇게 되었느냐는 질문에 대한 답은 사실 좀 옹색하다. 그냥 그렇게 정한 것이기 때문이다. 다만 그렇게 정할 때 나름의 원칙에 의해 결정된다는 점에서 정말 마음대로 정한 것은 아니다.

　/ㄹ/ 말음 용언의 활용형의 표기는 다른 용언과 달리 표기 자체가 복잡하다. 우선 질문처럼 명사형 어미 '-음'과 파생 접미사 '-음'의 형태가 같음에도 불구하고, 명사형과 파생 명사의 표기가 다르다. 이는 동일한 /ㄹ/ 말음 어간 내에서도 그 양상이 같지 않고 어휘에 따라 다르다. 다만 명사형의 표기는 일관되게 'ㄻ'이다.

동사	명사형	파생 명사
울다	욺	울음
살다	삶	삶
불다	붊	×

　'욺'과 '울음'처럼 명사형 어미 '-음'이 결합한 형태와, 명사 파생 접미사 '-음'이 결합한 형태가 다른 경우도 있고, '삶'처럼 명사형 어미 '-음'과 파생 접미사 '-음'이 결합한 형태가 같은 것도 있다. 그리고 '불다'의 경우에는 명사형 어미가 결합한 형태만 있고, 파생 접미사 '-음'이 결합한 파생 명사가 아예 없는 경우도 있다. 그러나 명사형은 위에서 보듯이 '욺, 삶, 붊'처럼 항상 /ㄹ/이 탈락하지 않은 'ㄻ' 형태로 표기한다. 즉 '-음'의 /으/ 모음만 탈락하고 남은 'ㄻ'을 그대로 겹받침으로 표기한다.

참고로 '하십시오체'의 '-ㅂ니다'가 결합할 때는 '압니다, 삽니다, 붑니다'처럼 항상 어간의 말음 /ㄹ/이 탈락한 형태로 적는다.

자세히 설명

어간이 /ㄹ/로 끝나는 용언이 어미와 결합할 때 맞춤법은 생각보다 복잡하다. 그래서 많이 헷갈려 하는 부분이기도 하다. 이와 관련된 〈한글 맞춤법〉 규정은 제18항과 제19항이다. 그러나 이 규정 조항을 본다고 '아!, 그렇구나.' 하고 바로 이해하기가 현실적으로 쉽지 않다. 두 규정 조항을 일단 그대로 옮기면 아래와 같다.

(1)　제18항. 다음과 같은 용언들은 어미가 바뀔 경우, 그 어간이나 어미가 원
　　　　　칙에 벗어나면 벗어나는 대로 적는다.

　　1. 어간의 끝 'ㄹ'이 줄어질 적

　　　갈다 가니 간 갑니다 가시다 가오

　　제19항. 어간에 '-이'나 '-음/-ㅁ'이 붙어서 명사로 된 것과 '-이'나 '-히'
　　　　　가 붙어서 부사로 된 것은 그 어간의 원형을 밝히어 적는다.

　　1. … …

　　2. '-음/-ㅁ'이 붙어서 명사로 된 것

　　　삶

위 규정대로 '살다, 울다'의 활용형 일부 및 파생 명사를 나타내면 다음과 같다.

활용형	살다 살면 사니 살아 산 살 삽니다 사오
	울다 울면 우니 울어 운 울 웁니다 우오
명사형	삶
	욺
파생 명사	삶
	울음

〈한글 맞춤법〉제18항과 제19항 조항을 외우고, /ㄹ/ 말음을 가진 모든 용언의
활용형들을 위에서처럼 모조리 외울 생각이 아니라면, /ㄹ/ 말음 어간의 표기를 원
리적으로 이해할 필요가 있다. /ㄹ/ 말음 용언의 활용형에 대한 표기를 원리적으로
이해하는 데는 아래 세 가지가 필요하다.

가 발음했을 때 /ㄹ/이 탈락하면 탈락한 대로 적는다.

나 발음했을 때 연음은 연음되기 전의 형태로 적는다.

다 명사형 어미 '-음'이 결합했을 때는 발음상 /ㄹ/이 탈락하지만('삶'의 발음

은 [삼]이다.) 원래의 형태를 밝혀 적는다.

/ㄹ/ 말음 용언의 어간 형태만 고려한다면 가는 〈한글 맞춤법〉의 표기 원리 중에서 소리대로 적는 표기이고, 나와 다는 어법에 맞게 적는 표기이다. 이렇게 정리를 하고 나면, 어느 정도 원리적으로 이해할 수 있는 여지가 생겼으리라 생각한다.

그러면 각각에 대해 구체적으로 살펴보자.

일반적으로 어려워하는 것이 가이다. 단순하게 말하면 가는 결국 발음되는 대로 즉, 소리대로 적는 것이다. 음운론적으로 말하면, 음운 변동이 적용된 형태 대로 적는 것이다. 가에 해당하는 활용형들의 표기를 정리해 보면 (2)와 같다.

(2)

	활용 → 표기형			비교
㉠	살+으니	→	사니	잡으니
	살+은	→	산	잡은
	살+을	→	살	잡을
	살+으시+다	→	사시다	잡으시다
㉡	살+는	→	사는	잡는
	살+니?	→	사니?	잡니?
㉢	살+ㄴ+다	→	산다	잡는다
	살+ㅂ니다	→	삽니다	먹습니다
㉣	살+오	→	사오	잡으오

(2)의 표기를 이해하려면 여기에는 음운론적 지식이 필요하다. 맹목적으로 외울 요량이 아니라면, 음운론적 지식을 통해 이해하는 것이 필요하다. (2)를 이해하는 데 필요한 음운론적 지식은 세 가지 음운 변동이다.

> ⓐ /ㄹ/ 뒤 /ㅡ/ 탈락 규칙
>
> ⓑ /ㄴ, ㅅ/ 앞에서 /ㄹ/ 탈락 규칙
>
> ⓒ 음절말에 자음이 하나 이상 올 수 없는 음절구조제약

(2㉠)은 ⓐ와 ⓑ의 음운 변동이 적용된 발음형 그대로, (2㉡)은 ⓑ의 음운 변동이 적용된 발음형 그대로 다시 말해, 표면형¹으로 표기하도록 정한 것이다. (2㉠)에서 ⓐ와 ⓑ의 적용 순서는 ⓐ → ⓑ이다(살+으니 → 살니 → 사니). 그리고 (2㉢)은 ⓒ의 음절구조제약에 의해 즉, 발음했을 때 음절 말에 한 개 이상의 자음이 올 수 없는데, 그래서 어간의 말음 /ㄹ/이 탈락한 형태로 표기하도록 정한 것이다. 마지막으로 (2㉣)은 좀 복잡한 설명이 필요하다. '사오'는 현대국어에서 어떤 음운 변동이 적용

---

1   표면형은 음운론의 용어인데, 쉽게 말하면 발음했을 때의 형 즉, 발음형이다. 표면형에 대응되는 것이 기저형인데, 기저형은 발음되기 전의 형태를 이른다. '닭'을 우리는 [닥]이라고 발음하는데, 이때 '닭'이 바로 기저형이고, [닥]이 표면형이다. 〈한글 맞춤법〉 제1조 제1항의 소리대로 적는 표기는 표면형으로 적는 표기이고, 어법에 맞게 적는 표기는 기저형을 밝혀 적는 표기이다.

예컨대 '울음'은 기저형을 밝혀 적은 표기이고, '노름'은 표면형을 그대로 적은 표기이다. '노름'도 '울음(울+음)'과 마찬가지로 '놀+음'이 결합한 것인데, '울음'과 달리 표면형 [노름]으로 표기를 정한 것이다. '거북이'와 '뻐꾸기'의 관계도 같다. '거북+이', '뻐꾹+이'인데, '거북+이[거부기]'는 기저형을 밝혀 적은 '거북이'로 표기를 정하였고, '뻐꾹+이[뻐꾸기]'는 표면형 그대로 '뻐꾸기'로 표기를 정하였다.

된 것이 아니다. 중세국어에서 '살+소'에서 /ㄹ/이 탈락한 '사소'가 근대국어에 오면서 'ㅿ'이 소멸되어 '사오'가 되었고, 이 활용형 '사오'가 현대국어까지 그대로 쓰이고 있는 것이다. 즉 '사오'는 현재 음운 변동이 적용된 형태가 아니라 과거에 음운 변동이 적용되었던 형태를 지금도 쓰고 있는 것이다.

(2)에서 '비교' 칸에 있는 '잡다'의 활용형과 비교해 보면 /ㄹ/ 말음 어간의 표기가 특수하다는 것을 이해할 수 있을 것이다. 대부분의 용언 어간의 표기는 '잡다'의 표기와 평행하다. '잡다'의 활용형은 음운 변동이 적용되기 전의 형태 즉, 원래의 형태를 밝혀 적는다. 즉 '잡다'의 활용형도 '잡고[잡꼬], 잡는[잠는]'처럼 음운 변동이 일어나지만, 표기는 음운 변동을 반영하지 않는 것을 원칙으로 삼았다. 〈한글 맞춤법〉의 표현대로 말한다면, '어법에 맞게' 적는 표기법을 채택하고 있다.

일반적으로 대부분의 용언의 활용형은 이처럼 음운 변동이 적용되기 전의 형태, 즉 어법에 맞게 적는 표기를 채택하고 있다. 이러한 사실에 비추어 보면 /ㄹ/ 말음 어간의 활용형의 표기는 예외적으로 '소리대로 적는' 표기법이 많이 채택되어 있는 셈이다.

위에서 언급한 것처럼 〈한글 맞춤법〉은 용언의 활용형의 표기에 대해서 일반적으로 음운 변동이 적용되기 전의 형태로 즉, 어법에 맞게 적도록 하고 있다. /ㄹ/ 말음 용언의 표기 중에서 (3)은 Ⓝ의 "발음했을 때 연음은 연음되기 전의 형태로 적는다."에 해당하는데, 이는 〈한글 맞춤법〉의 어법에 맞게 적는 원칙을 따른 것이다.

(3) 살아서, 살았다

(3)은 발음을 하면 [사라서], [사랃따]처럼 어간 말음 /ㄹ/이 다음 음절 초성으로 연음이 된다. 하지만 발음 나는 대로 적지 않고 원래의 형태를 밝혀 적는다. 즉 소리대로 적지 않고 어법에 맞게 적는다.

그러면 왜 〈한글 맞춤법〉에서는 다른 용언과 달리 유독 /ㄹ/ 말음 용언에 대해서는 소리대로 적는 표기를 많이 채택하고 있는가? 다시 말해 왜 ㉮처럼 일부는 소리대로 적는 표기를 채택하고 또 ㉯, ㉰처럼 일부는 어법에 맞게 적는 표기도 채택하였는가? 이에 대한 대답은 옹색하지만, 〈한글 맞춤법〉을 만든 국어학자들이 그렇게 한 것이라고 대답할 수밖에 없다. 당시 국어학자들이 그렇게 한, 특별히 설득력 있는 이유가 있는 것은 아니기 때문이다. 그냥 그렇게 정하고, 그렇게 표기하자고 약속한 것이다. 〈한글 맞춤법〉의 성격 자체가 그렇기도 하다. 참고로 〈한글 맞춤법〉은 1933년 조선어학회에서 만든 〈한글 맞춤법통일안〉을 거의 그대로 준용하면서 약간의 수정을 한 것으로 1988년에 공표된 것이다. 이 〈한글 맞춤법〉을 지금까지 우리가 사용하고 있다.

〈한글 맞춤법〉 제1조 제1항은 "한글 맞춤법은 표준어를 소리대로 적되, 어법에 맞도록 함을 원칙으로 한다."이다. 그러면 언제 소리대로 적고, 언제 어법에 맞게 적는가? 소리대로 적는 것과, 어법에 맞게 적는 것을 어떤 기준으로 정하였는가? 딱히 분명한 원칙이나 기준을 말하기 어렵다. 당시 국어학자들이 그렇게 정한 것이다. 그리고 다 같이 그렇게 쓰자고 약속한 것이기 때문에 그 약속에 따라 그렇게 쓰는 것일 뿐이다. 왜냐하면 이 약속을 어기고 다르게 표기하게 되면 모든 사람이 읽고 쓰는 데 불편해지기 때문이다.

이 사실을 이해하면 ㉰에 대해서 따로 설명이 필요 없으리라 생각한다. 즉 명사형 어미 '-음'이 결합한 '살+음'을 왜 '삶'이라고 표기하도록 정하였는지, 그리고 '삶'의 발음이 [삼]인데 발음형으로 표기하지 않은 이유가 무엇이냐고 물을 이유가 없다. 그냥 그렇게 정한 것이다. 그럼에도 굳이 그러면 왜 〈한글 맞춤법〉에서 그렇게 정했느냐고 묻는다면, 그 대답은 당시 국어학자들이 그렇게 하는 것이 더 낫다고 판단했기 때문이다. 왜 그렇게 판단했는지는 당시 국어학자들을 만나서 직접 물어보지 않는 이상 정확히 그 이유를 알 수는 없다. 그리고 설령 그 이유를 안다고 하더라도 그 지식이 맞춤법에 맞게 쓰는 데 별반 도움이 되지 않는다.

그럼에도 굳이 그 이유를 알고 싶다면, 만일 '살+음'을 '삼'으로 표기하도록 정했다고 가정해 보자. 그러면 어간의 형태도, 어미의 형태도 파악하기가 어렵다. 즉 가독성이 떨어지게 된다. 그리고 식물을 나타내는 명사 '삼(麻)', 숫자를 나타내는 '삼(三)' 등과 같은 형태가 된다. 이렇게 되면 '삶'으로 표기하는 것에 비해 가독성이 떨어질 수밖에 없다. 맞춤법은 표기의 편의와 독해의 편의 둘 다를 고려한다. '삶'은 독해의 편의를 더 중요하게 생각한 것인데, 이는 결과적 해석이고 역시 왜 '삶'이라고 표기를 정했는지는 알 수 없다.

마지막으로 /ㄹ/ 말음 용언 어간의 파생 명사 즉, 명사 파생 접미사 '-음'이 결합했을 때의 형태는 특별한 원칙이나 원리가 없다. 말 그대로 어휘마다 다르다. 그것은 파생 명사가 형성된 시간이 서로 다른 것과 관련이 있다. 그래서 일관된 방식으로 생성되지 않았다. 명사 파생 접미사 '-음'이 결합해서 만들어진 파생 명사는 많지 않다. 표기 원칙이나 원리가 없으므로 ㉮ ~ ㉱와 달리 파생 명사 자체를 그냥 외우는 것 외에는 달리 방법이 없다. /ㄹ/ 말음 어간에 명사 파생 접미사 '-음'이 결합한 파생 명사의 형태는 (4)에서 보듯이 3가지 유형이 있다.

(4)

유형	단어
'음' 형태	울음, 얼음, 졸음
'ㅁ' 형태	삶, 앎
연음 형태	노름

명사형 어미 '-음'과 명사 파생 접미사 '-음'을 비교하기 쉽게 정리해 보면 (5)와 같다.

(5)

명사형	파생 명사
욺	울음
얾	얼음
졺	졸음
삶	삶
앎	앎
놂	노름
낢	×
붊	×

　/ㄹ/ 말음 용언 어간에 명사형 어미 '-음'이 결합했을 때의 표기는 규칙적이다. 즉 항상 접미사 '-음'의 /ㅡ/ 모음이 탈락한 'ㄻ'으로 표기한다. 반면 명사 파생 접미사 '-음'이 결합했을 때는 '울음', '삶', '노름' 이렇게 세 가지 유형이 다 나타난다. 그리고 '날다', '불다'처럼 명사 파생 접미사가 결합한 파생 명사가 따로 없는 경우도 많다.

MEMO

2.

형태소와 단어, 품사에 대한

Q & A

2.1. '개살구'의 '개'가 형식 형태소가 맞나요?

한마디로 설명

학교문법에서는 접사를 형식 형태소로 분류한다. 하지만 모든 접사를 형식 형태소라고 보지는 않는다. 실제 접사는 실질적인 의미를 가진 접사에서부터 형식적인 의미만 가진 접사까지 존재한다. '개살구'의 '개-'는 '야생 상태의'라는 의미를 가지고 있다. 이 의미는 실질적인 의미에 가깝다. 그래서 '개살구'의 '개-'는 형식 형태소보다는 실질 형태소에 더 가깝다.

자세히 설명

실질 형태소는 실질적인 의미가 있는 형태소로 달리 어휘 형태소라고도 한다. 이에 비해 형식 형태소는 격(주격, 목적격, 관형격 등), 높임, 시제, 수(단수, 복수)와 같은 의미를 가진 형태소를 이른다. 이러한 의미를 문법적인 의미라고 하는데, 그래서 형식 형태소를 달리 문법 형태소라고도 한다.

실질 형태소 = 어휘 형태소
형식 형태소 = 문법 형태소

접사는 어근과 결합하는 위치에 따라 접두사와 접미사로 나뉜다. 이 중에서 특히 접두사는 실질적인 의미를 가지고 있는 경우가 대부분이다.

(1)   개살구, 헛소리, 민소매

앞에서 살펴본 것처럼 '개살구'에서 접두사 '개-'는 '야생 상태의'라는 실질적
인 의미가 있다. 그리고 '헛소리'에서 접두사 '헛-'은 '이유 없는' 또는 '보람 없는'
의 뜻을 가지고 있고, '민소매'에서 '민-'은 '꾸미거나 딸린 것이 없는'의 뜻을 가지
고 있다. 이러한 의미는 실질적인 의미에 더 가깝다. 이처럼 대부분의 접두사는 형
식 형태소보다는 실질 형태소에 더 가깝다.

접미사는 형식 형태소도 있고, 실질 형태소에 더 가까운 것들도 있다.

먼저 형식 형태소로 보아야 하는 접미사를 살펴보자.

(2)   ㉠ 학생들, 나무들, 풀들
       ㉡ 선생님, 사장님, 사부님

(3)   ㉠ 먹이, 높이, 보기, 잠, 울음
       ㉡ 먹이다, 안기다, 넓히다, 낮추다

(2) ~ (3)의 접미사들은 전형적으로 형식 형태소에 해당하는 것들이다. (2㉠)의 접
미사 '-들'은 '복수'라는 문법적인 의미, (2㉡)의 접미사 '-님'은 높임이라는 문법적
인 의미를 더해 준다. 그리고 (3㉠)의 접미사들(-이, -기, -음)은 동사를 명사로 바꾸
어 주고, (3㉡)의 접미사들(-이/기/히/추-)은 동사나 형용사를 사동사로 바꾸어 준다.
동사를 명사로 바꾸어 준다든가 동사나 형용사를 사동사로 바꾸어 주는 것은 실질
적인 의미와 상관이 없는, 전형적인 문법적인 기능이다.

이와는 달리 실질적인 의미를 가진 접미사들도 있다. 이들은 실질 형태소에 더

가깝다.

(4) 사기꾼, 구두장이, 욕심꾸러기

(4)에서 접미사 '-꾼', '-장이', '-꾸러기'는 모두 선행하는 어근과 관련된 사람을 가리키는데, 그 의미는 서로 다르다. 접미사 '-꾼'은 '어떤 일을 전문적으로 하는 사람'의 뜻을 가지고 있고, 접미사 '-장이'는 '그것과 관련된 기술을 가진 사람'의 뜻을, 접미사 '-꾸러기'는 '그것이 심하거나 많은 사람'의 뜻을 가지고 있다. 이러한 의미는 문법적인 의미보다는 실질적인 의미에 더 가깝다.

결론적으로 접사라고 해서 모두 형식 형태소라고 하는 것은 과잉일반화이다. 학교문법에서 접사를 일괄적으로 형식 형태소라고 한 것은 학습자 수준을 고려한 것이라고 할 수 있다. 학습자 수준을 고려할 때, 형식 형태소부터 실질 형태소까지 다양한 스펙트럼을 보이는 접사의 의미를 정교하게 설명하기가 쉽지 않기 때문이다.

'웃음'의 '-음'과 '더하기'의 '-기'는 이형태인가요?

둘 또는 그 이상의 형태가 의미¹는 같으면서 분포가 상보적일 때 이형태라고 한다. '-음'과 '-기'는 동사나 형용사 어근에 결합하여 명사를 만드는 파생 접미사로 문법적인 기능이 같다. 하지만 '-음'과 '-기'는 분포가 상보적이지 않다. 따라서 정의에 의해 '-음'과 '-기'는 이형태가 아니다. '-음'과 '-기'는 명사 파생 접미사라는 동일한 문법적인 의미를 가진 별개의 형태소이다.

자세히 설명

이형태의 정의를 이해하기 위해서는 먼저 형태소의 정의를 명확히 알 필요가 있다. 형태소의 정의는 의미를 가지고 있는 최소의 단위이다. 예컨대 '풋사과'와 '사과'는 의미가 다른데, '풋사과'와 '사과'의 의미를 다르게 하는 것은 '풋'이다. 이는 '풋'이 의미를 가지고 있는 단위임을 증언한다. 그리고 '풋'은 더 쪼갤 수 없다. 이는 '풋'이 의미 단위로서는 최소임을 말해 준다. 따라서 '풋'은 뜻을 가지고 있는 최소의 단위 즉, 형태소이다. '사과' 역시 의미를 가진 최소의 단위이므로 형태소이다. '사과'는 '풋'과 달리 자립해서 쓰일 수 있다. 그래서 '사과'는 형태소이면서 또한 단어이다. 반면 '풋'은 자립해서 쓰일 수 없기 때문에 형태소이기는 하지만 단어는

---

1   이때 '의미'는 어휘적인 의미, 문법적인 의미를 포함한다. 문법적인 의미는 문법적인 기능을 말한다.

아니다. '풋-'은 의존 형태소인 접두사이다.

또 다른 예로 '먹다'와 '먹었다'를 보자, '먹다'와 '먹었다'는 의미가 다르다. 그러면 '먹다'와 '먹었다'의 의미가 다르다고 판단하게 하는 것은 무엇 때문인가? 그것은 '-었-'의 유무이다. 즉 '-었-'의 유무에 의해 '먹다'와 '먹었다'의 의미가 다르다. 이는 '-었-'이 무슨 의미를 가지고 있는지 모른다 하더라도 어떠한 의미가 있다는 것은 분명한 사실임을 알게 해 준다. 그러므로 '-었-'은 하나의 형태소이다. '-었-'은 과거라는 시제의 의미 즉, 문법적인 의미를 가지고 있는 형태소이다.

하나의 형태소는 '감'처럼 항상 동일한 형태로 실현되는 것도 있지만, 둘 이상의 형태로 실현되는 것도 있다. 예컨대 '잎'은 '잎[입]', '잎이[이피]', '잎만[임만]'처럼 '입', '잎', '임' 3가지 형태로 실현된다. 이때 3가지 형태 '입', '잎', '임' 중의 하나가 형태소이고, 나머지 형태는 이형태이다. '입', '잎', '임'에서는 '잎'이 형태소이고, '입'과 '임'은 형태소 '잎'의 이형태이다.

이형태는 형태소와 의미가 같으면서 형태가 다른 것이다. 의미가 같고 형태만 다르면 이형태는 아니고, 이형태로 판정되려면 아래 두 가지 조건을 함께 충족해야 한다.

첫째, 의미(어휘적인 의미 또는 문법적인 의미)가 동일하다.
둘째, 분포가 상보적이다.

상보적 분포를 설명할 때 지킬 박사와 하이드의 관계를 예시로 활용하기도 한다. 지킬 박사와 하이드는 같은 인물이지만, 지킬 박사일 때는 하이드가 나타날 수 없고, 하이드일 때는 지킬 박사가 나타날 수 없다. 이러한 분포가 바로 상보적 분포이다.

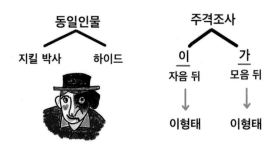

가장 빈번하게 볼 수 있는 이형태의 예로 '이'와 '가'가 있다. '이'와 '가'는 주격 조사라는 점에서 그 문법적인 의미가 같다. 그리고 선행하는 체언이 자음으로 끝나면 항상 '이', 선행하는 체언이 모음으로 끝나면 항상 '가'가 쓰인다. '이'가 쓰이는 자리에 '가'가 쓰이지 못하고, '가'가 쓰이는 자리에 '이'가 쓰이지 못한다. 즉 '이'와 '가'는 상보적 분포를 이룬다. 그러므로 '이'와 '가'는 이형태 관계이다. 목적격 조사 '을'과 '를', 보조사 '은'과 '는' 등도 주격 조사 '이'와 '가'의 관계와 마찬가지로 이형태 관계이다.

이형태의 조건 중 첫째가 의미가 같다는 것이다. 따라서 의미가 동일하지 않은 두 형태는 당연히 별개의 형태소이다. 그리고 의미가 동일하다 하더라도 그 분포가 서로 상보적이지 않으면 또한 이형태가 아니다. 이처럼 의미가 동일하지 않거나, 분포가 상보적이지 않은 두 형태는 각각 별개의 형태소이다.

	동사 → 명사	형용사 → 명사
-음	웃음, 잠	기쁨, 슬픔
-기	막기, 보기	밝기, 세기

위에서 보듯이 '-음'과 '-기'는 둘 다 동사나 형용사를 명사로 파생시킨다. 하지만 '-음'과 '-기'는 분포가 상보적이지 않다. 주격 조사 '이'와 '가'는 선행하는 체언이 자음으로 끝나느냐 모음으로 끝나느냐에 따라 그 분포가 서로 배타적이다. 그

런데 '-음'은 선행하는 어근이 자음으로 끝날 때도 결합할 수 있고('웃음'), 모음으로 끝날 때도 결합할 수 있다('잠'). '-기' 역시 마찬가지이다('막기'와 '보기'). 즉 '-음'과 '-기'는 음운론적 조건에 따른 상보적 분포를 보이지 않는다. 따라서 '-음'과 '-기'는 정의상 이형태일 수 없다. 즉 '-음'과 '-기'는 명사를 파생시키는 접미사라는 동일한 문법적인 의미를 가진 각각 별개의 형태소이다.

그러면 '웃음'의 '-음'과 '잠'의 '-ㅁ'은 이형태인가? 그렇다. 왜냐하면 '-음'과 '-ㅁ'은 명사를 파생시킨다는 점에서 문법적인 의미가 같고, '-음'은 어근이 자음으로 끝났을 때, '-ㅁ'은 어근이 모음으로 끝났을 때 결합하여 그 분포가 상보적이다. 의미가 같고, 분포가 상보적이므로 '-음'과 '-ㅁ'은 이형태이다.

동사나 형용사 어근에 결합하여 명사를 만드는 파생 접미사에는 '-음', '-기' 외에도 '-개', '-이'도 있다. '베개', '먹이'가 이에 해당한다. '-음', '-기', '-개', '-이' 모두 서로 상보적 분포를 이루지 않는다. 그러니까 '-음', '-기', '-개', '-이' 모두 동사나 형용사 어근에 결합하여 명사를 파생시키는, 동일한 문법적인 의미를 가진 각각 별개의 형태소이다. 단어로 치자면, 유의어와 같은 것이다.

'무덤'은 몇 개의 형태소인가요?

한마디로 설명

역사적으로 '무덤'은 동사 '묻-'에 명사 파생 접미사 '-엄'이 결합하여 만들어진 파생어였다. 하지만 현대국어에서는 명사 파생 접미사 '-엄'이 소멸되어 더 이상 존재하지 않는다. 이 말은 현대국어에서는 '무덤'을 더 이상 '묻+엄'으로 쪼갤 수 없다는 말이다. '-엄'은 이미 소멸되어 버렸기 때문에 현재의 언중들은 그 의미를 알 수 없고, 그렇기 때문에 현재는 '-엄'이 더 이상 형태소일 수도 없다. 그래서 현대국어에서 '무덤'은 더 이상 쪼갤 수 없는 하나의 형태소인 단어 즉, 단일어로 보는 것이 일반적이다.

자세히 설명

하나의 형태소는 더 이상 쪼갤 수 없다. 형태소가 최소의 의미 단위이므로 하나의 형태소를 더 쪼개면 무의미 단위가 된다. 어떤 단어를 쪼갤 수 있다는 것은 기본적으로 두 개 이상의 형태소로 이루어져 있다는 것을 전제한다. 두 개 이상의 형태소로 이루어진 단어는 복합어이다. 그리고 복합어를 직접구성요소 분석[1]을 했을 때, 즉 처음 두 개로 쪼개었을 때 두 구성 요소 중 어느 하나라도 접사이면 파생어, 둘 다 어근이면 합성어이다. 단일어는 하나의 형태소이니까 설령 직접구성요소 분석을 한다 해도 분석되지 않는다.

---

[1]   파생어와 합성어, 그리고 직접구성요소 분석에 대한 자세한 설명은 ☞2.5. '새신랑'은 파생어인가요, 합성어인가요? 참조.

형태소를 분석한다는 것은 공시적인 작업이다. 즉 중세국어에서 중세국어의 단어들을 대상으로 형태소 분석을 할 수도 있고, 현대국어에서 현재의 단어들을 대상으로 형태소 분석을 할 수 있다. 어떤 단어에 대한 형태소 분석이 중세국어와 현대국어가 같은 경우도 있겠지만 많은 경우 다를 수 있다. 질문에서의 '무덤'이 이러한 예에 해당한다. 이처럼 중세국어에서는 형태소 분석이 가능한 복합어였는데, 현대국어에서는 형태소 분석이 불가능한 단일어로 해석될 수도 있다. 즉 동일한 단어이지만 중세국어와 현대국어에서 그 단어의 위상이 다를 수 있다.

현대국어에서 형태소를 분석한다는 것은 현재라는 시점에서 단어의 내부 구조가 어떠한지를 살펴보는 것이다. 이처럼 형태소 분석은 기본적으로 공시적인 작업임을 전제한다. 이와 달리 시간을 거슬러 올라가 옛날에 이 단어가 어떻게 형성되었는지를 분석해 볼 수도 있다. 이러한 작업을 통시적 연구라고 하여 공시적 연구와 구분한다.

통시적으로 과거에는 두 개의 형태소가 결합한 복합어였지만, 시간이 지나서 현대국어에서는 하나의 형태소가 된 단어들이 있다. 형태소에 대한 화자들의 인식이 과거의 화자들과 지금의 화자들이 다를 수 있기 때문이다. 물론 과거에도 하나의 형태소였고, 지금도 하나의 형태소인 것들도 많다.

언어는 고정불변하는 것이 아니라 변화하는 것이다. 그래서 과거의 화자들이 두 개의 형태소가 결합한 단어로 인식했더라도, 시간이 지나 지금의 화자들은 두 개의 형태소로 인식하지 못하고 하나의 형태소로 인식할 수 있다.

(1) ㉠ 자주
      ㉡ 몰래
      ㉢ 코끼리

(1)의 단어들을 형태소 분석하라고 하면, 당장 '이거 단일어 아니야?' 하고 반문하는 사람이 있을 것이다. 이렇게 반문한다는 것은 직관적으로 (1)이 더 이상 분석되지 않는 단위 즉, 단일어라는 것을 말해 준다.

(1)의 단어들은 (2)에서처럼 원래는 복합어였다. 그러나 현재의 언중들은 (1)의 단어들에 내재된 역사를 알지 못한다. 다시 말해 단어에 내재된 역사를 알고 말을 하는 것이 아니다. 중요한 것은 현재 언중들의 머릿속에 들어 있는 언어 지식이다. 현재를 살고 있는 언중들의 언어 지식이 (1)을 더 이상 쪼갤 수 없는 단어라고 인식한다면 단일어인 것이다.

---

(2) ㉠ 자주: 잦+오 → 자조 〉 자주

ㄴ 몰래: 모르+애

ㄷ 코끼리: 고ㅎ+길+이 → 고키리 〉 코끼리

---

(2)에서 보듯이 '자주', '몰래'는 원래 두 개의 형태소가 결합한 단어였고, '코끼리'는 3개의 형태소가 결합한 단어였다. 그러나 현재의 언중들은 당연히 이러한 사실을 알지 못하고, 하나의 형태소로 인식한다. 만일 '자주'를 억지로 형태소 분석을 해서 '잦+우'로 분석했다고 해 보자. 그런데 우리는 이 '-우'가 무엇인지 알 수 없다. '-우'는 중세국어에서 부사를 파생시키는 접미사였는데, 이후 소멸되어 더 이상 존재하지 않는다. 이미 죽은 형태소를 지금의 우리가 알 수는 없으므로, '-우'의 존재를 공시적으로 확인할 방법이 없다. 따라서 현대국어에서 '자주'는 더 이상 쪼갤 수 없고, 더 이상 쪼갤 수 없기 때문에 단일어이다.

'몰래'에 있는 부사 파생 접미사 '-애' 역시 현대국어에는 존재하지 않는 접미사이다. 즉 소멸된 형태소이다. '-애'가 존재하지 않는데, '몰래'를 '몰+애'로 분석할 수 없다. 그래서 '몰래' 역시 더 이상 쪼갤 수 없는 단일어이다.

'코끼리'에 있는 접미사 '-이'는 '부엉이'의 '-이'와 같은 접미사이다. 그러나 이미 현대국어의 화자들이 '코끼리'에서는 '부엉+이'의 접미사 '-이'를 인식하지 못한다. 기원적으로 '코끼리'는 'ㅎ' 종성 체언이었던 '고ㅎ'에 형용사 '길다'가 결합한 '고ㅎ+길-', 여기에 명사 파생 접미사 '-이'가 결합한 '고키리'였다. 그러니까 '코가 긴 동물'이란 뜻의 파생어였다. 여기에 음운 변동이 적용되어 '고키리 〉 코끼리'가 된 것이다. 현대국어 화자들이 이러한 통시적 변화를 알고서 '코끼리'라고 말할 수는 없다. 다시 말해 현대국어 화자들에게 '코끼리'는 그냥 '코끼리'이다. 즉 하나의 형태소인 단어, 단일어이다.

통시적으로 원래 하나의 형태소였던 것이 지금도 하나의 형태소인 단어들도 많다. 하지만 지금까지 살펴본 것처럼 원래는 둘 이상의 형태소가 결합한 단어였는데 지금은 하나의 형태소로 인식하게 된 단어들도 있는 것이다.

(1)의 단어들과 달리 현대국어에서 공시적으로 형태소 분석을 해야 할지, 형태소 분석을 하지 말아야 할지 헷갈리게 하는 단어들이 있다. (3)의 단어들이 이에 해당하는데, 이들은 (1)의 단어들과 달리 얼핏 눈으로 보기에 형태소 분석을 할 수 있을 것 같은 단어들이다. 이들의 경우 어떤 개론서에는 단일어로 분류되어 있고, 또 다른 개론서에는 복합어로 분류되어 있기도 해서 더 많이 헷갈려 하는 것들이기도 하다.

(3) 무덤, 주검, 지붕

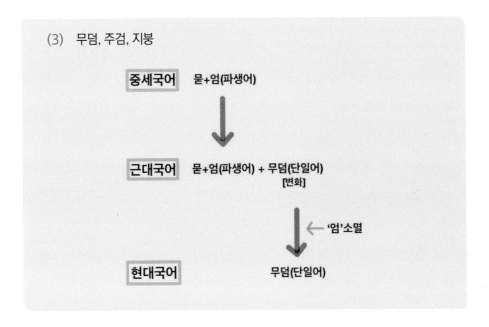

얼핏 공시적으로 '묻+엄', '죽+엄', '집+웅'처럼 분석할 수도 있을 듯이 보인다. 그런데 현대국어에서 접미사 '-엄', '-웅'은 존재하지 않는다. 존재하지 않으므로 언중들이 이들의 존재를 당연히 인식할 수 없다. 즉 접미사 '-엄'은 현대국어 이전 시기에 이미 소멸된, 죽은 형태소이다. 그리고 '지붕'은 중세국어에서 '집+우ㅎ'의 합성어였다. '우ㅎ'은 현대국어의 '위'의 고형이다(우ㅎ〉위). 그래서 '-웅'은 과거에 도 존재하지 않았던 접미사이다. 이러한 사실을 고려하면 현대국어에서 '무덤, 주 검, 지붕'은 더 이상 쪼갤 수 없는, 형태소 분석을 할 수 없는 단어들이다. 형태소 분 석을 할 수 없으므로 단일어로 분류하게 된다. 하지만 단어 내부에 내재되어 있는 통시적인 사실을 말하라고 하면, (3)의 단어들은 모두 복합어였다. 즉 '주검'과 '무 덤'은 파생어, '지붕'은 합성어였다고 말할 수 있다.

형태소 분석의 결과는 고정되어 변하지 않는 것이 아니라, 어느 시대를 기준점 으로 하느냐에 따라 달라질 수 있다. 그래서 동일한 단어가 현대국어에서는 단일어 이지만, 중세국어에서는 복합어일 수 있는 것이다. 현대국어에는 복합어였던 것이미래의 어느 시기의 언중들은 단일어로 인식할 수도 있을 것이다.

이러한 관계는 단어보다 큰 단위에도 적용된다. 즉 이전 시기에서는 구였던 것이 다음 시기에 단어가 되기도 한다. 예컨대 '달걀'은 현대국어에서 단일어이지만, 중세국어에서는 '명사+의(속격 조사)-명사'의 구였다. 즉 '닭+의 알'인데, 연음이 되어서 '달긔알'로 쓰이다가 음운 변동을 겪어 '달걀'이 된 것이다. 어느 시기에서인가부터 '달걀'을 '닭의 알'로 분석해 내지 못하는 언중들이 늘어나면서 단일어로 그 성격이 변하게 되었다.[2]

---

2   구가 단어가 된 것에 대한 자세한 설명은 ☞2.10. 왜 '소고기'를 '쇠고기'라고도 하나요? 참조.

'덮밥'은 왜 비통사적 합성어인가요?

한마디로 설명

합성어를 통사적 합성어와 비통사적 합성어로 구분하기도 한다. 이때 통사적 합성어/비통사적 합성어를 판단하는 기준은 합성어의 두 어근의 구성 방식이 문장에서 나타나는 구성 방식인가 아닌가 하는 것이다. 즉 합성어를 이루는 두 어근의 구성 방식이 문장에서 나타나는 구성 방식이면 통사적 합성어이고, 그렇지 않으면 비통사적 합성어이다.

문장에서 체언을 수식하는 것은 관형사이거나, 용언에 관형사형 어미 '-은', '-는', '-을'이 결합한 관형사절이다. '새 신발', '식은 밥'처럼 '관형사+명사', '용언의 관형사형+명사' 구성은 문장에서 나타나는 구성이다. 그래서 이러한 구성 방식으로 이루어진 '헌책', '더운밥'은 통사적 합성어이다.

반면 용언의 어간에 바로 명사가 오는 구성은 문장에서는 나타나지 않는다. '덮+밥'은 '용언 어간+명사' 구성으로, 문장에서는 절대로 나타나지 않는 구성이다. 왜냐하면 용언의 어간은 문장에서 어미 없이 홀로 절대 쓰일 수 없기 때문이다. 그래서 정의에 따라 '덮밥'은 비통사적 합성어이다.

자세히 설명

통사적 합성어, 비통사적 합성어라고 할 때 '통사'는 문장을 말한다. 그래서 통사적 합성어라는 말은 합성어의 '어근+어근'의 구성이 문장에서 나타나는 구성이라는 의미이다. 비통사적 합성어는 '어근+어근'의 구성이 문장에서는 나타나지 않는 구성일 때이다. 이때 문장에서 나타나는 구성이냐 문장에서 나타나지 않는 구성이냐 하는 것은 단어가 형성될 때의 시점에서의 문제이다. 즉 합성어가 형성될 당시에 '어근+어근'의 구성이 문장에서 나타나는 구성 방식으로 형성되었느냐, 문장에서 나타나지 않는 구성 방식으로 형성되었느냐를 따지는 것이다.

이미 만들어진 비통사적 합성어는 단어이므로 당연히 문장에서 나타난다. 예컨대 비통사적 합성어 '덮밥'은 '나는 오늘 어묵 덮밥을 먹었어.'처럼 문장에서 나타난다. 이처럼 문장에서 나타나는데 왜 비통사적 합성어이냐고 다시 묻는다면 이제는 대답을 할 수 있을 것이다. 통사적 합성어이냐 비통사적 합성어이냐는 이미 만들어진 합성어를 대상으로 그 합성어의 '어근+어근'의 구성 방식이 문장에서 나타나는 구성 방식이냐 아니냐를 따지는 것이지, 그 단어가 문장에서 나타나느냐 나타나지 않느냐를 따지는 것이 아니다.

그럼 문장에서 나타나는 구성 방식과, 이러한 방식으로 만들어진 합성어의 예에는 어떤 것이 있는지 살펴보자.

(1)

	문장 구성 방식	통사적 구성	합성어
㉠	용언의 관형사형 + 명사	높은 산, 먹을 밥	볼일, 어린이, 비린내
㉡	용언-어미 + 용언	먹어 보다, 기쁘게 하다	나아가다, 돌아보다
㉢	관형사 + 명사	새 책, 갖은 양념	한번, 헌책, 새사람[1]
㉣	부사 + 용언	잘 먹다, 매우 예쁘다	잘나가다, 못생기다
㉤	부사 + 부사	아주 잘, 너무 빨리	곧잘, 빨리빨리
㉥	명사 + 명사	학교 공부, 생일 노래	물고기, 봄비, 밤낮
㉦	명사 + 용언	돈(이) 있어?, 밥(을) 먹어[2]	재미있다, 정들다, 욕보다, 흉보다

(1)에서 보듯이 통사적 구성 방식과 동일한 방식으로 만들어진 합성어를 통사적 합성어라고 한다. 그런데 합성어 중에는 통사적 구성 방식과 다른 방식으로 만들어진 것들이 있는데, 이러한 합성어를 비통사적 합성어라고 한다. (2)가 비통사적 합성어의 예들이다.

1　'헌책'의 '헌', '새사람'의 '새'를 접사로 보는 경우도 있는데, 설령 이때의 '새'와 '헌'을 접사로 해석한다 하더라도 그것은 단어가 형성된 이후의 변화이다. 즉 '헌책', '새사람'이라는 단어가 형성될 당시의 '헌', '새'가 관형사였다는 것이 부정되지는 않는다. '새신랑'이 파생어인지 합성어인지에 대한 자세한 설명은 ☞2.5. '새신랑'은 파생어인가요, 합성어인가요? 참조.

2　'돈 있어?', '밥 먹어.'처럼 문장에서 주격 조사, 목적격 조사는 생략 가능하고, 특히 구어에서는 일반적으로 생략이 자유롭다.

(2) ㉠ 덮밥, 접칼, 나들목, 늦봄

㉡ 나가다, 오르내리다, 듣보다, 검푸르다

㉢ 부슬비, 척척박사, 깜짝쇼, 어찌씨

(2㉠)은 (1㉠)의 '볼일'과 비교해 보면 문장에서 나타나는 구성 방식이 아니라는 것을 확인할 수 있다. 우선 용언의 어간은 반드시 어미와 결합해야만 문장에 나타날 수 있다. 그런데 (2㉠)은 용언의 어간 뒤에 바로 명사가 오는 구성이다. 그래서 (2㉠)은 비통사적 합성어이다.

(2㉡)은 (1㉡)의 '나아가다'와 비교해 보면 역시 문장에서 나타나는 구성 방식이 아니라는 것을 확인할 수 있다. 문장에서 용언과 용언이 나란히 올 때는 반드시 선행 용언 어간에 어미가 결합한 상태로 나타난다. 그런데 (2㉡)은 용언 어간에 바로 용언 어간이 결합한 구성이다. 그래서 (2㉡)은 비통사적 합성어이다.

(2㉢)은 (1㉢)의 '한번', (1㉣)의 '잘나가다', (1㉤)의 '곧잘'과 비교해 보면 왜 비통사적 합성어인지 알 수 있다. 명사는 (1㉢)의 '한번'처럼 관형사의 수식을 받는다. 또는 (1㉠)처럼 용언의 관형사형의 수식을 받는다. 하지만 명사가 부사의 수식을 받는 경우는 없다.[3] 그리고 부사는 (1㉣)의 '잘나가다'처럼 용언을 수식하거나 또는 (1㉤)의 '곧잘'처럼 또 다른 부사를 수식한다. 그러니까 (2㉢)의 '부사+명사' 구성은 문장에서는 볼 수 없는 구성이다. 그래서 비통사적 합성어이다.

그러면 (3)은 통사적 합성어일까, 비통사적 합성어일까?

[3] '그건 너, 바로 너'와 같은 예에서 부사 '바로'가 대명사 '너'를 수식한다고 볼 여지는 있다. 그러나 이는 일반적인 것은 아니고, 또한 운문이라고 할 수 있는 노래 가사라는 점에서 이를 두고 부사가 명사를 수식할 수 있다고 일반화하는 것은 아직은 과잉 일반화이다.

결론부터 얘기하면, (3)은 통사적 합성일 수도 있고, 비통사적 합성어일 수도 있다.

> ㉮ 동사 '열-'에 명사 '쇠'가 결합한 구성이다.
>
> ㉯ 동사 '열-'에 관형사형 어미 '-을'이 결합한 활용형 '열'에 명사 '쇠'가 결합한 구성이다.

㉮로 해석하면 비통사적 합성어이고, ㉯로 해석하면 통사적 합성어이다. 이렇게 두 가지 해석이 가능한 이유는 어간 '열-'에 관형사형 어미 '-을'이 결합한 활용형의 형태가 어간의 형태와 동일한 '열'이기 때문이다.

> • 열- + -을 → 열ㄹ → 열
> | |
>   /ㅡ/ 탈락 어간 말음 /ㄹ/ 탈락[4]

그래서 '열쇠'의 '열'이 어간의 '열-'인지, '열-'에 관형사형 어미 '-을'이 결합한 활용형 '열'인지 그 자체로는 판단이 불가능하다. 그렇기 때문에 ㉮로 해석할 수

---

4   어간은 어미 없이 쓰일 수 없으므로 '열ㄹ'에서 탈락된 /ㄹ/은 어간의 /ㄹ/이어야만 한다. 만일 어미 '-을'에서 /ㅡ/ 탈락 후 남은 /ㄹ/이 탈락했다고 하면, 어간 '열-'이 어미 없이 홀로 쓰였다고 해야 한다. 이는 용언의 어간이 어미 없이 쓰일 수 없다는 국어의 통사적 질서를 위배한다.

도 있고, ⓝ로 해석할 수도 있다. 어느 쪽도 그 자체로 증명은 불가능하기 때문에 현재로서는 두 가지 해석 모두 열려 있는 셈이다. 훗날 '열쇠'의 '열'이 어간이라는 것이 증명되거나, 어간 '열-'에 관형사형 어미 '-을'이 결합한 활용형 '열'이라는 것이 증명되면, 그때 통사적 합성어인지 비통사적 합성어인지도 결론이 날 수 있을 것이다.

2.5. '새신랑'은 파생어인가요, 합성어인가요?

한마디로 설명

'새신랑'의 '새'를 관형사로 보면 합성어이고, '새'를 접사로 보면 파생어이다. 즉 '새신랑'의 '새'를 관형사로 본다는 것은 '새신랑'을 '어근+어근'의 합성어로 해석하는 것이고, '새'를 접사로 본다는 것은 '새신랑'을 '접사+어근'의 파생어로 해석하는 것이다. 즉 '새'의 범주를 관형사로 해석하느냐, 접사로 해석하느냐에 따라 달라진다. 학문적으로 '새신랑'이 파생어인지 합성어인지에 대한 판단은 여전히 논쟁 중에 있는데, '새'를 관형사로 보고 합성어로 보는 관점이 상대적으로 더 일반적이다.

참고로 〈표준국어대사전〉에도 '새신랑'의 '새'는 접두사로 등재되어 있지 않다. 즉 '새신랑'의 '새'의 의미에 해당하는 접두사가 표제어로 없다는 것은 '새신랑'의 '새'를 관형사로 해석하게 한다. 그러나 이는 사전의 처리 방식이지 사전의 처리 방식이 언어적 사실은 아니다. 다시 말해 사전이 언어적 사실을 반영하기는 하지만, 사전이 곧 언어적 사실은 아니다. 그렇지만 학교문법에서는 사전이 중요한 참고 자료인 것 또한 사실이다.

자세히 설명

하나의 형태소가 자립 형태소이면, 그 형태소는 곧 단일어이다. 이처럼 단일어는 하나의 형태소로 이루어진 단어이므로 더 이상 쪼개지지 않는다. 두 개 이상의 형태소로 이루어진 단어를 복합어라고 한다. 복합어를 처음 두 개로 쪼개었을 때 즉, 직접구성요소 분석[1]을 했을 때 둘 중 어느 하나가 접사이면 파생어이고, 둘 다 어근이면 합성어이다. 즉 합성어는 '어근+어근' 구성인데, 이는 합성어를 구성하는 두 구성 요소 중 어느 것도 접사가 아니라는 의미이기도 하다. 그리고 직접구성요소 분석의 결과 어느 하나라도 접사면 파생어라고 하였으므로, 정의상 아래의 '접사+접사'로 이루어진 단어는 당연히 파생어이다. (1㉠)에서 '풋-'도 접사이고, '-내기'도 접사이다. (1㉡)의 '-끼리' 역시 접사인데, '끼리끼리'는 동일한 접사의 중첩으로 만들어진 파생어다.

(1) ㉠ 풋내기: 풋+내기
    ㉡ 끼기끼리: 끼리+끼리

합성어이냐 파생어이냐를 판단하는 핵심은 처음 두 개로 쪼개었을 때 즉, 직접구성요소 분석을 했을 때 쪼개진 두 구성 요소 중 어느 하나라도 접사이냐, 둘 다 접사가 아니냐이다. 접사가 아니면 어근으로 본다.

---

1   어떤 구성을 처음 두 개로 쪼개는 것을 직접구성요소 분석이라고 한다. 영어로 Immediate Constituent의 첫글자를 따서 IC-분석이라고도 한다. 둘 이상의 요소로 이루어진 것이 구성이다. 단일어는 형태소가 하나이니까 구성이 아니고, 파생어와 합성어는 둘 이상의 형태소로 이루어졌으니까 구성이다. 복합어보다 큰 단위들은 당연히 구성이다. 당연히 문장도 구성이다. 문장을 직접구성요소 분석한 것이 'S(문장) → NP+VP(주부+술부)'이다.
    구성은 구성 요소로 이루어져 있으니까 구성 요소로 쪼갤 수 있다. 이를 구성 요소 분석이라고 하는데, 처음 2개로 쪼개는 것 즉, 1차 구성 요소 분석을 직접구성요소 분석이라고 한다. 구성 요소 분석은 필요할 경우 1차, 2차, 3차… 이렇게 계기적으로 계속 할 수 있는데, 필요한 경우에 필요한 만큼 분석하면 된다.

(2) ㉠ 웃음   ㉡ 손발   ㉢ 쓴웃음   ㉣ 헛웃음

웃 음   손 발   쓴 웃음   헛 웃음

(2㉠)은 처음 두 개로 쪼갠 것 중에 '-음'이 접사이므로 파생어이고, (2㉡)은 '손'과 '발' 어느 것도 접사가 아니므로 즉, '어근+어근'이므로 합성어이다. 그리고 (2㉢) 역시 '쓴'도 접사가 아니고 '웃음'도 접사가 아니므로 합성어이다. (2㉣)은 '웃음'은 접사가 아니지만, '헛-'이 접사이기 때문에 파생어이다.

그런데 '쓴웃음'에 '-음'이라는 접사가 있으니까 '쓴웃음'이 파생어가 아니냐고 반문할 수 있다. 이는 파생어와 합성어의 정의를 온전히 이해하지 못했기 때문에 나올 수 있는 질문이다. 앞에서도 얘기했듯이 복합어가 파생어인지 합성어인지를 판정하는 것은 처음 2개로 쪼개었을 때 두 구성 요소의 성격이다. 2차, 3차로 쪼갠 것의 결과는 파생어인지 합성어인지를 결정하는 데 관여하지 않는다. 그러니까 '쓴웃음'을 (2㉢)처럼 직접구성요소 분석을 하면 '쓴-웃음'으로 쪼개지는데, 두 구성 요소 중 어느 것도 접사가 아니므로 합성어이다. 구성 요소 중의 하나인 '웃음'은 파생어이지만, 이 '웃음'이 또 다른 단어 형성에 참여할 때는 어근으로 참여한다.

이처럼 파생어인지 합성어인지는 직접구성요소 분석의 결과에 의해 결정되는데, 그렇기 때문에 '줄넘기'는 파생어인지 합성어인지에 대해 논란이 있다.

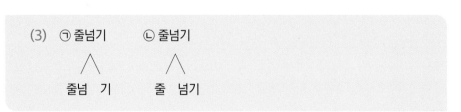

(3) ㉠ 줄넘기   ㉡ 줄넘기

줄넘 기   줄 넘기

'줄넘기'를 (3㉠)처럼 직접구성요소 분석을 할 수도 있고, (3㉡)처럼 직접구성요소 분석을 할 수도 있다. (3㉠)처럼 분석하면 파생어가 되고, (3㉡)처럼 분석하면 합성어가 된다. 학교문법에서는 '줄넘기'를 (3㉠)으로 분석하여 파생어로 다루어 왔는데, 2015 교육과정에서는 '줄넘기' 류의 단어를 아예 다루지 않고 있다. 아마도 논란을 피해 가고자 한 듯하다. 참고로 〈표준국어대사전〉에서는 (3㉡)처럼 분석하고 있다. 〈표준국어대사전〉에서 '줄-넘기'로 분석했다고 해서, '줄넘기'가 합성어라는 뜻은 아니다. 말 그대로 참고 사항이다.

질문의 초점으로 돌아가서 '새신랑'은 왜 파생어로 분류하는 경우도 있고, 합성어로 분류하는 경우도 있을까? '새신랑'을 처음 두 개로 쪼개면 '새-신랑'인데, 이때 '신랑'은 명사이므로 전혀 문제가 되지 않는다. 논란이 되는 것은 '새'인데, '새'를 무엇으로 보느냐가 논란이 되는 것이다. '새 나라, 새 얼굴'의 '새'는 두말할 필요 없이 관형사이다. 그런데 '새신랑', '새색시'의 '새'는 관형사 '새'의 의미와 거리가 좀 있다. '새신랑'은 재혼을 한 신랑도 '새신랑'이라고 하기 때문이다. 그런데 말 그대로 거리가 좀 있는 것이지, 그렇다고 관형사 '새'의 의미와 완전히 다른 의미라고 보기도 어렵다.

(4)는 관형사 '새'의 〈표준국어대사전〉 뜻풀이이고, (5)는 '새신랑', '새색시'의 〈표준국어대사전〉 뜻풀이이다.

(4) 새: 관형사
① 이미 있던 것이 아니라 처음 마련하거나 다시 생겨난.
② 사용하거나 구입한 지 얼마 되지 아니한.

(5) • 새신랑: 갓 결혼한 남자.
     • 새색시: 갓 결혼한 여자.

(4)의 관형사 '새'의 의미와 (5)의 '새신 랑', '새색시'의 '새'의 의미 간에는 약간 의 거리가 있다. 이 사실이 '새신랑', '새색 시'의 '새'를 관형사 '새'와 다른 '새' 즉, 접사로 볼 가능성을 제기하는 것이다.

학교문법에서 접사는 기계적으로 형 식 형태소로 분류하고 있다. 그래서 만일 '새신랑, 새색시'가 파생어라고 하면, 접 사 '새-'가 형식 형태소이냐는 물음이 제기된다. 접사 '새-'는 당연히 형식 형태소 가 아니라 실질적인 의미가 있는 실질 형태소에 더 가깝다.

접사 중에는 '-님', '-들'처럼 형식 형태소인 것들도 있다. 하지만 '새신랑, 새색 시'의 '새-'를 접사라고 할 경우에 이를 형식 형태소로 보기는 어렵다.[2] 이처럼 실제 로는 '접사 = 형식 형태소'의 등식이 성립하지 않음에도 학교문법에서는 내용의 통 일성에 무게를 두어 '접사 = 형식 형태소'로 다루고 있다.

접두사는 실질 형태소에 가까운 것들이 많다. 예컨대 '민소매'와 '소매'는 다르 다. 만일 접사 '민-'에 실질적인 의미가 없다면 어떻게 '민소매'와 '소매'가 다를 수 있을까? 마찬가지로 '누르다'와 '짓누르다'는 의미가 다른데, 이때 두 단어의 의미 를 다르게 하는 것은 당연히 접사 '짓-'이다. 그렇다면 '짓-' 역시 의미가 있다고 해 야만 '누르다'와 '짓누르다'가 서로 의미가 다르다는 것을 설명할 수 있다.

현재 〈표준국어대사전〉에서는 '새신랑, 새색시'의 '새'가 접두사로 등재되어 있 지 않다. 그러나 사전에 접사로 등재되어 있느냐 없느냐 하는 것만으로 접사이냐 아니냐를 판정할 수는 없다. 사전은 중요한 참고 자료이긴 하지만, 사전의 정보만 으로 파생어, 합성어를 결정할 수 없기 때문이다. 사전은 일반인을 대상으로 한 것

---

2   접사가 형식 형태소인지 실질 형태소인지에 대한 자세한 설명은 ☞2.1. '개살 구'의 '개'가 형식 형태소가 맞나요? 참조.

이고, 접사이냐 어근이냐의 판단은 학문적인 연구의 결과로 결정되는 것이다.

사전이 판단의 준거가 될 수 없다는 것은 다음의 예를 통해서도 쉽게 알 수 있다. 〈표준국어대사전〉에는 '미나리, 미더덕'의 '미'가 표제어로 등재되어 있지 않다. 그런데 사전에 '미'가 등재되어 있지 않다고 '미'가 형태소가 아니라고 할 수는 없다. '미'가 형태소인 것은 분명하다. 다만 '미나리, 미더덕'을 현대국어에서 형태소 분석을 할 수 있는 단어라고 볼 것인지, 아닌지는 또 다른 차원의 문제이다.

사실 '새신랑'의 '새'보다 그 범주가 접사인지 어근인지가 더 애매한 것이 바로 (6)의 '미더덕, 미나리'의 '미'이다. 기원적으로 '미나리, 미더덕'은 (6)처럼 분석된다.

(6)　미나리: 미+나리
　　　미더덕: 미+더덕

'미나리'는 '나리'의 한 종류이고, '미더덕'은 '더덕'의 한 종류이다. '미나리', '미더덕'에서 '나리'와 '더덕'은 명사이고, 그래서 '미나리, 미더덕'에서 '나리', '더덕'이 어근이라는 것에 대해서는 따로 설명이 필요 없으리라 생각한다. (7)은 각각 '나리'와 '더덕'이 결합한 복합어의 일부를 제시한 것이다.

(7)　• '나리'가 결합한 단어: 개나리. 참나리, 나리꽃…
　　　• '더덕'이 결합한 단어: 더덕구이, 더덕나물, 더덕자반…

'미나리', '미더덕'에서 문제가 되는 것은 '미'이다. '미나리, 미더덕'에서 '미'의 어원은 '물'을 뜻하는 고구려어였는데, 이후 '미'라는 단어가 소멸되었다. 그런데 '미나리, 미더덕'에 화석처럼 그 흔적을 남기고 있는 것이다. '미나리, 미더덕'이 물과 관련되어 있다는 사실을 추론하면, '미'가 물과 관련된 의미를 가지고 있는 형태소라는 것을 이해할 수 있을 것이다. '미나리'는 물에서 자라는 나물이고, '미더덕'은 바다에서 나는 생물이다.

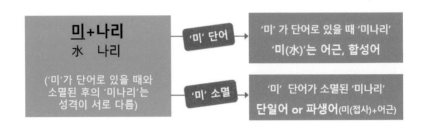

'미'가 단어였을 때 '미나리', '미더덕'은 당연히 합성어였다. 그러나 단어 '미'가 소멸되고 난 이후에는 사람들이 '미'가 무엇인지를 알 수 없게 되었다. '미'가 무엇인지 모르기 때문에 '미나리, 미더덕'의 '미'를 분석하는 것도 어렵게 되었다.

'미'가 따로 문장에서 쓰이지 않기 때문에 '미나리'를 '미+나리'으로 분석한다면 현대국어에서 '미'는 접사로 다룰 수밖에 없다. 그러나 '미나리'를 '미+나리'로 분석하는 것조차 현대국어 화자들에게는 낯설 수도 있다. 그렇기 때문에 '미나리', '미더덕'은 형태소 분석이 불가능한 단어 즉, 단일어로 보기도 한다.

2.6. '새파랗게'에서 어간과 어근은 같은가요?

한마디로 설명

어간은 어미에 대응되는 개념이고, 어근은 접사에 대응되는 개념이다. 즉 어간은 활용에 참여하는 요소로서 통사론의 단위이고, 어근은 단어 형성 요소로서 형태론의 단위이다. 이처럼 어간과 어근은 서로 층위가 다른 개념이다. '새파랗게'에서 어간은 '새파랗-'이고, 어미는 '-게'이다. 그리고 어간 '새파랗-'에서 어근은 '파랗-'이다. '새파랗-'은 '새(접사)+파랗-(어근)'의 파생어이다. 따라서 '새파랗게'에서 어간과 어근은 같지 않다.

자세히 설명

어간과 어근을 헷갈려 하는 경우가 많은데, 기본적인 정의를 이해하면 전혀 헷갈려 할 이유가 없는 개념이기도 하다. 어간은 어미에 대응되는데 반해, 어근은 접사에 대응된다. 그러니까 어간은 통사론에서 활용에 참여하는 단위이고, 어근은 형태론에서 단어 형성에 참여하는 단위이다.

- **어간**: 활용형에서 어미를 뺀 나머지 요소. 즉 '어간+어미'로 분석된다.
- **어근**: 복합어의 구성 요소. '어근+어근'이거나 '어근+접사(또는 접사+어근)'로 분석된다.

그러면 구체적으로 활용형의 예를 통해서 어간에 대한 개념을 확인해 보자.

(1)

㉠	드시다, 들고, 드니, 들어서
㉡	날리셨다, 날리고, 날리니, 날려서
㉢	오르내린다, 오르내리고, 오르내리니, 오르내려서
㉣	되돌아가셨습니다, 되돌아가고, 되돌아가니, 되돌아가서

(1㉠~㉣)에서 어간을 분석하면 (2)와 같다. 이때 어간을 뺀 나머지 부분이 어미이다. 역으로 말하면 어미를 뺀 나머지 부분이 어간이다. 그래서 어간을 모르더라도 어미를 알면 어간의 형태를 분석해 낼 수 있고, 어미를 모르더라도 어간을 알면 어미를 분석해 낼 수 있다.

(2) ㉠ 드시니: 들-시니
　　　　　(으)시-니

　　　㉡ 날리셨다: 날리-셨다
　　　　　　(으)시-었-다

　　　㉢ 오르내린다: 오르내리-ㄴ다
　　　　　　　-ㄴ-다

　　　㉣ 되돌아가셨습니다: 되돌아가-셨습니다
　　　　　　　　(으)시-었-습니다[1]

154

---

[1]　'-습니다' 전체를 하나의 어미 통합체로 보는데, '-습니다'를 다시 '-습니+다'로 분석하여 '-습니-'를 선어말어미로 보기도 한다.

어미를 뺀 나머지가 어간이라고 하였으니까 (2)에서 어간은 '들-', '날리-', '오르내리-', '되돌아가-'이다. (1㉠)의 활용형 '드시니', '드니'는 어간이 어미 '-(으)시-, -(으)니'와의 결합에서 음운 변동(/ㄹ/ 탈락)이 일어난 것이다.[2] 활용형을 어간과 어미로 분석할 때는 음운 변동이 적용되기 전의 형태로 복원해서 하는 것이 좋다. 그래야 잘못 분석할 가능성을 줄일 수 있다.

그러면 이제 어근에 대해 살펴보기로 하자. 어근에 대해 말할 때 어미는 전혀 고려 대상이 되지 않는다. 어근은 어간의 내부 구조를 파악하는 것이기 때문이다. 즉 어간이 단일어인지, 파생어인지, 합성어인지를 파악하고자 할 때 어근의 개념이 도입된다. 그러니까 어근을 말할 때는 어미가 끼어들 여지가 전혀 없다. 어근이 문제가 될 때는 그 대응되는 것이 접사이냐 아니냐이다. 다시 정리하면 어근은 접사와 함께 등장하는 개념이고, 어간은 어미와 함께 등장하는 개념이다. 그래서 어근이 어미와 함께 등장하지 않고, 어간이 접사와 함께 등장하지 않는다.

어간은 단일어 어간일 수도 있고, 파생어 어간일 수도 있고, 합성어 어간일 수도 있다. 즉 단어의 관점에서 보면 어간은 다 같은 어간이 아니다. 이처럼 동사나 형용사의 어간이 어떤 종류의 단어인지 궁금하여 어간의 내부 구조를 분석할 때 비로소 어근 개념이 등장하게 된다. 활용의 층위에서 어간은 어미를 뺀 나머지이므로 어간이 단일어이든, 파생어이든, 복합어이든 상관없이 다 같은 어간이다. 이때 어간이 단일어이면, 그 어간은 단어 형성의 차원에서는 곧 어근이다. 즉 용언이 단일어일 때는 활용에 참여하는 어간의 형태와, 단어 형성에 참여하는 어근의 형태가 같다.

(3)은 (2㉠~㉣)의 어간을 대상으로 그 내부 구조를 분석한 것이다.

---

2 '날다'처럼 /ㄹ/ 말음 용언의 활용 양상에 대한 자세한 설명은 ☞1.16. 왜 같은 '-음'이 결합했는데 명사형은 '욺'이고 명사는 '울음'인가요? 참조.

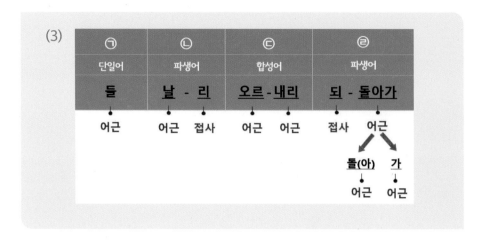

(3㉠)의 '들-'은 하나의 형태소인 단어 즉, 단일어이다. 그래서 '들-'은 통사론에서 활용을 말할 때는 어간이고, 형태론에서 단어 형성을 말할 때는 어근이다. 즉 '들-'은 어간의 형태와 어근의 형태가 같다. 반면 (3㉡) ~ (3㉣)은 복합어이기 때문에 어간과 어근이 다르다. (3㉡)에서 어간은 '날리-'이고, 어간 '날리-'에서 어근은 '날-'이다. (3㉢)에서 어간은 '오르내리-'이고, 어간 '오르내리-'는 '어근+어근'으로 이루어진 합성어이다. (3㉣)은 어간의 내부 구조가 가장 복잡한데, 어간은 '되돌아가-'이다. 어간 '되돌아가-'를 처음 두 개로 쪼개면, '되+돌아가-'이다. 파생어와 합성어를 가르는 기준은 복합어를 처음 두 개로 쪼개었을 때 즉, 직접구성요소 분석을 했을 때 두 구성 요소 중 어느 하나라도 접사이면 파생어이다. 두 구성 요소가 모두 접사가 아니면 즉 '어근+어근'이면 합성어이다.[3] 이러한 정의에 따라 어간 '되돌아가-'는 '접사+어근(되+돌아가)'으로 이루어진 파생어이다. 즉 파생어 어간이다. 접사 '되-'와 결합한 어근 '돌아가-'는 다시 '어근+어근'의 합성어이다. 그러니까 '되돌아가-'는 합성어인 '돌아가-'가 새로운 파생의 어근으로 참여한 것이고, 그렇

---

3   파생어와 합성어의 정의 및 직접구성요소 분석에 대한 자세한 설명은 ☞2.5. '새신랑'은 파생어인가요, 합성어인가요? 참조.

게 만들어진 '되돌아가-'는 파생어이다.

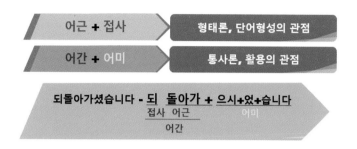

이제 어간이 무엇인지 어근이 무엇인지에 대해 더 이상 헷갈려 하지 않을 것이라 생각한다. 기본적인 정의를 이해하면, 그 정의에 따라 자료를 분석하면 된다.

'맛있다'가 융합 합성어인가요?

'맛있다'는 '맛이 있다'처럼 '주어+서술어'의 통사적 구조이다. 즉 두 어근의 관계가 주술 관계이므로 의미적으로 대등/종속/융합 합성어 중의 어느 것에도 소속되기 어렵다. 그래서 학교문법의 틀에서 질문에 대해 답을 한다면, 대등/종속/융합 합성어 그 어느 것도 아니라고 할 수밖에 없다. 학문문법에서는 이러한 유형의 합성어를 종합 합성어(synthetic compound)라고 하여 따로 분류한다.

합성어는 '어근+어근'으로 이루어진 단어이다. 합성어를 이루는 두 어근의 의미 관계에 따라 대등 합성어, 종속 합성어, 융합 합성어로 분류한다. 그런데 모든 합성어가 이 세 가지 중의 하나로 분류될 수 있는 것은 아니다. '새나라(관형사+체언)', '잘생기다(부사+용언)'처럼 '수식어+피수식어' 구성의 합성어를 제외하면, 대체적으로 두 어근의 품사가 같을 때는 이 세 가지 합성어 중의 하나로 분류된다.[1] '수식어+피수식어' 구성은 구조적으로 두 어근의 품사가 다를 수밖에 없다.

한마디로 설명

어떤 단어를 처음 두 개로 쪼개었을 때, 두 구성 요소가 모두 어근이면 합성어이다. 그런데 어근을 정의하기가 쉽지 않고, 어근이냐 아니냐를 증명하는 것도 쉽지는 않다. 그래서 두 구성 요소 중에 어느 것도 접사가 아닌 경우를 합성어라고 소극

---

[1] 물론 두 어근의 품사가 달라도 대등/종속/융합 합성어 중의 하나로 분류되는 경우도 있다. 예컨대 '덮밥', '접칼'은 두 어근의 품사가 다른 종속 합성어이다.

적으로 정의하기도 한다. 합성어는 구성 요소(어근+어근)의 의미 관계에 따라 대등 합성어, 종속 합성어, 융합 합성어로 분류한다.

합성어의 유형	예	두 어근의 의미 관계
(1) 대등 합성어	손발	'손'과 '발'의 의미가 대등한 관계
	오가다	'오다'와 '가다'의 의미가 대등한 관계
(2) 종속 합성어	돌다리	'다리'가 의미의 중심
	들어가다	'가다'가 의미의 중심
(3) 융합 합성어	밤낮	'밤'도 '낮'도 아닌 제3의 의미인 '밤과 낮을 가리지 않고 늘'의 의미
	뛰어나다	'뛰다'의 의미도 '나다'의 의미도 아닌 '남보다 월등히 훌륭하거나 앞서 있다'의 의미

대등 합성어는 (1)처럼 합성어를 이루는 두 어근 'x+y'에서 x와 y의 의미가 어느 한쪽으로 치우치지 않고, 그 의미가 대등한 또는 병렬적인 합성어이다. 이에 비해 종속 합성어는 두 어근의 관계가 (2)에서 보듯이 x와 y 중에서 어느 하나가 의미의 중심을 이루고, 다른 하나는 그것의 의미를 보충하는 관계이다. '물고기, 바윗돌, 고깃배, 가랑잎, 사과나무…' 등에서 보듯이 일반적으로 후행하는 y가 의미의 중심이 된다. 합성어 중에서 가장 높은 비율을 차지하는 것이 종속 합성어이다.

마지막으로 융합 합성어는 (3)에서 보듯이 두 어근 'x+y'에서 x의 의미도 y의 의미도 아닌 제3의 의미일 때이다. 여기서 한 가지 유의할 점은 융합 합성어가 융합 합성어의 의미만 갖는 경우는 드물다. 즉 융합 합성어이면서 동시에 대등 합성어이거나 종속 합성어의 의미로도 쓰인다. (3)에서 '밤낮'은 '밤'도 '낮'도 아닌 제3의 의미인 '밤과 낮을 가리지 않고 늘'이라는 의미의 융합 합성어로도 쓰이지만, '밤과 낮을 아울러 이르는 말'이라는 대등 합성어의 의미로도 쓰인다. '바늘방석'의 경우에는 '앉아 있기에 아주 불안스러운 자리를 비유적으로 이르는 말'이라는 의미의 융합 합성어로도 쓰이지만, '예전에 부녀자들이 꽂아 둘 목적으로 헝겊 속에 솜이나 머리카락을 넣어 만든 수공예품'이라는 의미의 종속 합성어의 예로도 쓰인다. 이에 비해 '뛰어나다'처럼 융합 합성어로만 쓰이는 경우도 있다.

그런데 (1)에 제시된 합성어의 두 어근을 잘 살펴보면, 두 어근의 품사가 같다는 것을 확인할 수 있을 것이다. (1)에 제시된 합성어는 '명사+명사' 아니면 '동사+동사' 구성이다. 대등/종속/융합 합성어가 이처럼 두 어근의 품사가 항상 같다고 할 수는 없지만, (4)와 같은 '수식어+피수식어' 구성의 합성어를 제외하면 일반적으로 두 어근의 품사가 같은 경우가 대부분이다.

(4) ㉠ 새나라, 헌옷
　　 ㉡ 잘살다, 똑같다

(4㉠)과 (4㉡)은 모두 '수식어+피수식어' 구성의 합성어이다. (4㉠)은 '관형사+명사' 구성의 합성어이고, (4㉡)은 '부사+동사/형용사' 구성의 합성어이다. '수식어+피수식어' 구성의 합성어는 의미의 중심이 후행하는 어근에 있을 수밖에 없다. 구조적으로 수식어가 피수식어를 수식하게 되어 있으니까 수식을 받는 말이 의미의 중심이 되는 것이 자연스럽다. 그래서 '수식어+피수식어' 구성의 합성어는 구조적으로 종속 합성어일 수밖에 없다.

'수식어+피수식어' 구성이 아니면서 두 어근의 품사가 다른 경우 (5)처럼 대등/종속/융합 합성어 어느 것으로도 분류되기 어려울 때가 많다.

(5) ㉠ 힘들다, 정들다, 맛없다, 맛있다
　　 ㉡ 손잡다, 겁먹다, 욕보다

(5)는 '명사+형용사', '명사+동사' 구성이므로 (5)가 합성어라는 것은 의심의 여지가 없다. 그리고 두 어근의 관계는 (5㉠)은 '주어+서술어', (5㉡)은 '목적어+서술어' 관계이다. (5)가 합성어니까 당연히 대응/종속/융합 합성어 중의 하나로 분류할 수 있다고 생각할 수 있다. 하지만 의미 관계를 분석해 보면 일단 대등 합성어는 아닌 듯하고, 융합 합성어는 더 더욱 아닌 것 같다. 그러면 남은 것은 종속 합성어밖에 없는데, 과연 종속 합성어일까? 종속 합성어는 'x+y'에서 y가 의미의 중심이라고 하였다. 만일 (5)가 종속 합성어가 맞다면 의미의 중심이 y에 있다고 추론할 수 있는데, 과연 '힘들다'에서 의미의 중심이 '들다'에 있다고 할 수 있을까? 왠지 종속 합성어라고 하려니까 진짜 종속 합성어인 (2)와 좀 다르지 않은가? 실제 '힘들다'의 의미 중심이 '들다'에 있다고 할 수는 없다. 명사 '힘'이 동사 '들다'를 수식해 주는 의미도 아니고, 또한 '힘'이 '들다'의 의미를 보충해 주는 것도 아니다.

(5)에서 두 어근의 의미 관계는 통사적이다. 다시 말해 두 어근이 '주어+서술어' 또는 '목적어+서술어' 관계 즉, '논항-서술어'의 관계에 있다.[2] 그렇기 때문에 두 어근의 의미 관계가 대등적이냐, 종속적이냐, 융합적이냐 하는 것과는 다른 차원의 관계이다. 이러한 합성어를 종합 합성어(synthetic compound)라고 하여 따로 분류한다. 학교문법에서는 아직 종합 합성어 개념이 반영되어 있지 않다.

종합 합성어를 설정할 경우 (6) 역시 종합 합성어로 분류된다. (6)을 직접구성요소 분석을 하면 즉, 처음 두 개로 쪼개면 (7㉠)처럼 할 수도 있고, (7㉡)처럼 할 수도 있다.[3] 두 관점이 여전히 논쟁 중이다. (6)을 종합 합성어로 본다는 것은 (7㉠)처럼 분

---

2 '논항'은 학교문법에서는 쓰지 않는 용어인데, 학교문법에서 한 자리 서술어, 두 자리 서술어라고 할 때의 그 '자리'에 해당하는 것이 바로 논항이다. '논항'은 그 서술어가 적격한 문장이 되기 위해서 반드시 실현되어야만 하는 성분이다.

3 직접구성요소 분석은 구성을 처음 두 개로 쪼개는 것을 말한다. 직접구성요소 분석에 대한 설명 그리고 (7)의 단어들에 대한 파생어, 합성어 논쟁에 대해서

석하는 것을 전제한다. 학문적으로는 (7㉠)과 (7㉡)의 관점이 논쟁하고 있는데, (7㉡)의 관점을 따를 경우 (6)은 파생어이다.[4]

> (6) 줄넘기, 해돋이, 목걸이, 손톱깎이, 바람막이

> (7) ㉠ 해+돋이, 줄+넘기, 목+걸이, 손톱+깎이, 바람+막이
> ㉡ 해돋+이, 줄넘+기, 목걸+이, 손톱깎+이, 바람막+이

학문문법에서는 (6)을 (7㉠)처럼 합성어로 분류하는 견해와 (7㉡)처럼 파생어로 분류하는 견해가 오랫동안 논쟁해 왔다. 지금도 이 논쟁은 진행중이다. (7)이 합성어라고 할 때 두 어근의 의미 관계는 대등/종속/융합 합성어 어느 쪽에도 해당되지 않는다. 그래서 종합 합성어로 분류한다.

(5)가 합성어라는 데에 대해서는 이견이 없지만, 단어가 형성된 방법에 대해서는 이견이 있다. 즉 (5)가 합성의 방법으로 만들어진 단어가 아니라, 통사적 구성이었던 것이 긴밀해져서 단어가 되었다고 보는 것이다. 즉 (8)의 과정에 의해 만들어졌다고 보는 것이다.

는 ☞2.5. '새신랑'은 파생어인가요, 합성어인가요? 참조.
4   학교문법의 경우 2015 교육과정 이전까지는 (6)을 파생어로 분류하였는데, 2015 교육과정에서는 아예 (6)의 예들을 다루지 않고 있다. 즉 파생어와 합성어의 논쟁을 피해 간 셈이다.

(8)

단어 형성 과정		
통사적 구성		단어
㉠ 맛이 있다 주어 서술어	맛 있다 주격 조사 생략	맛있다
㉠ 손을 잡다 목적어 서술어	손 잡다 목적격 조사 생략	손잡다

(8)은 원래 '주어+서술어', '목적어+서술어'의 통사적 구성이었는데, 시간이 지나면서 두 구성 요소가 긴밀해져 하나의 단어가 되었다는 것을 보여 준다.

그런데 설령 통사적 구성이 긴밀해져서 단어가 되었다 하더라도 결과적으로 이를 '어근+어근'으로 분석할 수 있지 않은가 하고 반문할 수 있다. 물론 '어근+어근'으로 분석하는 것도 열려 있다. 그래서 합성어라는 데 이견이 없다고 한 것이다. (5)에 대한 이견은 (5)가 합성의 방식으로 만들어졌느냐 아니냐인데, 달리 말하면 (8)처럼 통사적 구성이 단어가 되는 방법을 인정하느냐 인정하지 않느냐의 문제이다.

'가늘어지다'는 단어인가요, 구인가요?

한마디로 설명

'용언-아/어+용언'의 형태를 띤 것 중에는 '본용언+보조용언' 구성도 있고, 단어가 된 것도 있다. 질문의 '가늘어지다'는 단어이다. '가늘어지다'도 원래는 '본용언-아/어+보조용언' 구성이었는데, 구성이 긴밀해지면서 단어가 된 것이다. 단어가 된 어간 '가늘어지-'를 직접구성요소 분석을 하면, '가늘어+지'이므로 합성어이다. 즉 '가늘어지다'는 '어근+어근'의 합성어이다.

흔하지는 않지만 '본용언+보조용언' 구성 외에도 통사적 구성이 긴밀해지면서 단어가 된 예들이 있다.[1]

구	단어
맛(이) 있다	맛있다
산(이) 있다	X

자세히 설명

형태소는 뜻을 가지고 있는 최소의 단위이고, 단어는 자립할 수 있는 최소의 단위이다. 따라서 하나의 형태소가 자립해서 쓰이면 정의상 단어이고, 형태소가 하나

---

1   통사적 구성이 단어가 된 것에 대한 자세한 설명은 ☞2.7. '맛있다'가 융합 합성어인가요? 참조.

이므로 단일어이다. 단어는 단어 형성에서 어근[2]으로 참여한다. 어근에 대응하는 개념이 접사인데, 접사는 의존 형태소이다. 그런데 의존 형태소라고 해서 다 접사는 아니다. 의존 형태소 중에는 단어 형성에서 어근인 것도 있고, 접사인 것도 있다. 동사 어간, 형용사 어간도 의존 형태소이지만 단어 형성에 참여할 때는 어근이다. 어미는 활용이라는 통사적 단위이기 때문에 원칙적으로 단어 형성에 참여하지 않는다. 즉 단어 형성에서 어미는 끼어들 자리가 없다.

복합어를 처음 두 개로 쪼개었을 때 쪼개어진 두 요소 중 하나라도 접사이면 파생어이고, 어느 것도 접사가 아니면 즉, '어근+어근'이면 합성어이다.[3]

(1) ㉠ 국밥: 국+밥
㉡ 오솔길: 오솔+길
㉢ 풋내기: 풋+내기

---

2 어근은 영어로 root이고, 어기는 base이다. 어근이든 어기이든 파생에서 접사에 대응되는 요소를 가리키는 개념이다. 단순히 '어근'이라는 명칭 대신 '어기'를 사용하는 경우도 있고, 어기와 어근을 다르게 사용하는 경우도 있다. 후자의 경우 어근은 어기의 특정 종류를 가리킨다.
예컨대 '괴롭다'의 '괴', '외롭다'의 '외', '아름답다'의 '아름'처럼 해당 파생어에서만 나타나고 다른 곳에서 나타나지 않는 어기를 어근이라고 한다. '괴롭-'은 '괴-롭-'으로 쪼개지는데, '-롭-'이 접사이므로 '괴롭-'은 정의상 파생어이다. '-롭-'은 명사와 결합하여 형용사를 파생시키는 접미사이다. 따라서 '-롭-'과 결합한 요소는 명사일 것으로 추론할 수 있다. 그런데 '괴롭-'의 '괴'는 명사로 쓰인 다른 예를 찾을 수 없어서 명사임을 증명할 수는 없다. 하지만 '-롭-'의 특성으로 미루어 적어도 '-롭-'과 결합한 요소가 접사는 아니다. 어기와 어근을 구분하는 경우 '괴'와 같은 특성의 어기를 따로 어근이라고 한다.

3 합성어와 파생어의 구분에 대한 자세한 설명은 ☞2.5. '새신랑'은 파생어인가요, 합성어인가요? 참조.

（1㉠)은 '국'과 '밥'이 모두 접사가 아니므로 합성어이고, (1㉡)은 '오솔'이 접사이므로 파생어이다. 그러면 (1㉢)은 합성어인가, 파생어인가? (1㉢)은 '풋-'도 접사고, '-내기'도 접사이다. 즉 접사 두 개로 이루어진 단어이다. 앞서 단어를 처음 두 개로 쪼개었을 때 두 요소 중 하나라도 접사면 파생어라고 하였다. (1㉢)은 하나가 아니라 둘 다 접사이므로 정의상 당연히 파생어이다.

그러면 질문의 핵심으로 돌아가서 '가늘어지다'가 파생어인가, 합성어인가? 일단 처음 두 개로 쪼갠 '가늘어'와 '지다'는 둘 다 접사가 아니다. 따라서 일단 정의상 '가늘어지다'는 파생어일 수는 없고, 파생어가 아니므로 합성어이다.

용언 두 개가 나란히 나타나는 합성어는 (2㉠)의 구조이거나 (2㉡)의 구조 둘 중의 하나이다. 이 중에서 (2㉠)은 복합어를 이루는 두 구성 요소의 결합이 문장에서 나타나는 구성인데 비해, (2㉡)은 문장에서는 나타나지 않는 구성이다. (2㉡)은 어간과 어간이 바로 결합한 구성인데, 문장에서는 어간과 어간이 바로 결합할 수 없기 때문이다. 이때 전자를 통사적 합성어라고 하고, 후자를 비통사적 합성어라고 한다.[4]

(2)

㉠	㉡
가늘어지다	오가다
슬퍼지다	높푸르다

그런데 (2㉠)처럼 '지다'가 결합한 구성의 경우 그것이 단어인지 구인지를 판단하기가 어렵다. 그래서 실제 많은 많은 사람들이 헷갈려 한다. 그렇기 때문에 많은

4　통사적 합성어와 비통사적 합성어에 대한 자세한 설명은 ☞2.4. '덮밥'은 왜 비통사적 합성어인가요? 참조.

질문을 받는 주제 중의 하나이기도 하다. 우선 '지다' 자체가 여러 개가 있다. '지다'는 동사 '지다'도 있고, 보조 동사 '지다'도 있고, 보조 형용사 '지다'도 있고, 접사 '-지다'도 있다.

(3)　㉠ 지다 (동사): 노을이 지다

　　 ㉡ 지다 (보조 형용사): 천년만년 살고 지고.

　　 ㉢ -지다 (접사): 멋지다, 기름지다, 살지다, 값지다

　　 ㉣ 지다 (보조 동사): 좋아지다, 부드러워지다, 어두워지다, 초롱초롱해지다,

　　　　　　　　　　 못생겨지다

(3)㉠의 동사는 딱히 문제가 되지 않으므로 설명이 필요 없으리라 생각한다. 그리고 (3㉡)의 '지다'는 '앞말이 나타내는 동작을 소망함을 이르는 말'로 옛스러운 표현에서만 나타나므로 특별히 문제가 되지 않는다. (3㉢)의 접사 '-지다'는 선행하는 요소가 명사인데, 이 사실을 알면 판단하는 데 크게 어려움을 겪지 않을 수 있다.

혼란스러운 것은 (3㉣)의 보조 동사 '지다'이다. 그 이유는 동일한 구성인데 어떤 것은 '본용언+보조용언' 구성이고, 어떤 것은 단어이기 때문이다.

(4)　거칠어지다, 가늘어지다, 슬퍼지다, 예뻐지다

즉 동일하게 'V-아/어지다'인데 (3㉣)의 예는 '본용언+보조용언' 구성인 구이고, (4)의 예는 단어이다.

　맞춤법에서의 조처 역시 '본용언+보조용언' 구성의 (3ⓔ)과 합성어인 (4)를 구별하기 어렵게 만든다. 〈한글 맞춤법〉에서 '본용언+보조용언'의 구성의 'V-아/어지다'는 붙여 쓰게 되어 있다. 그렇기 때문에 구인지 단어인지를 맞춤법상의 띄어쓰기 유무로는 판단이 불가능하다. '본용언+보조용언'은 '먹어 보다, 먹게 하다, 먹지 않다, 먹고 있다'처럼 띄어 쓰는 것을 원칙으로 한다. 다만 보조적 연결 어미가 '-아/어'인 경우에는 특별히 붙여 쓰는 것도 허용하고 있다. 그래서 '먹어 보다'가 원칙이지만 붙여 쓴 '먹어보다' 역시 허용한다.

　그런데 '본용언+보조용언' 구성의 'V아/어-지다'는 붙여 써야만 한다. 다시 말해 '본용언+보조용언' 구성의 'V아/어-지다'는 띄어 쓰는 것을 허용하지 않는다.

　그렇다면 'V-아/어지다'가 '본용언+보조용언'의 구 구성인지, 단어인지를 어떻게 판별할 수 있는가? 안타깝게도 문법적으로 이 둘을 구분할 수 있는 방법은 없다. 그러면 방법이 전혀 없는 것인가? 유일하고 최선의 방법은 사전을 확인해 보는 것이다. 사전을 검색해서 표제어로 나타나면 단어(합성어)이고, 표제어로 나타나지 않으면 아직 단어가 되지 않은 상태인 '본용언+보조용언' 구성이다. 문법적으로 'V-아/어지다'가 '본용언+보조용언' 구성인지, 단어인지를 판별할 수 없으므로, 'V-아/어지다'를 대상으로 합성어인지 아닌지를 묻는 문제를 내는 것은 바람직하지 않다. 누구도 국어 사전을 찾기 전에는 알 수 없으므로 이를 묻는 것은 문법 문제가 아니라 단어 암기 문제일 뿐이다.

2.9. 조사 '로'와 '부터'가 결합하여 형성된 '로부터'는 왜 합성어가 아닌가요?

한마디로 설명

만일 조사 '로부터'를 합성어라고 가정한다면, '로'와 '부터'가 어근이라고 해야 한다. 하지만 결론부터 말하면, '로부터'는 합성어가 아니다. '로부터'가 부사격 조사 '로'와 보조사 '부터'가 결합하여 만들어진 것은 맞지만, 그렇다고 '로부터'가 합성어는 아니다. 학교문법에서 조사가 9품사의 하나로 다루어지기는 하지만, 그렇다고 조사가 단어의 정의에 부합하는 단어는 아니다. 그래서 '로부터' 역시 새로 만들어진 조사일 뿐 단어는 아니다.

조사는 통사적 과정인 곡용에 참여하는 단위이고, 단어 형성에는 참여할 수 없다. 그래서 '로부터'의 '로'와 '부터'는 어근일 수 없고, 조사 '로'와 '부터'가 결합해서 만들어진 '로부터' 역시 단어가 아닌 또 다른 조사일 뿐이다. 다시 말해 통사적으로 두 개의 조사가 결합된 조사 결합형이 하나의 단위로 굳어져서 또 다른 조사가 된 것뿐이다.

자세히 설명

새로운 단어가 만들어지는 가장 기본적인 방법은 파생과 합성이다. 방법이라고까지 할 수는 없지만, 파생과 합성 외에도 다른 방법으로 단어가 만들어지기도 한다. 산발적으로 곡용형(체언+조사)이나 활용형(용언+어미)이 하나의 단위로 굳어져 단어가 되기도 하고, 통사적 구성이 긴밀해져서 단어가 되기도 한다.

(1)은 파생에 의해 만들어진 파생어이고, (2)는 합성에 의해 만들어진 합성어이다.

(1) ㉠ 개- + 살구 → 개살구

㉡ 먹- + -이 → 먹이

(2) ㉠ 꽃 + 말 → 꽃말

㉡ 검- + 붉- → 검붉다

파생에 의해 만들어진 파생어는 '어근+접사'로 이루어진 단어이고, 합성에 의해 만들어진 합성어는 '어근+어근'으로 이루어진 단어이다. 대부분의 단어는 이처럼 파생과 합성에 의해 만들어진다.

그런데 단어를 형성하는 주된 방식은 아니지만, 파생과 합성이 아닌 다른 방식에 의해 새로운 단어가 만들어지기도 한다. 그렇지만 이렇게 단어가 만들어지는 것은 산발적이고 우연적이다.

(3) ㉠ 단숨 + 에 → 단숨에

진실 + 로 → 진실로

㉡ 다르- + -은 → 다른

바르- + -은 → 바른

(3㉠)은 '체언+조사'의 곡용형이 단어가 된 것이고, (3㉡)은 용언의 관형사형이 단어가 된 것이다. 그러면 (3)의 단어들은 파생어일까, 합성어일까? 답은 파생어도 아니고, 합성어도 아니다. (3㉠)은 곡용형이, (3㉡)은 활용형이 하나의 단위로 굳어져서 단어가 된 것이다.

> (4) ㄱ 힘(이) 들다 → 힘들다
>
>   ㄴ 흉(을) 보다 → 흉보다

(4)는 학교문법에서 합성어로 다루는 예들이다. 그런데 '어근+어근'의 합성이 아닌, 다른 방식에 의해 이 단어들이 만들어졌다고 볼 수 있다. 즉 '힘들다'는 '주어+서술어', '흉보다'는 '목적어+서술어'라는 통사적 구성이 긴밀해져서 단어가 되었다고 보는 것이다.[1] 그런데 통사적 구성이 긴밀해져 단어가 된 것이라고 하더라도 결과적으로는 '힘들다', '흉보다'는 '어근+어근'의 합성어로 해석할 수 있다.

만일 새로운 단어를 만드는 방법이 파생과 합성 외에 다른 방법이 없다면, '단숨에', '다른'을 파생이나 합성어 중의 어느 하나로 분류해야 할 것이다. 그렇게 억지로 대입을 시키면, '단숨'은 어근이라는 것이 분명하므로 '에'는 어근이거나 접사 둘 중의 하나이어야 한다. 또한 '다른' 역시 '다르-'는 어근이니까 '-은'은 접사나 어근 중의 하나이어야 할 것이다. 이렇게 되면 조사도 단어 형성에 참여하고, 어미도 단어 형성에 참여하는 것으로 해석해야 한다. 하지만 조사가 단어 형성에 참여한다고 하면, 체언에 조사가 결합한 '사과가, 배가, 밥이…'를 모두 새로운 단어라고 해야 한다. 마찬가지로 '다른'에 있는 관형사형 어미 '-은'이 단어 형성에 참여한다고 하면, '먹은, 잡은, 입은, 슬픈…'을 모두 새로운 단어라고 해야 한다. 이렇게 되면 어휘부에 저장해야 하는 단어의 수가 셀 수 없을 만큼 많아지게 되어 어휘부가 상상을 초월할 만큼 커지게 된다.[2]

171

---

1   통사적 구성이 단어가 된 합성어는 종합 합성어(synthetic compound)하고 하는
    데, 이에 대한 자세한 설명은 ☞2.7. '맛있다'가 융합 합성어인가요? 참조.

2   조사가 단어 형성에 참여할 수 없다는 것에 대해서는 ☞2.15. 조사가 단어인데
    왜 조사가 결합한 단어는 없나요? 참조.

곡용형인 '체언+조사'의 '단숨에'가 단어가 되었다고 해서 조사였던 '에'를 접사로 해석할 수는 없다. 즉 조사는 여전히 조사일 뿐이다. 마찬가지로 활용형인 '용언 어간+어미'의 '다른'이 단어가 되었다고 해서 어미였던 '-은'을 접사로 해석할 수는 없다. 즉 '단숨에', '다른'이 단어가 되었어도, '에'는 여전히 조사이고, '-은'은 여전히 어미이다.

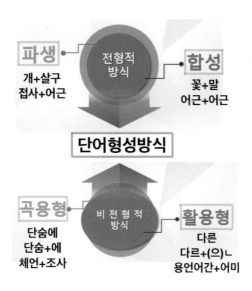

학교문법의 9품사 분류에서는 조사를 품사의 하나로 분류하기는 한다. 품사의 정의가 단어의 갈래이므로 조사를 9품사의 하나로 분류했다는 것은 조사를 단어로 처리한 것이다. 조사가 품사의 하나로 분류된 것은 주시경(1914)『말의 소리』에서의 품사 분류의 전통을 그대로 계승한 것이다. 그러나 조사는 의존 형태소일 뿐만 아니라 형식 형태소이기 때문에 품사의 하나로 분류하느냐 아니냐를 말하기 이전에 이미 단어의 정의에 부합하지 않는다. 따라서 현재의 문법 이론에서 조사를 단어로 인정할 만한 근거는 없다. 실제 학교문법에서도 9품사의 하나로 조사를 인정하고는 있지만, 단어 형성을 다루는 부분에서 '사과가, 배가'와 같은 예를 전혀 다루지 않고 있다. 이는 조사가 단어 형성에 참여할 수 없다는 일반론적인 사실을 반영한 것이다. 정리하면 학교문법에서 조사를 9품사의 하나로 인정하는 것은 맞지만, 그렇다고 조사가 다른 단어처럼 새로운 단어를 형성하는 데 참여하는 것으로 해석하지는 않는다.

　이상의 사실을 이해하면, (5)가 단어인지 아닌지에 대해서도 자연스럽게 설명할 수 있을 것이다.

> (5)　㉠ 로부터 : 로 + 부터
> 　　　㉡ -을지라도 :　-을 +　　지 +　라도
> 　　　　　　　　　관형사형 어미　의존 명사　조사

'로부터'가 '로'와 '부터'가 결합하여 새로 만들어진 조사인 것은 맞지만, 그렇다고 '로부터'를 '어근+어근'이라고 하지는 않는다. 왜냐하면 조사는 그 정의상 새로운 단어를 형성하는 데 참여할 수 없기 때문이다. 새로운 단어를 형성하는 데 참여할 수 없는데, '조사+조사' 결합형이 새로운 단어일 수는 없다. 그러면 '로부터'는 무엇인가? '로부터'를 여전히 조사의 통사적 결합형으로 해석할 수도 있고, 조사의 결합형이 긴밀해져서 새로운 조사가 된 것으로 해석할 수도 있다. 전자와 후자의 차이는 어휘부 등재 유무이다. 후자로 해석하면 어휘부에 '로부터'가 등재되어 있다고 상정한다. 참고로 〈표준국어대사전〉 표제어에 '로부터'는 조사로 등재되어 있다.

　마찬가지로 '-을지라도'의 경우에도 '-을', '지', '라도'의 그 어떤 것도 어근일 수 없고, 접사일 수도 없다. '-을지라도'는 원래는 통사적 구성이었지만, 이 통사적 구성이 긴밀해져서 새로운 또 하나의 어미가 된 것이다. 그래서 '-을지라도'는 여전히 어미일 뿐 단어는 아니다. 참고로 〈표준국어대사전〉 표제어에 '을지라도'는 어미로 등재되어 있다.

2.10. 왜 '소고기'를 '쇠고기'라고도 하나요?

'소고기'와 '쇠고기'는 서로 다른 시기에 각기 다른 단어 형성 방법에 의해 만들어진 단어이다. '쇠고기'는 '소의 고기'의 구가 단어가 된 것이고, '소고기'는 '소+고기'의 합성에 의해 만들어진 합성어이다. 시기적으로는 '쇠고기'가 '소고기'보다 앞서 만들어진 단어이고, '소고기'가 후대에 만들어진 단어이다. 즉 '쇠고기'가 쓰이고 있는 상황에서 '소+고기'의 합성어가 새로 만들어져 '쇠고기'와 함께 '소고기'도 쓰이게 된 것이다.

현재는 나중에 만들어진 '소고기'가 훨씬 더 광범위하게 쓰이고 있고, '쇠고기'는 많이 축소되어 쓰이고 있다. 아무튼 여전히 '쇠고기'도 쓰이고 있어서 규범에서는 '소고기'와 '쇠고기'를 복수 표준어로 인정하고 있다.

자세히 설명

단어를 형성하는 기본적인 방법은 파생과 합성이다. 그래서 매년 만들어지는 신어를 보면 파생과 합성에 의해 만들어진 단어의 비율이 가장 높다. 그런데 그 수가 많지는 않지만 파생과 합성이 아닌 방식으로 단어가 만들어지기도 한다. (1㉠)처럼 구가 단어가 되기도 하고, (1㉡)처럼 활용형('용언 어간+어미'의 결합형)이 굳어져서 단어가 되기도 하고, (1㉢)처럼 곡용형('체언+조사'의 결합형)이 굳어져서 단어가 되기도

한다.[1]

(1) ㉠ 내+ㅅ(관형격 조사)+ᄀ〉 냇ᄀ〉 냇가

　　 ㉡ 갖+은(관형사형 어미) → 갖은(관형사)

　　 ㉢ 단숨+에(부사격 조사) → 단숨에(부사)

현대국어에서 '냇가'는 하나의 단어이지만, 중세국어에서 '냇가'는 구였다. 중세국어에서 무정물의 관형격은 'ㅅ'으로 나타내고, 유정물의 관형격은 '이/의'로 나타냈다.[2] 그래서 중세국어 '냇가'는 (1㉠)처럼 구 구성이었다. 그러던 것이 관형격 조사 'ㅅ'이 소멸되면서 '냇가'가 하나의 단어가 되었다.[3] '쇠고기' 역시 '냇가'가 단어가 된 과정과 같다.

(2)

중세국어		현대국어
구	구	단어
소이고기 →	쇠고기 >	쇠고기

모음 축약　　'쇠+고기'로 잘못 분석

1　단어 형성 방법에 대한 자세한 설명은 ☞2.9. 조사 '로'와 '부터'가 결합하여 형성된 '로부터'는 왜 합성어가 아닌가요? 참조.

2　중세국어 속격 조사에 대한 자세한 설명은 ☞5.6. '제 ᄠᅳ들 시러 펴디'에서 '제'는 대명사인가요? 참조.

3　사이시옷 첨가에 대한 자세한 설명은 ☞1.4. '예삿일[예산닐]'은 사잇소리 현상인가요, /ㄴ/ 첨가인가요? 참조.

중세국어에서는 '소이'가 축약되어 '쇠'가 되는 모음 축약 규칙이 공시적으로 있었다. 그런데 근대국어 이후부터 이러한 모음 축약 규칙이 소멸되었다. 그래서 현대국어에서는 '네모의 꿈'을 관형격 조사 없이 '네모 꿈'이라고는 해도 '네뫼 꿈'이라고 하지는 않는다. '타조의 고기' 역시 관형격 조사 없이 '타조 고기'라고는 해도 '타죄 고기'라고 하지는 않는다.

'소이 → 쇠'가 되는 모음 축약 규칙이 공시적으로 존재할 때 언중들은 '쇠고기'를 '소의 고기'로 인식할 수 있었다. 그런데 '소이 → 쇠'의 모음 축약 규칙이 소멸되고 난 후에 언중들은 '쇠고기'를 '소이 고기'로 인식하기 어렵다. 그리고 이 무렵쯤 해서 '말고기', '돼지고기'와 같은 합성어들이 만들어지기 시작하였다. 즉 이전 시기에는 고기의 종류를 말할 때 'X이/의 고기'라고 하던 것을 이제는 'X+고기'의 합성어를 만들어 사용하게 되었다.

(3)	중세국어	현대국어
	소이고기 ~ 쇠고기	소고기
	마뤼고기	말고기
	달기고기	닭고기
	꿩의고기	꿩고기
	↓	↓
	X이/의+고기(구)	X+고기(합성어)

즉 고기의 종류를 나타낼 때 중세국어에서는 'X이/의 고기'처럼 구로 표현했는데, 근대국어 이후부터 고기의 종류를 말할 때 구가 아니라 합성어로 말하는 변화가 생겼다. '소이 → 쇠'와 같은 모음 축약 규칙이 소멸되고 나면, 언중들은 '쇠고기'를 자연스럽게 '쇠+고기'의 합성어로 잘못 분석할 수밖에 없다. 이를 언어학에서

'오분석'이라고 한다.[4] 그런데 고기를 가리키지 않을 때는 '소'라고 말하면서 고기를 가리킬 때는 '쇠+고기'라고 하다 보니까 '쇠'가 아무래도 부자연스럽게 느껴질 수밖에 없다. 그러다 보니 언중들이 새로 'X+고기'의 합성어 형성 방식으로 '소고기'를 만들어 사용하게 된 것이다. '쇠고기'와 '소고기'의 의미가 같은 것은 바로 이러한 역사적인 사실에 기인한다. 이러한 이유로 규범에서도 '쇠고기'와 '소고기'를 복수 표준어로 다루고 있다.

'쇠고기'와 '소고기'의 관계와 비슷한 예가 '달걀'과 '닭알'이다. 물론 '닭알'은 현재 표준어는 아니지만 방언에서 많이 나타나는 단어이다. '달걀'은 '닭의 알'이었던 명사구 구성이 단어가 된 것이다(달기알 → 달기알 → 달걀). 이에 비해 '닭알'은 '닭+알'이라는 합성의 방법에 의해 만들어진 합성어이다.

---

4   오분석은 언어 변화의 한 원인이다. 예컨대 '줍다'의 중세국어 어형은 '줏다'인데, '줏다'의 활용형 '주어 ~ 주워, 주으니 ~ 주우니'를 /ㅂ/ 불규칙 용언의 활용으로 오분석 하여 '줍-'으로 인식함으로써 '줏다 〉 줍다'로 변하게 되었다. 또 다른 예로 '세우다'는 사동 접미사가 두 번 결합하였는데, 이 역시 오분석으로 인한 것이다. 즉 '서다'에 사동 접미사 '-이-'가 결합하여 사동사 '세-'가 만들어졌는데, 이미 사동사인 '세-'를 사동사로 분석하지 못하고 다시 사동 접미사 '-우-'를 결합시켜 '세우-'가 형성되었다.

애야 ~~ 오늘은 쇠고기국 좀 끓여라~

네~어머님, 그럴게요!

엄마~~! 할머니는 왜 소고기를 쇠고기라고 하는 거죠? 쇠고기는 쇠의 고기(?) 같아서 좀 이상하게 들려요~

호호호~~~ 소고기와 쇠고기는 서로 다른 조어방식에 의해 만들어진 단어들이야~.

중세국어에서는 '소이 고기'처럼 OO이 고기'라고 했어. 그런데 모음이 축약되어 쇠고기가 됐지. 즉, 구가 굳어서 단어가 된 거야.

그런데 지금은 돼지고기, 오리고기처럼 'OO고기' 라고 하잖아. 이건 합성어 인 거지~~

그런데 소를 말할 때는 그냥 '소'라고 하고 고기를 가리킬 때는 '쇠고기'라고 하니까 너의 말처럼 뭔가 부자연스러운 거야. 그래서 소고기라는 말이 그 이후에 생겨났고 지금은 둘 다 표준어로 인정하고 있어.

'쇠고기'와 '소고기'의 차이는 단어 형성 시기의 차이에 의한 선대형과 후대형이라는 것을 이제는 충분히 이해했으리라 생각한다. 이처럼 단어 형성 시기의 다름으로 인해 단어의 형태에 차이가 있는 예들은 이 외에도 여러 개가 있다. 규범에서는 이러한 경우 둘 다 표준어로 즉, 복수 표준어로 인정하는 경우가 많다.

(4)

선대형	후대형
부나비	불나비
개펄	갯벌

'부나비'는 /ㄴ/ 앞에서 /ㄹ/이 탈락하는 규칙이 강력하게 작용하던 시기에 만들어진 합성어이다. 즉 '불+나비'의 합성어가 형성될 당시에 /ㄹ/ 탈락 규칙이 적

용되어 '부나비'가 되었다. 그런데 현대국어로 오면서 단어 내부에서 /ㄹ/ 탈락 규칙의 적용이 느슨해져서 언중들이 '부나비'를 듣고 '불+나비'를 떠올리기가 점점 어려워지게 되었다. 그래서 새로 '불+나비'가 결합한 합성어 '불나비'를 만들게 된 것이다. 그 결과 '부나비'와 '불나비'가 둘 다 쓰이는 상황이 되었다.

'개펄'과 '갯벌' 역시 선대형과 후대형의 관계이다. '개펄'은 '개'가 /ㅎ/ 종성 체언이던 시절에 만들어진 합성어이다(개ㅎ+벌 → 개펄). 그런데 '개ㅎ'은 근대국어 이후 '개'로 변했다. 즉 /ㅎ/ 종성의 /ㅎ/이 소멸되었다. 그리고 '벌'은 중세국어도 현대국어도 똑같이 '벌'이다. '개ㅎ'이 '개'으로 변하고 나니까, 언중들이 '개펄'의 '펄'을 '벌'로 인식하는 데 어려움을 겪게 된다. 그러다 보니까 아예 새로 '개+벌'의 합성어 '갯벌'을 만들게 된 것이다. '갯벌'의 'ㅅ'은 사이시옷이 첨가된 것이다. '개펄'과 '갯벌'도 복수 표준어이다.

'집에 갔다'에서 동사는 '갔다'인가요, '가-'인가요?

한마디로 설명

　　문법적으로 '집에 갔다'에서 동사를 말하라고 하면 어간 '가-'이다. 그런데 동사 어간은 어미 없이는 홀로 쓰이지 못하는 의존 형태소이다. 그래서 학교문법에서 동사를 언급할 때는 어미가 결합한 형태로 말하도록 하고 있다. 즉 '집에 갔다'에서 동사를 말하라고 하면 '갔다'라고 대답하게 되어 있다. 그런데 이는 문법적 사실은 아니고, 일종의 학습자 수준을 고려한 교수-학습 방법론적 차원에서의 설명이라고 할 수 있다.

집에 갔다.
집에 갔습니다.
집에 갔어.
집에 갔니?

　　학교문법처럼 동사를 말하게 되면, 위에서 동일한 동사 '가-'를 각각 '갔다', '갔습니다', '갔어', '갔니'로 대답해야 한다. 그런데 '갔다', '갔습니다', '갔어', '갔니'는 형태소의 수도 다르고, 의미도 모두 다르다. 그럼에도 동사가 같다고 해야 하는 문제가 생긴다.

　　문법적으로 동사는 어간만을 가리킨다. 뒤에 어떤 어미가 결합하였든 동사는 활용형에서 어미 부분을 뺀 어간을 가리키는 개념이다.

자세히 설명

　　품사의 언어학적 정의는 단어를 그 형태적 특성이나 기능, 의미에 따라 분류한 것이다. 즉 품사라는 말에는 이미 그 대상이 단어라는 것을 전제하고 있다. 그러면 단어의 정의는 무엇이냐? 단어는 최소의 자립 형식이다.

- 품사: 단어의 갈래. 즉 단어를 그 형태적 특성, 기능, 의미에 따라 분류한 것
- 단어: 최소의 자립 형식(minimal free form)[1]

품사와 단어의 정의에 따르면 'ㅇㅇ사'에 해당하는 것은 단어이어야 한다. 그리고 단어는 문장에서 홀로 쓰이는 자립 형식이어야 한다. 여기서 핵심은 자립인데, 자립의 의미는 문장에서 다른 요소의 도움 없이 홀로 쓰일 수 있느냐 없느냐이다. 다시 말해 자립의 의미가 아무 것도 없이 자기 혼자 쓰일 수 있느냐 없느냐가 아니라는 뜻이다. '새', '헌', '갖은' 같은 관형사는 그 자체로 혼자 쓰일 수는 없다. 즉 관형사는 반드시 자신이 수식하는 대상 즉, 피수식어(명사, 대명사, 수사)와 함께 쓰인다.

하지만 관형사는 문장에서 다른 요소와의 결합 없이 자기 혼자서 쓰인다. 그래서 관형사는 자립 형식이고, 자립 형식이므로 단어이다.[2] 관형사가 피수식 명사와 분리될 수 없는 것은 자립이냐 의존이냐의 문제가 아니라 '수식어–피수식어' 제약과 관련된 것이다. 즉 '관형어+피수식어' 구성은 분리될 수 없고, 항상 하나의 단위로 움직여 한다는 제약이 있다. 자립의 개념이 문장에서 다른 요소의 도움 없이 혼자 쓰일 수 있느냐의 유무라는 것을 이해했다면, 동사와 형용사 어간은 문장에서 반드시 어미와 결합해야만 쓰인다는 점에서 자립 형식이 아니라는 것도 이해했을 것이다.

우리가 받아들이고 있는 단어의 정의는 굴절어인 인구어를 대상으로 정의된 개념이다. 그래서 교착어인 국어에 단어의 정의를 그대로 적용할 때 맞지 않는 부분

---

[1]   여기서 형식(form)은 형태소와 같은 뜻으로 생각해도 무방하다.
[2]   관형사가 단어인 이유에 대해서는 ☞2.17. 관형사는 혼자 쓰이지 못하는데도
      왜 단어인가요? 참조.

이 생길 수밖에 없다. 대표적인 것이 동사, 형용사 그리고 조사이다. 그럼에도 동사와 형용사는 단어이고, 또한 품사의 하나로 설명한다. 그런데 잘 알고 있듯이 동사, 형용사는 실질 형태소이기는 하지만, 자립 형태소가 아닌, 의존 형태소이다. 조사는 실질 형태소도 아니고, 자립 형태소도 아니다.

국어의 품사 분류에서 동사와 형용사가 의존 형태소임에도 단어로 분류하고 있다는 점에서 국어에서 단어의 정의는 자립 형식이 아니라, 실질 형식의 개념에 더 부합한다.[3] 그런데 단어의 정의를 실질 형태소로 수정한다 해도 조사는 의존 형태소이면서 또한 형식 형태소이어서 여전히 단어의 정의에 부합하지 않는다. 먼저 질문의 초점이 된 동사, 형용사에 대해 설명하고 나서 조사에 대해서 간략히 설명하기로 하겠다.

국어에서 동사와 형용사는 자립 형태소가 아닌, 의존 형태소이다. 동사, 형용사가 의존 형태소라는 데에 대해 다른 기술을 하고 있는 국어학 개론서는 없다. 학교 문법에서도 자립 형태소와 의존 형태소를 구분할 때, 동사와 형용사의 어간은 의존 형태소라고 가르치게 되어 있다. 동사와 형용사가 의존 형태소라는 것은 이미 동사, 형용사의 개념이 어미가 결합하지 않은 형태 즉, 어간을 가리킨다는 것을 의미한다. 어미가 결합한 활용형은 의존 형태소가 아니기 때문이다. 어간에 어미가 결합한 활용형은 의존 단위가 아니라 자립 단위이다. 또한 어미와 결합한 활용형은 이미 적어도 형태소가 2개 이상이다.

---

3   '최소의 자립 형식'이라는 단어의 정의에서 '최소'라는 것도 언어학적으로 논란이 된다. 예컨대 '강'과 '산'은 최소의 자립 형식이 맞지만, 합성어 '강산'은 최소의 자립 형식은 아니기 때문이다. 단어는 다시 단일어로 복합어로 나뉘는데, 복합어는 이미 2개 이상의 형태소가 결합한 단어이다. 이처럼 복합어의 정의와 최소의 자립 형식이라는 개념 사이에는 서로 일치하지 않는 지점이 생기게 된다.

그런데 학교문법에서 정작 동사, 형용사를 찾는 활동에서는 어미를 뺀 어간을 말하는 것이 아니라, 어간에 어미가 결합한 활용형으로 말하게 되어 있다.

(1) ㉠ 집에 가다.
     ㉡ 집에 간다.
     ㉢ 집에 갔니?
     ㉣ 집에 갔습니다.
     ㉤ 집에 가셨습니까?

그래서 동사를 찾으라고 하면, (1㉠)에서 동사는 '가다'이고, (1㉡)에서는 '간다', (1㉢)에서는 '갔니', (1㉣)에서는 '갔습니다', (1㉤)에서는 '가셨습니다'라고 대답해야 한다. 그런데 다시 (1㉠) ~ (1㉤)의 동사가 같은 동사이냐 아니냐라고 물으면 같은 동사라고 대답하게 되어 있다.

그런데 '간다'와 '갔습니다'는 우선 형태소의 개수부터 다르다. 형태소의 정의가 의미를 가진 최소의 단위이므로, 형태소의 개수가 다르다는 것은 의미가 다르다는 것을 전제한다. '간다'의 어간 '가-'와 '갔습니다'의 어간 '가-'의 의미는 같지만, 활용형 '간다'의 의미와 '갔습니다'의 의미가 같을 수는 없다. 의미는 실질적인 의미와 문법적인 의미로 다시 구분하는데, 활용형 '간다'와 '갔습니다'는 결합한 어미가 다르기 때문에 활용형 전체의 의미는 서로 같을 수가 없다.

학교문법에서 동사나 형용사를 가리킬 때 어미가 결합한 형태로 즉, 활용형으로 말하게 한 것은 교수-학습 차원의 고려가 반영된 것이다. 어간이 의존 형태소인데, 의존 형태소인 어간만을 동사, 형용사라고 지칭하는 게 학습자 수준을 고려할 때 교수 방법상 어려움이 있기 때문이다. 사전에서도 동사, 형용사를 표제어로 올릴 때는 어미 중에서 '-다'가 결합한 형태 즉 '가다', '먹다'의 형태로 올린다. 이를 기본형이라고 한다. 이때 기본형이라는 것은 말 그대로 어간이 어미와 결합한 여러 활용형 중에서 기본이 되는 형이라는 의미이다. 즉 기본형이 곧 동사, 형용사라는 의미는 아니다.

사전을 찾아보면, '간다', '가셨습니까'와 같은 표제어는 없다. 사전의 등재 목록은 기본적으로 형태소와 단어인데, '간다', '가셨습니까'는 단어가 아니라 활용형이기 때문이다. 어간만 표제어로 등재하고 또 어간만을 발음하는 게 자연스럽지 않기 때문에 활용형 중에서 가장 기본적인 형태라고 할 수 있는 '가다'의 형태로 사전에 등재하는 것이다.

하지만 문법적으로는 기본형으로 나타내는 '가다' 역시 어간 '가-'에 종결어미 '-다'가 결합한 활용형이다. 동사나 형용사를 사전에 등재할 때 어간에 '-다'가 결합한 형태로 올리는 것은 단지 그렇게 하기로 약속한 결과일 뿐이다. 마찬가지로 우리가 동사를 말할 때 '가-', '먹-'이라고 하지 않고, '가다', '먹다'라고 하는 것 역시 이러한 사회적 약속의 일환이다. 문법적으로 동사는 어간 '가-', '먹-'이다.

만일 활용형을 동사라고 하게 되면, 당장 단어 형성을 설명할 때 문제가 된다. 왜냐하면 파생 동사나 합성 동사 형성에 참여하는 동사와 형용사는 활용형이 아니라 어간이기 때문이다. 어간이 파생과 합성에 참여하게 되면 단어 형성의 요소로서 어근이다.[4]

이미 존재하는 단어는 파생과 합성을 통해 새로운 단어를 형성하는 데 참여한다. '강'은 명사인데, 명사 '산'과 결합하여 '강산'이라는 합성어가 형성된다.

(2) 강(명사), 산(명사) → 강산(명사)

---

4   어간은 통사적 단위이고(어간+어미), 어근은 형태론적 단위이다(어근+접사 또는 어근+어근).

동사 역시 동사와 동사가 결합하여 새로운 동사가 형성된다. 이때 동사는 어미가 결합한 형태가 아니라 어미를 뺀 부분이다. 즉 '간다', '갔다', '갔습니다'가 새로운 단어 형성에 참여한 예는 없다. '갔다'가 동사라고 하면서, 이 동사는 새로운 단어 형성에 참여하지 못하는 동사라고 할 수는 없다. 이는 교수-학습의 관점에서도 동사를 지칭할 때 활용형으로 지칭하면 안 되는 이유를 말해 준다.

(3)   오-(동사) + 가-(동사) → 오가-(동사)

(3)에서 보듯이 동사 '오-'와 '가-'가 결합한 합성 동사의 형태는 '오가-'이다. 단어 형성을 말할 때 '오다+가다 → 오가다'처럼 기본형으로 설명하지 않는데, 단어 형성에 참여한 요소는 '가다', '오다'가 아니라 어간 '가-'와 '오-'이기 때문이다.

단어 형성에 참여한 동사 어간 '오-'와 '가-'는 어근이다. 어간은 활용에서 어미와 결합하는 부분을 가리키고, 어근은 파생에서 접사와 결합하는 부분 또는 합성에서 또 다른 어근과 결합하는 부분을 가리킨다. 단일어인 동사나 형용사는 활용에서 어미와 결합하는 부분인 어간의 형태와, 단어 형성에 참여하는 어근의 형태가 일치한다.[5] 예컨대 활용형 '울었다'에서 어간은 '울-'이고, 파생어 '울음'에서 어근 역시 '울-'이다.

지금까지의 설명을 다 이해했다면, '집에 갔다'에서 '갔다'가 동사라고 가르치는 것은 주의가 필요하다는 것을 알았으리라 생각한다. '집에 갔다'에서 동사를 '갔다'라고 가르치는 것을 틀렸다고 할 수는 없다. 활용형 '갔다'에서 어간 '가-'가 동

---

5   합성어나 파생어의 경우에는 어간과 어근이 같지 않다. 예컨대 '나가다'의 어간은 '나가-'이고, 어간 '나가-'는 어근 '나-'와 어근 '가-'가 결합한 합성어이다.

사이기 때문이다. 그러나 맞다고 할 수도 없다. 왜냐하면 활용형 '갔다' 전체가 동사가 아니라, '가+았+다'에서 어간 '가-'가 동사이기 때문이다. '집에 갔다'에서 동사를 '갔다'라고 대답하는 것은 '신라[실라]'에 적용된 음운 변동이 무엇이냐고 물었을 때 자음 동화라고 대답하는 것과 다르지 않다. '신라[실라]'는 자음 동화 중의 하나이니까 틀렸다고 할 수는 없지만, 그렇다고 자음 동화라는 대답이 '신라[실라]'에 적용된 음운 변동이 무엇인지에 대한 대답도 아니기 때문이다. 유음동화는 자음 동화가 맞지만, 자음 동화가 유음 동화는 아니다.

학교문법의 품사 분류에서 또 하나 문제가 되는 것은 조사이다. 조사는 반드시 체언과 결합해야만 문장에서 쓰일 수 있는 의존 형태소이다.[6] 그리고 실질적인 의미

---

6   정확히 말하면, 체언하고만 결합하는 것은 격 조사이다. 조사 중에서 보조사는 체언 이외에 '일을 잘만 한다.'에서처럼 부사 '잘'과도 결합할 수 있고, '도서관에서만 공부한다.'에서처럼 'NP+에' 구성의 부사어 '도서관에서'에도 결

를 가지고 있는 실질 형태소도 아니다. 그래서 언어학적 관점에서 조사는 의존 형태소인데다 형식 형태소이기 때문에 품사의 하나가 될 수 없다.[7]

그럼에도 현재 학교문법에서 조사는 품사의 하나이다. 국어학 개론서 중에서도 조사를 품사의 하나로 설명하고 있는 책이 많다. 그러면 의존 형태소일 뿐만 아니라 형식 형태소인 조사를 왜 품사의 하나로 설명하고 있는 것일까? 조사는 교착어인 국어의 특성 중의 하나인데, 이러한 국어의 특성을 반영하고자 한 의도와 관련이 있다. 이런 관점에서 국어학의 초창기부터 조사를 품사의 하나로 분류해 왔는데, 조사를 품사의 하나로 다루는 것은 이러한 초기 국어학의 관점을 존중한다는 의미도 있다. 즉 주시경(1914)[8], 최현배(1937)[9]에서 조사를 단어로 분류하였는데, 조사를 품사에 포함시키는 것은 여기에 뿌리를 두고 있다. 주시경(1914)의 『말의 소리』에서는 조사와 어미 둘 다를 단어로 분류하였고, 최현배(1937)의 『우리말본』에서는 조사만 단어로 분류하였다. 즉 어미는 단어로 분류하지 않았다. 이렇게 보면, 현재 학교문법은 최현배(1937)의 관점을 계승한 것이라고 할 수 있다.

합할 수 있다. 그리고 더 정확히 말하면, 격 조사도 체언하고만 결합하는 것이 아니라 명사절과도 결합한다. 예컨대 '나는 별이가 잘 되기를 바란다.'에서 목적격 조사 '를'은 [별이가 잘 되기]라는 명사절에 결합한 것이다.

7   조사의 성격에 대한 자세한 설명은 ☞2.15. 조사가 단어인데 왜 조사가 결합한 단어는 없나요? 참조.

8   주시경(1914), 『말의 소리』, 신문관.

9   최현배(1937), 『우리말본』, 연희전문학교출판부.

'만큼'은 왜 보조사가 아니라 격 조사인가요?

한마디로 설명

'만큼'은 격 조사이다.[1] 격 조사 중에서 부사격 조사이다. '만큼'을 보조사라고 하려면 '만큼'이 체언 이외의 다른 품사와 결합할 수 있어야 한다. 하지만 '만큼'이 체언(명사, 대명사, 수사) 이외의 다른 품사와 결합한 예를 찾을 수 없다. 그래서 격 조사이다.

나는 너만큼 공부를 잘할 수 있어.

위 문장에서 '너만큼'은 서술어 '잘하다'를 기준으로 '어떻게'에 해당하는 것이므로 부사어이다. 이때 대명사 '너'를 부사어로 기능하게 해 주는 요소가 바로 '만큼'이다. 그래서 '만큼'을 부사격 조사라고 한다.

자세히 설명

격 조사와 보조사를 구분하기 어렵다고 할 때의 격 조사는 모든 격 조사가 아니라 부사격 조사를 말한다. 즉 정확히 말하면, 부사격 조사와 보조사를 구분하는 것이 학문문법에서도 쉽지 않은 문제이다. 격 조사 중에서 특히 주격 조사, 목적격 조사, 관형격 조사, 이 세 격 조사를 구조격 조사라고 한다. 구조격 조사는 (1㉠,㉡)에서

---

1   '노력한 만큼 얻는다.', '먹을 만큼 가져 가.'에서 '만큼'은 의존명사이다. 즉 '만큼'은 부사격 조사 '만큼'도 있고, 의존명사 '만큼'도 있다. '만큼' 앞에 용언의 관형사형이 오면, 이때 '만큼'은 의존명사이다.

보듯이 문장에서 생략이 비교적 자유롭고, 생략되더라도 문장의 의미나 해석에 별다른 영향을 미치지 않는다.[2] 이에 반해 생략이 자유롭지 않은 격 조사도 있는데, 그중의 하나가 바로 부사격 조사이다. (1ⓒ)에서 보듯이 부사격 조사 '만큼'이 생략되면 의미 해석이 되지 않는다.

> (1) ㄱ 하늘이가 밥을 먹는다. → 하늘이□ 밥□ 먹는다.
>   ㄴ 광수의 생각 → 광수□ 생각
>   ㄷ 나는 너만큼 할 수 있어. → *나는 너□ 할 수 있어.

이처럼 부사격 조사는 생략이 자유롭지 않을 뿐더러 보조사처럼 의미도 있다. '만큼'은 '앞말과 비슷한 정도나 한도임을 나타내는 말'이라는 뜻이 있다. 여기서 생략이 자유롭지 않다는 것은 전혀 생략될 수 없다는 것은 아니지만, 대체로 생략되지 않는다는 의미이다. 부사격 조사는 이처럼 생략이 자유롭지 않고, 보조사처럼 의미도 있기 때문에 보조사와 구분하기가 쉽지 않다. 보조사는 필요에 의해 즉, 의미를 더하기 위해 쓰이는 것이므로 당연히 생략되지 않는다. 이처럼 부사격 조사와 보조사가 성격이 비슷한데, 그래서 이 둘을 구분하는 일이 쉽지 않다.

그러나 그렇다고 구분이 안 되는 것은 아니다. 구분이 되긴 하지만, 여전히 구분이 어려운 지점이 있다. 그럼에도 부사격 조사와 보조사를 구분하는 원론적인 기준은 아래 두 가지이다.

첫째, 체언 이외에 다른 품사의 단어와 결합할 수 있느냐 아니냐를 통해 보조사와 격 조사를 구분한다. 부사격 조사는 격 조사의 하나이므로 다른 격 조사와 마찬

---

2   구조격 조사에 대한 보다 자세한 설명은 ☞ 2.13. '은/는'은 왜 주격 조사가 아닌가요? 참조.

가지로 체언(명사, 대명사, 수사) 이외의 다른 품사의 단어와 결합하지 못한다. 이에 비해 보조사는 체언 이외의 다른 품사의 단어와 결합할 수 있다.

(2) ㉠ 로봇은 너만큼 공부를 잘 할 수 있어.
     ㉡ 내가 로봇보다 공부를 잘은 할 수 있어.
     ㉢ *내가 로봇보다 공부를 잘만큼 할 수 있어.

(2㉡)에서 보듯이 보조사 '은/는' 은 '잘은' 처럼 부사 '잘' 과도 결합할 수 있다. 하지만 부사격 조사 '만큼' 은 (2㉢)에서 보듯이 부사 '잘' 과는 결합하지 못한다.

그런데 보조사 중에도 체언하고만 결합하는 보조사도 있다.

(3) ㉠ 너부터 가라.
     ㉡ 나는 반찬부터 먹는다.
     ㉢ *나는 밥을 잘부터 먹는다.

(3)에서 '부터' 는 보조사이다. 하지만 '부터' 는 체언하고만 결합하는 특성이 있다. 그래서 체언하고만 결합하느냐 체언 이외의 품사와도 결합할 수 있느냐가 부사격 조사와 보조사를 구분하는 완벽한 기준은 아니다.

둘째, 특정한 문법적 기능을 수행하느냐 아니냐를 통해 격 조사와 보조사를 구분한다. 이때 특정한 문법적 기능이라 함은 주격 조사는 주어로 기능하게 해 주고, 목적격 조사는 목적어로 기능하게 해 주고, 부사격 조사는 부사어로 기능하게 해 주는 것과 같은 기능을 말한다. 격 조사와 달리 보조사는 주어와도 결합하고, 목적어와도 결합하고 때로는 부사어와도 결합한다. 이는 보조사가 특정한 문법적 기능을 가지고 있지 않기 때문에 가능한 일이다.

(4) ㉠ 영이가 어제 책을 샀다.

     ㉡ *영이를 어제 책을 샀다.

     ㉢ *영이가 어제가 책을 샀다.

     ㉣ *영이가 어제 책만큼 샀다.

(4㉡)에서 보듯이 목적격 조사 '을/를'이 주어 '영이'에 결합하면 비문이 된다. 그리고 (4㉢)처럼 주격 조사가 부사어 '어제'와 결합해도 비문이고, (4㉣)처럼 부사격 조사가 목적어 '책'과 결합해도 비문이다. 이처럼 격 조사는 특정 문법적 기능을 담당하기 때문에 자신의 문법적 기능과 일치하지 않는 문장 성분과 결합하게 되면 비문이 된다.

반면 보조사는 특정한 문법적 기능을 담당하지 않기 때문에 주어와 결합하든 목적어와 결합하든 아니면 부사어와 결합하든 상관이 없다. 이는 보조사가 특정 의미만 더할 뿐 문법적인 기능을 담당하지 않기 때문에 가능한 일이다. 이때의 의미는 어휘적인 의미까지는 아니지만, 그렇다고 문법적인 의미도 아닌, 어휘적인 의미와 문법적인 의미의 중간 정도의 의미를 말한다. 예컨대 '은/는'은 '차이 또는 대조'의 의미를 더하는데, 그래서 (5㉠)에서 '보람이는'의 '는'은 '다른 사람이 아닌 보람이가' 정도의 의미를 더한다.

(5) ㉠ 보람이는 어제 책을 샀다.

     ㉡ 보람이가 어제 책은 샀다.

     ㉢ 보람이가 어제는 책을 샀다.

(5)에서 보듯이 '은/는'은 주어 '보람이'와 결합할 수도 있고, 목적어 '책'과도 결합할 수 있고, 심지어 부사어 '어제'와도 결합할 수 있다. 이것이 가능한 이유는

앞에서 설명한 것처럼 격 조사와 달리 보조사는 특정한 문법적 기능을 담당하지 않기 때문이다. 그렇기에 아무 문장 성분과도 결합할 수 있다.

지금까지 살펴보았듯이 부사격 조사인지 보조사인지 헷갈릴 때는 특정 문법적 기능만 하는지 그렇지 않은지를 통해 판단할 수 있다.

'만큼'을 부사격 조사라고 하였지만, 맥락에 따라서는 '만큼'을 보조사로 볼 수 있는 경우도 있다.

(6) ㉠ 보람이는 나만큼 키가 크다.
　　㉡ 나는 철수에게만큼은 화를 내지 않는다.

(6㉠)에서 '만큼'은 비교의 의미가 있지만, (6㉡)에서 '만큼'은 비교의 의미가 없다. 그래서 (6㉠)의 '만큼'과 (6㉡)의 '만큼'을 구분하기도 한다. 이때 부사격 조사 안에서 부사격 조사 Ⅰ, 부사격 조사 Ⅱ처럼 구분하기도 하고, (6㉠)의 '만큼'은 부사격 조사, (6㉡)의 '만큼'은 보조사로 구분하기도 한다. 아무튼 이러한 사실은 부사격 조

사와 보조사를 구분하는 것이 학문적으로도 쉽지 않다는 것을 보여 준다.

---

(7) ㉠ 보람이가 학교에 간다.
    ㉡ 보람이가 학교를 간다.

(7㉡)에서 '학교를'의 '를'은 (7㉠)의 부사격 조사 '에'와 같은 위치에 있다. 학교 문법에서는 '를'과 결합한 문장 성분을 목적어라고 해석한다. 그래서 (7㉡)의 '학교를'은 목적어이다. '를'은 목적어와 결합하므로 '를'이 결합한 것은 목적어라는 식의 해석이다. 이런 해석은 형태소를 중심으로 해석하는 것이다.[3]

그런데 문장 성분은 기본적으로 서술어인 용언을 중심으로 파악한다는 점에서 학교문법처럼 형태소 중심으로 문장 성분을 규정하게 되면 문제가 생긴다. '어디 가느냐 하면' '학교에' 또는 '어디 가느냐 하면' '학교를'처럼 '학교에'와 '학교를' 모두 동사 '가다'를 기준으로 '어디'에 해당하는 성분이다. 문장에서 '어디'에 해당하는 성분은 기본적으로 부사어이다.[4] 그래서 (7㉡)의 '학교를' 역시 (7㉠)의 '학교에'와 같은 부사어로 해석하기도 한다. 이런 입장에서는 (7㉡)의 '학교를'은 여전히 부사어이고, 이때 '를'은 목적격 조사와는 다른 기능을 하는 조사, 즉 보조사로 해석한다.

---

3 (7㉡)의 '학교를'의 '를'을 보조사로 보기도 한다. '를'의 보조사적 기능에 대해 더 알아 보고 싶으면 ☞3.4. '그는 밥을 먹지를 않는다.'에서 '먹지를'의 '를'은 목적격 조사인가요? 참조.

4 문장에서 '언제', '어디', '어떻게', '왜'에 해당하는 성분이 부사어이다. 그리고 '누가, 무엇이'에 해당하는 성분이 주어이고, '누구를, 무엇을'에 해당하는 성분이 목적어이다.

이러한 사실 역시 부사격 조사와 보조사의 구분이 그렇게 명료한 것이 아님을 보여 준다. 조사의 중첩 양상을 통해 부사격 조사와 보조사를 구분하는 경우도 있는데, 이 역시 명료하지 않다.

(8) ㉠ 나에게만큼, 나에게로, 여기에서처럼
      ㉡ 나만도, 나부터는
      ㉢ 나에게만, 너에게만큼은
      ㉣ 혼자만으로
      ㉤ 나만의, 나만이

(8㉠)은 부사격 조사의 중첩이고, (8㉡)은 보조사의 중첩이고, (8㉢)은 '부사격 조사+보조사'의 중첩이다. (8㉢)만 보면 보조사가 부사격 조사 뒤에 결합한다고 할 수도 있겠지만, 당장 (8㉣)처럼 보조사가 부사격 조사보다 앞에 오는 경우도 있다. 그리고 (8㉤)처럼 '보조사+관형격 조사/주격 조사'처럼 보조사가 구조격 조사 앞에도 온다. 이처럼 격 조사와 보조사의 중첩은 어떤 원리가 없다. 그래서 조사의 중첩 양상으로 부사격 조사와 보조사를 구분하는 것은 현실적으로 어렵다.

2.13. '은/는'은 왜 주격 조사가 아닌가요?

한마디로 설명

'은/는'은 격 조사가 아니라 보조사이다. 보조사는 격을 나타내는 기능을 하지 않는다. 격을 나타내는 기능을 하는 것은 격 조사이다. 보조사 '은/는'이 주격 조사가 아니라는 것은 아래 문장을 통해 쉽게 확인할 수 있다.

> ㉠ **고양이는 개를 싫어해.**
> ㉡ **고양이는 개는 싫어해.**

㉠의 '고양이는'은 서술어 '싫어하다'의 주어이다. 이때 '는'이 주격을 나타낸다고 가정을 해 보자. 그러면 ㉡에서 '개는'의 '는'도 평행하게 주격을 나타내어야 한다. 그러면 ㉡에는 주어가 둘이 된다. 구조적으로 ㉡의 '개는'은 ㉠의 '개를'과 마찬가지로 동사 '싫어하다'의 목적어이다. 만일 ㉠의 '고양이는'이 주어라고 해서 '는'이 주격을 나타낸다고 한다면, ㉡의 '개는'은 목적어니까 이때의 '는'은 목적격을 나타낸다고 해야 할 것이다. ㉠의 '고양이는'는 '는'이 없어도 주어이고, ㉡의 '개는'은 '는'이 없어도 목적어이다.

이는 '은/는'에 격을 나타내는 기능이 없음을 말해 준다. '은/는'은 격을 나타내는 기능을 하는 것이 아니라, '차이 또는 대조'라는 의미를 더해 준다.

자세히 설명

대개 '은/는'은 주어에 결합하는 경우가 많다. '은/는'을 '이/가'와 함께 주격 조사라고 기계적으로 알고 있는 경우는 이러한 사실에서 비롯된 일종의 간섭 현상이다. 그런데 '은/는'이 주격 조사가 아니라는 것은 너무나 명백한 사실이다. '은/

는'은 주어에만 결합하는 것이 아니라, 목적어에도 결합하고, 부사어에도 결합한다.

> (1) ㉠ 보람이가 어제 나에게 선물을 주었어.
>   ㉡ 보람이는 어제 나에게 선물을 주었어.
>   ㉢ 보람이가 어제는 나에게 선물을 주었어.
>   ㉣ 보람이가 어제 나에게는 선물을 주었어.
>   ㉤ 보람이가 어제 나에게 선물은 주었어.

　(1㉡)에서 '보람이는'이 주어라고 해서 '는'이 주격 조사라고 할 수 없다는 것은 (1㉢) ~ (1㉤)의 존재를 통해 쉽게 확인할 수 있다. (1㉢)에서 '는'은 부사어 '어제'와 결합하였고, (1㉣)에서 '는'은 필수적 부사어(보충어) '나에게'와 결합하였고, (1㉤)에서 '는'은 목적어 '선물'과 결합하였다. 만일 (1㉡)을 근거로 '는'이 주격 조사라고 한다면, (1㉢)과 (1㉣)을 근거로 '는'을 부사격 조사라고 할 수도 있고, (1㉤)을 근거로 목적격 조사라고 할 수도 있을 것이다. 하나의 형태소가 이렇게 다양한 격을 나타낸다면 그것은 이미 격 조사가 아니라고 보아야 한다. 주어에도, 목적어에도, 부사어에도 결합할 수 있다는 것은 격을 나타내는 기능이 없기 때문에 가능하다.

　주격 조사는 주어에 결합하여 그것이 주어임을 나타내고, 목적격 조사는 목적어에 결합하여 그것이 목적어임을 나타낸다. 그리고 관형격 조사, 부사격 조사는 일반적으로 체언에 결합하여 문장에서 그것이 관형어, 부사어임을 나타낸다. 달리 표현하면 대체로 주격 조사가 결합한 성분은 주어이고, 목적격 조사가 결합한 성분은 목적어이고, 관형격 조사가 결합한 성분은 관형어이고, 부사격 조사가 결합한 성분은 부사어이다.

　그런데 '은/는'의 경우에는 (1)에서 보듯이 '은/는'이 결합하였다고 해서 '은/는'과 결합한 성분이 문장에서 어떤 성분인지를 예측할 수 없다. 이러한 사실은

'은/는'이 격을 나타내는 기능이 없다는 것을 증언한다. '은/는'이 격을 나타내는 기능이 없다면, '은/는'이 왜 쓰이는가? '은/는'과 같은 보조사는 특정한 의미를 더해 주고자 하는 화자의 의도에 의해 선택된다. 즉 '은/는'과 같은 보조사는 격 조사와 달리 각각 특정한 의미를 더해 준다. 예컨대 '은/는'의 경우에는 '차이 또는 대조'의 의미를 더해 준다. (1ⓒ)에서 '보람이'에 결합한 '는'은 다른 사람은 어제 나에게 선물을 주지 않았지만 보람이는 주었다는, 즉 보람이가 다른 사람과 차이가 있다는 또는, 다른 사람과 대조된다는 의미를 더해 준다. (1ⓒ)에서 '어제'에 결합한 '은'은 다른 날은 아니고 어제라는 뜻을 더해 주고, (1ⓔ), (1ⓜ) 역시 평행하다.

조사라고 해서 다 같은 조사는 아니다. 조사는 격 조사와 보조사로 나뉘는데, 격 조사는 말 그대로 격이라는 문법적인 의미를 나타내는 기능을 한다. 이에 비해 보조사는 격을 나타내는 기능은 없고, 특정한 의미를 더해 준다. 보조사는 조사를 보조해 주는 조사라는 뜻이다.[1] (2)는 몇몇 보조사와 그 의미를 제시한 것이다.

(2)	은/는	차이, 대조의 의미
	도	어떤 것이 포함되고 그 위에 더함의 의미
	만	한정의 의미
	부터	시작의 의미
	뿐	그것 말고 더는 없음의 의미

보조사는 격을 나타내는 기능이 없기 때문에 격 조사와 함께 쓰일 수 있다.

---

1   보조사를 달리 특수 조사라고도 한다.

(3) ㉠ 나<u>만을</u> 위해서 살 수는 없다.

㉡ 여기<u>에서는</u> 내가 왕이다.

㉢ 이곳은 여기<u>로부터</u> 시작된다.

(3㉠)에서 보조사 '만'이 목적격 조사 '을'과 함께 쓰인 것을 확인할 수 있고, (3㉡)에서는 보조사 '는'이 부사격 조사 '에서'와 함께 쓰인 것을 확인할 수 있다. 그리고 (3㉢)에서는 보조사 '부터'가 부사격 조사 '로'와 함께 쓰인 것을 확인할 수 있다.

격을 나타내는 기능을 하는 조사는 격 조사이다. 그런데 격 조사라고 해서 또 다 같은 격 조사는 아니다. 무슨 말이냐 하면, 격 조사 중에도 비교적 생략이 자유로운 격 조사가 있는가 하면 생략이 거의 불가능하거나 아예 불가능한 격 조사가 있다. 격 조사가 격을 나타낸다고 했는데, 생략이 자유롭다는 것은 생략을 해도 체언의 문장 성분이 무엇인지 알 수 있기 때문이다. 생략이 자유로운 격 조사는 주격 조사,

목적격 조사, 관형격 조사이다.

(4) ㉠ 머리 좋다 ← 머리가 좋다.

㉡ 영희 밥 먹었어? ← 영희가 밥을 먹었어?

㉢ 광수 생각이 맞았어. ← 광수의 생각이 맞았어.

(4)에서 보듯이 주격 조사 '이/가', 목적격 조사 '을/를', 관형격 조사 '의'가 실현되지 않더라도 전혀 어색하지 않다. 일상의 구어에서는 오히려 이들 조사가 실현되지 않은 것이 더 자연스럽게 느껴진다.

주어와 목적어는 서술어가 필요로 하는 논항이다. 이 말은 주격과 목적격이 서술어에 의해 결정된다는 뜻이다. 그렇기 때문에 (4㉠)에서 체언 '머리'가 주어임을 나타내는 표지로서 주격 조사 '이/가'가 외현적으로 실현되지 않더라도 '머리'가 주어라는 것을 판단하는 데 문제가 없다. 마찬가지로 (4㉡)에서 '밥'이 목적어임을 나타내는 표지로서 목적격 조사 '을/를'이 외현적으로 실현되지 않더라도 '밥'이 목적어라는 것을 판단하는 데 문제가 없다. 이러한 까닭에 주격 조사 '이/가', 목적격 조사 '을/를'은 생략이 자유로울 수 있다.

그리고 체언이 나란히 나타나는 구성 즉, '체언+체언' 구성에서는 선행하는 체언이 구조적으로 후행하는 체언을 수식하는 기능을 한다. 즉 선행하는 체언이 관형어의 기능을 하는데, 이를 나타내는 표지가 관형격 조사 '의'이다. 그런데 관형격 조사 '의'가 외현적으로 실현되지 않더라도 구조적으로 선행하는 체언이 후행하는 체언을 수식하는 기능을 하기 때문에 관형격 조사 역시 생략이 자유롭다. 이처럼 주격, 목적격은 서술어(용언)에 의해, 관형격은 '체언+체언' 구성의 특성에 의해 구조적으로 결정되기 때문에 이들 세 격을 구조격이라고 한다. 그리고 이들 격을 나타내는 주격 조사, 목적격 조사, 관형격 조사를 구조격 조사라고 한다. 구조격 조사가 생략이 자유로운 것은 구조격 조사가 필요 없다는 뜻이 아니라, 구조격 조사가 없어도 격을 판단하는 데 큰 문제가 없기 때문이다.

구조격 조사(주격, 목적격, 관형격)를 제외한 다른 격 조사, 예컨대 부사격 조사는 생략이 어렵거나 불가능하다.[2]

(5) ㉠ 사랑으로 아이들을 가르치자.
　　㉠' ? 사랑 아이들을 가르치자.
　　㉡ 나무에 물을 주었다.
　　㉡' ? 나무 물을 주었다.

(5㉠')에서 부사격 조사 '으로'를 생략한 '사랑 아이들을 가르치자.'는 의미 해석이 어렵다. (5㉡')에서 부사격 조사 '에'를 생략한 '나무 물을 주었다.' 역시 의미 해석에 어려움이 있다. 이는 부사격 조사의 경우에는 구조격 조사와 달리 생략이 자유롭지 못하다는 것을 말해 준다.

부사격 조사는 구조격 조사와 달리 일정 정도의 의미를 가지고 있다. 이때 의미는 보조사와 구조격 조사의 중간 정도의 의미이다. 즉 보조사보다는 실질적인 의미가 약하고, 구조격 조사보다는 실질적인 의미가 강하다(보조사 〉 부사격 조사 〉 구조격 조사). 구조격 조사는 완전히 문법적인 의미만 가진다.

부사격 조사가 문법적인 의미보다는 조금 실질적인 의미를 가진다는 것은 부사격 조사의 하위분류 명칭을 통해서도 확인할 수 있다. (6)은 부사격 조사의 하위분류의 일부이다.

2　부사격 조사와 보조사의 차이에 대해서는 ☞2.12. '만큼'은 왜 보조사가 아니라 격 조사인가요? 참조.

(6)

	처격 조사	에
	방향격 조사	로
부사격 조사	자격격 조사	로서
	여격 조사	에게
	비교격 조사	보다

부사격 조사를 하위분류할 때는 각각의 부사격 조사에 (6)과 같은 이름을 붙여 부르기도 한다. 이때 각각의 부사격 조사에 붙은 이름은 곧 부사격 조사의 의미를 나타내는 것이다. 물론 이 의미는 실질 형태소의 어휘적인 의미는 아니다. 굳이 분류하자면 여전히 문법적인 의미이다. 그런데 문법적인 의미도 더 정밀하게 따져 보면, '구조격 조사 〉 부사격 조사 〉 보조사' 처럼 정도성의 차이가 있다. 즉 구조격 조사가 문법적인 의미가 가장 크고, 보조사가 실질적인 의미가 가장 크다. 부사격 조사는 구조격 조사보다는 문법적인 의미가 약하고, 보조사보다는 실질적인 의미가 약한 중간적인 성격을 띤다.

한마디로 설명

서술격 조사가 조사가 맞냐고 물으면 '조사일 수도 있다'가 현재로서는 최선의 대답이다. '이'는 혼자서는 문장에 쓰이지 못하고, 항상 '체언+이+어미'의 형태로만 쓰인다. '체언+이+어미' 구성에 쓰인 '이'를 조사라고 할 것이냐 용언이라고 할 것이냐, 접사라고 할 것이냐가 논란이 된다. 조사라고 한다면 어떤 조사이냐가 다시 문제인데, 학교 문법에서의 공식 명칭은 서술격 조사이다.

그런데 언어학의 격 이론에서 '서술격'이라는 격은 없다. 그래서 '서술격'은 오로지 국어에만 존재하는 격이 되는데, 이 부분이 문법 설명에서 부담이 된다. 그렇지만 항상 체언과 결합해야만 문장에 나타날 수 있고, 또 때로는 '소다(←소이다), 바다다(←바다이다)'처럼 탈락될 수도 있는 점은 격 조사의 특성과 상통한다.

서술격 조사는 '체언+이+어미'에서의 '이'를 가리키는 여러 명칭 중의 하나이다. '이'의 다른 명칭으로는 보조 형용사, 지정사, 용언화소(用言化素)¹, 계사 등이 있다. '이'의 명칭이 이렇게 여러 가지인 이유는 '이'의 성격이 그만큼 단순하지 않기 때문이다.

1 용언화소는 용언으로 만들어 주는 형태소라는 뜻이다. 무엇을 용언으로 만들어 준다는 말인가? 그것은 체언과 결합해서 체언을 용언처럼 기능하게 해 준다는 것이다. 체언을 용언처럼 기능하게 해 준다는 것은, '체언+이'가 활용을 한다는 말과 같다.

서술격 조사와 관련하여 많이 받는 질문 중의 하나가 서술격 조사의 형태이다. 즉 '이다'가 서술격 조사인지, '이'가 서술격 조사인지 하는 물음이다. 이에 대한 정확한 답은 '이'이다. 즉 문법적으로 '이다'에서 서술격 조사는 '이'이고, '-다'는 어미이다.

그러면 왜 서술격 조사를 말할 때 '이다'라고도 하는가? 그것은 동사나 형용사를 말할 때 어미 '-다'가 결합한 형태로 즉, '가다', '먹다'처럼 말하는 것과 평행하다.[2] '가다'와 '먹다'가 동사가 아니라 어간 '가-'와 '먹-'이 동사이다. 하지만 동사와 형용사의 어간이 의존 형태소이기 때문에, 편의상 우리는 동사를 말할 때 어미 '-다'가 결합한 '가다', '먹다'로 말하는 것뿐이다. 마찬가지로 '이다' 역시 서술격 조사 '이'를 말하는 하나의 편의적 명명 방식일 뿐이다. 사전도 정확한 문법적 사실보다는 편의적인 명명 방식을 따르고 있다. 그래서 〈표준국어대사전〉에서 '가다', '먹다'가 표제어인 것처럼 서술격 조사의 표제어 역시 '이다'의 형태로 등재되어 있다.

국어학에서 '이'는 어느 하나의 범주로 부르기가 무척 어려운 존재이다. 학교문법에서의 명칭은 서술격 조사이지만, 이 외에도 보조 형용사, 지정사, 용언화소, 계사 등으로 불린다. 원칙적으로 명칭은 자의적인 것이긴 하지만, 각각의 명칭은 또 나름대로 '이'가 가진 기능과 특성에서 이름이 붙여진 것이다. 그래서 명칭에 대한 이해는 '이'의 기능과 특성을 이해하는 하나의 방법이기도 하다.

학교문법에서는 조사를 9품사의 하나로 규정하고 있기 때문에 조사를 나타낼 때 의존 형태소를 표시하는 '-'을 붙이지 않는다. 품사는 단어의 갈래이고, 단어는 정의상 자립 형식이다. 그렇다 보니 의존 형태소임에도 불구하고 학교문법에서는

---

2   이에 대해서는 ☞2.11. '집에 갔다'에서 동사는 '갔다'인가요, '가-'인가요? 참조.

조사에 의존 형식임을 나타내는 '-'을 붙이지 않는다. 의존 형식임을 나타내는 '-'을 붙이게 되면, 단어라고 해 놓고 단어가 아니라고 해야 하는 상황이 되기 때문이다. 그러나 문법적으로 '이'는 논란의 여지가 전혀 없는 의존 형태소이다. 더구나 '이'는 다른 조사와 달리 앞뒤가 의존적인 형태소이다. 즉 '이'는 앞에 반드시 체언이 와야 하고, 뒤에 반드시 어미가 와야만 한다. 이처럼 '이'는 왼쪽과 오른쪽 양쪽 모두에 다른 요소와 결합해야만 쓰일 수 있는 의존 형태소이다. 그래서 학문문법에서 서술격 조사를 나타낼 때는 일반적으로 '-이-'와 같이 나타낸다. 아래에서도 서술격 조사를 나타낼 때 '-이-'로 쓴다.

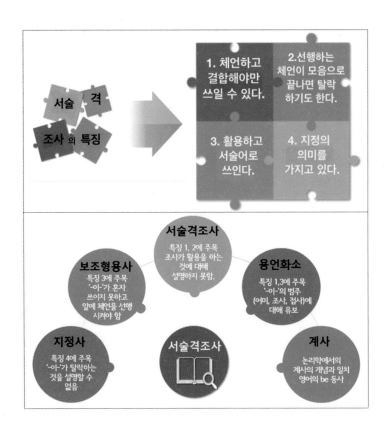

'-이-'는 조사라고 하기에는 다른 조사와 그 성격이 다르고, 그렇다고 용언이라고 하기에도 다른 용언과 그 성격이 다르다. 우선 '-이-'를 무엇이라고 규정하기 전에 '-이-'가 가진 특성을 제시하면, 아래 4가지(Ⓐ ~ Ⓓ)로 요약할 수 있다.

Ⓐ **체언하고 결합해야만 쓰일 수 있다.**[3]

(1) 산이다, 하늘이구나, 바람이네

Ⓑ **선행하는 체언이 모음으로 끝나면 탈락하기도 한다.**

(2) 소다(←소이다), 바다구나(←바다이구나), 새면(←새이면)

Ⓒ **활용을 하고 서술어로 쓰인다.**

(3) 산이고, 산이니, 산이었으면, 산이었다, 산이었습니다

Ⓓ **지정의 의미를 가지고 있다.**

(4) 장미는 꽃이다.

봄은 희망이다.

'-이-'가 가지고 있는 이러한 특성들로 인해 '-이-'에 대한 명칭이 다양하게 나타나게 되었다. 그래서 각각의 명칭이 어떻게 해서 붙여졌는지를 이해하면, 역으로

3   정확히는 NP이다. NP는 '영이가 학생이다'의 '학생'처럼 N(명사) 하나로만 된 NP도 있고, '영이가 착한 학생이다'의 '착한 학생'처럼 '관형어+명사(DETP+N)'로 된 NP도 있다. 이와 관련된 보다 자세한 설명은 ☞3.11. '그건 내가 알 바 아니야.'는 관형사절을 안은문장인가요? 참조.

'-이-'가 어떤 특성을 가졌는지 이해하는 데 도움이 된다.

사실 '-이-'의 명칭이 무엇이냐 하는 것은 학문적으로는 전혀 중요하지 않다. 명명은 자의적인 것이니까 '-이-'를 어떻게 부르는지가 중요한 문제는 아니다. 문법적으로 중요한 것은 '-이-'가 가지고 있는 위의 네 가지 특성이다.

먼저 서술격 조사라는 명칭에 대해 살펴보자. 서술격 조사는 위 네 가지 특성 중에서 Ⓐ와 Ⓑ에 주목한 명칭이다. 반드시 체언하고 결합해야만 문장에 나타날 수 있고, 또 탈락이 가능한 특성을 가진 범주는 조사이기 때문이다. 조사 중에서도 격 조사가 정확하게 이러한 성격에 부합한다.[4] 그래서 격 조사의 하나인 '서술격 조사'라고 하는 것이다.

그런데 서술격 조사는 조사가 활용을 하는 것에 대해서 전혀 설명하지 못한다. 서술격 조사를 제외한 어떠한 조사도 활용을 하지 않기 때문이다. 또한 격 이론에서 격은 결코 활용을 할 수 있는 대상이 아니다. 그래서 '-이-'를 서술격 조사라고 하게 되면, 언어학적 일반성과 배치되는 설명을 해야 하는 부담이 있다.

다음으로 보조 형용사는 Ⓒ의 특성에 주목한 명칭이다. (3)에서 보듯이 '-이-'는 '산이고, 산이니, 산이었다'처럼 활용을 한다. 활용을 하는 것은 용언(동사, 형용사)의 특성이다. 그래서 '이-'를 형용사로 부를 수 있다. 하지만 '-이-'는 혼자서는 절대로 쓰이지 못하고, 앞에 체언을 반드시 선행시켜야만 쓰일 수 있다. 그래서 형용사 앞에 '보조'라는 수식어를 넣어 '보조 형용사'라고 한다.

지정사는 '-이-'의 의미에 기인한 명칭이다. 즉 지정사(指定詞)라는 말 자체가 무엇인가를 지정하는 의미를 가진 단어라는 뜻이다. '장미는 꽃이다'에서 '꽃이다'

4   보조사는 그 의미가 필요해서 사용된 것이기 때문에 논리적으로 탈락한다는 가정이 불가능하다. 필요해서 사용한 것을 탈락시킬 거면 처음부터 사용하지 않았을 것이기 때문이다. 보조사의 특성에 대해 더 알고 싶으면 ☞2.12. '만큼'은 왜 보조사가 아니라 격 조사인가요? 참조.

는 앞에 나온 주어 '장미'를 지정해 주는 의미가 있다. 그래서 지정사는 위의 네 가지 특성 중에서는 D의 특성에 가장 주목한 명칭이라고 할 수 있다. 지정사는 최현배(1937)의 문법 체계에서 동사, 형용사와 별도로 하나의 품사로 설정되어 있는데, 이후 후학들에서 이 명칭이 계속 이어져 쓰이고 있다.[5]

용언화소는 '-이-'의 네 가지 특성 중에서 A와 C의 특성에 초점을 둔 명칭이다. 즉 체언과 결합해서 문장에서 서술어로 기능하게 해 주는 특성에서 붙여진 이름이다. 용언화소에서 '소'는 형태소를 의미한다. 즉 용언화소는 '용언으로 기능하게 해 주는 형태소' 정도의 의미를 가진 명칭이다. 용언화소는 '-이-'의 범주가 무엇인지에 대해서는 유보한 명칭으로, 접사적인 성격의 어떤 범주를 상정한 것이다. 접사가 결합한 구성은 새로운 단어이어야 하는데, '-이-'가 결합한 구성은 새로운 단어가 아니기 때문에 정확히 접사라고 할 수는 없다.

마지막으로 계사는 논리학에서의 계사의 개념과 상통한다는 데에서 붙여진 명칭이다. 논리학에서 'A는 B이다' 또는 'A는 B가 아니다'라고 할 때 A를 주가 되는 말(주사(主辭))이라고 하고, B를 손님이 되는 말(빈사(賓辭))이라고 하는데, 계사는 주사와 빈사를 연결해 주는 말이다. 영어에서는 be 동사가 이러한 말에 해당한다. 그래서 영문법에서 be 동사를 계사라고도 한다.[6] 국어에서는 '-이-'가 바로 이러한 말에 해당한다. 그래서 국어학에서 논리학의 용어인 계사를 그대로 가져와 '-이-'를 계사라고 부르기도 한다.

보조 형용사나 지정사는 '-이-'를 용언으로 본다는 점에서는 같다. 그런데 '-

---

5   지정사에는 '이다'와 함께 '아니다'도 있다. 즉 지정사는 '이다', '아니다' 2개를 가리키는 말이다.

6   영어에서 be 동사 역시 체언 또는 형용사와 함께 쓰이고 단독으로 쓰이지는 못한다. 'I am a boy', 'she is pretty'에서 보듯이 'be + 체언' 또는 'be + 형용사' 구성으로 쓰인다.

이-'를 용언으로 해석하는 이들 관점은 '-이-'가 가지고 있는 특성 중에서 모음으로 끝나는 체언과 결합하면 탈락하기도 하는 ⒝를 설명하기가 어렵다. 문장에서 용언은 탈락하지 않는 것으로 가정한다. 문장에서 용언이 탈락해 버리면, 그것은 이미 문장이 아니기 때문이다. 이렇게 말하면 ⑸를 들어 용언도 탈락할 수 있지 않냐고 반문할 수도 있다.

(5) ㉠ 보람아, (너) 뭐 먹어?
     ㉡ 사과. (나 사과 먹어.)

⑸처럼 일상의 구어에서는 "뭐 먹어?"라고 물으면 "사과"처럼 말하기도 한다. 그런데 이때는 용언인 '먹어'가 탈락한 것이 아니라 생략된 것이다. 앞선 발화인 '뭐 먹어?'에 의해 '먹어'를 생략하더라도 의사소통에 전혀 지장을 주지 않기 때문에 생략이 가능하다.

원칙적으로 문장에서 용언은 탈락하지 않는다. 그럼에도 '그것은 소다'에서는 '-이-'가 탈락한다. '-이-'를 용언의 하나로 보게 되면 이처럼 용언이 탈락하는 것을 설명하기 어렵다. 한편으로는 '그것은 소다'에서 '-이-'가 탈락한 것이 아니라 ⑸처럼 생략된 것이라고 말할 수도 있을 것이다. 그러나 "뭐 먹어?"에 대한 대답 "사과"처럼 문맥이나 화맥에서 생략된 것과는 다르다. '-이-'는 선행하는 체언이 모음일 때 탈락하는데, 이처럼 탈락되는 조건이 문맥이나 화맥이 아니라 음운론적으로 조건되어 있다.

'-이-'와 관련되어 논란이 되는 문제가 하나 더 있는데, 그것은 '-이-'가 체언(N)하고 결합하는지 NP(명사구)와 결합하는지 하는 것이다.

(6) 이 책은 새 책이다.

만일 '-이-'가 체언하고만 결합한다면 수식어 '새'가 문제가 된다. 그렇게 되면 '새'가 서술어 '책이다'를 수식한다고 해야 하기 때문이다. '새'는 관형사이고, 문장에 쓰이면 관형어로 기능하는데, 정의상 관형어는 서술어를 수식할 수 없다.

이에 비해 서술격 조사 '-이-'가 NP인 '새 책'에 결합한다고 하면, '새'가 '책'을 수식하고 있는 것이 되므로 문제가 되지 않는다. 이는 서술격 조사 '-이-'가 체언하고도 결합하지만 NP(명사구)와도 결합한다고 해야 함을 말해 준다.

품사를 설명하는 자리에서는 조사가 체언하고 결합한다고 설명하지만, 원칙적으로 조사는 체언하고만 결합하는 것이 아니라 NP와 결합한다. NP는 명사(N) 하나로 된 NP도 있고, '새 책'처럼 '관형어+N'으로 된 NP도 있다. 그리고 '[별이는 [하늘이가 잘 되기]를 바란다.]'에서처럼 NP가 절인 경우도 있다. 여기서 목적격 조사 '를'은 [하늘이가 잘 되기]라는 절에 결합하였다.[7]

---

7   조사가 명사(N)에 결합하는지, 명사구(NP)에 결하는지에 대한 문제는 ☞3.12.
     '별이는 내가 다니던 학교에 다닌다.'에서 '내가 다니던'은 '학교에'를 수식하
     나요, '학교'를 수식하나요? 참조.

한마디로 설명

단어 형성에 참여하는 형태소는 기본적으로 실질 형태소이다. 그런데 조사는 형식 형태소이다. 무엇보다 조사는 통사적 과정인 곡용에 참여하는 요소이다.[1] 곡용이 통사적 과정이라는 것은 어휘부에서 체언과 조사를 각각 선택한 이후에 체언과 조사가 결합한다는 뜻이다. 통사적 절차는 어휘부에 등재되지 않는다. 그렇기에 조사가 결합하여 새로운 단어가 형성되는 일은 원칙적으로 불가능하다.

학교문법의 9품사 분류에서 조사는 품사의 하나이다. 품사의 정의가 단어를 분류한 것이므로, 조사를 품사의 하나로 분류했다면 정의에 따라 조사도 단어이다. 그러나 조사 중에서 특히 주격 조사, 관형격 조사, 목적격 조사는 생략이 자유롭다. 생략이 자유롭다는 것은 조사가 9품사의 하나이긴 하지만 실질 형태소가 아니라는 것을 의미한다.

자세히 설명

학교문법에서 조사는 9품사의 하나이다. 국어학 개론서 중에도 조사를 포함한 9품사 분류를 한 경우도 있다. 품사의 정의는 단어를 그 형태적 특성, 기능, 의미에 따라 분류한 것이다. 따라서 조사를 품사의 하나로 분류하였다면, 품사의 정의에 따라 조사는 단어이어야 한다.

그런데 조사가 9품사의 하나라는 것과 조사가 단어라는 것은 별개의 문제이다.

---

1   굴절에 곡용과 활용이 있는데, 곡용과 활용은 통사적 과정이다.

조사를 품사의 하나로 분류하였다는 것을 근거로 조사가 단어라고 하는 것은 조사가 단어라는 것을 증명해 주지 못한다. 조사가 단어라고 하기 위해서는 조사가 단어인 근거가 제시되어야 한다. 그러나 단어의 정의를 조사의 특성에 맞게 인위적으로 수정하지 않는 한 조사는 단어의 정의 어디에도 부합하지 않는다.

그러면 왜 조사가 9품사의 하나로 분류되는가? 이는 국어학사적인 전통의 계승과 관련이 있다. 근대적인 학문으로서 국어학의 기초를 마련했던 주시경(1914)의 『말의 소리』에서 조사를 단어로 분류하였는데, 최현배(1937)의 『우리말본』에서도 주시경의 이러한 분류를 따랐다.[2] 주시경, 최현배에서 조사를 단어로 처리한 배경에는 굴절어인 인구어를 대상으로 만들어진 서구의 언어학 이론을 그대로 따르지 않고, 교착어인 국어의 특성을 고려하여 서구의 언어학 이론을 주체적으로 수용하고자 한 부분도 있다. 굴절어와 교착어는 엄연히 다르고, 교착어인 국어에서 조사와 어미는 굴절어에는 없는 중요한 특성이다. 이러한 특성을 단어의 정의와 품사 분류에 적극적으로 반영하려고 했던 것이다. 주시경, 최현배의 학문적 전통을 후학들이 계승하는 차원에서 조사가 품사의 하나로 다루어진 측면이 있다. 즉 언어학적으로 조사가 단어의 정의에 부합하여서 품사에 편입된 것만은 아니다.

언어학적으로 단어의 정의를 수정하지 않는 한 조사는 단어의 정의에 부합하지 않는다. 언어학에서 단어의 원론적인 정의는 '최소의 자립 형식'이다. 자립 형식이라는 말에는 이미 실질적인 의미를 가지고 있는 형태소를 대상으로 하고 있음을 전제하고 있다. 그런데 조사는 의존 형태소이다. 뿐만 아니라 실질적인 의미를 가지고 있는 실질 형태소도 아니다. 일반적으로 조사는 형식 형태소로 분류된다.[3] 실질

---

2   주시경(1914)은 어미도 단어로 분류하였지만, 최현배(1937)는 어미는 단어로 인정하지 않고 조사만 단어로 인정하였다.
3   조사는 다시 격 조사와 보조사로 나뉘는데, 격 조사와 보조사는 또 성격이 좀 다르다. 보조사는 격 조사와 달리 어휘적인 의미까지는 아니더라도 특정 의미

형태소는 달리 어휘 형태소라고 하고, 형식 형태소는 달리 문법 형태소라고 한다. 모든 형식 형태소가 문법 형태소라고 할 수는 없지만, 모든 문법 형태소는 형식 형태소이다.[4] 국어에서 문법 형태소에 해당하는 것은 조사와 어미이다.

---

(1) ㉠ 별이의 고양이가 밥을 먹고 있어.
     ㉡ 별이 고양이 밥 먹고 있어.

(1㉠)에서 조사를 생략한 (1㉡) 역시 일상적으로 쓰는 말이다. (1㉠)에서 '고양이가'의 주격 조사 '가'는 '고양이'가 주어임을 나타내는 기능을 하고 있고, '밥을'의 목적격 조사 '을'은 '밥'이 목적어임을 나타내는 기능을 하고 있고, '별이의'에서 관형격 조사 '의'는 '별이'가 관형어임을 나타내는 기능을 한다. (1㉡)에서 보듯이 격 조사 중에서 특히 주격 조사, 목적격 조사, 관형격 조사는 비교적 생략이 자유롭다.[5]

를 가지고 있기 때문이다. 예컨대 '은/는'은 차이, 대조의 의미, '만'은 한정의 의미 등이 그것이다. 격 조사와 보조사에 대한 자세한 설명은 ☞2.13. '은/는'은 왜 주격 조사가 아닌가요? 참조.

4   실질 형태소와 어휘 형태소는 같은 개념이지만, 형식 형태소와 문법 형태소는 같은 개념은 아니다. 접사가 문제가 되는데, 접사를 형식 형태소라고 할 수는 있지만 문법 형태소라고 할 수는 없기 때문이다. 전형적인 문법 형태소는 문법적인 기능을 담당하는 형태소라는 의미로, 조사와 어미가 이에 해당한다. 접사는 실질 형태소에 가까운 접사에서부터 형식 형태소에 해당하는 접사까지 다양한 스펙트럼을 가진다. 예컨대 '오솔길'의 '오솔-'은 실질 형태소에 가까운 예이고, '학생들'의 '-들'은 복수라는 문법적인 의미를 더하는 전형적인 형식 형태소이다. 접사가 실질 형태소인지 형식 형태소인지에 대해 더 알고 싶으면 ☞2.1. '개살구'의 '개'가 형식 형태소가 맞나요? 참조.

5   주격, 목적격, 관형격을 구조격이라고 하고, 이러한 격을 나타내는 주격 조사,

이때 주어, 목적어, 관형어임을 나타내는 것, 이것이 바로 문법적인 기능이고, 이러한 의미를 어휘적인 의미에 대응하여 문법적인 의미라고 한다.

체언에 조사가 결합하는 것을 곡용이라고 하고, 용언 어간에 어미가 결합하는 것을 활용이라고 한다. 곡용과 활용은 전형적인 통사적 과정이다. 통사적 과정은 어휘부에서 어휘를 선택한 이후에 이루어지는 과정이다. 그렇기 때문에 원칙적으로 통사적 과정은 단어 형성과는 무관하다. 단어 형성은 원칙적으로 어휘부에서의 일이기 때문이다.[6] 그래서 곡용과 활용은 새로운 단어를 형성하지 않는다. 다시 말해 '체언+조사'의 곡용형, '용언 어간+어미'의 활용형은 단어 형성과는 관련이 없다.

학교문법에서 조사를 9품사의 하나로 분류하였지만, 파생과 합성을 다루는 단어 형성에서는 조사에 대한 언급이 전혀 없다. 이제 왜 그런지 이해했으리라 생각한다. 조사는 통사적 과정인 곡용에 참여하는 문법 형태소로, 단어 형성의 요소가 될 수 없기 때문이다. 만일 조사가 단어 형성에 참여한다고 가정해 보자. 그러면 어떤 일이 일어날까?

(2) 밥이 / 밥을 / 밥도 / 밥만 / 밥의 / 밥으로 / 밥조차

만일 조사가 단어 형성의 요소라면 (2)에 제시한 모든 것들이 '밥'과 결합한 새로운 단어라고 해야 한다. 그리고 이럴 경우 국어의 단어 개수는 '명사의 개수 × 국어

목적격 조사, 관형격 조사를 구조격 조사라고 한다. 구조격 조사에 대해 더 알고 싶으면 ☞2.13. '은/는'은 왜 주격 조사가 아닌가요? 참조.

6 단어 형성이 어휘부에서만 일어나는 것만은 아니다. 통사부에서 결합된 통사적 구성이 굳어져서 단어가 되어 어휘부에 등재되기도 한다. 아래 (3), (4), (5)에서 자세히 설명하고 있으니 아래 부분 참조.

에 실재하는 조사의 수'만큼 늘어나게 된다. 실증적인 증명은 어렵지만, 우리는 이러한 가정을 타당하다고 보지 않는다.

지금까지의 내용을 한눈에 볼 수 있게 정리하면 아래와 같다.

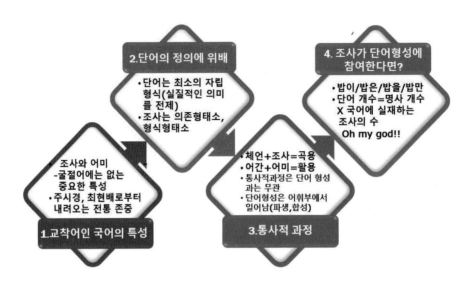

그러면 조사가 결합한 곡용형이 단어가 된 예는 전혀 없는가? 그렇지는 않다. '체언+조사'가 단어가 된 경우가 없지는 않다. 그러나 이는 처음부터 새로운 단어로 만들어진 것이 아니다. 처음에는 곡용형이었지만 특정 곡용형이 높은 빈도로 긴밀하게 쓰이다 보니, 오랜 시간이 흐르면서 사람들이 그것을 하나의 단어처럼 인식하게 됨으로써 단어가 된 것이다.

(3)

	현대국어	중세국어	형태소 분석		
내	대명사	곡용형	나+이(주격 조사) 나+이(관형격 조사)	→ →	내 내
네	대명사	곡용형	너+이(주격 조사) 너+의(관형격 조사)	→ →	네 네
제	대명사	곡용형	저+이(주격 조사) 저+의(관형격 조사)	→ →	제 제

　⑶에서 '내', '네', '제'는 현대국어에서는 하나의 단어이다. 즉 대명사이다. 그러나 중세국어에서는 대명사가 아니라 곡용형이었다. 즉 주격 조사와 결합한 곡용형이거나 관형격 조사가 결합한 곡용형이었다. 그런데 시간이 흘러 언중들이 '내', '네', '제'에서 격 조사를 분석해 내지 못하게 됨으로써 '내', '네', '제'를 하나의 단어로 인식하게 된 것이다. '내, 네, 제'가 하나의 단어가 되었기 때문에 원래 격 조사가 결합한 곡용형 '내, 네, 제'에 다시 격 조사를 결합시킨 '내가, 네가, 제가'가 나타나게 되었다.

　하지만 그럼에도 '*내를, *네를, *제를'은 나타나지 않는데, 이는 '내, 네, 제'가 기원적으로 주격 조사 또는 관형격 조사가 결합한 곡용형이었던 흔적이 화석처럼 남아 있기 때문이다. '내가'는 같은 주격 조사가 중첩된 것이니까 문제가 되지 않지만, '*내를'은 기원적으로 '내'에 들어 있는 주격과 목적격이 충돌하게 된다. 주격과 목적격은 구조적으로 동시에 나타날 수 없으므로 '*내를, *네를, *제를'과 같은 표현이 불가능하다.[7]

7　이에 대한 보다 자세한 설명은 ☞5.6. '제 ᄠᅳ들 시러 펴디'에서 '제'는 대명사인가요? 참조.

(4)의 단어들 역시 명사에 조사가 결합한 곡용형이었지만, 사람들이 이를 '체언+조사'로 분석하지 못할 만큼 하나의 단위로 굳어져서 단어가 된 것들이다.

(3) ~ (4)처럼 체언에 조사가 결합한 곡용형이 단어가 되는 경우가 전혀 없지는 않다. 하지만 이렇게 단어가 되는 것은 매우 산발적이고 또한 우연적이고 예외적이다. 그리고 단어가 되기까지 아주 오랜 시간이 필요하다. 그래서 (3), (4)와 같은 예외적 존재가 원칙적으로 조사는 단어 형성에 참여하지 못한다는 일반화를 훼손시키지는 않는다.

활용형이 단어가 된 예도 없지는 않다. (5)는 원래는 활용형이었다. 그런데 이들이 높은 빈도로 오랜 시간 하나의 단어처럼 사용되면서 사람들이 이를 하나의 단어로 인식하게 된 것이다.

(5)[8]　다른, 갖은, 바른, 이런, 저런

(3) ~ (4)의 존재가 조사는 단어 형성에 참여하지 못한다는 일반화를 훼손시키지 않는 것과 마찬가지로, (5)의 존재 역시 어미는 단어 형성에 참여하지 못한다는 일반화를 훼손시키지는 않는다. 극히 예외적이고, 산발적이고, 우연적인 사건일 뿐이기 때문이다.

8　'다르+은 → 다른', '갖+은 → 갖은', '바르+은 → 바른', '이러한 → 이런', '저러한 → 저런'.

2.16. '잠을 잠이 좋겠다'에서 명사는 몇 개인가요?

한마디로 설명

'잠을 잠'에서 목적격 조사 '을'과 결합한 '잠을'의 '잠'이 명사이다. 이에 비해 뒤에 오는 '잠이'의 '잠'은 동사 '자-'에 명사형 어미 '-음'이 결합한 활용형으로 품사는 동사이다. 접사는 결합하는 어근의 품사를 바꾸기도 하지만, 어미는 결합하는 어간의 품사를 바꿀 수 없다. 그래서 명사는 '잠을'의 '잠' 하나이다. 이 '잠'은 동사 '자-'에 명사 파생 접미사 '-음'이 결합하여 만들어진 파생 명사이다.

자세히 설명

명사 파생 접미사에 '-음', '-기'가 있는데, 우연히 어미 중에서 명사처럼 기능하게 해 주는 전성어미 즉, 명사형 어미의 형태도 '-음', '-기'이다. 명사 파생 접미사 '-음', '-기'는 동사나 형용사 어근에 결합하여 동사나 형용사를 명사로 파생시킨다. 이에 비해 명사형 어미 '-음', '-기'는 어미이므로 결합하는 어간의 품사를 바꿀 수 없다. 그래서 명사형 어미 '-음', '-기'가 결합한 활용형은 명사처럼 기능할 수는 있지만, 품사는 여전히 동사이거나 형용사이다. 이때 명사처럼 기능하게 해 준다는 것이 무슨 뜻인가? 그것은 격 조사가 결합할 수 있게 해 준다는 뜻이다.

	형태		특징	새로운 단어 형성	예	품사
명사 파생 접미사	-음	-기	동사/형용사 어근에 결합	○	졸음 삶	명사
명사형 어미	-음	-기	동사/형용사 어간에 결합	×	(밥을) 먹음 (발이) 아픔	동사/형용사

명사 파생 접미사와 명사형 어미는 우연히 그 형태가 같을 뿐 완전히 다른 별개의 형태소이다. 그리고 명사 파생 접미사 '-음'과 '-기'도 그 의미(기능)는 같지만, 분포가 상보적이지 않으므로 일종의 유의어처럼 별개의 형태소이다.[1] 명사형 어미 '-음'과 '-기'의 관계 역시 이형태는 아니고, 각각 별개의 형태소이다.

다만 파생 접미사 '-음'은 선행하는 어근이 자음으로 끝나느냐 모음으로 끝나느냐에 따라 '졸음', '삶'처럼 '-음 ~ -ㅁ'으로 실현되는데, '-음'과 '-ㅁ'은 상보적 분포를 보이므로 이형태 관계이다. 명사형 어미 '-음 ~ -ㅁ'도 마찬가지이다.

'-음', '-기'가 결합한 형태만으로는 그것이 명사인지 동사 또는 형용사인지 알 수 없다. 그러면 이를 어떻게 알 수 있는가? 이를 판단할 수 있는 방법은 2가지이다.

첫째, 명사는 관형어의 수식을 받는데 비해, 용언은 부사어의 수식을 받는다. 그래서 임의로 수식어를 첨가시켰을 때 첨가된 수식어가 관형어이면 명사이고, 부사어이면 용언이다.

(1) ㉠ 웃음을 웃음 → 어색한 웃음을 계속 웃음
    ㉡ 보기를 보기 → 주어진 보기를 잘 보기

---

1   이에 대해 더 알고 싶으면 ☞2.2. '웃음'의 '-음'과 '더하기'의 '-기'는 이형태
     인가요? 참조.

(1㉠)에서 선행하는 '웃음을'의 '웃음'에는 관형어 '어색한'이 수식하고, 후행하는 '웃음'에는 부사어 '계속'이 수식한다. 따라서 선행하는 '웃음'은 명사, 후행하는 '웃음'은 동사이다. (1㉡) 역시 선행하는 '보기를'의 '보기'는 '주어진'이라는 관형어가 수식하고, 후행하는 '보기'는 부사어 '잘'이 수식한다. 따라서 선행하는 '보기'는 명사, 후행하는 '보기'는 동사이다.

이렇게 복잡하게 설명하지 말고 선행하는 '웃음을'에는 목적격 조사가 결합하였으니까 '웃음을'의 '웃음'이 명사라고 하면 안 될까? 당연히 안 된다. 격 조사의 결합 유무만으로는 명사인지 동사인지를 판정할 수 없기 때문이다.

(2) ㉠ 잠을 잠이 좋겠다.
     ㉡ 보기를 보기가 어렵다.

(2㉠)에서 후행하는 '잠'에도 '잠이'처럼 주격 조사 '이'가 결합하였다. (2㉡)에서도 후행하는 '보기'에 '보기가'처럼 주격 조사 '가'가 결합하였다. 따라서 격 조사 결합 유무로는 명사인지 동사인지 판단할 수 없다는 것을 분명히 확인할 수 있다.

둘째, 명사는 주어 또는 목적어를 상정할 수 없지만, 동사나 형용사는 주어가 상정된다. 타동사일 때는 목적어도 상정된다. 명사형 어미가 결합한 것은 품사는 여전히 동사 또는 형용사이다. 따라서 주어 또는 목적어가 상정되면 동사 또는 형용사라고 판정하면 된다. 주어나 목적어가 상정되지 않으면 명사이다.

(3) 시험을 잘 치려면, 보기를 꼼꼼히 읽어야 한다.

(4)   너무 멀어서, 너를 보기가 어렵다.

(3)의 '보기'는 '누가', '무엇을'에 해당하는 것을 전혀 상정할 수 없다. 반면에 (4)의 '보기'의 경우에는 무엇을 보느냐 즉, 목적어 '너를'을 확인할 수 있다. 주어는 생략되어 있는데, 여기서 주어는 화자 자신이다. 따라서 (3)의 '보기'는 명사이고, (4)의 보기는 동사이다.

2.17. 관형사는 혼자 쓰이지 못하는데도 왜 단어인가요?

자립해서 쓰인다는 의미가 단어 하나만으로 쓰인다는 것으로 해석하게 되면 관형사는 혼자 쓰이지 못한다고 생각할 수 있다. 그 이유는 '헌 책'에서 관형사 '헌'은 피수식어 '책' 없이 혼자 쓰이지는 못하기 때문이다. 그런데 단어의 정의에서 '자립'의 개념은 자기 혼자 단독으로 쓰인다는 개념이 아니다. 단어의 정의인 '최소의 자립 형식'에서 '자립'의 뜻은 다른 요소의 도움 없이도, 즉 다른 요소와 결합하지 않고서 문장에 나타날 수 있다는 뜻이다.

헌 책	(○)
먹-	(×)
먹고	(○)
먹으니	(○)

동사 '먹-'은 문장에서 자기 혼자서는 절대로 쓰이지 못하고, 반드시 어미와 결합해야만 쓰인다. 어미 '-고', '-으니' 역시 어간과 결합하지 않으면 문장에서 나타날 수 없다. 하지만 '헌'은 다른 요소와 결합 없이 '헌' 혼자서 문장에 쓰인다. 그래서 관형사는 자립 형태소 즉, 단어이다.

품사의 정의는 단어를 그 기능, 형태적 특성, 의미에 따라 분류한 것이다. 이러한 정의에 따르면 명사, 동사, 관형사처럼 '○○사'에 해당하는 것은 모두 단어이다.

그러면 이제 단어의 정의를 살펴보자. 단어의 정의는 최소의 자립 형식이다. 품사가 단어의 갈래이므로 '○○사'에 해당하는 것은 단어이고, 따라서 '○○사'에 해당하는 것들은 정의상 모두 자립 형식이어야 한다.

그러면 다시 '자립 형식'이란 무엇인가? 여기서 형식은 형태소일 수도 있고, '강산', '머리말'과 같은 복합어처럼 형태소보다 큰 단위일 수도 있다. 아무튼 여기서의 핵심은 '자립'의 의미가 무엇이냐이니까 '자립'에 초점을 두고 살펴보자.

(1) ㉠ 산, 강, 강산, 머리말
     ㉡ 나, 너, 우리, 이것, 저것
     ㉢ 하나, 둘, 셋, 넷

(2) 빨리, 매우, 조금

(1), (2)가 자립해서 쓰인다고 했을 때 특별히 의문을 제기하는 사람은 없을 것이다. (1㉠)은 명사, (1㉡)은 대명사, (1㉢)은 수사이다. 그리고 (2)는 부사이다. 그런데 아래 (3)의 관형사의 경우에는 자립해서 쓰인다고 하면 '왜' 하고 의문을 제기하는 사람들이 있다.

(3) 헌, 새, 다른, 온갖

(4) ㉠   갖은 양념   새 사람
     ㉡   양념   사람
     ㉢   갖은 (×)   새 (×)

(4㉠)에서 보듯이 관형사는 자신이 꾸며 주는 말 즉, 피수식어와 항상 붙어 있어야 한다. 그래서 (4㉢)에서 알 수 있듯이 관형사는 피수식어 없이 단독으로는 쓰이지 못한다. 반면 관형사가 꾸며 주는 말은 체언이기 때문에 (4㉡)에서 보듯이 혼자 쓰일 수 있다. 관형사는 자신이 꾸며 주는 말과 반드시 함께 나타나고, 자신이 꾸며 주는 말이 없이 혼자서는 나타나지 못한다는 사실에 주목하면 자립 형식이 아니라 의존 형식이라고 생각할 수도 있다.

그런데 (5)와 비교해 보라.

	㉠	㉡
(5)	물을 마시-(×)	물을 마시다(○)
	하늘이 푸르-(×)	하늘이 푸르다(○)

(5㉠)에서 보듯이 동사와 형용사는 어미 없이 어간만으로는 문장에 쓰이지 못한다. 동사와 형용사는 (5㉡)처럼 반드시 어미와 결합해야만 문장에 쓰인다. 이처럼 동사와 형용사는 어미 없이 홀로 문장에서 쓰이지 못하기 때문에 의존 형식이다.

이러한 사실을 염두에 두고 (3)을 다시 보자. (3)의 관형사는 (5)의 동사, 형용사와 달리 어떤 요소와 결합해야만 문장에 나타날 수 있는 것이 아니다. (4㉠)에서 보듯이 다른 요소와 결합할 필요 없이 자기 혼자서 문장에 나타난다. 그래서 관형사는 자립 형식이라고 한다.

그런데 그럼에도 어쨌든 관형사는 (4㉢)에서처럼 피수식어 없이 혼자서는 못 쓰인다는 사실에 미련을 버리지 못하고, 자립 형식이 아니라고 말하는 사람이 있을 수 있다. 그런데 관형사가 피수식어 없이 혼자 쓰이지 못하는 것은 관형사가 자립 형식이 아니어서가 아니라 '수식어-피수식어' 제약 때문이다. 즉 국어에서는 수식어가 반드시 피수식어 앞에 오는데, 특히 관형사의 경우에는 피수식어 바로 앞에 위치해야 하는 제약이 있다. 관형사가 혼자 쓰이지 못하는 것은 바로 이러한 '수식어-피수식어 제약'으로 인한 것이다.[1]

지금까지의 설명을 들었다면 자연스럽게 동사와 형용사는 혼자 쓰이지 못하는 의존 형식인데 왜 단어이냐는 질문을 할 수 있다. 단어의 정의가 최소의 자립 형식 이라는 사실을 기억하고 있다면, 의존 형식을 단어라고 하는 것은 정의에 맞지 않 다. 그럼에도 의존 형식인 동사와 형용사를 용어 그대로 품사의 하나인 동사, 형용 사로 분류하고 있다. 당연히 이에 대한 설명이 필요하다.

국어는 교착어이다. 이에 비해 영어나 독어, 프랑스어 같은 인구어는 기본적으

---

1   '수식어-피수식어 제약'과 관련된 주어의 범위에 대한 문제는 ☞3.6. '한 문장 으로 쓰시오.'라고 할 때, '한 문장'의 정의는? 참조.

로 굴절어이다.[2] 굴절어에서 동사와 형용사는 다른 요소의 도움 없이 홀로 문장에 쓰인다.

(6) ㉠ I drink water.
   ㉡ The sky is blue.

(6㉠)에서 동사 'drink', (6㉡)에서 형용사 'blue'는 다른 요소와 결합하지 않고 홀로 문장에 쓰였다. 그래서 자립 형식이다.

그러나 영어의 'drink', 'blue'에 대응되는 국어의 '마시-', '푸르-'는 (5㉠)에서 살펴보았듯이 혼자서는 문장에 쓰이지 못한다. 동사, 형용사가 품사의 하나로 분류된 것은 인구어를 대상으로 만들어진 문법 체계이다. 이러한 문법 체계를 국어에 그대로 가져오다 보니까, 국어에서 동사, 형용사는 자립 형식이 아니지만 품사의 하나로 분류하게 된 것이다.

그래서 국어에서 단어의 정의는 자립 형식보다는 실질 형식의 개념으로 이해하는 것이 더 적합하다. 동사, 형용사는 자립 형식은 아니지만, 실질 형식이기 때문이다. 동사, 형용사 외에 명사, 대명사, 수사, 관형사, 부사, 감탄사 모두 실질 형식이라는 점에서 같다.

---

2   교착어와 굴절어를 구분하는 핵심은 문법적인 의미를 실현시키는 방식이다. 교착어는 문법적인 의미를 형태소의 첨가를 통해 실현하는 언어이고, 굴절어는 문법적인 의미를 단어의 형태 변화를 통해 실현하는 언어이다.
예컨대 교착어인 국어는 '먹다'의 과거를 '-었-'을 첨가시켜 '먹었다'라고 하는데 비해, 굴절어인 영어에서는 'eat'의 과거를 'ate'처럼 형태 변화를 통해 실현한다. 그런데 영어에서도 교착적인 특성이 있다. 즉 'work'의 과거는 국어처럼 '-ed'를 결합시켜 'worked'라고 하는데, 이는 교착적인 특성이다.

학교문법에서는 조사도 9품사의 하나이다. 품사의 정의가 단어의 갈래이므로 조사도 단어이어야 한다. 그런데 품사의 정의를 실질 형식의 개념으로 수정하더라도 조사는 여전히 문제가 된다.[3] 조사를 제외한 나머지 8개 품사는 실질 형식이라는 공통점이 있지만, 조사는 실질 형식도 아니기 때문이다. 즉 조사는 자립 형식도 아닌데다 실질 형식도 아니다.

학교문법에서는 조사를 9품사의 하나로 분류하고는 있지만, 조사가 단어 형성에 참여하는 요소로 다루지는 않는다.[4] 통사론에서 곡용을 다룰 때에도 조사는 실질 형태소가 아닌 문법 형태소 즉, 형식 형태소로 처리하고 있다. 특히 주격 조사, 목적격 조사, 관형격 조사는 문장에서 생략이 자유롭다.[5] 단어가 문장에서 자유롭게 생략될 수 있고, 생략되어도 아무 상관이 없다는 것은 이상하다. 이는 조사가 단어가 아니라는 것을 입증한다.

---

3   조사의 성격에 대한 자세한 설명은 ☞2.15. 조사가 단어인데 왜 조사가 결합한 단어는 없나요? 참조.

4   조사가 단어 형성 요소가 아니라는 것에 대해서는 ☞2.9. 조사 '로'와 '부터'가 결합하여 형성된 '로부터'는 왜 합성어가 아닌가요? 참조.

5   격 조사 중에서 특히 주격 조사, 목적격 조사, 관형격 조사를 구조격 조사라고 하는데, 구조격 조사는 생략이 자유롭다. 이에 대한 자세한 설명은 ☞2.13. '은/는'은 왜 주격 조사가 아닌가요? 참조.

2.18. 동음이의어와 다의어, 품사 통용은 어떻게 다른가요?

동음이의어, 다의어, 품사 통용은 표면적으로만 보면 형태가 동일하다는 점에서 공통적이다. 하지만 동음이의어는 별개의 단어이고, 다의어와 품사 통용은 하나의 단어 내에서의 문제이다. 그래서 동음이의어, 다의어, 품사 통용 중에서 상대적으로 제일 이질적인 것은 동음이의어이다.

동음이의어는 우연히 형태가 같은 것일 뿐 별개의 단어이다. 그렇기 때문에 사전에서도 별개의 표제어로 등재한다. 이에 비해 다의어와 품사 통용은 하나의 표제어 내에서 다룬다. 하나의 단어 내에서 의미가 둘 이상이면 다의어이다. 그리고 하나의 단어 내에서 품사가 둘 이상이면 품사 통용이다. 품사 통용은 하나의 단어가 둘 이상의 품사로 기능하는 것이기 때문에 품사가 다르더라도 의미는 대체로 같다. 반면 다의어는 품사는 하나인데, 의미가 둘 이상이다.

자세히 설명

동음이의어	다의어	품사통용
• 별개의 단어 • 형식은 같지만 의미가 다름	• 하나의 단어 • 하나의 단어 내에서 의미가 둘 이상	• 하나의 단어 • 하나의 단어 내에서 품사가 둘 이상

먼저 동음이의어와 다의어의 차이를 설명한 후에, 동음이의어와 품사 통용의 차이를 설명하고, 마지막으로 다의어와 품사 통용의 차이를 설명하기로 하자.

227

언어가 내용과 형식의 결합이라는 정의에 입각해서 설명하면, 동음이의어는 형식은 같지만 의미가 다른 것이다. 이때 형식의 같음은 우연히 같은 것이다. 이에 비해 다의어는 하나의 형식이 여러 개의 의미와 결합한 것이다.

동음이의어인지 다의어인지를 구분하는 기준은 2가지이다. 그런데 이 기준으로 정말 동음이의어와 다의어를 나눌 수 있는 것은 아니다. 즉 이 기준은 원론적인 기준이지, 객관적으로 검증 가능한 기준은 아니다.

동음이의어와 다의어를 구분하는 첫 번째 기준은 의미의 유사성이다. 그런데 의미의 유사성이라는 것 자체가 객관적 기준으로 가를 수 있는 것이 아니다. 의미의 유사성이라는 것이 일정 정도 주관적일 수밖에 없고, 그래서 학자마다 차이가 있고, 사전마다도 약간의 차이가 있다.

동음이의어와 다의어를 구분하는 두 번째 기준은 어원이다. 즉 어원이 다르면 의미가 유사하더라도 동음이의어로 본다. 그리고 어원이 같으면 의미가 멀어져 있더라도 다의어로 본다. 하지만 어원이 같더라도 그 의미가 너무 멀어져 버린 경우에는 다의어가 아니라 별개의 단어 즉, 동음이의어로 다루기도 한다.

다의어였던 것이 별개의 단어로 분화하는 경우도 있다. 예컨대 '비가 그치다'의 '그치다'의 의미와 '인연을 끊다'의 '끊다'의 의미는 원래 중세국어에서는 '긏다'의 다의적 의미였다. 즉 중세국어에서는 '긏다'가 '그치다'와 '끊다'의 의미를 가진 다의어였는데, 이후 두 의미가 각각 다른 단어로 분화하여 '그치다', '끊다'가 되었다.

사전에서 동음이의어는 별도의 표제어로 처리하고, 다의어는 하나의 표제어 안에서 의미 내항을 분리하여 처리한다.[1]

---

1   사전은 〈표준국어대사전〉을 그대로 옮겨 온 것이다. 이하도 마찬가지이다.

(1) **다리¹**「명사」

「1」 사람이나 동물의 몸통 아래 붙어 있는 신체의 부분. 서고 걷고 뛰는 일

따위를 맡아 한다. ≒각.

「2」 물체의 아래쪽에 붙어서 그 물체를 받치거나 직접 땅에 닿지 아니하게

하거나 높이 있도록 버티어 놓은 부분.

다리²「명사」

「1」 물을 건너거나 또는 한편의 높은 곳에서 다른 편의 높은 곳으로 건너다

닐 수 있도록 만든 시설물.

「2」 둘 사이의 관계를 이어 주는 사람이나 사물을 비유적으로 이르는 말.

(1)에서 '다리¹'과 '다리²'는 동음이의어를 나타낸다.[2] 그리고 '다리¹' 안에서 「1」, 「2」는 다의를 나타낸다. 의미 내항이 둘 이상인 단어를 다의어라고 하고, 의미 내항이 하나밖에 없는 단어는 다의어라고 하지 않는다. '다리¹'은 의미 내항이 2개이니까 다의어이다. '다리²'도 의미 내항이 2개이니까 다의어이다.

그런데 의미의 유사성이라는 기준으로 보면 사람에 따라서는 '다리¹'의 「2」의 의미와 '다리²'의 「1」의 의미가, '다리²'의 「1」과 「2」보다 더 유사하다고 할 수도 있다. 여기서 그럴 수 있는 것은, 유사성의 정도나 유사성의 유무를 객관적으로 증명할 수 없기 때문이다. 다만 직관적으로 그렇다는 것이다. 어원 역시 객관적으로 증명할 수 있는 경우가 매우 드물다. 많은 경우는 어원을 밝히기 어렵다. 그래서 동음이의어와 다의어를 구분하는 두 기준인 의미의 유사성과 어원은 원론적인 기준으

---

2   '다리¹', '다리²'처럼 아라비아 숫자는 사전 편찬 용어로 '어깨번호'라고 한다.

로서 의미가 있는 것이지, 이것이 동음이의어와 다의어를 실제로 구분해 줄 수 있는 실질적인 판단 기준은 아니다.

다음으로 동음이의어와 품사 통용이 어떻게 다른지 살펴보기로 하자. 품사 통용의 정의는 하나의 단어가 두 가지 이상의 품사로 쓰이는 것이다. 품사가 다르기 때문에 의미 역시 정확히 같다고 할 수는 없다. 그렇지만 별개의 단어로 볼 만큼 의미가 다르지는 않다. 즉 의미의 유사성이 동음이의어보다는 높다. (2)는 품사가 달라지면서 의미도 조금 달라진 예이고, (3)은 품사가 달라졌지만 의미는 같은 예이다. 사전적 처리 방식만 놓고 보면 품사 통용은 별도의 어깨번호로 표제어를 분리하지 않기 때문에 동음이의어보다는 다의어의 처리 방식에 더 가깝다.

(2) **크다**
[I] 형용사
「1」 사람이나 사물의 외형적 길이, 넓이, 높이, 부피 따위가 보통 정도를 넘다.
[II] 동사
「1」 동식물이 몸의 길이가 자라다.

(3) **생산적**
[I] 명사
지식과 기술 따위를 가르치며 인격을 길러 주는 것.
[II] 관형사
지식과 기술 따위를 가르치며 인격을 길러 주는.

(3)에서 '생산적'이 명사로 쓰인 예는 '생산적인 수단'이고, 관형사로 쓰인 예는

'생산적 수단'이다. 왜 그러냐 하면, 서술적 조사 '-이-'[3]는 체언하고 결합하는 특성이 있기 때문이다. 그래서 '-이-'가 결합한 '생산적인 수단'의 '생산적'은 명사이고, '-이-'가 결합하지 않은 '생산적 수단'의 '생산적'은 관형사이다. 관형사는 체언을 수식하는데, '생산적 수단'에서 '생산적'은 체언인 '수단'을 수식하고 있다.

품사의 정의는 단어를 형태적 특성[4], 기능, 의미 등으로 분류한 것이다. 이런 정의에 입각해서 본다면, 기능이 다르다는 것은 서로 다른 단어라고 볼 수도 있다. 그러나 의미가 다르지 않다는 점에서 또한 하나의 단어 안에서의 차이로 다룰 수도 있다. 품사 통용은 후자의 관점이고, 학교문법도 후자의 관점으로 설명하고 있다. 만일 기능이 다르다는 것을 중요하게 여겨 별개의 단어로 분류하게 된다면, 결과적으로는 동음이의어와 평행하게 된다. 이때 평행하게 된다는 것은 동음이의어가 형태는 같지만 의미의 다름으로 별개의 단어인 것과 마찬가지로, 형태는 같지만 기능의 다름으로 별개의 단어라는 뜻이다.

이처럼 품사 통용은 다의어처럼 하나의 단어 안에서의 기능의 차이로 해석할 수도 있고, 기능의 차이를 별개의 단어로 해석할 수도 있다. 즉 이는 사실에 대한 해석의 문제이다. 품사의 다름을 별개의 단어로 해석할 만큼 크다고 해석하느냐, 의미의 유사성을 더 중요시하여 품사의 차이를 하나의 단어 안에서의 차이로 해석하느냐에 따른 것이다. 어떠한 의미를 하나의 단어 안에서의 다의적인 것으로 해석할

3 서술격 조사 '-이-'에 대한 자세한 설명은 ☞2.14. 서술격 조사는 조사 맞나요? 참조.

4 이때 형태적 특성은 형태 변화 유무를 말하는데, 국어는 교착어이기 때문에 형태 변화가 없다. 그래서 굴절 유무를 형태 변화 유무로 해석한다. 즉 굴절을 하는 단어와 굴절을 하지 않는 단어로 나눌 수 있다. 굴절은 곡용과 활용을 말하는데, 그래서 체언(명사, 대명사, 수사)과 용언(동사, 형용사)을 하나의 집합으로, 나머지 수식언(관형사, 부사)과 관계언(조사), 독립언(감탄사)을 하나의 집합으로 대별한다.

문법하고 싶은 문법

2. 형태소와 단어, 품사에 대한 Q&A

수도 있고, 그러한 의미 차이를 별개의 단어로 해석할 수 있는 것과 평행하다.

　마지막으로 다의어와 품사 통용의 차이에 대해서 살펴보자. 이는 지금까지의 설명에서 이미 대답이 나와 있다. 다의어와 품사 통용의 공통점은 하나의 단어 내에서의 문제라는 것이다. 하나의 단어 내에서 의미가 여러 개인 것이 다의어이고, 하나의 단어 내에서 품사가 여러 개인 것이 품사 통용이다.

2.19. 불규칙은 왜 불규칙이고 불규칙에는 어떤 것들이 있나요?

한마디로 설명

　　규칙과 불규칙은 교체형(이형태)을 공시적으로 설명할 수 있느냐 없느냐에 따른 분류이다. 교체형을 공시적인 음운 규칙으로 설명할 수 있으면 규칙이고, 설명할 수 없으면 불규칙이다. 불규칙의 대상이 어간이면 어간 불규칙, 어미이면 어미 불규칙이라고 한다. 해당되는 불규칙의 예들은 아래와 같다.

불규칙의 유형	어간 불규칙	ㅂ 불규칙
		ㅅ 불규칙
		ㄷ 불규칙
		르 불규칙
		우 불규칙
	어미 불규칙	러 불규칙
		여 불규칙
	어간-어미 불규칙	ㅎ 불규칙

앗!!!
'불규칙'이 '모른다'는 것을 단지 고상하게 표현한 것 뿐이라고??

윽~
지금까지 나에게 그렇게 말해 준 사람은 없었단 말이야.
ㅠㅠ 이거 배신감 느껴지는데?

음...그럼 지금부터 '불규칙'이 뭔지 한번 파헤쳐 볼까? 의지 불끈!

먼저, 공시적인 음운규칙으로 설명할 수 있으면 규칙이고, 설명할 수 없다면 불규칙이라고 할 수 있어.
먹는다 [멍는다] 에서 '먹'이 '멍'으로 바뀌는 것은 비음동화로 설명할 수 있어서 규칙이야.

하지만 '걷고, 걸어서'에서 처럼 '걷'이 왜 '걸'이 되는지 설명할 수 없어.
이런 경우 우리는 이것을 불규칙이라고 하는 거야.
불규칙 너~~어!
별거 아니었구나!

어간의 교체가 규칙적이면 규칙 어간이고, 어간의 교체가 불규칙적이면 불규칙 어간이다. 그래서 규칙 어간이냐 불규칙 어간이냐에 대한 구분은 규칙적인 교체와 불규칙적인 교체의 정의에 의해 결정된다.

규칙적인 교체와 불규칙적인 교체에 대한 정의가 여러 가지 있지만 대표적인 두 가지 정의를 소개하면 아래와 같다.

㉮ 동일한 환경에서 다 같은 방식의 교체가 일어나면 규칙적인 교체이고, 환경이 동일한데도 다른 방식의 교체가 일어나면 불규칙적인 교체이다.

㉯ 교체를 공시적인 음운 규칙으로 설명할 수 있으면 규칙적인 교체이고, 그렇지 않으면 불규칙적인 교체이다.

㉮는 음운론적인 교체와 이형태 교체를 엄격히 구분하지 않는 관점이다. 예컨

대 주격 조사 '이 ~ 가'의 교체는 ㉮의 정의에 따르면 규칙적인 교체이다. 선행하는 체언이 모음으로 끝나면 항상 '가'가 실현되고, 선행하는 체언이 자음으로 끝나면 항상 '이'가 실현되기 때문이다. 그러나 ㉯의 관점에서 '이 ~ 가'는 교체가 아니다. 왜냐하면 '이'가 '가'로 교체되는 것도 아니고, '가'가 '이'로 교체되는 것도 아니기 때문이다. 그래서 ㉯의 관점에서 '이 ~ 가'는 규칙적이거나 불규칙적인 교체를 말할 수 있는 대상이 아니다. 즉 ㉯의 관점에서 '이 ~ 가'는 아예 교체 자체가 아니다.

학교문법에서 규칙과 불규칙의 구분은 ㉮의 관점을 기반으로 ㉯가 반영되었다고 할 수 있다. ㉮, ㉯ 중 어느 것이 맞느냐는 것은 별로 중요하지 않다. 전체적으로 보면 ㉮, ㉯ 어느 관점으로든 불규칙의 외연은 대체로 일치하기 때문이다. 다만 '이 ~ 가'처럼 몇 가지 예에 대한 해석에서 차이가 있을 뿐이다. 그런데 왜 규칙과 불규칙에 대한 관점에 차이가 있느냐고 물을 수 있다. 그것은 이론적인 배경이 서로 다르고, 교체의 정의 역시 서로 차이가 있기 때문이다.

용언의 어간은 어미와 결합할 때 어간의 형태가 바뀌지 않기도 하지만 바뀌기도 한다. 즉 교체가 일어나지 않는 것도 있지만, 많은 어간은 어미와 결합할 때 교체가 일어난다. 이때 교체가 일어난 어간의 형태를 교체형이라고 한다. 교체형을 형태소에 대응되는 개념으로 말할 때는 이형태라고 한다.[1]

> (1)   남-: 남고[남꼬]², 남아서[나마서], 남는다[남는다], 남았다[나맏따]

이형태의 정의에 대해서는 ☞2.2. '웃음'의 '-음'과 '더하기'의 '-기'는 이형태인가요? 참조.

2   '남고[남꼬]'에서는 어간의 교체는 없지만, 어미 '-고'가 [-꼬]로 경음화되었다. 이는 용언 어간말 비음 뒤 경음화라는 공시적인 음운 규칙으로 설명한다. 용언 어간말 비음 뒤 경음화에 대해서는 ☞1.5. '갈등[갈뜽]'과 '갈대[갈때]'의 경음화는 같은 것인가요? 참조. 그리고 '남았다[나맏따]' 역시 교체가 일어난

2. 형태소와 단어, 품사에 대한 Q&A

(1)의 용언 어간 '남-'은 뒤에 어떤 어미가 오더라도 어간이 교체하지는 않는다. '남아서[나마서]'를 보고 어간이 교체한 것 아니냐고 묻는 경우가 있다. 그런데 '남아서'와 [나마서]의 음운을 대조시켜 보면 음운이 바뀐 게 없다는 것을 확인할 수 있다.

(2) 남아서: nam.a.sə
 나마서: na.ma.sə

*'.'는 음절 경계

(2)에서 보듯이 '남아서'와 '나마서'의 음운은 같다. 단지 음운의 음절상에서의 위치가 다르다. 즉 [나마서]는 '남아서'에서 연음이 일어난 것일 뿐, 음운의 교체는 일어나지 않았다. 그래서 연음은 교체로 보지 않는다.

그러면 (1)처럼 교체가 없이 항상 같은 형태로 실현되는 어간만 규칙 어간인가? 그렇지 않다. 어간의 교체가 있다고 해서 불규칙 어간은 아니다. 어간의 교체가 있더라도 공시적인 음운 규칙으로 설명할 수 있으면 규칙 어간이다. 어간의 교체를 공시적인 음운 규칙으로 설명할 수 없을 때 그 어간을 불규칙 어간이라고 한다.

(3) 먹-: 먹고[먹꼬], 먹어서[머거서], 먹는다[멍는다], 먹었다[머걷따]

(3)의 '먹는다[멍는다]'에서 어간이 '먹- → 멍-'으로 교체한 것을 확인할 수 있

것 아니냐고 물을 수 있는데, 교체가 일어난 것은 맞다. 그런데 그것은 어미에서 교체가 일어난 것이고, 어간 '남-'에는 교체가 없다.

다. 그런데 [멍는다]에서 어간의 교체형 [멍-]은 공시적으로 존재하는 비음동화 규칙으로 설명할 수 있다. 그래서 '먹-'은 규칙 어간이다.

반면 (4)의 교체는 공시적인 음운 규칙으로 설명할 수 없기 때문에 불규칙 어간이다.

(4) 걷-: 걷고, 걸어서, 걸으면, 걷는다[건는다]

(5) 얻-: 얻고, 얻어서, 얻으면, 얻는다[언는다]

(4)의 '걷-'은 [걸-], [건-]의 교체형을 확인할 수 있다. 이 중 [건-]은 비음동화 규칙으로 설명할 수 있다. 그런데 [걸어서, 걸으면]의 [걸-]은 공시적인 음운 규칙으로 설명할 수 없다. 그런데 왜 공시적인 규칙으로 설명할 수 없느냐고 반문할 수 있다. 즉 [걸-]이 모음 앞에서만 나타나므로 (6)과 같은 규칙으로 설명할 수 있지 않느냐고 말할 수 있다.

(6) 'ㄷ → ㄹ / __모음 앞'

(4)만 보면 (6)의 규칙이 그럴듯해 보인다. 그러나 당장 (5)를 보라. (5)에서는 /ㄷ/이 모음 앞에서 /ㄹ/로 교체하지 않고 그대로 /ㄷ/이다. (6)의 규칙으로 (4)를 설명하면 당장 (5)에서 문제가 되므로 (6)의 규칙으로 (4)를 설명하는 것은 타당하지 않다. 즉 설명이 되지 않는다. 그렇기 때문에 (4)의 '걷-'은 불규칙 어간이다. 그리고 (5)의 '얻-'은 [언는다]에서의 교체형 [언-]을 비음동화 규칙으로 설명할 수 있으므로 규칙 어간이다.

이제 규칙 어간과 불규칙 어간을 어떻게 구분하는지 이해했을 것이다. 이러한 기준에 따라 불규칙 어간을 찾아서 분류하면 (7)과 같다.

(7) 어간 불규칙

ㅂ 불규칙	
활용 예	덥고, 덥지, 더워, 더우니
그 외	춥-, 맵-, 곱-, 돕-, 아름답-, 외롭- ···
이유	'덥-'이 '더우-'로 바뀌는 것을 공시적인 음운 규칙으로 설명 불가

ㅅ 불규칙	
활용 예	잇고, 잇지, 이으니, 이으면
그 외	낫-, 짓- ···
이유	'잇-'이 '이-'로 바뀌는 것을 공시적인 음운 규칙으로 설명 불가

ㄷ 불규칙	
활용 예	걷고, 걷지, 걸어, 걸으니
그 외	긷-, 묻- ···
이유	'걷-'이 '걸-'로 바뀌는 것을 공시적인 음운 규칙으로 설명 불가

르 불규칙	
활용 예	다르고, 다르지, 달라, 다르니
그 외	모르-, 흐르-, 부르- ···
이유	'다르-'가 '달ㄹ-'로 바뀌는 것을 공시적인 음운 규칙으로 설명 불가[3]

우 불규칙	
활용 예	푸고, 푸지, 퍼, 푸니
이유	'푸-'가 '퍼'로 바뀌는 것을 공시적인 음운 규칙으로 설명 불가

---

3   '달라'는 '다르+아'의 활용형이다. 따라서 어미 '-아'를 분석하고 나면 어간의 형태는 '달ㄹ-'이다.

/ㅜ/ 불규칙의 경우에는 학문문법에서 이견이 있다. 우선은 /ㅜ/ 불규칙 어간으로 분류할 수 있는 예가 '푸-' 하나밖에 없기도 하고, 불규칙으로 보는 이유가 활용형 [퍼] 때문인데 [퍼]가 정말 공시적인 음운 규칙으로 설명되지 않는가에 대해 의문이 있다.

(8) ㉠ 푸고, 푸지, 푸면, 퍼
　　 ㉡ 꾸고, 꾸지, 꾸면, 꿔
　　　　 주고, 주지, 주면, 줘

(9) ㉠ 뭔[mwən] → 먼[mən]
　　 ㉡ 봐라[pwara] → 바라[para]

'푸-'를 불규칙 어간으로 보는 이유는 다음과 같다. (8㉡)에서 보듯이 /ㅜ/ 말음 어간이 '-아/어X' 어미와 결합할 때는 어간 말모음 /ㅜ/가 탈락하지 않고 반모음화(/w/)되는 것이 일반적이다. 하지만 '푸-'는 /ㅜ/가 반모음화되는 것이 아니라 탈락하여, 다른 /우/ 말음 용언 어간들과는 활용의 양상이 다르다. 이처럼 '우' 말음 어간들과 달리 '푸-'의 어간 말모음 /ㅜ/가 '-아/어X' 어미 앞에서 탈락하는 것을 공시적으로 설명할 수 없다고 보아서 '푸-'를 불규칙 어간으로 분류한다.

그런데 (9)에서 보듯이 '양순 자음(/ㅂ, ㅍ, ㅃ, ㅁ/)'과 반모음 /w/의 연쇄에서는 /w/가 탈락하는 경우가 많다. 그래서 '퍼' 역시 이렇게 설명하려는 입장이 있다. 이는 '푸-'를 불규칙 어간으로 보지 않으려는 관점이다. 하지만 (9)는 /w/가 반드시 탈락하는 것은 아니고 탈락하기도 하는데 반해, '푸어 → [퍼]'에서는 반드시 /ㅜ/가 탈락한다는 점에서 (9)와 같지는 않다.

어간의 교체형을 공시적인 음운 규칙으로 설명하지 못할 때 불규칙 어간이라고 하였는데, 평행하게 어미의 교체형을 공시적인 음운 규칙으로 설명하지 못할 때 불규칙 어미라고 한다. 불규칙 어미는 (10)과 같다.

(10) 어미 불규칙

러 불규칙	
활용 예	이르고, 이르지, 이르러, 이르면
그 외	누르-, 푸르- …
이유	'-아/어'가 '-러'로 바뀌는 것을 공시적인 음운 규칙으로 설명 불가
여 불규칙	
활용 예	하고, 하지, 하여, 하면[4]
이유	/ㅏ/ 모음 뒤에서 '-어'가 '-여'가 되는 것을 공시적인 음운 규칙으로 설명 불가

'하-'는 '-아/어X' 어미와 결합할 때 [하여]로만 활용하는 것이 아니라 [해]로도 활용한다. 어간이 어디까지인지, 그리고 어미가 어디까지인지를 분석해야 어간이 불규칙인지, 어미가 불규칙인지 판단할 수 있다. 그런데 [해]는 어디까지가 어간이고, 어디까지가 어미인지 분석하기도 어렵다. '하-'의 활용형 [해]처럼 어간과 어미를 분석하기 어려운 경우 어간-어미 불규칙이라고 한다.

---

4   '여' 불규칙 어간은 '하-' 하나밖에 없다.

(11) 어간-어미 불규칙

ㅎ 불규칙	
활용 예	파랗고[파라코], 파랗지[파라치], 파래, 파라면
그 외	이렇-, 저렇-, 그렇-, 노랗-, 파랗-, 하얗- …
'하-'의 활용형	
활용 예	'하-'의 활용형 [해]

'파랗-'의 경우 '파랗고[파라코], 파랗지[파라치]'는 'ㅎ' 축약이라는 공시적인 음운 규칙으로 설명할 수 있다. 그러나 [파래]와 [파라니]는 공시적인 음운 규칙으로 설명할 수 없다.[5]

(12) ㉠ 놓아[노아]

좋아[조아]

닿아[다아]

㉡ 놓으니[노으니]

좋으니[조으니]

닿으니[다으니]

241

(12㉠)에서 보듯이 /ㅎ/ 말음 어간 뒤에 '-아/어X'가 어미가 오면 /ㅎ/이 탈락

---

5   /ㅎ/ 말음 어간의 활용에 대한 자세한 설명은 ☞1.11. '놓다'의 활용형 '놔라[놔:라]'는 왜 규칙 활용인가요? 참조.

하는 교체만 일어난다. 하지만 '파랗+아'의 활용형은 *[파라아]가 아니라 [파래]인데, 이는 (12㉠)에서 보듯이 /ㅎ/ 말음 어간의 교체 패턴과 다르다. 그렇기 때문에 공시적인 음운 규칙으로 설명할 수 없다. 또한 (12㉡)에서 보듯이 /ㅎ/ 말음 어간 뒤에 '-으니'가 오면 역시 /ㅎ/가 탈락하는 교체만 일어난다. 그러나 '파랗+으니'의 활용형은 *[파라으니]가 아니라 [파라니]인데, 이 역시 (12㉡)의 일반적인 /ㅎ/ 말음 어간의 교체 패턴과 다르다. 그렇기 때문에 [파라니] 역시 공시적인 음운 규칙으로 설명할 수 없다. 그러므로 '파랗-'은 불규칙 어간이다.

많이 받는 질문 중의 하나가 '-거라'는 왜 불규칙이 아니냐는 것이다. 학교문법에서는 '-거라'를 불규칙으로 분류하지 않는다. '-거라'를 불규칙으로 분류하면 어미 불규칙의 하나로 분류될 수는 있을 것이다. 그러나 '-거라'는 명령형 어미 '-아/어라'와 분포가 상보적이지 않다. 이는 '-거라'가 '-아/어라'의 교체형이 아니라는 뜻이다.

(13) 가라   먹어라   보아라   잡아라
     가거라   먹거라   보거라   잡거라

(13)에서 보듯이 '-아/어라'가 나타나는 자리에 '-거라' 역시 나타날 수 있다. 교체형이라고 할 때는 분포가 상보적이어야 한다. 그런데 '-아/어라'와 '-거라'는 분포가 상보적이지 않으므로 교체형의 관계가 아니다. 그래서 '-거라'는 명령형 어미 '-아/어라'의 교체형이 아니라 별개의 명령형 어미 즉, 별개의 형태소로 본다. 즉 '-아/어라'와 '-거라'를 명령형 어미라는 동일한 문법적 의미를 가진 유의어로 해석한다.

그러면 '-너라'는 규칙 어미인가, 불규칙 어미인가? '-너라' 역시 '-거라'와 마찬가지로 또 다른 명령형 어미의 하나로 본다. '-너라' 역시 '-아/어라'와 분포가 상보적이지 않으므로 교체형의 관계가 아니다. 그러니까 '-너라'는 불규칙 어미가 아니라, '-아/어라', '-거라'와 같은 뜻을 가진 또 다른 형태소이다.

(14) 와라
오너라

'-너라'는 '-거라'와 달리 '오-' 동사와만 결합하는 제약이 있다. 즉 '-너라'는 어미임에도 불구하고 결합할 수 있는 어간이 '오-' 외에는 없는, 분포가 극도로 제약된 어미이다. 그러나 '오-'의 명령은 (14)에서 보듯이 '와라'라고도 한다. 즉 '-아/어라'와 '-너라'가 상보적이지 않다. 상보적이지 않기 때문에 '-너라'는 '-아/어라'의 교체형이 아니라 별개의 형태소로 볼 수밖에 없다. 그래서 '-너라' 역시 불규칙 어미가 아니다.

불규칙 교체라는 것은 교체형을 공시적으로 설명할 수 없다는 말과 같다. 다시 말하면 교체형에 적용된 교체를 '모르겠다'고 말한 것과 다르지 않다. 규칙적인 교체는 공시적인 음운 규칙으로 설명할 수 있다는 것이고, 불규칙적인 교체는 공시적인 음운 규칙으로 설명할 수 없다는 것이다. 그래서 불규칙에 대해서는 따로 문법적인 의미를 부여할 필요가 없다. 불규칙적이라는 말은 모른다는 것을 단지 고상하게 표현한 것에 지나지 않는다.

MEMO

3.

활용과 곡용,
문장에 대한
Q & A

3.1. '제가 경솔했습니다.'는 두 번 높인 건가요?

한마디로 설명

높임의 방법에는 두 가지가 있다. 하나는 상대를 높여서 높이는 것이고, 다른 하나는 자신을 낮춤으로써 상대를 높이는 것이다.[1] '제가 경솔했습니다.'에는 두 가지 방식의 높임이 모두 실현되었다. 즉 '-습니다'로 청자를 높이고, '- 제가'로 자신을 낮춤으로써 또 한 번 청자를 높였다.

'제'는 주체이면서 동시에 화자인데, 화자가 '내'라고 하지 않고 '제'로 자신을 낮춤으로써 결과적으로 청자를 높이고 있다. 또한 화자가 '-습니다'(청자 높임 선어말어미)[2]를 통해서 청자를 직접 높이고 있다. '제가 경솔했습니다'가 '내가 경솔했습니다.'보다 청자를 더 높인 것처럼 느껴지는 이유가 바로 여기에 있다. '내가 경솔했습니다.'는 청자를 높이기만 하지만, '제가 경솔했습니다.'는 청자를 높이면서 자신도 낮춤으로써 청자를 두 번 높이는 효과를 만들어 내기 때문이다.

---

1   자신을 낮추어서 상대를 높이는 것과 간접 높임은 다르다. 자신을 낮추어서 상대를 높이는 것은 높임의 방법에 해당하는 것이고, 간접 높임은 높임의 대상이 사람이냐 아니냐의 문제이다. 간접 높임 역시 직접 높임과 마찬가지로 '-시-'를 첨가해서 나타낸다. 즉 '할아버지가 손이 크시다.'에서 '손'은 높임의 대상은 아니지만, 높임의 대상인 '할아버지'와 관련되어 있기 때문에 간접적으로 '-시-'를 첨가해서 높인 것이다. 직접 높임과 간접 높임에 대한 자세한 설명은 ☞3.2. '할아버지 연세가 많으시구나!' 는 직접 높임인가요? 참조.

2   '-습니다' 전체를 하나의 어미 통합체로 보는데, '-습니다'를 다시 '-습니+다'로 분석하여 '-습니-'를 선어말어미로 보기도 한다.

높임법은 기본적으로 화자가 주체나, 객체, 청자를 높여서 높임을 표현하는 것이다. 그런데 화자가 자신을 낮춤으로써 상대를 높이는 것 또한 가능하다. 즉 청자를 높임으로써 청자를 높일 수도 있지만, 자신을 낮춤으로써 상대적으로 청자를 높일 수도 있다. 물론 둘 다의 방식으로 청자를 높일 수도 있다.

(1)　㉠ 형님, 내가 그 일을 마무리하겠습니다.
　　　㉡ 형님, 제가 그 일을 마무리하겠습니다.

(1㉠)과 (1㉡) 중 어느 것이 더 청자를 높인다고 느끼는가? 아마도 (1㉡)일 것이다. 왜 그럴까? 그것은 (1㉠)에서는 형님을 높이기만 했는데 비해 (1㉡)에서는 형님을 높이면서 자신도 '제'로 낮추었기 때문이다. 자신을 낮춤으로써 결과적으로 형님을 한 번 더 높이는 효과가 발생한 것이다. 그래서 (1㉠)에 비해 (1㉡)이 청자를 더 높인 것처럼 느끼게 된다. 청자를 더 높였으니까 청자의 입장에서 보면, (1㉠)에 비해 (1㉡)이 더 공손한 표현으로 들리게 된다.

(2)　㉠ 형님, 내가 그 일을 마무리할게요.
　　　㉡ 형님, 제가 그 일을 마무리할게요.

(1)과 (2) 중에는 어느 것이 더 공손한 표현으로 들리는가? 당연히 (1)이 더 공손하게 들릴 것이다. 왜 그럴까? 그 이유는 (1)이 격식적인 표현이기 때문이다. (2)는 비격식적인 표현이다. 즉 우리는 비격식적인 표현보다 격식적인 표현에서 더 공손함

을 느낀다.

이처럼 공손함을 느끼는 데에는 (3)처럼 자신을 낮추는 표현의 사용 유무와 격식/비격식의 차이가 관여적이다. 국어에서 이렇게 자신을 낮추는 방식이 많지는 않다.

(3)　㉠ 제, 저희, 소자, 소인
　　㉡ 말씀, 졸저, 졸고

(3㉡)의 '말씀'의 경우에는 그것이 남의 말일 때는 남의 말을 높이는 것이 되고, 그것이 자신의 말일 때는 자신의 말을 낮추는 것이 된다. 그래서 '말씀'이 누구의 말을 가리키는지 파악해야 한다.

(4)　㉠ 선생님의 말씀을 잘 들어라.
　　㉡ 선생님, 제가 한 말씀 드리겠습니다.

(4㉠)의 '말씀'은 선생님의 말이기 때문에 높여 이르는 것이고, (4㉡)의 '말씀'은 자신의 말이기 때문에 낮추어 이르는 것이다.

높임법에는 주체를 높이는 주체 높임, 청자를 높이는 청자 높임, 객체를 높이는 객체 높임 이렇게 3가지가 있다. 이처럼 높임의 대상은 주체, 청자, 객체 세 경우가 있는데, 그러면 누구와 비교해서 또는 누구를 기준으로 주체, 청자, 객체를 높이는 것인가? 이 물음이 높임법을 이해하는 핵심이다. 여기서 누구는 바로 화자이다.

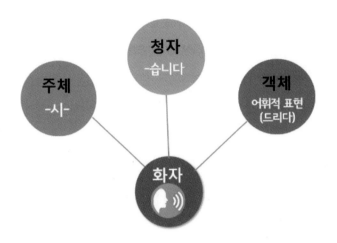

즉 화자가 생각할 때 주체가 자신보다 높으면 주체를 높이고, 화자가 생각할 때 청자가 자신보다 높으면 청자를 높인다. 그리고 객체 높임은 화자가 생각할 때 객체가 자신보다 높으면 객체를 높이는데, 단 이때는 객체가 화자 자신보다 높아야 하는 것에 더하여 주체보다도 높을 때이다. 다시 말해 객체 높임은 객체가 화자보다도 높고, 주체보다도 높을 때이다(아래 예문 (7)을 참고하기 바람).

주체 높임은 주체 높임 선어말어미 '-시-'를 통해서, 청자 높임은 어미 '-ㅂ니다/습니다'를 통해서 나타낸다. 객체 높임은 '드리다, 뵙다, 여쭈다, 모시다'와 같은 특정 어휘를 통해서 나타낸다.

높임의 양상	높임 표현 방법
주체 높임: 주체가 화자보다 높을 때	-시-
청자 높임: 청자가 화자보다 높을 때	-ㅂ니다/습니다, -ㅂ니까/습니까
객체 높임: 객체가 화자보다 높고, 주체보다 높을 때	특정 어휘: 드리다, 뵙다, 여쭈다…

청자 높임은 아래와 같이 네 등급으로 구분한다.

- 하십시오체: 가십니다, 가십니까?

- 하오체: 가오, 가오?

- 하게체: 가게, 가나?

- 해라체: 가라, 가니?

위의 네 등급은 격식체에서의 높임 등급이다. 비격식체는 문장이 종결된 상태에서 청자가 높다고 판단되면 보조사 '요'를 붙이면 된다.

(5)	높이지 않음	높임	
	이제 그만 가. 뭐 먹어? 책을 읽고 있네.	이제 그만 가요. 뭐 먹어요? 책을 읽고 있네요.	이제 그만 가세요 뭐 먹으세요?/뭐 드세요?[3] - - - - - - - - - - - -

비격식체 높임의 경우 '-세요'에 의한 높임도 있다. '-세요'에 의한 높임은 '요'에 의한 높임보다는 높고, 격식체 높임인 '-ㅂ니다/습니다'보다는 낮다. 즉 굳이 위계를 정한다면 '-ㅂ니다/습니다 〉 -세요 〉 요'이다. '-세요'가 '요'보다 높다고 인식되는 것은 '-세요'에 명시적으로 '-시-'가 보이지는 않지만 '-시-'의 흔적이 들어 있기 때문이다.

이제 예를 통해서 구체적으로 각 높임법에 대해 살펴보자.

---

3   '-세요'는 명령문과 의문문에만 쓰인다. 그래서 평서문에서는 '-세요'가 나타나지 않는다.

(6)

	높이지 않음	높임	
㉠	하늘이가 집에 간다.	할아버지께서 집에 가신다.	주체 높임
㉡	하늘아, 너 어디 가니?	할아버지, 어디 가십니까?	청자 높임
㉢	내가 동생에게 책을 주었다.	내가 선생님께 책을 드렸다.	객체 높임

(6㉠)은 주체 높임의 예이다. '가다'의 주체는 '하늘이'와 '할아버지'이다. '하늘이'가 주체일 때는 '-시-'를 쓰지 않았고, '할아버지가' 주체일 때는 '-시-'를 썼다.[4] '하늘이'는 화자가 생각하기에 자신보다 높지 않다고 판단하기에 '-시-'를 쓰지 않았고, 할아버지는 화자가 자신보다 높다고 판단해서 '-시-'로 높인 것이다. 이처럼 화자가 생각할 때 주체가 자기보다 높다고 판단하면 '-시-'를 써서 주체를 높이고, 주체가 자기보다 높다고 판단하지 않으면 '-시-'를 쓰지 않는다.

(6㉡)에서 청자는 각각 '하늘이'와 '할아버지'이다. 청자가 '하늘이'일 때는 '-ㅂ니까'를 쓰지 않았고, 청자가 '할아버지'일 때는 '-ㅂ니까'를 썼다. 할아버지는 청자의 관점에서 자신보다 높은 사람이기 때문에 '-ㅂ니까'로 높인 것이다.

(6㉢)의 '할아버지 어디 가십니까'에는 주체 높임과 청자 높임 2가지의 높임이 실현되어 있다. 즉 '가+시+ㅂ니까'에서 보듯이 '-시-'도 있고, '-ㅂ니까'도 있다. 왜 두 가지 높임이 한 문장 안에 동시에 실현되었을까? 그것은 '할아버지'가 청자이면서 동시에 '가다'의 주체이기 때문이다. 그래서 화자의 입장에서 주체인 할아버지가 화자인 자신보다 높기 때문에 주체로서의 할아버지를 높인 것이다. 또한 청자인

---

4   전형적인 높임법에서는 주체 높임 선어말어미 '-시-'가 있으면 주격 조사도 '-이/가'가 아니라 '-께서'로 실현된다. 즉 '-시-'가 있으면 '-께서'이고, '-께서'가 있으면 '-시-'가 있어야 하는데, 이를 일치(agreement) 관계라고 한다. 그런데 현재 실제 언어 사용에서는 이러한 일치 관계가 잘 지켜지지 않는다.

할아버지 역시 화자인 자신보다 높기 때문에 청자로서의 할아버지도 높인 것이다.

(6ⓒ)은 객체 높임의 예인데, '주었다'가 '드렸다'로 바뀌게 된 이유는 책을 받는 대상 즉, 객체의 차이 때문이다. '동생'은 높임의 대상이 아니지만, 선생님은 높임의 대상이기 때문에 객체인 선생님 때문에 '주다'가 '드리다'로 바뀌게 된 것이다.

 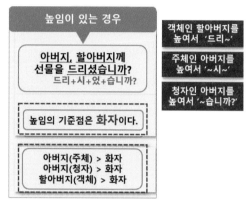

그런데 객체 높임은 객체가 화자보다 높고, 주체보다도 높을 때만 가능하다. (7)처럼 객체가 화자보다 높지만, 주체보다 높지 않으면 객체 높임을 하지 않는다.

(7) 할아버지께서 아버지에게 선물을 주셨다.

(7)에서는 객체인 '아버지'가 화자보다 높기는 하지만, 주체인 '할아버지'보다 높지는 않다. 그래서 '드리다'로 높이지 않았다. 이처럼 비록 객체가 화자보다 높더라도 주체보다 높지 않을 때는 객체를 높이지 않는 것이 일반적이다. '주시다'의 '-시-'는 선물을 주는 주체가 할아버지이므로 할아버지를 높인 것이다.

그런데 최근의 일상 언어에서의 높임법 사용은 상당히 혼란스럽게 변화하고 있다. 그래서 '할아버지께서 아버지께 선물을 드리셨다.'와 같은 표현도 들을 수 있다. 뿐만 아니라 '자리 나오시면 안내해 드리겠습니다'와 같이 주체가 높임의 대상이 될 수 없는 '자리'인데도 불구하고 '-시-'를 넣어 표현하는 것을 자주 들을 수 있다. 이처럼 현재 높임법은 규범의 관점에서 보면 혼란스럽고 잘못된 표현이 많다.

그런데 이러한 해석은 규범의 관점에서 그런 것이다. 언어적인 관점에서 보면 '자리 나오시면'과 같은 표현은 높임법의 변화가 진행중임을 보여 주는 것이다. 중세국어에서 객체가 화자보다 높을 때 '-ᅀᆞᆸ/줍/ᄉᆞᆸ-'을 써서 높였는데, 이러한 높임법이 근대국어 이후 소멸되었다. 이런 것처럼 현재 높임법의 혼란스러운 상황은 앞으로 높임법이 어떻게든 변화할 가능성이 많음을 보여 준다.

그러면 겹문장에서의 높임법은 어떻게 실현될까? 겹문장은 서술어가 둘 이상인 문장이다. 그러니까 겹문장을 이루는 각각의 서술어마다 주체, 객체가 상정될 수 있다. 따라서 주체 높임, 객체 높임 역시 각각의 서술어마다 화자와의 관계에 의해 높임법의 실현 유무가 결정된다.

(8) ㉠ 하늘이는 학교에 가고, 할아버지께서는 시내에 가신다.
      [하늘이는 학교에 가고], [할아버지께서는 시내에 가신다.]
    ㉡ 하늘이는 시내에 가신 할아버지를 기다린다.
      [하늘이는 [(할아버지) 시내에 가신] 할아버지를 기다린다.]

(8㉠)은 이어진문장인데, 서술어 '가다'가 두 번 쓰였다. 앞 문장에서 '가다'의 주체는 '하늘이'이므로 하늘이를 높이지 않았고, 후행 문장에서 '가다'의 주체는 '할아버지'이므로 할아버지를 높여서 '가신다'로 나타내었다. (8㉡)은 안은문장인데, 안긴문장의 서술어 '가다'의 주체는 '할아버지'이므로 할아버지를 높여서 '가신'으로 나타내었고, 안은문장의 서술어 '기다리다'의 주체는 '하늘이'이므로 하늘이를 높이지 않은 '기다린다'로 나타내었다.

3.2. '할아버지 연세가 많으시구나!'는 직접 높임인가요?

한마디로 설명

서술어 '많다'의 주체는 '할아버지'가 아니라 '연세'이고, '연세'는 사람이 아니니까 주체 높임의 대상이 아니다. 그런데도 '많으시구나'라고 한 것은 '연세'가 높임의 대상인 할아버지와 관련된 것이기 때문에 간접적으로 높여 준 것이다. 즉 '-시-'는 할아버지의 나이를 높인 것인데, 할아버지의 '나이'를 높임으로써 할아버지를 간접적으로 높인 것이다. 이때 '나이'는 대응하는 높임말 '연세'가 있으므로 '나이' 대신 '연세'를 사용하였다. '나이'라고 하지 않고 '연세'라고 한 것은 그것이 할아버지와 관련되어 있기 때문이다. 그래서 '연세'라는 어휘도 일종의 간접 높임이다.[1]

자세히 설명

높임의 대상은 당연히 사람이다. 예외적으로 사람이 아닌 사물을 높이는 경우도 있다. 그때는 화자가 그 사물을 자신보다 높은 대상이라고 주관적으로 판단할 때이다. 원칙적으로 높임법은 사람을 높이는 것이고, 높일 것인지 아닌지를 판단하는

---

[1] '연세'가 '나이'의 높임말이지만, 그렇다고 '연세' 자체가 높임은 아니다. '동생의 나이', '할아버지의 연세'처럼 관련된 인물이 높임의 대상이냐 아니냐에 따라 '나이'와 '연세'가 선택된다는 점에서 일종의 일치 현상으로 해석할 수 있다. 그러나 어쨌든 직접 높임이 아닌 것은 명확하다는 점에서, 직접 높임과 간접 높임 중에 어느 쪽에 더 가깝냐고 한다면 간접 높임에 더 가깝다.

주체는 화자 자신이다. 즉 화자가 어떤 사람이 나보다 높다고 판단하면 높임법을 사용한다. 높이고자 하는 사람이 주체이면 주체를 높이는 것이 되고, 청자이면 청자를 높이는 것이 되고, 객체이면 객체를 높이는 것이 된다. 이렇게 높이는 대상이 사람일 때의 높임을 직접 높임이라고 한다.[2]

그런데 높이는 대상이 사람이 아닌 경우도 있다. 예컨대 '비님이 오신다' 라고 하는 경우가 이에 해당한다. 이때 '-시-'는 사물인 '비님'을 직접 높인 것이다. 그런데 이처럼 사물을 직접 높이는 경우는 화자가 그 사물에 주관적으로 높임의 의미를 부여하는 것으로 특수한 언어 사용이다. 여기서 '비님'도 '비'에 높임의 의미를 더하는 접사 '-님'이 결합한 높임말이다.

이와는 달리 사람이나 사물을 직접 높이는 것이 아니라, 간접적으로 높이기도 한다. 즉 높임의 대상이 되는 사람과 관련된 어떤 것을 높이는 경우인데, 이러한 높임을 간접 높임이라고 한다.

직접 높임과 간접 높임은 높임의 대상이 사람이냐 아니냐에 따른 구분이다. 높이는 방식은 직접 높임이든 간접 높임이든 똑같이 주체 높임 선어말어미 '-시-'를 통해 나타낸다.

(1) 할아버지께서 내 손을 잡으셨다(잡-으시-었-다).

(2) ㉠ 선생님이 손이 크시다.
㉠' 선생님의 손이 크시다.
㉡ 할아버지는 돈이 많으시다.

2 주체 높임, 청자 높임, 객체 높임에 대한 자세한 설명은 ☞3.1. '제가 경솔했습니다.'는 두 번 높인 건가요? 참조.

(1), (2) 모두 주체 높임 선어말어미 '-시-'를 통해 높임이 표현되었다. 그런데 (1)은 사람인 '할아버지'를 높인 직접 높임이고, (2)는 사물인 '손', '돈'을 높인 간접 높임이다. (1)에서 서술어 '잡다'의 주체는 사람인 '할아버지'이다. 그래서 '-시-'를 첨가하여 주체인 할아버지를 직접 높였다. 이에 비해 (2)에서 '-시-'는 사물인 '손'과 '돈'을 높여서 '선생님'과 '할아버지'를 간접적으로 높이고 있다.

(2㉠)의 '선생님이 손이 크시다.'에서 서술어 '크다'의 주어는 '손'이다. 즉 '손'이 '크다'의 주어이긴 하지만, 주체 높임의 '주체'는 아니다. 그렇다고 '선생님'이 '크다'의 주체'도 아니다. '선생님'이 큰 게 아니라 (2㉠')에서 보듯이 '선생님의 손'이 큰 것이기 때문이다. 그러니까 '손'은 주체 높임의 대상이 될 수 없지만, 그 손이 선생님의 손이기 때문에 높여 준 것이다. 그래서 (2㉠)은 간접 높임이다.

(2㉡)의 '할아버지는 돈이 많으시다.'에서 '많다'의 주어는 '돈'이다. '할아버지'는 '많다'의 주어도 아니고, '많다'의 주체도 아니다. 많은 것은 '할아버지'가 아니고 '돈'이기 때문이다. '돈'은 높임의 대상이 될 수 없지만, 그 돈이 할아버지의 돈이기 때문에 높인 것이다. 그래서 (2㉡)도 간접 높임이다.

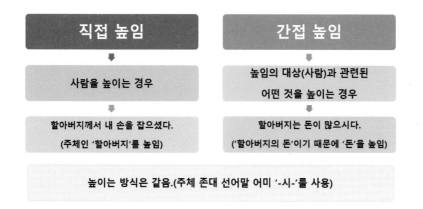

높임은 기본적으로 어미를 첨가하여 표현한다. 즉 주체 높임은 주체 높임 선어말어미 '-시-'를 첨가시켜서, 그리고 청자 높임은 어미 '-ㅂ니다/습니다'를 첨가시

켜서 표현한다. 그런데 우리말에는 '밥 : 진지' 처럼 높임말이 아예 따로 있는 어휘들이 있다. 이렇게 높임의 의미를 가지고 있는 어휘를 통해 높임을 표현하는 것은 어휘적 높임이라고 한다.

---

(3) ㉠ 있다 : 계시다, 자다 : 주무시다

㉡ 주다 : 드리다, 묻다 : 여쭈다

---

(4) 밥 : 진지, 얼굴 : 용안, 나이 : 연세, 집 : 댁, 이름 : 성함

(3㉠)의 높임말 '계시다, 주무시다'는 주체를 높이는 어휘이고, (3㉡)의 높임말 '드리다, 여쭈다'는 객체를 높이는 어휘이다. (4)에서 높임말은 '동생의 얼굴 : 임금의 용안', '동생의 밥 : 할아버지의 진지'처럼 해당 어휘와 관련된 인물이 높임의 대상이냐 아니냐에 따라 선택된다. 그래서 (4)와 같은 명사의 높임말도 굳이 직접 높임과 간접 높임 중의 하나로 분류한다면 간접 높임으로 분류할 수 있다. 해당 어휘가 높임의 대상이 아니라 해당 어휘와 관련된 인물이 높임의 대상이어서 선택된 것이기 때문이다.

일반적으로 주체 높임은 (5㉠)에서 보듯이 주체 높임 선어말어미 '-시-'를 첨가하여, 그리고 청자 높임은 (5㉡)에서 보듯이 어미 '-습니다/ㅂ니다'[3]를 첨가하여 나타낸다.

---

3 '-습니다/-ㅂ니다' 전체를 하나의 어미 통합체로 보는데, '-습니다/-ㅂ니다'를 다시 '-습니+다/-ㅂ니+다'로 분석하여 '-습니-/-ㅂ니-'를 선어말어미로 보기도 한다.

> (5) ㉠ 동생이 간다.: 할아버지께서 가신다.(가+시+ㄴ+다)
>
> ㉡ 보람아, 질문 있어: 선생님, 질문 있습니다.(있+습니다)

(5㉠)에서 '간다'와 '가신다'의 차이를 유발하는 것은 주체인 '동생'과 '할아버지'이다. 그래서 '가신다'의 '-시-'가 주체인 할아버지를 높인다는 것을 확인할 수 있다. 그리고 (5㉡)에서 '있어'와 '있습니다'의 차이를 유발하는 것은 청자인 '보람'과 '선생님'이다. 그래서 '-습니다'가 청자인 선생님을 높인다는 것을 확인할 수 있다.

그런데 현대국어에서 객체를 높이는 문법적인 장치는 따로 없다.[4] 다만 객체가 높임의 대상일 때 (3㉡)의 '드리다', '여쭈다'처럼 특정 어휘를 사용하여 객체 높임을 나타낼 뿐이다.[5]

> (6) ㉠ 영호가 친구를 만났다.: 영호가 선생님을 뵈었다.
>
> ㉡ 영호가 친구에게 선물을 주었다.: 영호가 할아버지께 선물을 드렸다.

(6㉠)에서 '만나다:뵈다'의 차이를 유발한 것은 객체(목적어)인 '친구'와 '선생님'의 차이이다. 그리고 (6㉡)에서 '주다:드리다'의 차이를 유발한 것은 객체(필수적 부

---

4   객체는 목적어이거나 또는 '-에게'에 해당하는 대상이다. '나는 선생님을 뵈었다.'에서는 목적어 '선생님'이 객체이고, '영호가 할아버지께 선물을 드렸다.'에서는 필수적 부사어 '할아버지께'가 객체이다.

5   중세국어에서는 객체 높임 역시 선어말어미를 통해 실현하였다. 즉 객체가 높임의 대상일 때 객체 높임 선어말어미 '-습/줍/습-'을 통해 객체를 높였다. 아래에서 객체인 '부텨'를 높이기 위해 '-습-'이 첨가되었다.

    혼 ᄆᆞᅀᆞᄆᆞ로 부텨를 보ᅀᆞᄫᅢ더니 (한 마음으로 부처를 뵈었더니)

사어)인 '친구'와 '할아버지'이다. 그래서 '뵈다'와 '드리다'가 객체 높임과 관련된 어휘라는 것을 확인할 수 있다.

직접 높임, 간접 높임과 관련하여 한 가지 경우만 더 살펴보자.

> (7) ㉠ 선생님께서는 학교에 계셨다/있으셨다.
>   ㉡ 교장 선생님의 말씀이 *계시겠습니다/있으시겠습니다.

(7㉠)은 주체가 사람인 '선생님'이다. 주체가 사람일 때는 '계시다', '있으시다' 모두 가능하다. 하지만 (7㉡)처럼 주체가 사람이 아닌 '말씀'일 때 '계시다'로 높이는 것은 안 된다.[6] 왜냐하면 '계시다'는 주체가 사람일 때만 쓸 수 있기 때문이다. 그 말씀이 교장 선생님의 '말씀'이므로 '-시-'를 첨가하여 '있으시다'로 간접적으로 높일 수는 있다.

260

---

6   규범에서는 주어가 사람일 때만 '계시다'를 사용한다고 설명하고 있다. 그런데 실제 언어 사용에서는 '말씀이 계시겠습니다'처럼 사람이 아닐 때도 '계시다'를 사용하는 경우가 많다.

3.3. '좋은 추억을 품고 산다.'에서 어말어미는 몇 개인가요?

한마디로 설명

어말어미의 개수는 동사, 형용사, 'NP+이'의 개수와 정확히 일치한다. '좋은 추억을 품고 산다.'에는 3개의 용언이 있으므로 어말어미 역시 3개이다. '좋은'의 '-은', '품고'의 '-고', '산다'의 '-다' 이렇게 3개이다.

어말어미의 정의를 정확히 이해하면 의외로 무척 단순하다. '어말어미'의 어말(語末)은 서술어의 마지막이라는 뜻이다. 그러니까 어말어미는 서술어의 마지막에 오는 어미이다. 국어에서 서술어로 기능하는 것은 용언인 동사, 형용사, 그리고 'NP+이' 이렇게 3개이다. 이들은 활용을 한다. 서술어의 마지막에 오는 어미가 어말어미라고 했는데, 이는 곧 활용형의 맨 마지막에 오는 어미가 어말어미라는 말과 같다.

자세히 설명

동사, 형용사 그리고 'NP+이'의 개수와 어말어미의 개수는 일치한다. 그리고 원칙적으로 문장의 개수는 서술어의 개수와 일치하는데, 국어에서 서술어로 기능하는 것은 용언인 동사, 형용사 그리고 'NP+이'이다. 따라서 원칙적으로 '문장의 개수 = 서술어의 개수 = 동사, 형용사, 'NP+이'의 개수'라는 등식 관계가 성립된다.

그런데 여기서 '원칙적으로'라고 한정한 것은 '본용언+보조용언' 구성이라는 예외의 존재 때문이다. 즉 학교문법에서 '본용언+보조용언' 구성은 2개의 용언으

261

로 이루어져 있지만, 하나의 서술어로 본다.[1] '본용언+보조용언' 구성을 제외하면, 동사, 형용사, 'NP+이'의 개수와 문장의 개수 역시 일치한다. '본용언+보조용언' 구성을 하나의 서술어로 보더라도 어말어미는 여전히 2개이다. 어말어미의 개수는 활용형의 개수와 같으니까, 본용언에 하나, 보조용언에 하나 그래서 2개이다.

동사, 형용사, 'NP+이'의 개수와 어말어미의 개수는 예외 없이 일치한다. 하지만 동사, 형용사, 'NP+이'의 개수와 종결어미의 개수는 일치하지 않는다. 어미의 분류 체계를 알면, 이러한 사실을 이해하기가 쉽다.

(1) 어미 분류 체계

어미	어말 어미	종결어미	-다 -니? -아/어라 -구나 -어 -지…
		전성어미	명사형 전성어미 → -음 -기
			관형사형 전성어미 → -은 -는 -을
			부사형 전성어미 → -게 -도록
		연결어미	대등적 연결어미 → -고 -지만 -으나…
			종속적 연결어미 → -으니까 -아/어서…
			보조적 연결어미 → -아/어 -게 -지 -고
	선어말 어미	시제 선어말어미	-았/었- -겠- -는- -더-
		높임 선어말어미	-시-

---

1   '본용언+보조용언' 구성에 대해서는 ☞3.7. '너 두고 보자'에서 '보자'는 본용언인가요, 보조용언인가요? 참조.

(1)에서 보듯이 종결어미는 어말어미의 하나이다. 서술어의 마지막 즉, 활용형의 마지막에 오는 어미가 어말어미라고 했는데, 어말어미에는 여러 종류가 있다. 종결어미도 어말어미이고, 전성어미, 연결어미도 모두 어말어미이다. 모든 활용형은 예외 없이 어말어미로 끝난다. 어말어미 중에 종결어미가 있다.

서술어가 하나인 홑문장은 어말어미가 곧 종결어미이다. 그러나 서술어가 2개 이상인 겹문장은 서술어의 개수가 몇 개이든 종결어미는 하나이고, 어말어미의 개수는 서술어의 개수와 같다. 즉 홑문장이냐 겹문장이냐에 따라 어말어미의 개수는 다르지만, 홑문장이든 겹문장이든 종결어미의 개수는 1개이다.

(2)　내가 어제 <u>본</u> 사람이 그때 네가 <u>만나기로</u> <u>약속한</u> <u>사람이다.</u>

(2)에서 서술어는 밑줄 친 부분 즉, '보다', '만나다', '약속하다', '사람이다' 이렇게 4개이다. 그러면 (2)에서 어말어미의 개수와 종결어미의 개수는 각각 몇 개인가? 어말어미의 개수는 서술어의 개수와 일치한다고 하였으니까, 어말어미의 개수는 4개이다('본'에서 '-은', '만나기'에서 '-기', '약속한'에서 '-은', '사람이다'에서 '-다'). 그리고 종결어미는 '사람이다'에서 '-다' 1개이다.

(3)

서술어	형태소 분석	어말어미 종류
본	보- + -은	관형사형 어미
만나기	만나- + -기	명사형 어미
약속한	약속하- + -은	관형사형 어미
사람이다	사람이 + -다	종결어미

263

어말어미와 종결어미의 구분은 절과 문장을 구별하는 단서로 활용할 수 있다. 절과 문장을 구분한다면, 안긴문장이 절에 해당하고, 안은문장이 문장에 해당한다. 절과 문장을 구별하는 하나의 방법이 어말어미가 종결어미이냐 아니냐이다. 즉 어말어미가 종결어미가 아니면 절이고, 어말어미가 종결어미이면 문장이다.

그러면 아래 각 문장에서 어말어미의 개수와 종결어미의 개수를 찾아보라.

---

(4) ㉠ 공기는 맑고, 하늘은 푸르다.

㉡ 나의 저녁 식사는 언제나 즐겁다.

㉢ 세상은 내가 원하는 대로 흘러간다.

㉣ 눈이 부시게 푸르른 날은 그리운 사람을 그리워하자.

지금까지의 설명을 이해했다면 쉽게 찾을 수 있을 것이라 생각한다. 어말어미의 개수는 서술어의 개수와 일치한다. (4㉠)의 어말어미의 개수는 2개이고(맑고, 푸르다), (4㉡)의 어말어미의 개수는 1개이다(즐겁다). 그리고 (4㉢)의 어말어미의 개수는 2

개이고(원하는, 흘러간다), 마지막으로 가장 복잡한 문장인 (4ㄹ)의 어말어미의 개수는 4개이다(부시게, 푸르른, 그리운, 그리워하자). 하지만 (4ㄱ) ~ (4ㄹ) 모두 종결어미의 개수는 1개로 같다.

선어말어미는 용언의 어간과 어말어미 사이에 있는 어미이다. '선어말(先語末)'의 뜻이 어말의 앞이라는 뜻이다. 그러니까 선어말어미는 어말어미 앞에 있는 어미라는 뜻이다. 용언 어간과 어말어미 사이에 오는 어미는 무엇이든, 그리고 개수가 몇 개이든 모두 선어말어미이다. 선어말어미는 어말어미와 달리 반드시 있어야 하는 것은 아니다. 선어말어미는 문법적 의미가 필요할 때 해당 선어말어미를 첨가하는 것이다. 그래서 하나의 서술어에 선어말어미가 없을 수도 있고, 1개일 수도 있고, 2개 이상일 수도 있다.

(5) ㉠ 입다

     ㉡ 입었다

     ㉢ 입었겠다

     ㉣ 입었겠더라

     ㉤ 입으시었겠습니다

(2㉠)은 선어말어미가 없다. (2㉡)은 선어말어미가 '-었-' 1개, (2㉢)은 '-었-'과 '-겠-' 2개이고, (2㉣)은 '-었-', '-겠-', '-더-' 3개이다. 마지막으로 (2㉤)은 '-(으)시-', '-었-', '-겠-' 3개이다. '-습니다'를 다시 '-습니-다'로 분석하게 되면 '-습니-'가 추가되어 4개이다.[2]

---

2   '-습니-'를 선어말어미로 보기도 하고, '-습니다' 전체를 하나의 어미 통합체로 보기도 한다. 후자의 관점에서는 '-습니-'가 선어말어미가 아니다. 사전

에서는 '-습니다'가 표제어로 등재되어 있다. 그런데 '먹습니다:먹습디다'처럼 '-습니-'와 '-습디-'가 대응한다고 보고 '-습니-'와 '-습디-'를 선어말어미로 보기도 한다. 또한 '-습니-'를 다시 '-습-'과 '-니-'로 분석하기도 한다. 이 경우 '-니-'가 무엇인지, '-디-'가 무엇인지 공시적으로 설명하기 어려운 문제가 있기 때문에 일반적인 관점은 아니다. 어미 통합체는 하나 이상의 형태소로 되어 있는 것은 맞지만, 각각의 형태소를 분리할 수 없어서 하나의 덩어리로 보는 것을 이른다.

3.4. '그는 밥을 먹지를 않는다.'에서 '먹지를'의 '를'은 목적격 조사인가요?

한마디로 설명

목적격 조사는 목적어인 체언에 결합하여 그 체언이 목적어임을 나타내는 기능을 한다. 그런데 '그는 밥을 먹지를 않는다.'에서 '먹지를'은 목적어가 아니므로 '를'이 목적격 조사일 수 없다. 이 문장에서 목적어는 '밥'이고, '밥을'의 '을'은 '밥'이 목적어임을 나타내는 목적격 조사이다.

	그는 밥을 먹지를 않는다.
그는 밥을 먹지 않는다.	그는 밥을 먹지도 않는다.
	그는 밥을 먹지는 않는다.

위에서 보듯이 '본용언+보조용언' 구성일 때, 본용언과 보조용언 사이에는 보조사가 들어갈 수 있다. '먹지를 않는다'의 '를'은 위에서의 보조사 '도', '는'과 그 기능이 같다. 즉 '먹지를 않는다'에서 '를'은 목적격 조사 '를'과 형태가 같지만 기능은 목적격 조사가 아닌 보조사의 기능을 하고 있다.

자세히 설명

국어학에서 '먹지 않다' 처럼 '본용언+보조용언' 구성은 그 자체로 설명이 까다로운 현상이다. 가장 먼저 논란이 되는 것은 '본용언+보조용언' 구성이 하나의 문장이냐 두 개의 문장이냐 하는 것이다. 문장의 개수는 서술어의 개수와 같은데, 이렇게 보면 '본용언+보조용언' 구성은 서술어가 2개이므로 2개의 문장이다. 반면

'본용언＋보조용언' 구성 전체를 하나의 서술어로 보기도 한다. 즉 '본용언＋보조용언' 구성 전체가 복합어는 아니지만 하나의 단어처럼 기능한다는 것이다. 그러나 단어는 아니고 2개의 용언으로 이루어진 하나의 서술어 즉, 복합 서술어(complex verb)로 보는 견해가 있다. 학교문법은 복합 서술어의 관점을 채택하고 있다.

(1)   [e [봄이 오고] 있다]

(2)   [봄이 오고 있다.]
       서술어

(1)은 '본용언＋보조용언' 구성을 2개의 문장으로 해석하는 것이고, (2)는 하나의 문장으로 해석하는 것이다. 즉 (2)는 '오고 있다' 전체가 하나의 용언(복합 서술어)처럼 기능한다고 보는 것이다. (1)처럼 2개의 문장으로 해석할 경우, 안은문장의 서술어 '있다'는 주어가 없는 것이 문제가 된다. 그래서 (1)의 입장에서는 없지만 있다고 가정하는 주어 즉, 공범주(empty category)의 주어가 있다고 가정한다. (1)에서 'e'라고 표시한 것이 보이지 않지만 있다고 가정하는 주어이다.

'본용언＋보조용언' 구성을 하나의 서술어로 해석할 때는 본용언과 보조용언 사이에 보조사가 자연스럽게 개입되는 것을 설명하는 데 어려움이 있다. 본용언과 보조용언 사이에 제3의 요소가 개입될 수 있다는 것은 '본용언＋보조용언' 구성을 하나의 단위로 기능하는 서술어로 보기 어렵게 만들기 때문이다.

(3)   ㉠ 보람아, 너무 서두르지 마라.
       ㉡ 보람아, 너무 서두르지는 마라.

ⓒ 보람아, 너무 서두르지도 마라.

ⓔ 보람아, 너무 서두르지만 마라.

(3ⓛ~ⓔ)에서 보듯이 본용언과 보조용언 사이에 보조사가 자연스럽게 들어갈 수 있다. '서두르지는, 서두르지도, 서두르지만'의 '는, 도, 만'은 정의상 어미일 수는 없다. 왜냐하면 '서두르지'에서 '지'가 이미 어말어미이기 때문이다. 어말어미는 어의 마지막, 즉 서술어의 마지막에 오는 어미인데, 그 뒤에 다시 어떤 어미가 오게 되면 이미 어말어미일 수 없다. 그래서 '는, 도, 만'은 현재의 문법 틀에서 보조사로 해석하는 것 외에는 달리 방법이 없다. 격 조사는 체언하고만 결합하기 때문에 격 조사일 수 없고, 체언 이외에 다른 문법 범주와 결합할 수 있는 것은 보조사이기 때문이다.

(4) 보람아, 너무 서두르지를 마라.

(4)에서 '서두르지를'의 '를'은 (3)의 보조사 '는, 도, 만'과 같은 기능을 한다. 그러므로 '서두르지를'의 '를'은 '는, 도, 만'과 같은 보조사이다. 격 조사는 체언하고만 결합할 수 있기 때문에 '서두르지'라는 활용형과 결합한 '를'은 정의상 격 조사일 수는 없기 때문이다. 즉 '서두르지를'의 '를'은 목적격 조사 '를'과 형태는 같지만, 내용 즉, 기능은 전혀 다르다.

269

(5) 여름인데 날이 덥지를 않다.

(5)에서는 타동사가 하나도 없기 때문에 목적격 조사 '를' 자체가 상정될 수 없다. '를'과 결합한 (4)의 '서두르지', (5)의 '덥지'가 목적어가 아니므로, 여기에 결합한 '를'은 목적격 조사 '를'과는 그 기능이 같을 수 없다. 그래서 '서두르지를'의 '를'을 목적격 조사 '를'과 구분하여 따로 보조사 '를'을 설정하기도 한다.

다른 하나의 방법은 목적격 조사 '를'을 하나만 설정하고, 목적어 이외에 결합하는 '를'은 목적격 조사의 또 다른 기능으로 설명하는 것이다. 이는 목적어에 결합한 '를'은 목적격 조사이고, 목적어가 아닌 다른 것에 결합한 '를'은 목적격 조사의 또 다른 기능으로 보는 것이다. 즉 '를'이 목적격 조사로 쓰이지만, 보조사로도 쓰인다는 것이다. 하나의 단어가 2가지 이상의 품사로 쓰이는 품사 통용처럼, 하나의 형태소가 격 조사와 보조사 2가지 기능을 한다고 해석하는 것이다.

학교문법은 '를'을 목적격 조사로만 규정하고, '를'이 결합한 것은 목적어라고 해석하는 관점이다. 그래서 학교문법에서 (5ⓒ)의 '학교를'은 목적어로 해석된다.

(6) ㉠ 보람이가 학교에 간다.
　　㉡ 보람이가 학교를 간다.

　학교문법에서 (6㉠)의 '학교에'는 부사어이고, (6㉡)의 '학교를'은 목적어이다. 왜냐하면 학교문법에서는 '에'는 항상 부사격 조사로 기능하고, '를'은 항상 목적격 조사로 기능한다고 보기 때문이다. 즉 '학교+에'처럼 체언에 부사격 조사가 결합한 곡용형은 문장에서 항상 부사어로 기능하고, 목적격 조사가 결합한 곡용형은 항상 목적어라고 보는 것이 학교문법의 관점이다.

　그런데 학교문법의 이러한 관점은 (4)에서 '서두르지를 마라'의 '서두르지를'에서 문제가 된다. 학교문법의 관점을 그대로 적용하면 '서두르지'는 목적격 조사 '를'이 결합하였으므로 목적어이어야 한다. 그러나 이는 당장 격 조사는 체언하고만 결합한다는 상위 원리를 위반한다. 무엇보다 문제는 '서두르지'는 서술어이므로 절대로 목적어일 수도 없다. 용언에 격 조사가 결합하려면 용언에 명사형 어미가 '-음, -기'가 결합한 활용형일 때이다.[1] '서두르지'의 '-지'는 명사형 어미가 아니므로 격 조사가 결합할 수 없다.

　'서두르지를 마라'의 '를'은 결코 목적격 조사일 수는 없다. 또한 '서두르지'의 '-지'가 이미 어말어미이므로 '를'이 어미일 수도 없다. 어말어미는 그 정의상 뒤에 다른 어미가 올 수 없는 어미이다. 이제 남은 것은 보조사뿐이다. 또는 목적격 조사 '를'의 또 다른 기능으로 해석하는 것이다. 후자의 경우에도 목적격 조사 '를'의 또 다른 기능은 결국 보조사적 기능이다. 그래서 이는 목적격 조사 '를', 보조사 '를'처럼 별도의 형태소를 설정하느냐, 아니면 품사 통용처럼 목적격 조사 '를' 안에서 보

1　정확히는 '-음', '-기'가 이끄는 명사절에 격 조사가 결합한다.

조사적 기능으로 보느냐의 차이이다.

학교문법대로라면 '보람이가 학교에를 간다.'와 같은 예는 매우 골치가 아파진다. '학교에를'은 목적어인가, 아닌가? 이 물음에 학교문법이 제대로 답하기는 어렵다. 하지만 '를'을 별도의 보조사로 설정하거나 또는 '를'에 보조사적 기능이 있다는 것을 인정하면 쉽게 답할 수 있다. '학교에를'은 여전히 부사어이며, 부사어 '학교에'에 보조사 또는 보조사적 기능의 '를'이 결합한 것으로 해석되기 때문이다. 부사어에는 '빨리만/도/는 달린다'처럼 보조사가 결합할 수 있다. '빨리를'도 가능하다.

본용언과 보조용언 사이에 목적격 조사만 들어갈 수 있는 것은 아니다.

> (7) ㉠ 세상이 조용하지가 않다.
>   세상이 조용하지를 않아서…
>   ㉡ 음식이 맛있지가 않다
>   음식이 맛있지를 않아서…

(7)에서 보듯이 '조용하지 않다' 사이에 주격 조사 '가'가 들어가서 '조용하지가 않다'로도 쓰인다. 같은 구성에서 '조용하지를 않아서'처럼 목적격 조사 '를'이 들어가기도 한다. 이 사실도 '서두르지를 마라'의 '를'이 격과 무관하다는 것을 말해준다.

'본용언+보조용언' 사이에 '가'가 들어갈 수는 있는데, (8)에서 보듯이 '를'에 비해서는 제약이 크다.

(8) ㉠ {조용하지가, 조용하지를} 않다.

     ㉡ 시간이 {가지가, 가지를} 않는다.

     ㉢ 아이가 {*뛰지가, 뛰지를} 않는다.

     ㉣ 밥을 {*먹지가, 먹지를} 않는다.

'전기가 끊어지게 되다.'는 왜 적절하지 않나요?

'끊어지다'가 피동의 뜻을 가진 동사이므로 '전기가 끊어지다.'는 이미 피동문이다. 피동사 '끊어지다'는 원래 '끊+어지다'가 결합한 통사적 구성이었는데, 통사적 구성이 긴밀해지면서 단어가 된 것이다. 그래서 '전기가 끊어지다.'가 이미 피동문이다. 그런데 여기에 다시 통사적 피동인 '-게 되다'가 결합한 것이 '전기가 끊어지게 되다.'이다. 이미 피동문에 다시 통사적 피동이 결합한 것이므로 소위 이중 피동에 해당한다. 통사론적으로 이중 피동은 부적격한 문장이라거나 적절하지 않은 문장으로 해석하지는 않는다. 피동의 의미가 강화된 표현일 뿐이다.

그러나 규범에서는 바람직하지 않은 것으로, 그래서 지양해야 하는 문장으로 설명하고 있다. 이는 규범과 현실 언어의 괴리 차원에서 이해하면 될 것이다. 어떤 표현이 적절하냐 아니냐에 대한 규범적인 판단은 반드시 따라야 하는 것은 아니며, 또한 옳고 그름의 문제도 아니다. 단지 그것은 지향의 문제이다. 이는 〈한글 맞춤법〉과는 성격이 조금 다르다. 〈한글 맞춤법〉은 그것을 따르지 않을 때 모든 사람이 불편해지는 문제가 있기에 공동의 이익을 위해서 그 약속을 지키는 것이 바람직하다. 그러나 어떤 표현이 적절하냐 아니냐의 문제는 〈한글 맞춤법〉처럼 공동의 이익과 직접적으로 관련이 없다.

피동문과 피동문을 만드는 방법은 같은 개념이 아니다. 피동문은 피동의 의미를 가진 문장이라는 뜻이고, 피동문을 만드는 방법은 피동문이 아니었던 문장을 피동문으로 만드는 것을 이른다. 따라서 피동문이라고 할 때는 동사의 의미가 원래 피동의 의미여서 피동문인 것도 있고, 통사적인 절차에 의해 피동문으로 만들어진 피동문도 있다.

> (1) ㉠ 하늘이가 사고를 당했다.
>   ㉡ 오늘은 책이 잘 읽힌다.

(1)은 동사가 피동의 의미여서 피동문인 경우이다. (1㉠)은 '당하다'라는 어휘 자체가 피동의 의미를 가지고 있어서 피동문이고, (1㉡)은 피동 파생 접미사 '-이/히/리/기-'가 결합하여 만들어진 피동사가 서술어인 피동문이다.

피동사는 피동 파생 접미사가 결합하여 만들어진 새로운 단어이다. 파생은 새로운 단어를 만드는 방법이다. 따라서 피동 파생에 의해, 즉 타동사 어근에 접미사 '-이/히/리/기-'가 결합하여 만들어진 피동사는 어휘부에 새로운 단어로 등재된다.[1] 따라서 피동사가 서술어인 문장은 서술어인 피동사 자체가 피동의 의미를 가지고 있기 때문에 피동문이다. 다시 말해 통사적인 절차에 의해 피동문으로 만들어진 것이 아니라 동사 자체가 피동의 의미를 가진 피동문이다.

다만 피동문의 유형을 구분할 때 '-어지다'나 '-게 되다'처럼 통사적으로 만들어진 피동과 구분하기 위해 (1㉠)을 어휘적 피동, (1㉡)을 파생적 피동으로 구분하기도 한다. (1㉠)과 (1㉡)을 굳이 구분한다면, 피동의 의미를 가진 어휘가 파생어가 아니냐 파생어이냐의 차이이다.

(1)과 달리 피동문이 아니었는데, 통사적 절차에 의해 피동문이 된 것도 있다. (2)

275

---

[1] '닦이다, 읽히다, 눌리다, 안기다'에서 보듯이 피동 파생 접미사 '-이/히/리/기-'와 결합하는 어근은 타동사이다. 즉 타동사 어근에 피동 파생 접미사 '-이/히/리/기-'가 결합하여 피동사가 형성되는데, 이렇게 형성된 피동사는 목적어를 취하지 않는 자동사가 된다.

가 바로 피동문을 만드는 방법에 의해 만들어진, 즉 통사적 절차에 의해 피동문이 된 것이다.

	능동문	피동문
(2)	마음이 넉넉하다.	마음이 넉넉하게 되다.
	겨울이 왔다.	겨울이 오게 되었다.
	하늘이가 일등을 했다.	하늘이가 일등을 하게 되었다.

	능동문	피동문
(3)	집이 깨끗하다.	집이 깨끗해지다.
	사방이 조용하다.	사방이 조용해지다.
	길을 넓히다.	길이 넓혀지다.

(2), (3)은 대응하는 능동문이 있다. 즉 (2)는 능동문에 통사적 구성인 '-게 되다'가 결합하여 형성된 피동문이고, (3)은 능동문에 통사적 구성인 '-아/어지다'가 결합하여 형성된 피동문이다. 능동문에 '-게 되다', '-아/어지다'를 결합시키는 것은 통사적 과정이다. 그래서 (2), (3)을 통사적으로 만들어졌다고 해서 통사적 피동문이라고 한다.

참고로 동일한 통사적 구성임에도 〈한글 맞춤법〉에서 '-게 되다'는 띄어 쓰게 규정하고, '-아/어지다'는 붙여 쓰게 규정해 놓았다. '-아/어지다'를 붙여 쓰게 규정한 것에 문법적인 이유가 있는 것은 아니다. 아무튼 그렇게 정해 놓은 것이다. 다만 '-아/어지다'의 경우에는 원래 통사적 구성이었지만, (4)에서 보듯이 하나의 단어로 된 것들이 많다. 하지만 '-게 되다'가 결합된 구성이 단어가 된 경우는 없다. 띄어쓰기에 차이를 둔 이유 중에 이러한 사실이 고려되었을 가능성 정도는 생각해 볼 수 있다.

(4)   슬퍼지다, 예뻐지다, 높아지다, 커지다, 나빠지다

(2)와 (3)에서 보았듯이 통사적 피동문을 만드는 데는 '-게 되다'를 결합시키는 방식과, '-아/어지다'를 결합시키는 방식 2가지가 있다. 그런데 '-아/어지다'는 상대적으로 '-게 되다'에 비해 결합에 제약이 많아서, 실질적으로 피동문을 만들 때는 '-게 되다'를 결합시키는 방식이 더 많이 사용된다. (5)에서 보듯이 '*연이 잘 날아졌다', '*하늘이가 책을 읽어졌다'는 비문이지만, '연이 잘 날게 되었다.', '하늘이가 책을 읽게 되었다'는 비문이 아니다.

(5)

능동문	통사적 피동문
그녀는 예뻤다.	그녀는 예뻐졌다.
	그녀는 예쁘게 되었다.
연이 잘 날았다.	*연이 잘 날아졌다.
	연이 잘 날게 되었다.
하늘이가 책을 읽다.	*하늘이가 책을 읽어졌다.
	하늘이가 책을 읽게 되었다.

통사적 피동은 통사적인 절차에 의해 피동문을 만드는 것이기 때문에 피동문을 만드는 데 제약이 거의 없다. 그래서 심지어 (6)처럼 이미 피동문인 '소리가 잘 들렸다'에 '-아/어지다', '-게 되다'가 결합하여 또 다시 피동문을 만들기도 한다. 그런데 이렇게 이중 피동을 만들게 되면 어색한 경우도 있다. 그런데 의도적으로 피동을 과잉으로 표현하는 경우도 있다.

(6) 소리가 잘 들렸다.
↓
소리가 잘 들려졌다.
소리가 잘 들리게 되었다.

통사적 피동 중에서 특히 '-게 되다'는 제약이 거의 없다. 그렇기에 '-게 되다'는 (7)에서 보듯이 이미 통사적 피동문인 '-아/어지다'에 결합하여 또 다시 피동문을 만드는 것이 어색하지 않다.

(7) 집이 깨끗하다
↓
집이 깨끗해졌다
↓
집이 깨끗해지게 되었다.

이중 피동문은 규범에서는 바람직하지 않은 것으로 보고 가급적 지양하도록 하고 있다. 이중 피동문에 대한 규범의 관점은 국어과 교육 과정에도 그대로 반영되어 있다. 그래서 교과서 학습활동에서 이중 피동문을 제시하고 이를 올바른 문장으로 고치라는 식의 활동을 제시하고 있다.

그런데 이중 피동문에 대한 규범의 관점은 말 그대로 바람직하지 않은 표현이라는 것이다. 그렇다고 이중 피동문이 국어에서 틀린 표현이라고 할 수는 없다. 다시 말해 국어에서 불가능하거나 부적격한 문장은 아니다. 다만 규범에서는 이중 피동이 바람직하지 않은 국어 표현이라고 보는 것이다. 그런데 '바람직하다/바람직하지 않다' 또는 '좋다/나쁘다'의 평가 개념으로 언어를 해석하는 것은 문화적 상대성의 관점에서 적절한 태도는 아니다.

국어의 많은 화자들이 이중 피동을 일상적으로 사용하고 있다. 그런데 만일 이러한 평가 개념을 기계적으로 적용하게 되면, 많은 국어 화자들이 아름답지 않거나 부적절한 표현을 쓰는, 교양 없는 사람으로 규정될 수밖에 없다. 그렇다고 해서 이중 피동을 쓰는 화자들이 교양 없는 사람은 아니다.

일상적으로 우리는 강조하고 싶을 때 반복적으로 표현하는 경향이 있다.

(8) 하늘이 예쁘다.
↓
하늘이 너무 예쁘다.
↓
하늘이 진짜 너무 예쁘다.

'하늘이 진짜 너무 예쁘다'를 아름답지 않거나 부적절한 표현이라고 할 수 없다. 그것은 그냥 '예쁘다'를 강조하기 위한 화자의 정서적 느낌이 표현된 것일 뿐이다. 마찬가지로 이중 피동 역시 피동의 의미를 강조하려는 화자의 정서적 느낌이 표현된 것이다.

(9) ㉠ 오늘부터는 집이 깨끗해지게 되겠군.
     ㉡ 언젠가부터 그 사람이 좋아지게 됐어.

(9)와 같은 피동문은 일상적으로 쉽게 접할 수 있는 문장이다. 그리고 국어에서 가능한 문장임에 틀림없다. 그러나 일상적으로 쉽게 접한다고 해서 바람직하다거나 권장할 만한 문장은 물론 아니다. 하지만 그렇다고 해서 부적격하다거나 틀린 문장 또한 아니다.

피동의 의미가 중첩된다고 해서 피동의 의미가 항상 강화된다고 보기 어려운 경우도 있다. 예를 들어 (10㉡)은 이미 피동문인 (10㉠)에 다시 피동의 의미가 더해졌지만, (10㉡)이 (10㉠)보다 집이 더 깨끗해졌다고 해석하기는 어렵다.

(10) ㉠ 집이 깨끗해졌다.
     ㉡ 집이 깨끗해지게 되었다.

이중 피동문을 무조건 올바르지 않다거나 부적절하다고 기계적으로 규정하게 되면, (9)처럼 일상적으로 사용하는 문장을 사용하지 말라고 하는 것이 된다. 그리고 그렇게 되면 (9)와 같은 문장을 사용하는 사람은 올바르지 않은 표현을 사용하는 사람이고, 교양 없는 사람이 되어 버린다. 보다 나은 국어 생활을 지향한다는 차원에서 일부 어색하거나 부적절한 이중 피동문이 사용되지 않도록 교육하고 계도하는 것은 그 자체로 필요한 일이다. 그러나 자칫 그것이 과도하게 되면, 언중들의 언어 사용 자체를 억압하는 상황이 발생할 수 있는 위험이 있다.

언어는 사회적 약속이기 때문에 언중들에 의해 자연스럽게 특정 방향으로 변화하게 되어 있다. 그럼에도 국가나 사회적 기구 또는 단체가 그것이 바람직하냐 바람직하지 않으냐를 판정하고, 인위적으로 바람직하다고 생각하는 방향으로 바꾸려고 할 수는 있다. 하지만 그것이 과도하게 되면 언어 통제가 될 수 있다는 사실도 늘 경계해야 한다.

'한 문장으로 쓰시오.'라고 할 때, '한 문장'의 정의는?

한마디로 설명

　　문장은 서술어가 지배하는 영역이다. 그래서 문장이 성립하려면 서술어가 있어야 한다. 국어에서 서술어로 기능할 수 있는 것은 용언인 동사, 형용사 그리고 'NP+이'이다. 따라서 한 문장이 되려면 적어도 동사, 형용사, 'NP+이' 중에서 하나가 실현되어 있어야 한다. 그리고 모든 서술어는 주어 하나를 가져야 한다고 가정한다. 따라서 한 문장의 정의는 최소한 서술어 하나와 주어 하나로 이루어진 구성[1]이다.

　　위 질문처럼 시험에서 '한 문장으로 쓰시오.'와 같은 발문을 사용한 문항들이 있다. 문항의 초점이 언어학적 의미의 한 문장인지 아닌지를 평가하는 것이 아니라면, 가급적이면 '한 문장'과 같은 표현은 사용하지 않는 것이 좋다. 이 발문을 엄격히 적용하면, 두 문장으로 서술한 답안은 지시 내용에 맞지 않으므로 틀렸다고 해야 하기 때문이다. 대개의 경우 짧게 서술하라는 의미로 '한 문장으로 쓰시오.'라고 표현하는 경우가 많은데, 한 문장의 문법적인 정의가 단순하지 않기 때문에 이러한 발문은 지양하는 것이 좋다.

---

[1]　둘 이상의 요소로 이루어진 보다 큰 단위를 구성이라고 한다. 따라서 구성은 구성 성분으로 분석될 수 있다. 예컨대 '손'은 더 이상 쪼갤 수 없으므로 구성이 아니다. 그런데 '손발'은 '손-발'로 쪼갤 수 있으므로 구성이다. 이렇게 보면 모든 복합어는 구성이고, 복합어보다 큰 단위는 당연히 구성이다. 그러므로 문장 역시 구성이다. 그렇기 때문에 하나의 문장은 일단 '주부-술부'로 쪼갤 수 있다. 서술어에 따라서는 술부가 다시 '목적어-서술어'나 '보어-서술어'로 쪼개진다.

문장의 핵심은 서술어이다. 그렇기 때문에 원칙적으로 서술어의 개수와 문장의 개수는 일치한다. 국어에서 서술어로 쓰일 수 있는 것은 용언인 동사, 형용사, 그리고 'NP+이'이다. 따라서 원칙적으로 문장의 개수는 동사, 형용사, 'NP+이'의 개수와 일치한다. 그리고 동사, 형용사, 'NP+이'는 반드시 주어 하나를 가지는 것으로 가정한다. 따라서 한 문장은 동사, 형용사, 'NP+이' 중의 하나가 있어야 하고, 주어 하나를 가진 구성이다. 서술어가 '먹다'처럼 타동사일 때는 목적어가 더 있어야 하고, '주다'와 같은 동사일 때는 목적어와 함께 '~에게'에 해당하는 필수적 부사어가 더 있어야 한다.

그러면 구체적으로 (1)이 한 문장인지 아닌지 검토해 보자.

(1)　　㉠ 학생의 시력이 궁금해서
　　　　㉡ 별이가 학생의 시력이 몇인지 물어보았음

이를 괄호규약으로 분석해 보면 한 문장인지 아닌지를 한눈에 알 수 있다. 괄호규약 분석은 서술어가 지배하는 영역을 구획하는 것인데, 괄호([ ])의 개수가 곧 문장의 개수이다. (2㉠)은 [ ]이 하나니까 한 문장이고, (2㉡)은 [[ ]]처럼 괄호가 2개니까 2개의 문장이다.

(2)　　㉠ [학생의 시력이 궁금해서]
　　　　　　주어　　　　서술어

ⓛ [별이가 [학생의 시력이 몇인지] 물어보았음]

　　　주어　　　　서술어　　　　서술어

(2㉠)은 서술어가 형용사 '궁금하다' 하나이므로 한 문장이다. (2ⓛ)은 서술어가 '몇인지' 그리고 '물어보다' 2개이므로 2개의 문장이다. (2ⓛ)에서 서술어 '몇인지'의 주어는 '학생의 시력'이고, 서술어 '물어보았음'의 주어는 '별이'이다. '물어보다'의 목적어는 절인 [학생의 시력이 몇인지]이다.

문장 유무

예	문장 유무	이유
식사 준비 끝	문장 아님	서술어 없음
아침 일찍 학교로 등교	문장 아님	서술어 없음
집에 감	1문장	서술어 1(가다)
그냥 궁금해서	1문장	서술어 1(궁금하다)
기차가 빨리 간다	1문장	서술어 1(가다)
기차가 빠르게 간다	2문장	서술어 2(빠르다, 가다)
밥 먹고 가	2문장	서술어 2(먹다, 가다)

한 문장의 정의에 대해서는 이제 이해가 되었으리라 생각한다. 문장에 대한 물음에서 주어의 범위가 어디까지인가도 상당히 헷갈려 하는 문제 중의 하나이다. 즉 (2㉠)의 서술어 '궁금해서', (2ⓛ)의 안긴문장의 서술어 '몇인지'의 주어가 '시력'이냐 '학생의 시력'이냐 하는 문제이다.

국어에는 수식어-피수식어 제약이 있는데, 이는 수식어가 관형어일 때 피수식 명사와 분리될 수 없다는 것이다. 즉 '관형어-피수식 명사' 구성은 항상 함께 붙어 다닌다. 그러면 이제 주어가 '시력'이냐, '학생의 시력'이냐는 물음에 대한 대답이

가능하리라 생각한다. 주어는 '학생의 시력'이다.[2] '시력'이 관형어 '학생의'와 분리될 수 없는데, '시력'만 주어라고 하는 것은 분리될 수 없는 구성을 분리한 것이므로 문제가 있다. 그러면 주어가 '시력'이라고 하면 틀린 것인가? 틀렸다고까지 할수는 없지만, 정확한 진술은 아니다.

그러면 이제 아래 (3㉠~㉢)에서 서술어 '푸르다'의 주어가 무엇인지도 말할 수 있을 것이다.

(3) ㉠ [하늘이 푸르다.]
          주어   서술어

     ㉡ [저 하늘이 푸르다.]
             주어   서술어

     ㉢ [[내가 본] 하늘이 푸르다.]
               주어   서술어

(3㉠)에서 주어는 명사 '하늘'이고, (3㉡)에서는 '관형어+피수식 명사'인 '저 하늘'이다. 그리고 (3㉢)에서는 '관형사절+피수식 명사'인 '내가 본 하늘'이 주어이다. 관형사절 [내가 (하늘) 본]에서 서술어는 '본'이고, 주어는 '내', 목적어는 생략된 '하늘'이다.

285

---

2   구절구조규칙을 이해하면 이 문제는 간단하게 해결될 수 있다. 구절구조규칙에 대한 자세한 설명은 ☞3.11. '그건 내가 알 바 아니야.'는 관형사절을 안은 문장인가요? 참조.

'너 두고 보자'에서 '보자'는 본용언인가요, 보조용언인가요?

한마디로 설명

질문에 대한 대답부터 하면, '보자'는 본용언도 아니고 보조용언도 아니다. '두고 보자' 전체가 하나의 단어처럼 쓰이는 관용구이다. 이때 '두고 보자'는 '두고 보다'의 활용형이다. '두고 보다'의 뜻은 "어떤 결과가 될지를 일정 기간 동안 살펴보다."이다. '두고 보다'가 관용구라는 것은 '두고 보다'가 분리되지 않고 한 단어처럼 쓰인다는 것을 의미한다. 그래서 '두고 보다'에서 '보다'를 따로 떼서 무엇이냐고 묻기 이전에 한 덩어리로 보는 것이 맞다.

그런데 어쨌든 '두고 보다'가 관용구가 되기 전의 '보다'를 본용언이었느냐 보조용언이었느냐고 물을 수는 있다. 이는 현재 시점에서의 '두고 보다'의 '보다'에 대한 질문이 아니라, '두고 보다'가 관용구가 되기 전의 '보다'가 무엇이었느냐에 대한 질문이다. 그것은 본용언이었다고 보는 것이 타당하다.

자세히 설명

'별이가 밥을 먹고 있었다', '별이가 밥을 먹고 갔다' 처럼 문장에서 용언 2개가 나란히 나타나는 경우가 있다. 특히 '-아/어, -게, -지, -고'에 의해 두 용언이 연결되었을 때는 '본용언+보조용언' 구성일 수도 있고, '본용언+본용언' 구성일 수도 있어 주의해야 한다. 당장 '별이가 밥을 먹고 있었다'에서의 '먹고 있었다'는 '본용언+보조용언' 구성인 반면, '별이가 밥을 먹고 갔다'에서 '먹고 갔다'는 '본용언+본용언' 구성이다.

그러면 '본용언+보조용언' 구성과 '본용언+본용언' 구성은 어떻게 다른가? 간단히 말하면 '본용언+보조용언' 구성은 용언이 비록 2개이지만 하나의 문장이고, '본용언+본용언' 구성은 용언이 2개이므로 문장의 정의에 따라 2개의 문장이다. 원칙적으로 문장의 개수는 서술어의 개수와 일치하고, 국어에서 서술어로 기능하는 것은 용언(동사, 형용사)과 'NP+이'이다. 그래서 용언이 나란히 나타날 때 그 구성이 '본용언+보조용언' 구성인지 '본용언+본용언' 구성인지에 대한 판별은 문장을 분석할 때 매우 중요한 문제이다.

'본용언+보조용언' 구성이 하나의 문장이냐 2개의 문장이냐에 대해서는 학문문법에서 논쟁이 있지만, 학교문법에서는 하나의 문장으로 본다. 용언이 2개이지만, 2개의 용언이 하나의 서술어 즉, 일종의 복합 서술어(complex verb)로 해석하는 것이다. 복합 서술어는 '나아가다, 돌아가다, 슬퍼지다'와 같은 복합어와는 또 다른 개념이다. 복합어는 하나의 단어인데 비해, 복합 서술어는 하나의 단어가 아니다. 그렇지만 하나의 서술어로 해석한다.

그러면 용언이 나란히 나타날 때 '본용언+보조용언' 구성인지 '본용언+본용언' 구성인지를 어떻게 판별하는가? 다시 말해 이 둘을 판별하는 기준은 무엇인가? '본용언+보조용언' 구성인지 '본용언+본용언' 구성인지를 판별할 때 선행하는 용언은 관여적이지 않다. 즉 이 둘을 구별하는 핵심은 후행하는 용언의 성격이다. 후행하는 용언이 보조용언인지 본용언인지는 다음의 두 가지 기준을 통해 판별한다.

> 첫째, 용언이 필요로 하는 논항이[1] 충족되지 않았음에도 문장이 적격하다면 보조용언이다.

---

[1] 논항은 학교문법에서 자릿수라는 개념과 평행하다. 예컨대 '먹다'는 2개의 논항(주어, 목적어)을 요구하는 동사인데, 학교문법에서는 이를 두 자리 서술어라고 말한다. '가다'는 1개의 논항을, '주다'는 3개의 논항을 필요로 하는 동사이다. 문장에서 용언이 필요로 하는 논항이 모두 실현되지 않으면 비문이다.

둘째, 해당 용언이 본래의 의미로 쓰이고 있지 않다면 보조용언이다.

둘째는 첫째의 결과적 사건이기도 하다. 용언은 자신이 필요로 하는 논항이 모두 실현되어야만 적격한 문장이 된다. 그런데 그렇지 않은데도 적격한 문장이 된다는 것은 해당 용언이 본래의 용언과는 다른 용언으로 쓰이고 있다는 말이기도 하다. 그러므로 의미도 본용언의 의미와 달라지게 된다. 구체적으로 예를 통해서 위 두 기준을 적용해 보자.

'본용언+보조용언' 구성에서 선행하는 본용언에 결합하는 어미 즉, 보조적 연결어미는 '-아/어, -게, -지, -고' 4개이다.

(1) ㉠ 별이가 밥을 먹어 버렸다.
      ㉡ 별이가 밥을 먹게 되었다.
      ㉢ 별이가 밥을 먹지 못했다.
      ㉣ 별이가 밥을 먹고 있었다.

(1)에서 후행하는 용언은 모두 보조용언이다. (1㉠)에서 '버리다'는 2개의 논항(주어, 목적어)을 요구하는 동사인데, (1㉠)에서 '버리다'는 주어도, 목적어도 상정되지 않는다. '버리다'가 이끄는 문장은 버리는 행위자인 주어와, 버리는 대상인 목적어가 있어야 하는데(누가 무엇을 버리다), (1㉠)에서는 '버리다'의 행위자와 대상이 상정되지 않는다. 다시 말해 '버리다'의 주어가 '별이'가 아니고, '버리다'의 목적어가 '밥'도 아니다. 그럼에도 (1㉠)이 적격한 문장이다. 그래서 '버리다'는 보조용언이다. 당연히 '버리다'의 의미도 본용언 '버리다'와 다르다.

(1㉡~㉣)도 평행하게 설명할 수 있다. (1㉡)에서 '되다'는 2개의 논항(주어, 보어)을 필요로 하는 동사인데, '되다'의 주어가 상정되지 않고 보어도 상정되지 않는다.

'되다'의 주어가 '별이'는 아니다. (1ⓒ)에서는 '못하다'의 주어가 상정되지 않는다. '별이'가 '못하다'의 주어는 아니기 때문이다. (1ⓔ)의 역시 '있다'의 주어가 '별이'는 아니므로 '있다'의 주어가 상정되지 않는다. 그러므로 (1ⓒ)의 '되다', (1ⓒ)의 '못하다', (1ⓔ)의 '있다'는 모두 보조용언이다.

학교문법에서 '본용언+보조용언' 구성은 하나의 서술어로 본다고 하였다. 그래서 (1ⓐ)의 문장을 분석하면 (2)와 같다.

(2) [늘이가 밥을 <u>먹어 보았다</u>.]
                    서술어

'본용언+보조용언'의 결합인 '먹어 보았다'가 하나의 서술어이므로 주어 '늘이'는 '먹-'의 주어도 '보-'의 주어도 아닌 '먹어 보았다'의 주어이다. '밥' 역시 '먹어 보았다'의 목적어이다.

그러면 용언이 나란히 있지만 '본용언+본용언' 구성인 예도 살펴보자.

(3) 늘이가 나비를 손에다 놓고 보았다.

(3)에서 '보다'의 주어는 '늘이'이고, 목적어는 '나비'이다. 즉 (3)의 '보다'는 자신이 필요로 하는 논항 2개가 모두 확인이 된다. 그렇기 때문에 (3)의 '보다'는 보조용언이 아니라 본용언이고, 의미 역시 본래의 의미대로 쓰였다.

그런데 '본용언+보조용언' 구성인지 '본용언+본용언' 구성인지 맥락이 주어지지 않으면 애매한 경우도 있다.

(4)　별이가 책을 읽어 준다.

(5)　별이가 네 지갑을 찾아 줄 거야.

　　(4)의 '주다'가 보조용언이라는 것은 이제 쉽게 알 수 있을 것이다. '주다'는 3개의 논항을 요구하는 서술어이다. 즉 주어 논항, 목적어 논항, 그리고 '-에게'에 해당하는 논항[2] 3개가 필요한데, 어느 것도 상정되지 않는다. '별이'가 '주다'의 주어가 아니며, '책'이 '주다'의 목적어도 아니다. '-에게'에 해당하는 논항은 아예 없다. 그럼에도 (4)는 적격한 문장이다. 의미 또한 '주다'의 본래 의미와 다르다. (4)의 '주다'의 의미는 "앞 동사의 행위가 다른 사람의 행위에 영향을 미침을 나타내는 말."이다.

　　그런데 (5)는 '본용언+본용언' 구성으로 해석될 수도 있고, '본용언+보조용언' 구성으로 해석될 수도 있다. (5)가 '본용언+본용언' 구성인지, '본용언+보조용언' 구성인지는 맥락이 주어져야만 확정할 수 있다.

　　먼저 '본용언+본용언' 구성으로 해석되는 경우는 '찾다'와 '주다'가 계기적 사건일 때이다. 즉 '찾아서 주다'의 의미일 때는 의심의 여지없이 '본용언+본용언' 구성이다. 이때 '~에게'에 해당하는 사람은 맥락상 당연히 '너에게'이기 때문에 생략되었다. '본용언+본용언' 구성일 때 (5)는 [별이가 네 지갑을 찾아] [(별이가) (네 지갑

290

2　학교문법에서는 '필수적 부사어'가 될 것이다. 학문문법에서는 보충어 또는 보어라고고 한다. 보충어, 보어, 필수적 부사어 모두 명명의 문제일 뿐이다. 즉 보충어, 보어, 필수적 부사어는 서로 명칭은 다르지만 주어도 아니고 목적어도 아니지만 서술어가 반드시 필요로 하는 성분을 가리킨다.

을) (너에게) 줄 거야.]와 같이 분석된다.[3]

다음으로 '본용언+보조용언' 구성으로 해석되는 경우이다. 이때 (5)의 의미는 '별이가 네 지갑을 찾는 일을 할 거야.'이고, 이러한 의미일 때는 '주다'가 필요로 하는 논항 3개가 상정되지 않는다. 따라서 이 경우 '주다'는 보조용언이다. 당연히 의미도 (4)의 보조용언 '주다'와 같다.

참고로 용언 자체가 처음부터 보조용언인 것들도 있다. 즉 (6), (7)의 용언들이 이에 해당하는데, 이들은 혼자서는 문장에 쓰일 수 없다. 그래서 이들은 원래 보조용언이다.

(6) 않다, 싶다

(7) 만하다, 척하다, 성싶다, 듯하다, 법하다

---

3 주는 대상은 청자인 '너에게'가 자연스러운데, '너'가 아니라 제3의 인물일 수도 있다. 그런데 제3의 인물이 생략된 것이라고 하면, 의미 해석이 불가능해진다. 그래서 주는 대상은 '너에게'라고 보는 것이 타당하다.

(6)은 혼자 쓰일 수 없고 반드시 앞에 용언을 선행시켜야 한다. 그러다 보니 '본용언+보조용언' 구성과 성격상 같다. 그래서 이들 보조용언이 쓰인 구성 역시 '본용언+보조용언' 구성으로 해석한다. 보조용언 '않다', '싶다'의 경우, 보조적 연결어미는 '-지 않다', '-고 싶다'처럼 일정 정도 예측 가능하다.

(7)은 '먹을 만하다', '자는 척하다'에서 보듯이 원래는 '용언의 관형사형+의존명사-용언' 구성이었다. 여기서 '의존명사+용언'이 긴밀해져서 단어가 된 것들이다. 이러한 통시적 사실 때문에 (7)의 용언들은 반드시 용언의 관형사형을 선행시킨다. 즉 (7)의 용언들은 앞에 용언의 관형사형 없이 홀로 문장에 쓰일 수 없는데, 그래서 보조용언이라고 한다. (7)의 용언이 보조용언이므로, (7)이 쓰인 경우도 '본용언+보조용언' 구성으로 다룬다. 이때 용언의 관형사형이 본용언인 셈이다. 즉 '이것은 먹을 만하다'에서 '먹을'이 본용언이고, '만하다'가 보조용언이다. 그래서 '먹을 만하다'가 서술어이고, '이것은'이 '먹을 만하다'의 주어이다.

3.8. '코끼리가 코가 길다.'는 왜 겹문장인가요?

한마디로 설명

'코끼리가 코가 길다.'는 홑문장일 수도 있고, 겹문장일 수도 있다. 홑문장일 수 있다는 것은 서술어가 될 수 있는 용언이 '길다' 하나이기 때문이다. 이에 비해 겹문장일 수 있다는 것은 서술절을 인정하는 경우이다. 학교문법에서는 서술절을 채택하고 있으므로, 학교문법에서의 대답은 서술절을 안은 겹문장이다. 즉 아래와 같이 2개의 문장이다.

[코끼리가 [코가 길다]]

이처럼 서술절을 인정하게 되면, '코가'는 형용사 '길다'의 주어이고, '코끼리가'는 서술절 [코가 길다]의 주어이다.

자세히 설명

국어에서 설명하기 어려운 대표적인 문장 중의 하나가 (1)과 같은 것이다.

(1)　㉠ 코끼리가 코가 길다.
　　　㉡ 나는 사과가 맛있다.

293

(1)의 문장이 문제가 되는 이유는 표면적으로 볼 때 주어가 2개라는 것 때문이다. 왜냐하면 언어 보편적으로 문장의 주어는 하나라고 가정하기 때문이다. 즉 문

장은 반드시 주어 하나를, 그리고 하나의 주어만을 가져야 한다고 본다. 이러한 언어 보편적인 원리에 비추어 보면 주어가 2개인 ⑴은 특이한 문장인 셈이다. 지금까지 ⑴에 대해 4가지 정도의 설명이 제안되었다.

첫째, 서술절을 도입하여 설명

둘째, 이중 주어문을 인정하는 설명

셋째, 변형으로 설명

넷째, 문장 밖의 요소로 설명

순서대로 각각에 관점에 대해 살펴보자. 먼저 서술절부터 보자.

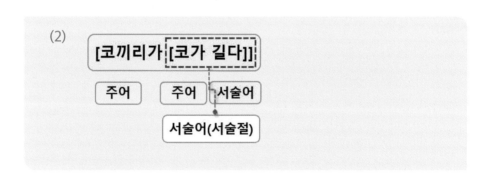

서술절을 인정하는 입장은 절도 서술어가 될 수 있다고 본다. 그래서 ⑵에서 서술어는 2개이다. 어떻게 2개이냐 하면, 첫째로 [코가 길다]에서 형용사 '길다'가 하나의 서술어이고, 둘째로 [코가 길다]라는 절이 또 하나의 서술어이다. 즉 [코가 길다]는 문장이면서, 서술절이고, 서술어이다.

그런데 가장 기본적인 서술어와 문장의 정의를 다시 한 번 확인해 보자. 국어에서 서술어로 쓰일 수 있는 것은 동사, 형용사, 'NP+이' 3가지가 있다. 그리고 원칙적으로 문장의 개수는 서술어의 개수와 일치한다.[1] 이러한 사실에 입각해서 보면, (2)에서는 형용사 '길다' 하나만이 서술어가 될 수 있다. 따라서 (2)를 서술절로 설명하는 것은 서술어가 하나밖에 없지만, 그래도 문장은 2개라고 주장하는 셈이다. 대신 하나의 문장에 주어가 2개라는 문제는 해결되는 장점이 있다. [코가 길다]라는 절(서술절)이 주어를 가진다고 함으로써 더 이상 하나의 문장에 주어가 2개는 아니게 된다. '코가'는 서술어 '길다'의 주어이고, '코끼리가'는 서술절 [코가 길다]의 주어이므로, 2개처럼 보이는 주어는 각각 다른 서술어의 주어이므로 한 문장에 주어가 2개는 아니다. 이처럼 서술절을 도입하면 서술어 하나에 주어가 2개라고 해야 하는 문제는 일단 해결이 된다.

하지만 서술절은 언어 보편적인 원리에 비추어 볼 때 아주 특이한 가정 즉, 절이 서술어가 된다는 가정을 해야만 한다. 절이 서술어가 되고, 또한 이 절이 주어를 가진다는 것은 문장의 정의에서 보면 너무나 특이할 수밖에 없다. 왜 이것이 문제가 될까? 절이 주어를 가진다고 가정하게 되면, 모든 문장이 다시 서술어가 되어 주어 하나를 더 가질 수 있다는 것을 인정해야 하기 때문이다. 국어에서 서술어가 될 수 있는 것이 용언인 동사, 형용사 그리고 'NP+이'라고 했는데, 서술절을 인정하면 서술어가 될 수 있는 것에 '문장'도 추가해야 된다.

(1)은 서술절을 통해서 어떻게든 설명한다고 하지만, (3)은 서술절로도 그럴듯한 설명을 하기 어렵다.

1　학교문법에서 '봄이 오지 않는다'처럼 '본용언+보조용언' 구성은 용언이 2개이지만 하나의 서술어로 본다. 그래서 '본용언+보조용언' 구성은 문장의 개수와 동사, 형용사, 'NP+이'의 개수가 같다고 할 때 예외가 된다. 물론 학문적으로는 '본용언+보조용언' 구성을 2개의 문장으로 보는 견해도 있다. '본용언+보조용언' 구성에 대해 더 알고 싶으면 ☞3.7. '너 두고 보자'에서 '보자'는 본용언인가요, 보조용언인가요? 참조.

(3) [동생은 [자격증이 [세 개가 있다.]]]

(3)은 표면적으로 보면 주어가 3개이다. 서술절로 (3)을 설명하면, '있다'의 주어는 '세 개가'이고, '자격증이'는 서술절 [세 개가 있다]의 주어, 그리고 '동생은'은 이미 서술절을 안은 겹문장 [자격증이 [세 개가 있다]]의 주어가 된다. '동생은'을 주어로 하는 서술어 즉, 서술절은 이미 서술절을 안은 겹문장 [자격증이 [세 개가 있다]]이다. 이 정도쯤 되면 서술절을 도입하는 게 문제가 있다는 것을 인지했을 것이다.

(4) 내 동생이 얼굴이 점이 하나가 더 많아.

(4)와 같은 문장에 이르면 더 이상 서술절로는 어떻게 설명할 수 없다는 것을 알수 있을 것이다. 그런데 (3), (4)와 같은 문장은 다른 관점으로도 역시 설명하지 못한다. 즉 둘째, 이중 주어문을 인정하는 설명, 셋째, 변형으로 설명 그리고 넷째, 문장밖의 요소로 설명하는 입장에서도 해결하지 못하는 어려운 문장이기는 하다.

다음으로 이중 주어문에 대해 살펴보자.

이중 주어문은 말 그대로 하나의 서술어에 2개의 주어가 있는 문장을 인정하자는 것이다. 이는 앞서 언어 보편적으로 모든 문장은 주어 하나를, 오직 하나만을 가져야 한다는 일반적인 원리를 위반한다. 하지만 이러한 위반을 국어의 특수성으로보자는 것이다. 이런 관점에서는 '영수가 영이를 선물을 주다'처럼 목적어가 2개인경우도 가능하다고 본다.

(5) <u>나는</u>   <u>사과가</u>   <u>맛있다</u>
    대주어   소주어   서술어

주어가 2개인 문장을 인정하면 2개의 주어를 구분할 필요가 있다. 그래서 (5)에서 보듯이 앞에 나오는 주어를 대주어, 뒤에 나오는 주어를 소주어라고 한다.

이중 주어문은 주어가 2개인 문장을 인정하기만 하면 되니까 간결해 보일 수 있다. 그리고 국어의 서술어 목록에 문장을 포함시키지 않아도 된다. 하지만 주어가 2개인 문장을 가정하는 것 자체가 언어 보편적으로 보면 예외적이다. 그리고 이중 주어문을 인정하게 되면, (3)에서 삼중 주어문, (4)에서 사중 주어문을 상정하지 못할 이유도 없다. 이중 주어문도 부담스러운데 삼중 주어문을 상정할 수는 없다.

셋째, 변형으로 설명하는 입장에 대해 살펴보자. 변형으로 보는 설명은 설명의 층위를 기저 층위와 표면 층위 이렇게 두 층위로 구분한다. 그래서 기저 층위에서의 기저 구조는 주어가 하나인 문장이었는데, 표면 층위로 올 때 변형이 일어나 표면 구조에서 주어가 2개인 문장처럼 바뀌었다는 것이다.

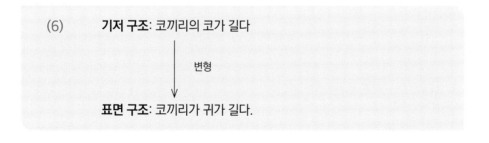

(6)   **기저 구조**: 코끼리의 코가 길다

             ↓ 변형

    표면 구조: 코끼리가 귀가 길다.

(6)에서 보듯이 기저 구조에서는 주어가 하나인 문장이다. 이러한 기저 구조의 문장이 변형을 거쳐 주어가 둘인 것처럼 보이는 문장으로 바뀐 것뿐이다. 즉 주어가 둘인 것은 단지 표면적으로 그런 것이지 원래는 주어가 하나인 문장이다. 따라

서 주어가 둘이라는 이중 주어문이 갖는 설명의 부담을 덜 수 있는 장점이 있고, 또한 서술절이라는 특이한 절을 설정하지 않아도 되는 장점이 있다.

그러나 변형으로 설명하더라도 (3), (4)는 기저 구조가 어떤 문장인지조차 확증하기 어렵다는 점에서 역시 한계가 있다. 또한 변형은 구조만 바꿀 뿐 의미를 바꾸지는 않는다는 것이 기본 전제이다. 하지만 경우에 따라서는 의미가 달라지기도 하여 문제가 된다.

> (7)　㉠ 설악산의 설경이 더 아름답다.
> 　　　㉡ 설악산이 설경이 더 아름답다.

(7㉠)에서는 다른 산의 설경보다 설악산의 설경이 더 아름답다는 의미만 나온다. 하지만 변형을 거친 (7㉡)에서는 이런 의미도 나오지만, 설악산이 여름이나 가을 풍경보다 설경이 더 아름답다는 의미도 나온다. 이는 (7㉠)과, 변형을 거친 (7㉡)의 의미가 다르다는 것이므로, 변형이 의미를 바꾸지 않는다는 전제의 타당성이 흔들리게 된다.

마지막으로 문장 밖의 요소로 설명하는 입장에 대해 살펴보자.

> (8)　아, 사랑은 삶보다 길구나!

> (9)　사과는 부사가 맛있어.

(8)에서 '아'는 독립어이다. 독립어는 서술어가 미치는 문장 밖의 성분 즉, 문장과 독립된 성분이라는 뜻이다. 그래서 독립어 '아'의 존재는 [사랑은 삶보다 길구

나!]라는 문장의 적격성에 아무런 영향을 미치지 않는다.

　　문장 밖의 요소로 설명하는 입장은 (9)에서 '사과는'을 (8)의 독립어 '아'와 평행하게 해석하는 것이다. 즉 '사과는'을 서술어 '맛있어'와 직접적으로 관련이 없는 요소로 해석하는 것이다. 그러면 '사과는'이 비록 주어처럼 보이지만, 서술어와는 무관한 요소이므로 '맛있어'가 이끄는 문장 내에서 설명할 필요가 없어지게 된다. 즉 (9)에서 서술어 '맛있어'는 주어 논항 하나를 요구하는 서술어이다. 그래서 [부사가 맛있어]는 그 자체로 적격한 문장이다. 그리고 남아 있는 '사과는'은 서술어 '맛있어'가 지배하는 문장 밖의 요소이므로 더 이상 주어가 2개인 문장이라는 부담에서 벗어나게 된다.

　　그런데 '사과는 부사가 맛있어'가 아니라 (10)처럼 '나는 사과가 맛있어'의 경우에는 '나는'이 문장 밖의 요소라고 말하기 어렵다.

　　(10) 나는 [부사가 맛있어.]

　　(10)에서 '나는'은 '부사가 맛있어'의 경험주이다. '나는'은 '맛있다'라고 느끼는 경험주이므로 서술어 '맛있어'와 직접적으로 관련이 있다고 보아야 한다. 그렇기 때문에 (10)에서 '나는'은 (9)의 '사과는'처럼 문장 밖의 요소로 보기 어렵다. 이는 문장 밖의 요소로 보는 설명이 일반화되기 어렵다는 것을 말해 준다.

주어가 2개인 문장에 대한 설명

1. 서술절을 도입하여 설명
(+) 주어가 2개라는 문제 해결
(-) 절이 서술어가 되어야 함.
(-) 절이 주어를 가져야 함.

2. 이중 주어문 인정 설명
(+) 서술어 목록에 문장을 포함시키지 않아도 됨.
(-) 주어가 2개인 문장을 가정해야 함.

3. 변형으로 설명
(+) 이중 주어와 서술절을 설정하지 않아도 됨.
(-) 기저구조가 어떤 문장인지 확증하기 어려움.
(-) 경우에 따라서 기저구조와 표면구조의 의미가 달라짐.

4. 문장 밖의 요소로 설명
(+) 주어 하나가 문장 밖의 요소라 주어가 2개라는 문제 해결.
(-) 주어가 경험주인 경우 문장 밖의 요소로 보기 어려움.

지금까지 살펴본 것처럼 4가지 설명 방식 모두 (1)의 문장을 깔끔하게 설명해 내지는 못한다. 학문이라는 것이 모든 것을 설명할 수 있는 것은 아니다. 설명할 수 없는 것들이 여전히 존재하고, 학문은 설명이 되었다고 생각하는 것들이 다시 재해석이 되면서 발전한다. 이 사실을 이해한다면, 국어학에서 (1)을 아직까지 온전하게 설명해 내지 못하고 있다고 해서 문제라고 생각할 필요까지는 없다. 문제가 무엇인지는 밝혀냈으니까, 언젠가는 깔끔하게 설명할 수도 있게 될 것이다.

최근에 통사론에서는 '코끼리의 코가 길다'의 '길다'와 '코끼리가 코가 길다.'의 '길다'를 아예 구분해서 보기도 한다. 즉 '길다'가 하나의 논항을 가질 수도 있고, 두 개의 논항을 가질 수도 있다는 것이다. 그래서 '코끼리의 코가 길다.'의 '길다'는 하나의 논항을 필요로 하는 '길다'가 쓰인 문장이고, '코끼리가 코가 길다.'의 '길다'는 두 개의 논항을 필요로 하는 '길다'가 쓰인 문장으로 해석하는 것이다. 동사 중에는 (11)처럼 형태가 같은데 자동사로도 쓰이고, 타동사로도 쓰이는 것들이 있다.

(11) ㉠ 태극기가 펄럭인다.
ㄴ 별이가 태극기를 펄럭인다.

(11㉠)의 '펄럭이다'는 자동사이고, (11㉡)의 자동사는 타동사이다. 이처럼 '길다'와 같은 형용사들도 하나의 논항을 필요로 하는 용언으로도 쓰이고, 두 개의 논항을 필요로 하는 용언으로도 쓰인다고 해석하는 것이다. 국어의 대부분의 형용사들은 '길다'와 평행한 성격을 갖는다.

3.9. '나는 영화가 슬퍼서 울었다.'는 서술절을 안은문장인가요?

질문에 대한 답변부터 하면 서술절을 안은문장이 아니다. '나는 영화가 슬퍼서 울었다'를 괄호규약으로 분석하면 아래와 같다. 아래에서 보듯이 2개의 문장이고, 해석되지 않은 채 남아 있는 문장 성분이 없다.

[나는 [영화가 슬퍼서] 울었다]

안긴문장의 서술어 '슬프다'의 주어는 '영화가'이고, 안은문장 '울었다'의 주어는 '나는'이다. 서술어가 필요로 하는 요소가 모두 실현되었고, 문장의 모든 성분이 분석되었다. 그러므로 서술절과는 무관하다.

자세히 설명

서술절을 적용해서 문장을 분석해야 하는 경우는 제한적이다. 서술절이 적용되는 문장은 문장 성분 중에서 분석되지 않은 채 남아 있는 것이 있을 때이다. 더 정확히 말하자면, 그 남아 있는 것이 주어처럼 보일 때이다. 문장에서 분석되지 않고 남아 있는 문장 성분이 있다면, 그 문장 분석은 잘못되었다고 본다. 이런 조건을 두지 않으면, 예를 들어 '나는 영이보다 책을 읽었다.'가 잘못된 문장인 것을 포착할 수 없다. '나는 영이보다 책을 읽었다.'가 비문인 이유는 '영이보다'가 분석되지 않은 채 남아 있게 되기 때문이다.

(1) [나는 [영화가 슬퍼서] 울었다]

(1)에서는 [한마디로 설명]에서 보았듯이 분석되지 않고 남아 있는 문장 성분이 없다. 분석되지 않고 남아 있는 문장 성분이 없는데 굳이 서술절을 가정할 이유가 없다. 즉 아무 데서나 서술절을 가정하는 것은 아니다.

서술절을 도입하게 되는 경우는 (2)처럼 분석되지 않고 남아 있는 문장 성분이 있을 때이다.

(2) 원숭이가 [엉덩이가 빨갛다]

'빨갛다'는 서술어이고, 서술어 '빨갛다'의 주어는 '엉덩이가'이다. 서술어인 형용사 '빨갛다'는 주어 논항 하나만 요구하는 서술어이다. 그러니까 [엉덩이가 빨갛다]는 이 자체로 적격한 문장이다. 그런데 (1)과 달리 (2)에서는 '원숭이가'가 분석되지 않은 채 남겨져 있다. 그리고 이 '원숭이가'는 관형어나 부사어와 같은 부속 성분도 아니다. 서술절이 도입되는 경우는 바로 이러한 경우이다. 분석되지 않고 남아 있는 '원숭이가'를 [원숭이가 빨갛다]라는 문장의 주어로 해석함으로써 분석되지 않고 남아 있는 문장 성분을 해소한다. 다시 말하자면, 분석되지 않고 남아 있는 '원숭이가'가 분석되게 하기 위해서 서술절이라는 개념이 도입되는 것이다.

사실 서술절은 주어가 두 개 이상 나타난 것처럼 보이는 문장을 해석하는 하나의 방법론이다. 말 그대로 하나의 가능한 설명 방법 중의 하나일 뿐 그것이 언어적 사실은 아니다.[1] 학교문법에서 (2)를 서술절로 설명하는 것은 여러 설명 방식 중에 서술절에 의한 설명을 채택한 것일 뿐이다. 다른 설명보다 서술절이 더 언어적 사실에 가까워서는 아니다.

그런데 누군가가 (1)을 (3)처럼 분석하고서 (1)도 서술절을 안은문장이 아니냐고 반문할 수 있다.

(3) [나는 [(나는) 영화가 슬퍼서] 울었대]
        주어   서술절

(3)은 부사절 [영화가 슬퍼서]에서 '영화가 슬프다'가 서술절이고 주어가 '나는' 인 구조로 해석하는 경우이다. 즉 '나는'이 '영화가 슬프다'라는 서술절의 주어인 구조이다. 서술절을 인정하게 되면 (3)의 분석이 틀렸다고 확증하기는 어렵다. 왜냐 하면 서술절을 인정하게 되면, 모든 문장이 서술절이 되어 또 하나의 주어를 가지 는 것을 배제할 수 없기 때문이다. 그래서 다소간 엉뚱하지만 (3)과 같이 생각할 수 도 있는 것이다. 그러나 굳이 설명할 수 있는 것을 버리고, (3)처럼 어렵게 만들어서 해석할 이유가 전혀 없다.

학교문법에서 서술절을 인정함으로 인해 문장 분석을 어렵게 만드는 측면이 있 다. 그러나 단순화해서 생각하면 그렇게 어렵지도 않다. 서술어는 동사, 형용사, 'NP+이'이고, 모든 서술어는 주어 하나를 가진다. 그런데 서술어의 개수보다 주어 처럼 보이는 것의 개수가 더 많을 때만 서술절이 도입된다. 이때 서술어의 개수보

---

1   서술절의 문제점에 대해서는 ☞3.8. '코끼리가 코가 길다.'는 왜 겹문장인가 요? 참조.

다 하나 더 있는 주어가 서술절의 주어이다. (1)의 [나는 [영화가 슬퍼서] 울었다]처럼 서술어의 개수와 주어가 개수가 같을 때는 서술절이 도입될 이유가 없다.

한마디로 설명

'행복하세요.'는 일반적으로 많은 사람들이 사용하고 있는 표현이다. 많은 사람들이 사용하고 있다는 것은 국어 화자의 문법적 직관에 부합하는 표현이라는 말이다. 직관에 부합한다는 말은 국어에서 허용 가능한 적격한 표현임을 말해 준다.

그런데 규범에서는 비문으로 간주하고, 적절하지 않은 표현이라고 설명하고 있다. 규범에서 적절하지 않다고 보는 이유는 '행복하세요.의 '-세요'를 명령의 뜻으로 해석하기 때문이다. 형용사는 명령문을 만들 수 없다. 그래서 '행복하세요.'를 적절하지 않다고 해석하는 것이다.

그러나 규범적 해석이 언어적 사실은 아니다. 규범은 '맞다/틀렸다'를 정해 줄 필요가 있기 때문에 인위적으로 '맞다/틀렸다'를 정해 주는 것일 뿐이다. 그러다 보니 규범과 실제 언어 현실 사이에 괴리가 생기기도 한다. 규범은 규범일 뿐이고, 우리가 일상적으로 '행복하세요.'라고 사용하고 있다면, '행복하세요.'는 아무런 문제가 없는 적격한 표현이다.

자세히 설명

규범은 인위적으로 이것은 맞고 저것은 틀렸다를 정해 놓은 것이다. 그런데 규범이 실제 언어 현실을 즉각적으로 반영하지 못하는 경우들이 있다. 이러한 까닭으로 사람들이 일반적으로 사용하지만 규범에서 비문이라고 하는 것들이 있을 수 있다. 이는 표준어를 정하는 일에서도 마찬가지이다. 예컨대 '짜장면'이 표준어가 된 것은 2011년에 와서이다. 하지만 대부분의 언중들은 아주 오래 전부터 '자장면'을

'자장면'이라고 하지 않고 '짜장면'이라고 해 왔다. 그럼에도 규범은 '자장면'만 표준어로 고수하고, 대부분의 언중들이 사용하는 '짜장면'을 비표준어로 규정하였다. 이는 규범과 언어 현실 사이에 괴리가 있음을 보여 주는 좋은 예이다.

규범은 언어 현상을 설명한 것이 아니다. 필요에 의해 인위적으로 표준어를 정한 것이듯, 마찬가지로 필요에 의해서 어떤 표현은 맞고 어떤 표현은 틀렸다고 정해 놓은 것이다. 그렇기 때문에 규범적 해석은 언어 현상을 설명한 것이라기보다는, 언어 정책상의 필요에 의한 '맞다/틀렸다' 또는 '바람직하다/바람직하지 않다'를 정해 놓은 것일 뿐이다.

사람들이 마음대로 쓰거나 말하면 의사소통에 문제가 생길 수 있다. 이러한 의사소통의 문제를 제거하고, 의사소통의 효율성이라는 공동의 편익을 위해서는 이것은 맞고 저것은 틀렸다는 식으로 언어의 맞고 틀림을 정해 놓을 필요가 있다. 물론 맞고 틀림을 정할 때는 기본적으로 국어학적 사실에 바탕을 둔다. 그렇기는 하지만 규범이 곧 실제 언어적 사실은 아니다. 실제 언어 사용에서는 맞고 틀림의 문제가 개입되지 않는다. 단지 의사소통이 가능하냐 가능하지 않느냐가 중요한 문제이다.

형용사는 명령형이나 청유형이 안 된다. 그래서 명령형, 청유형이 가능하냐 아니냐가 형용사와 동사를 구분하는 핵심적인 기준 중의 하나이다.

(1) ㉠ *너 예뻐라. / *우리 예쁘자.
     ㉡ *이제 그만 아름다워라. / *내일부터는 아름답자.

'행복하세요.'의 '-세요'[1]는 주로 설명, 의문, 요청, 명령의 뜻을 가진 어미이다. '행복하세요.'의 '-세요'가 설명, 의문, 요청이 아닌 것은 분명하므로, 남은 것은 명령의 의미이다. 그런데 '행복하다'는 형용사이기 때문에 명령문이나 청유문을 만들수 없다. 그럼에도 사람들이 '행복하세요.'라는 표현을 쓰고 있는데, 규범은 이 '행복하세요.'의 '-세요'를 명령의 의미로 보고 비문으로 간주하는 것이다.

하지만 우리가 일상적으로 말하는 '행복하세요.'는 의미상 명령이 아니다. 즉 우리가 일상적으로 상대방에게 인사말로 하는 '행복하세요.', '건강하세요.'는 상대방이 행복하기를 바라는, 건강하기를 바라는 기원이나 소망의 의미이다. 그렇지만 '-세요'가 일반적으로 기원이나 소망의 의미를 가지고 있는 것은 아니다. '이걸 잡으세요.', '책을 읽으세요.'에서 보듯이 동사에 결합한 '-세요'는 명령의 의미가 일반적이다. 즉 동사에 결합한 '-세요'에는 기원이나 소망의 의미가 나타나지 않는다.

'-세요'의 기원·소망의 의미는 형용사와 결합했을 때만 나타난다. 물론 그렇다고 기원·소망의 의미의 '-세요'가 모든 형용사와 결합할 수 있는 것도 아니고(*슬프세요., *더러우세요., *미우세요.), 일부 형용사와만 결합해서 기원·소망의 의미를 나타낸다.

한 가지 주의할 사실은 '-세요'가 결합한 문장이 의문문일 때는 문제가 되지 않는다. 의문문의 '-세요'는 동사, 형용사 구분 없이 모두 결합 가능하다.[2] 여기서 문

---

1   '-세요'는 '-(으)시어요'의 준말이다. '-으시어요'는 '-(으)시+어+요'의 결합형이지만, '-(으)시어요', '-(으)세요'의 형태로 하나의 단위처럼 쓰인다. '-세요' 자체는 이처럼 여러 개의 형태소가 결합한 구성이다. '-(으)시어요', '-(으)세요'는 하나의 어미는 아니지만, 마치 하나의 어미인 것처럼 다룬다. 이를 어미 통합체라고 한다. '-습니다', '-(으)십시오', '-(으)니까' 같은 것들도 여러 개의 형태소가 결합한 구성이지만, 하나의 어미처럼 즉, 어미 통합체로 다룬다.

2   '당신은 행복하세요?', '얼마나 기쁘세요?', '많이 슬프세요?', '그분은 아름다우세요?'처럼 형용사도 의문문의 '-세요?'와는 자연스럽게 결합한다.

제가 되는 '-세요'는 의문문의 '-세요'가 아니다.

예외적이긴 하지만 일부 형용사는 명령(또는 청유)이 가능한 경우도 있다. 예컨대 '조용해라, 부지런해라'/'조용하세요., 부지런하세요.'는 명령으로 해석 가능하다. '행복하세요.'는 기원의 의미가 있지만, '조용해라.', '조용하세요.'는 명확하게 명령의 의미가 더 강하다. 이는 청자에게 미치는 영향에 따라 기원으로 해석되기도 하고, 명령으로 해석되기도 하는 것으로 보인다. 즉 '-세요'가 소망·기원으로 해석되느냐, 명령으로 해석되느냐는 화용적 맥락에 따라 결정된다.

'행복하세요.'가 '행복하게 사세요.'와 같은 의미는 아니다. 그래서 '행복하세요.'를 '행복하게 사세요.'로 대치할 수 없다. 이러한 이유로 '-세요'의 기능을 수정하여, 즉 형용사에 결합하는 '-세요'는 소망·기원을 나타내는 의미를 가진다고 함으로써 '행복하세요.', '건강하세요.'가 비문이 아니라고 보기도 한다. 규범에서도 이러한 견해를 부분적으로 인정하는 입장을 취하고 있다. 즉 원칙적으로 '행복하세요.'가 적절하지 않다고 보아 사용을 지양하는 것이 바람직하다고 보면서도, '행복하세요.'의 사용 자체를 틀렸다고까지 하지는 않는다는 정도로 완화된 설명을 하기도 한다.

'행복하세요.'만큼 많은 질문의 대상이 되는 표현이 '좋은 하루 되세요.'이다. '좋은 하루 되세요.' 역시 규범에서는 비문으로 규정하고 있다. 그러나 앞서도 말했듯이 그것은 규범의 관점이고, 일반적으로 많은 사람들이 자연스럽게 '좋은 하루 되세요.'라고 사용한다면 그것은 이미 비문이 아니라는 것을 증언한다. 즉 '좋은 하루 되세요.' 역시 규범에서 어떻게 규정하든 많은 사람들이 자연스럽게 사용하고 있다면 적격한 국어의 문장이다.

그러면 규범에서는 왜 비문이라고 하느냐?

(2)　㉠ 물이 얼음이 되다.
　　　㉡ 보람이가 어른이 되었다.

'되다'는 2개의 논항(주어, 보어)을 필요로 하는 서술어이다. 이때 주어는 생략되는 경우가 많다. 그래서 '얼음이 되다.', '어른이 되다.'에서 '되다' 앞에 있는 성분이 보어이다. 이러한 관점에서 '좋은 하루 되세요.'를 분석해 보자.

> (3) [e [(하루) 좋은] 하루 되세요.]

(3)에서 보듯이 서술어가 '좋다', '되다' 2개이므로 위 문장은 안은문장이다. 안긴문장의 서술어 '좋다'의 주어는 '하루'인데, 피수식어와 '하루'와 동일하기 때문에 생략되었다. 안은문장 '되다' 앞에 있는 [[(하루) 좋은] 하루]는 위에서 설명한 것처럼 '되다' 앞에 있으므로 보어이다. 그러면 주어가 생략된 것인데, 생략된 주어에 대한 해석 여하에 따라 (3)을 적격한 문장이라고 해석할 수도 있겠고, 적격한 문장이 아니라고 해석할 수도 있다.

'되다'는 동사이므로 명령이 가능하다. (3)이 명령문이라면 서술어 '되다'의 주어는 청자인 '너'이다. 생략된 주어를 넣어서 문장을 만들어 보면, [당신이 [(하루) 좋은] 하루 되세요.]이다. '당신이 좋은 하루가 되다.'는 당연히 의미적으로 이상하고, 그래서 비문이다. 이처럼 '되다'의 주어를 2인칭 '당신'이라고[3] 해석하게 되면 '좋은 하루 되세요.'는 적격하지 않은 문장이다. 규범의 관점은 이렇게 해석하여 비문으로 판정한 것으로 생각된다.

그런데 '되다'의 주어가 '너'가 아니라 '당신의 하루'라고 가정할 수 있다.

---

3   명령문 서술어의 주어는 2인칭 '너'이다. 그런데 그 2인칭이 높임의 대상이면 서술어의 어미도 높임의 어미로 실현된다. 여기서는 '되세요'의 높임이니까, 주어가 '너'가 아니라 높임의 대상으로서 2인칭이다.

(4)　[당신의 하루가 [(하루) 좋은] 하루 되세요.]

(4)와 같이 해석하면 의미상 전혀 이상하지 않다. 그러면 주어가 사물인 '하루'인데 왜 높임의 '-세요'가 쓰였느냐고 물을 수 있다. 이는 일종의 간접 높임이다.[4]

(5)　할아버지의 코가 크시다.

(5)를 간접 높임이라고 하는데, '크다'의 주어 '코'는 높임의 대상이 아니지만, 그 '코'가 높임의 대상인 '할아버지'의 '코'이기 때문에 주체 높임 선어말어미 '-시-'가 들어가 '크시다'가 된 것이다. 평행하게 '하루'는 높임의 대상이 아니지만, 그 '하루'가 다른 사람의 하루가 아닌 높임의 대상으로 여긴 '당신'의 하루이기 때문에 간접적으로 '하루'를 높이는 것은 자연스럽다. 일반적으로 '좋은 하루 되세요.'를 사용할 때, 나보다 낮은 사람에게 사용하지는 않는다. 나보나 나이가 어린 사람에게는 '좋은 하루 돼라.'라고 말한다.

동일한 언어 현상에 대해 규범의 관점과 학문적인 관점에 차이가 있을 수 있다. '좋은 하루 되세요.'는 바로 이러한 예에 해당한다. 규범은 이 표현이 적절하다 적절하지 않다를 판단하고자 하지만, 학문적인 관점은 사람들이 이 표현을 왜 자연스럽게 사용하는지를 설명하고자 한다. 다시 말해 규범은 이것은 맞고 저것은 틀렸다를 정해 줌으로써 올바른 언어 사용을 유도하는 정책적인 입장이다. 그래서 일정 정도는 현실과 맞지 않은 경우가 있을 수 있고, 일상적으로 사람들이 사용하지

4　간접 높임에 대한 자세한 설명은 ☞3.2. '할아버지 연세가 많으시구나!'는 직접 높임인가요? 참조.

만 바람직하지 않다고 판단하는 것에 대해서는 바람직한 방향으로 유도하기도 한다. 규범에서 '좋은 하루 되세요.'를 비문이라고 판정하는 이유를 이러한 관점에서 이해하면 될 것이다. 그러나 규범적 해석 역시 바뀐다는 점에서 '좋은 하루 되세요.'에 대한 현재의 규범적 해석이 바뀔 수도 있을 것이다.

3.11. '그건 내가 알 바 아니야.'는 관형사절을 안은문장인가요?

한마디로 설명

'그건 내가 알 바 아니야.'는 2개의 서술어('알다', '아니다')를 가진 겹문장이다. 이를 괄호규약으로 분석하면 다음과 같다.

[그건 [내가 e(바) 알] 바 아니야.][1]

안긴문장 서술어 '알다'의 주어는 '내가'이고, 목적어는 '바'이다. 그런데 안긴문장의 목적어가 피수식어와 같기 때문에, 안긴문장 안에서 목적어 '바'가 생략되었다. 결론적으로 안긴문장 [내가 e 알]은 체언인 의존명사 '바'를 수식하고 있으므로 관형사절이다. 체언을 수식하는 것은 관형어인데, 여기서는 절이 관형어이다. 따라서 '그건 내가 알 바 아니야'는 관형사절을 안은문장이다.

간혹 '그건 내가 알 바 아니야.'에서 안긴문장을 피수식어를 포함한 [내가 알 바]로 착각해서 명사절을 안은문장으로 분석하는 경우가 있다. 그런데 괄호규약 분석만 정확히 해도 이러한 실수를 하지 않을 수 있다.

313

---

[1] 'e'는 생략된 요소를 나타내는 기호이다. 그래서 'e(바)'는 '바'가 생략되었다는 뜻이다. 구조적으로 관형사절의 원 문장은 [내가 바를 알다]이다. 그런데 '내가 바를 알다'라는 문장은 직관적으로 이상하거나 비문으로 느껴지는데, 그것은 의존명사가 관형어 없이 단독으로 쓰이지 못하기 때문이다.

  문장의 개수는 서술어의 개수와 일치한다. 따라서 서술어가 2개 이상이면 겹문
장인데,[2] 겹문장은 다시 이어진문장과 안긴문장으로 구분한다. 이어진문장과 안긴
문장은 괄호규약으로 분석하면 한눈에 알 수 있다.

  (1) ㉠ [   ] [   ]: [산은 높고], [물은 맑다].
      ㉡ [[   ]]: [그는 [비가 오는] 날 떠났다].

  (1㉠)의 구조는 이어진문장이고,[3] (1㉡)의 구조는 안긴문장이다. 안긴문장의 종류
가 무엇이든 안긴문장이 포함된 구조는 예외 없이 항상 (1㉡)처럼 분석된다.

  그러면 안긴문장에는 어떠한 종류가 있는가? 학교문법의 용어로 말하면, 명사
절로 안긴문장, 관형사절로 안긴문장, 부사절로 안긴문장 3가지가 있다. 관형사절
로 안긴문장은 다시 동격 관형사절과 관계 관형사절로 나뉜다.[4] 안긴문장은 달리 내
포문이라고도 한다.[5]

---

2   예외적으로 '비가 오고 있다' 처럼 '본용언+보조용언' 구성은 서술어가 2개이
     지만 하나의 서술어로 해석하기도 한다. 학교문법이 이러한 관점이다. 이에
     대해 더 알고 싶으면 ☞3.7. '너 두고 보자' 에서 '보자' 는 본용언인가요, 보조
     용언인가요? 참조.

3   이어진문장에 대한 더 자세한 설명은 ☞3.15. '나는 나이지 네가 아니다.' 는 대
     등하게 이어진문장 맞나요? 참조.

4   동격 관형사절, 관계 관형사절을 달리 각각 NP 보문, 관계화라고도 한다.

5   절과 문장의 차이에 대해서는 ☞3.3. '좋은 추억을 품고 산다.' 에서 어말어미
     는 몇 개인가요?' 참조. 명사절로 안긴문장' 이라는 용어에서 보듯이 학교문법

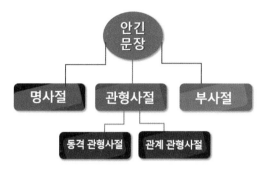

　　명사절은 명사형 전성어미 '-음, -기'에 의해 만들어지고, 관형사절은 관형사형 전성어미 '-은/ㄴ, -는, -을/ㄹ'에 의해서 만들어지고,[6] 부사절은 부사형 전성어미 '-게, -도록'에 의해 만들어진다. 명사절, 관형사절, 부사절을 제대로 이해하려면 아래의 구절구조규칙을 이해할 필요가 있다.

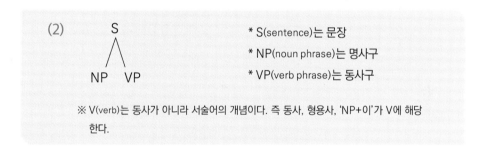

　　(2)에서 S는 문장이고, S 아래 있는 NP(명사구), VP(동사구)는 각각 주부, 술부에

에서는 '절'과 '문장'을 구분하면서 또 구분하지 못하는 상황이다. '명사절'이라고 해서 '절'이라고 표현하면서, 다시 '안긴문장'이라고 하여 '문장'이라고 하고 있기 때문이다. 절과 문장의 구분이 통사적으로 크게 중요한 문제는 아니다. 그래도 굳이 구분하자면, 어말어미 중에서 종결어미로 끝난 것은 문장이고, 종결어미 외의 어말어미로 끝난 것은 절이다.

6　　'-던'을 관형사형 어미로 보기도 하고, '-던'을 '-더- + -은'으로 분석하기도 한다. 후자의 관점에서는 '-는'도 '-느- + -은'으로 분석하기도 한다.

해당한다. VP의 V는 동사의 개념이 아니라 서술어의 개념이다. 그래서 동사, 형용사, 'NP+이'가 V에 올 수 있다.

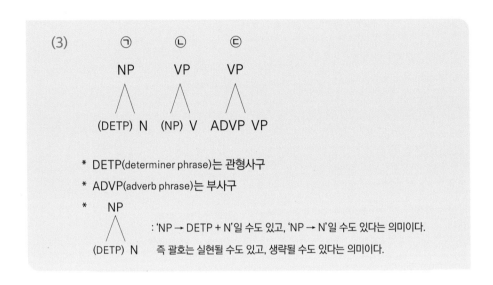

(3)은 NP와 VP의 구조에 대한 것이다. 먼저 NP는 'DETP+N'으로 귀환되는데, N(체언)으로만 된 NP도 있다.[7]

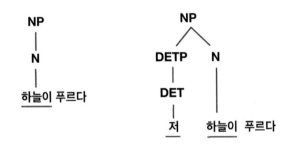

7 NP는 N(명사) 하나로 된 NP도 있고, 'DETP + N'인 NP도 있다. VP 역시 V(용언) 하나로 된 VP도 있고, 'NP + V'로 된 VP도 있다. 그러니까 여기서 명사구(NP), 동사구(VP), 관형사구(DETP)는 단어일 수도 있고, 단어보다 큰 단위일 수도 있고, 절일 수도 있다.

VP는 다시 'NP+V'로 귀환되는데, V(용언)로만 된 VP도 있다. 모든 타동사는 'VP → NP+ V'이고, 일부 자동사와 형용사를 제외한 대부분의 자동사와 형용사는 'VP → V'이다.

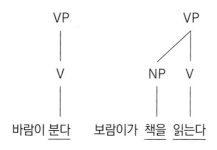

'되다, 닮다'와 같은 자동사, '아니다, 같다'와 같은 형용사는 목적어는 아니지만 주어 외에 또 하나의 논항을 요구한다. 이들은 학교문법에서 보어나 필수적 부사어로 다루는 것들이다. 이들의 경우에는 자동사이지만 'VP → NP+V'로 이루어진다.

VP는 (3ⓒ)처럼 부사어가 수식할 수 있기 때문에 'ADVP+VP'로 확장될 수 있다. 즉 모든 VP는 'ADVP+VP'로 다시 확장될 수 있다. ADVP(부사구)는 다른 경우와 마찬가지로 단어보다 큰 단위일 수도 있고 부사(Adverb)일 수도 있다.

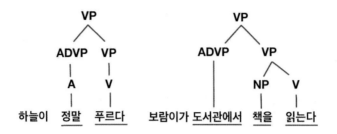

지금까지의 설명을 이해하였다면, 이제 안긴문장을 설명하는 핵심이 되는 (4)에 대해 설명할 수 있다.

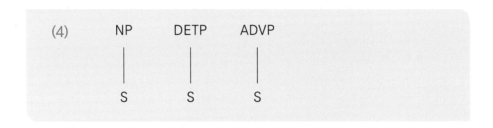

(4)는 문장이 확장되는 기본 방식이다. 즉 NP가 S로 귀환될 수도 있고, DETP가 S로, ADVP가 S로 귀환될 수도 있다. 귀환된 S는 다시 'NP+VP'로 귀환됨으로써 문장이 확장된다.

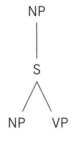

이는 아래 (5)의 예문을 보면 쉽게 이해가 될 것이다. (5㉠)은 DETP가 S(관형사절)로 귀환된 것이고, (5㉡)은 NP가 S(명사절)로 귀환된 것이고, (5㉢)은 ADVP가 S(부사

절)로 귀환된 것이다. 안긴문장을 설명하면서 왜 이렇게 복잡한 기호를 사용하느냐하고 생각할 수도 있다. 그런데 조금은 복잡해 보이겠지만 문장을 이렇게 구절구조규칙으로 분석해 놓고 보면, 명사절, 관형사절, 부사절을 명료하게 이해할 수 있다.

또한 구절구조규칙은 모든 문장을 설명하는 힘을 지니고 있다.

(5) ㉠ [[꽃이 피는] 계절이 왔다.]
     ㉡ [나는 [봄이 오기]를 기다린다.]
     ㉢ [나는 [눈이 아프게] 울었다.]

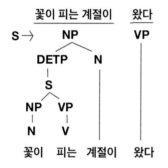

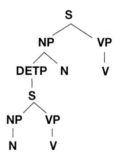

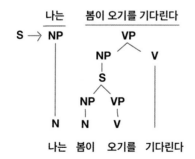

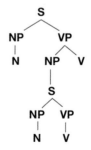

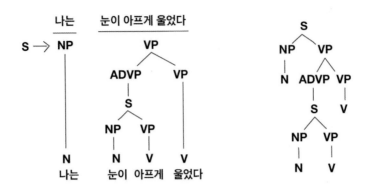

(5㉠)은 DETP가 관형어인데 관형어 DETP가 S로 귀환되었으므로 관형사절, (5㉡)은 NP가 S로 귀환되었으니까 명사절, (5㉢)은 ADVP가 S로 귀환되었으니까 부사절이다. 명사절은 다시 주절과 목적절로 구분하기도 하는데, 주어 위치의 NP가 S로 귀환되면 주절이고, 목적어 위치의 NP가 S로 귀환되면 목적절이다.

이제 질문의 '그건 내가 알 바 아니야'의 문장 구조를 그릴 수 있을 것이다. 아래에서 보듯이 [그건 [내가 알] 바 아니야]에서 안긴문장 [내가 알]은 '바'를 수식하는 관형어인데, 이 관형어(DETP)가 S로 귀환된 것이므로 관형사절이다.

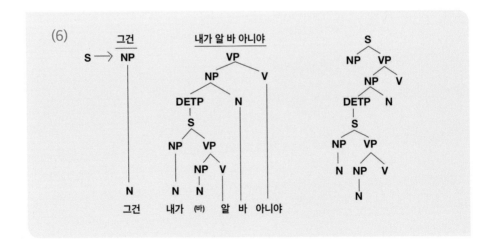

앞에서 관형사절은 동격 관형사절과 관계 관형사절로 다시 구분한다고 하였는데, 이 둘의 차이는 관형사절과 관형사절이 수식하는 피수식어의 관계에 의해 결정된다.

(7) ㉠ [내가 책을 읽었다는] 소문은 사실이다.
     ㉡ [내가 e(책) 읽은] 책이 더 재미있어.

(7㉠)이 동격 관형사절이고, (7㉡)이 관계 관형사절이다. 둘 다 뒤에 오는 체언을 수식한다는 점에서는 같다. 그런데 관형사절 내부를 보면 [내가 책을 읽었다는]은 서술어 '읽다'가 요구하는 논항이 모두 실현되었다.[8] 그리고 (7㉠)에서 '내가 책을 읽었다'와 '소문'은 의미상 같다. 즉 소문의 내용이 바로 '내가 책을 읽었다'이다. 이에 비해 (7㉡)에서는 관형사절 [내가 읽은]에서 서술어 '읽다'가 요구하는 논항이 모두 실현되지 않았다. 주어 논항만 실현되고 목적어 논항은 실현되지 않고 생략되었다. 그리고 그 목적어 논항은 정확하게 피수식어인 '책'이다.

이상을 통해 동격 관형사절과 관계 관형사절을 구분하는 기준을 정리하면 아래 두 가지로 요약된다. 두 가지 중에서 관계 관형사절과 동격 관형사절을 구분하는 핵심적인 기준은 첫째이다.

첫째, 동격 관형사절의 관형사절은 서술어가 필요로 하는 논항이 모두 외현적으로 실현되어 있다. 이에 비해 관계 관형사절은 서술어가 필요로 하는 논항이 외현적으로 모두 실현되어 있지 않고 생략된 논항이 있다. 이때 생략된 논항은 피수식어와 같은 것이다.

---

8   동사 '읽다'는 주어와 목적어 2개의 논항을 요구한다.

둘째, 동격 관형사절은 관형사절과 피수식어가 의미상 같은 내용이거나, 관형사절이 피수식어를 내용적으로 보충하는 의미를 가진다.

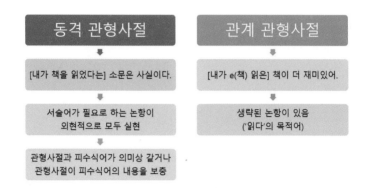

동격 관형사절	관계 관형사절
[내가 책을 읽었다는] 소문은 사실이다.	[내가 e(책) 읽은] 책이 더 재미있어.
서술어가 필요로 하는 논항이 외현적으로 모두 실현	생략된 논항이 있음 ('읽다'의 목적어)
관형사절과 피수식어가 의미상 같거나 관형사절이 피수식어의 내용을 보충	

일부 학자들의 경우 동격 관형사절을 다시 2개로 나누는 경우도 있다. 구조적으로는 동격 관형사절인데, 관형사절과 피수식어가 의미상 같다고 해석할 수 있는 경우도 있고, 같다고 해석할 수 없는 경우도 있다. 이처럼 관형사절과 피수식어의 의미 관계에 따라 동격 관형사절을 다시 두 가지로 구분하기도 한다.

(8)   [[비가 오는] 소리가 상쾌하다.]

관형사절 [비가 오는]과 피수식어 '소리'는 의미상 같지 않다. '소리'의 내용이 [비가 오는]은 아니기 때문이다. 그래서 (8)과 같은 관형사절을 관계 관형사절, 동격 관형사절과 또 다른 유형의 관형사절로 구분하는 경우도 있다.

그러나 구조적으로는 (7㉠)의 [[내가 책을 읽었다는] 소문은 사실이다]와 동일하다. 즉 (8)에서 관형사절은 서술어 '오다'가 필요로 하는 논항이 모두 외현적으로 실현되었는데, 이는 구조적으로 동격 관형사절과 같다. 그래서 어차피 구조가 같기 때문에 통사적으로는 이러한 구분이 특별히 의미를 갖지 않는다. 단지 의미적인 차이에 따른 구분일 뿐이다.

3.12. '별이는 내가 다니던 학교에 다닌다.'에서 '내가 다니던'은 '학교에'를 수식하나요, '학교'를 수식하나요?

한마디로 설명

질문의 대답부터 먼저 하면 [내가 다니던]은 명사 '학교'만 수식한다. 그리고 명사를 수식하기 때문에 [내가 다니던]은 관형사절이다. '내가 다니던'이 부사어 '학교에'를 수식한다고 하면, 관형사절이 부사어를 수식한다고 해야 한다. 관형사절은 체언(명사, 대명사, 수사)을 수식할 수는 있어도 부사어를 수식할 수는 없다. 그래서 '내가 다니던'은 '학교에'가 아니라 명사 '학교'를 수식한다.

'[내가 다니던] 학교에 다닌다'에서 '학교에'는 서술어 '다닌다'를 수식하므로 부사어이다. '학교에'가 부사어인 것은 부사격 조사 '에'가 결합하였기 때문이다. 부사격 조사는 체언에 결합하여 그 체언이 문장에서 부사어로 기능할 수 있게 해 주는 격 조사이다.

자세히 설명

어(語)와 절(節)의 개념이 학교문법에서 명확하게 정의되지 않은 채 기술된 경우가 많다. 그러다 보니 그냥 그때그때 관형어라고도 하고 관형사절이라고도 한다. 그러면 어와 절은 어떤 관계인가?

(1) ㉠ <u>새</u> 책을 샀어.
　　 ㉡ 나는 [선생님이 추천하신] 책을 샀어.

(1㉠)에서 목적어 '책'을 수식하는 것은 관형사 '새'이고, (1㉡)에서 목적어 '책'을 수식하는 것은 [선생님이 추천하신]이라는 관형사절이다.

(1㉠)의 '새'의 기능과 (1㉡)의 [선생님이 추천하신]의 기능은 둘 다 명사 '책'을 수식한다는 점에서 같다. 즉 기능적으로는 둘 다 '책'을 수식하는 관형어이다. 다만 수식하는 단위의 크기가 '새'는 관형사, 즉 단어이고, [선생님이 추천하신][1]은 절이다. 즉 (1㉠)은 관형사가 관형어인 경우이고, (1㉡)은 절이 관형어인 경우이다.[2]

문장의 핵심은 서술어이고, 모든 서술어는 주어 하나를 가진다. 그래서 문장을 나타낼 때 (2)와 같은 기호로 나타낸다. 이를 구절구조규칙[3]이라고 부른다.

---

1   [선생님이 추천하신]에서 '추천하다'는 타동사이다. 그래서 목적어가 있어야 만 적격한 문장인데, [나는 [선생님이 (책) 추천하신] 책을 샀어.]에서 보듯이 '추천하다'의 목적어는 피수식 명사 '책'이다. '추천하다'의 목적어 '책'이 생 략된 것은 피수식 명사 '책'과 중복되기 때문이다. 관형사절에 대한 보다 자세 한 설명은 ☞3.11. '그건 내가 알 바 아니야.'는 관형사절을 안은문장인가요? 참조.

2   학교문법에서는 '명사절/관형사절/부사절로 안긴문장'이라는 용어를 쓰고 있는데, 이 용어 사용은 문장과 절을 구분하면서도 구분하지 않는 모호한 명 명법이다. 기능을 언급할 때는 명사절, 관형사절, 부사절이라고 하면서 이들 절을 다시 안긴문장이라고도 하기 때문이다. 통사론적 관점에서는 문장과 절 을 굳이 구분해야 할 필요가 없기도 하다. 구조적으로는 동일하기 때문이다. 다만 굳이 문장과 절을 구분하자면, 서술어가 어말어미 중에서도 종결어미로 끝나면 문장이고, 서술어가 비종결 어말어미로 끝나면 절이다. [별이는 [기분 이 좋아서] 웃었다]에서 [기분이 좋아서]의 '-아서'는 어말어미이지만 종결어 미가 아니다. 그래서 절이다. 반면 '웃었다'에서 '-다'는 종결어미이므로 [별 이는 웃었다.]는 문장이다.

3   구절구조규칙에 대한 자세한 설명은 ☞3.11. '그건 내가 알 바 아니야.'는 관형 사절을 안은문장인가요? 참조.

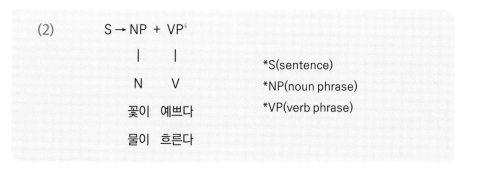

(2)에서 VP의 V는 동사가 아니라 서술어의 개념에 해당한다. 즉 V에 해당하는 것은 동사, 형용사, 'NP+이' 이다.[5] 그리고 (2)처럼 VP가 V 하나인 경우도 있지만, (3처럼) '목적어+V' 즉, 'NP+V' 인 경우도 있다.

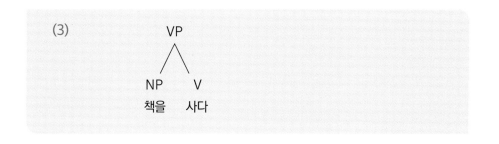

NP는 관형어의 수식을 받을 수 있다. 그래서 '책'에 수식어 '새'를 결합시켜 '새 책'처럼 표현할 수 있다. (2) ~ (3)처럼 NP가 N(명사)인 경우도 있지만, 아래 (4)처럼

4   학교문법에서 '문장 → 주부 + 술부' 라고 하는 것과 같다. S → NP + VP에서 S는 문장, NP는 주부, VP는 술부에 해당한다.

5   학교문법에서는 동사와 형용사를 엄격하게 구분하고 있지만, 학문문법에서는 동사와 형용사를 구분하지 않고 동사 하나만 두고 동사의 하위에 동작 동사와 상태 동사로 구분하기도 한다.

'DETP+N(관형어+명사)'인 경우도 있다.

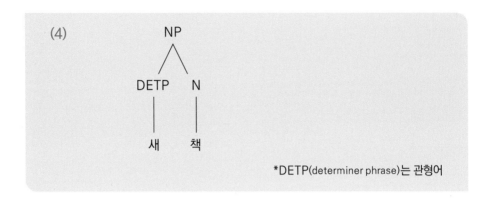

그런데 '책'은 '새 책'보다 더 큰 단위인 (5)처럼 '선생님이 추천하신 책'으로 표현할 수도 있다. [선생님이 추천하신]은 '새 책'에서 '새'와 마찬가지로 '책'을 수식한다.

(5)   [선생님이 (책) 추천하신] 책을 샀어.

(5)는 관형어(DETP) 자리에 [선생님이 추천하신]이라는 S(관형사절)가 온 경우이다. 이처럼 관형어(DETP) 자리에는 관형사나 관형사절이 올 수 있다. 물론 '나의 책', '서점의 책'에서 '나의', '서점의'처럼 '체언+관형격 조사'도 관형어 자리에 온다.

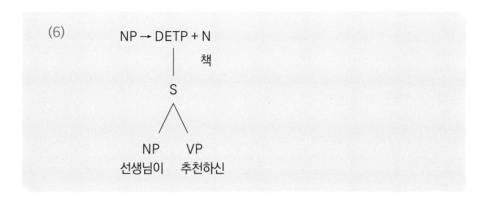

이제 질문의 문장에 대해 설명할 수 있는 기본적인 배경 지식들을 모두 설명한 듯하다. 그러면 질문의 문장인 [별이는 [내가 다니던] 학교에 다닌다.]를 분석해 보자.

먼저 '학교에'는 문장에서 부사어로 기능한다. '학교에'가 부사어로 기능할 수 있는 것은 부사격 조사 '-에' 때문이다. 부사격 조사는 체언에 결합하여 그 체언이 문장에서 부사어로 기능하게 해 주는 문법 형태소이다. 그래서 '학교'는 명사이지만 부사격 조사 '에'와 결합한 '학교에'는 문장에서 부사어가 된다. 부사가 문장에 쓰이면 당연히 부사어가 되지만, '학교에'처럼 'NP+부사격 조사' 역시 문장에서 부사어가 된다. '하늘이 [눈이 시리게] 푸르다.'의 [눈이 시리게]처럼 절이 부사어가 되기도 하는데, 이러한 절을 부사절이라고 한다.

앞에서 NP는 N으로 된 NP도 있지만, 'DETP+N'으로 된 NP도 있다고 하였다. 그리고 DETP는 관형사로 된 DETP도 있지만, 관형사절로 된 DETP도 있다고 하였다. 이를 토대로 '별이는 내가 다니던 학교에 다닌다.'에서 '내가 다니던 학교에'를 떼어 내서 분석하면 다음과 같다.

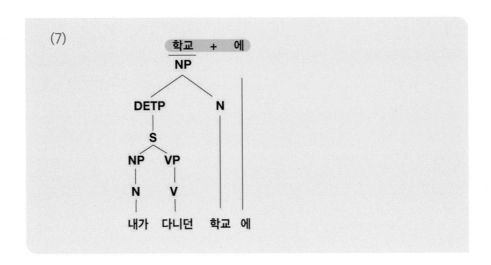

(7)의 구조를 보면, [내가 다니던]이 부사격 조사가 결합한 곡용형 '학교에'를 수식하는 것이 아니라, 명사 '학교'를 수식한다는 것을 한눈에 파악할 수 있을 것이다. (7)에서 관형어 DETP에 해당하는 것은 [내가 다니던]이고, [내가 다니던]이라는 절이 관형사처럼 명사를 수식하니까 관형사절이다.

정리하면, [내가 다니던]은 부사어인 '학교에' 전체를 수식하는 것이 아니라 'NP+에'인 '학교에'에서 NP인 '학교'만 수식한다.

이는 관형어(관형사, 'NP+관형격 조사', 관형사절)가 부사어를 수식할 수 없다는 사실을 알면 쉽게 이해가 될 것이다. 관형어는 체언(명사, 대명사, 수사)을 수식할 수 있을 뿐이다. 따라서 관형어(관형사절) [내가 다니던]이 부사어 '학교에'를 수식할 수는 없고, 명사 '학교'만 수식한다는 결론에 이르게 된다.

이는 조사를 어절 내에 가두지 않는 입장이다. 조사를 어절 내에 가둔다는 것은 '새 신을 샀다.'에서 목적격 조사 '을'을 어절 내의 '신'하고만 결합한다고 보는 것을 말한다. 반면 어절 밖의 요소로 간주한다는 것은 목적격 조사 '을'이 '신을'이라는 어절을 넘어서 '새 신'에 결합한다고 보는 것이다.

현행 학교문법에서는 여전히 조사를 어절 내에 가두는 설명만 제시하고 있다.

하지만 조사를 어절 내에 가두지 않고 어절 밖의 요소로 간주하는 것은 통사론에서 일반적으로는 널리 받아들여지는 분석 방법이다. 나아가 이러한 분석법은 어미에 도 필요하다. 예컨대 '높고 푸른 하늘'에서 관형어는 '높고 푸른'이고, 관형어의 기능은 관형사형 어미 '-은(ㄴ)'에 의해 실현된다. 즉 '높고 푸르-'에 관형사형 어미 '-은'이 결합했다고 하는 것이 합리적이다. 관형사형 어미 '-은(ㄴ)'이 '푸르-'에만 결합했다고 하면 의미적으로 맞지 않다.

이상의 사실을 일반화하면 학교문법에서는 조사와 어미를 어절 내부의 요소로 만 간주하지만, 그 문법적 특성을 고려하면 어절 내부를 넘어 어절 밖의 요소로도 간주하는 것이 합리적이다. 다만 이러한 분석과 '어절'에 대한 직관이 서로 미묘하게 갈등을 일으키기는 한다.

마지막으로 [별이는 [내가 다니던] 학교에 다닌다]를 구절구조규칙의 나무그림 으로 나타내면 (8)과 같다.

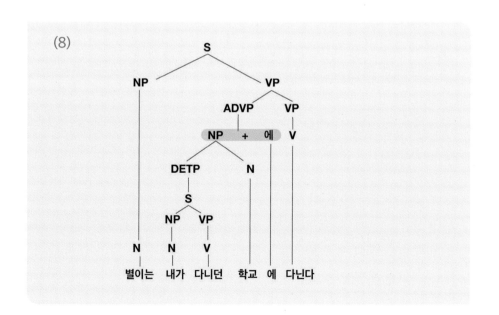

(8)

3.13. '너와 나는 학생이다.'는 홑문장인가요, 겹문장인가요?

한마디로 설명

'너와 나는 학생이다.'는 표면적으로 드러난 것으로만 보면 홑문장이다. 서술어가 'NP+이' 하나밖에 나타나 있지 않기 때문이다. 그런데 아래에서처럼 두 문장이 합쳐진 하나의 겹문장으로 볼 수도 있다. 이는 아래에서처럼 눈에 보이는 것 이면에 있는 문장을 상정하는 경우이다.

너는 학생이다.
나는 학생이다.
↓
너와 나는 학생이다.

그러므로 이 문장은 표면적으로 보이는 그대로 홑문장이라고 할 수도 있고, 위에서처럼 두 문장이 합쳐진 겹문장으로 볼 수도 있다.

자세히 설명

눈에 보이는 것만이 전부는 아니다. 즉 눈에 보이지 않지만 실재하는 것들이 있고, 눈에 보이는 것과 실체가 다른 경우도 있다. 문장도 가면을 쓴 사람처럼 눈에 보이는 것이 다가 아니고, 눈에 보이지 않는 원래의 것이 있을 수 있다. '너와 나는 학생이다.'를 홑문장이라고 해석하는 것은 눈에 보이는 '너와 나는 학생이다.'를 그 자체로 해석하는 것이다. 이에 비해 겹문장으로 해석하는 것은 눈에 보이는 '너와 나는 학생이다.'가 원래의 문장이 아니라, 이 문장이 만들어지기 전의 어떤 문장이 있었고, 이로부터 '너와 나는 학생이다.'가 만들어졌다고 보는 것이다.

홑문장으로 해석하느냐 겹문장으로 해석하느냐에 따라 조사 '와'의 성격도 달라지게 된다. 홑문장으로 해석하게 되면 '와'는 단어와 단어를 연결하는 기능을 하는 단어 접속 조사이고, 겹문장으로 해석하게 되면 '와'는 문장과 문장을 연결하는 기능을 하는 문장 접속 조사가 된다.

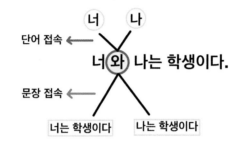

그러면 다시 원래의 질문인 '너와 나는 학생이다.'는 홑문장인가, 겹문장인가? 안타깝지만 이에 대한 정확한 대답은 입장에 따라 다르다. 다만 이때의 '와'가 단어와 단어를 연결시키는 조사라고 하면 홑문장이라고 할 수 있고, '와'가 문장과 문장을 연결시키는 조사라고 하면 겹문장이라고 할 수 있다. 그러므로 아무런 전제가 없는 상태에서는 '알 수 없다'가 적절한 대답이다.

비슷한 예로 '별이와 달이가 학교에 갔다.'라는 문장을 살펴보자.

(1) 별이와 달이가 학교에 갔다.

　　㉠ 별이와 달이가 학교에 갔다.(함께)

　　㉡ 별이가 학교에 갔다. 달이가 학교에 갔다. → 별이와 달이가 학교에 갔다.(각자)

(1) 역시 홑문장일 수도 있고 겹문장일 수도 있다. 이때 홑문장인지 겹문장인지는 '가다'라는 사건이 동시적이냐 계기적(시간적 순서에 따른 것)이냐의 정보가 주어져야만 결정된다. 즉 (1㉠)처럼 별이와 달이가 함께 갔으면, 동시적인 사건이므로 홑문장이다. 그리고 이때의 '와'는 단어인 '달이', '별이'를 연결시켜 주는 단어 접속 조사이다. 반면 '가다'의 사건이 계기적이거나 적어도 동시적인 사건이 아니면, (1㉡)처럼 두 문장이 연결된 겹문장이다. 그리고 이때의 '와'는 '별이가 학교에 갔다.', '달이가 학교에 갔다.'라는 두 문장을 연결시켜 주는 문장 접속 조사이다.

눈에 보이는 문장이 사실은 눈에 보이는 그대로가 아니고, 원래는 눈에 보이는 것과 다른 것이었다고 가정할 수 있다. 이때 눈에 보이는 문장을 표면 구조라고 하고, 눈에 보이지 않는 원래 문장을 기저 구조라고 한다. 기저 구조가 그대로 표면 구조로 나타나기도 하지만, 기저 구조가 변형을 거쳐 기저 구조와 다른 표면 구조가 나타나기도 한다. '너와 나는 학생이다.'를 홑문장으로 해석하는 것은 기저 구조와 표면 구조가 같다고 보는 것이고, 겹문장으로 해석하는 것은 기저 구조와 표면 구조가 다르다고 보는 것이다.

이처럼 기저 구조와 표면 구조가 다를 수 있다는 생각은 아래 (2)와 같은 문장을 해석하는 데도 적용된다.

(2) 토끼가 귀가 길다.

(2)는 표면적으로는 '토끼'가 주어인 것 같기도 하고, '귀'가 주어인 것 같기도 하다. 통사론적으로 서술어 '길다'의 명확한 주어는 '귀'이다. 긴 것이 '토끼'는 아니기 때문이다. (2)의 경우에도 변형을 인정하는 입장에서는 (3)처럼 표면적으로는 '토끼가 귀가 길다'이지만, 기저 구조는 '토끼의 귀가 길다.'라고 가정한다.

(3)   토끼의 귀가 길다.
↓
토끼가 귀가 길다.

　이런 관점에서는 설명의 대상이 표면 구조가 아니라 기저 구조이다. 표면 구조는 단지 기저 구조가 변형을 일으킨 것에 지나지 않기 때문이다. 따라서 이러한 설명 방식에서는 주어가 두 개인 '토끼가 귀가 길다.'가 문제가 되지 않는다. 하지만 이러한 설명은 '토끼가 귀가 길다.'가 '토끼의 귀가 길다.'로부터 변형을 거친 문장이라는 것을 증명해야 하는 문제가 남아 있다.

　사실 '토끼가 귀가 길다'는 설명하기가 몹시 어려운 문장이다. 주어가 둘이라고 설명할 수도 있지만, 주어가 둘인 문장은 아주 특이한 설명이 될 수밖에 없다. 더군다나 '토끼가 귀가 끝이 뾰족하다'처럼 주어가 더 있을 수도 있다. 학교문법에서는 서술절을 상정하여 설명하는데, 서술절 역시 절이 주어를 가진다는 매우 특이한 가정을 해야 하는 문제가 있다. 주어를 가지는 것은 원칙적으로 용언(동사, 형용사)과 'NP+이'이기 때문이다. 절이 주어를 가진다면 모든 절에 생략된 주어가 있다는 가정을 해야 하는 문제가 있다. 안타깝게도 '토끼가 귀가 길다.'는 어떤 방식으로도 깔끔하게 설명이 되지 않는다. 다만 학교문법에서는 여러 설명들 가운데서 서술절로 설명하는 방식을 취하고 있다.[1]

---

[1]　서술절에 대해 더 알고 싶으면 ☞3.8. '코끼리가 코가 길다.'는 왜 겹문장인가요? 참조.

3.14. '엄마가 살을 빼기는 쉽지 않다.'는 어떻게 분석되나요?

한마디로 설명

학교문법에서 '본용언+보조용언'은 하나의 서술어로 본다. 따라서 '엄마가 살을 빼기는 쉽지 않다.'는 '빼다', '쉽지 않다' 이렇게 서술어가 2개인 겹문장이다. 문장을 분석하면 아래와 같다.

[[엄마가 살을 빼기]는 쉽지 않다.]
　　주어　　목적어 서술어
　　　　　　　└─ 주어(주절)　 서술어

[엄마가 살을 빼기]가 안긴문장이고, 안긴문장 [엄마가 살을 빼기]는 문장에서 서술어 '쉽지 않다'의 주어로 기능하는 명사절이다. 주어이기 때문에 주어절이라고도 한다. 그리고 안긴문장 안에서 서술어는 '빼다'이고, '엄마가'는 주어, '살을'은 목적어이다.

자세히 설명

문장을 분석하는 간편하면서도 오류를 줄일 수 있는 방법은 괄호규약으로 문장을 분석하는 것이다. 위의 [한마디로 설명]에서처럼 괄호로 문장의 경계를 구획 짓는 방식을 괄호규약 분석이라고 한다. 괄호규약으로 문장을 분석할 때 오류를 줄이려면, 다음의 순서로 분석을 하는 것이 좋다. 물론 한 눈에 문장의 경계를 분석할 수 있는 사람이라면 굳이 아래의 순서대로 하지 않아도 되겠지만, 오류를 줄이려면 가능한 아래 순서로 하는 것이 좋다.

문장을 분석하려면
1. 서술어를 찾아서 오른쪽 괄호를 매겨!
2. 주어를 찾아서 왼쪽 괄호를 매겨!
   이때, 수식하는 말이 있으면 같이 괄호를 매겨야해.
3. 목적어를 찾아.
4. 부사어를 찾으면 돼. 어때? 쉽지?

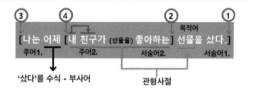

1. 나는 어제 내 친구가 (선물을) **좋아하는]** 선물을 샀다.]

2.【나는 어제 **【내 친구가** (선물을) 좋아하는] 선물을 샀다.]

3.【나는 어제 **【내 친구가** (선물을) 좋아하는] 선물을 샀다.]

4.【나는 어제 **【내 친구가** (선물을) 좋아하는] 선물을 샀다.]

③ ④ ② ①
목적어
[나는 어제 【내 친구가 (선물을) 좋아하는] 선물을 샀다.]
주어1.　　　　　주어2.　　　　　　　서술어2.　　　　서술어1.

'샀다'를 수식 - 부사어　　　　관형사절

첫째, 서술어를 찾아라. 서술어를 찾아서 오른쪽 괄호를 매겨라. 문장을 분석할 때는 항상 가장 먼저 서술어부터 찾는 것이 좋다. 국어에서 서술어로 기능하는 것은 기본적으로 동사와 형용사 그리고 'NP+이'이다. 그러니까 동사, 형용사, 'NP+이'가 어디에 있는지 먼저 찾는 것이 오류 없이 문장을 분석할 수 있는 가장 좋은 방법이다. 서술어가 둘 이상이면 가장 바깥쪽에서 안쪽 서술어의 순서로 즉, 문장에서 가장 오른쪽 서술에서 왼쪽 서술어의 순서로 각각 서술어에 오른쪽 괄호를 매기면 된다.

둘째, 서술어를 찾고 난 후, 서술어를 기준으로 '누가' 또는 '무엇이'에 해당하는 것을 찾아라. 이 말을 다르게 표현하면 주어를 찾으라는 것이다. 이때 주어를 찾고 나서 이 주어를 수식하는 말이 있으면 그 수식하는 말을 포함해서 왼쪽 괄호를 매겨라. 주어를 수식하는 말이 있으면 그것이 곧 관형어이다. 그리고 주어를 수식하는 것이 절이면 관형사절이다. 서술어가 둘 이상이면 각각의 서술어에 대해 이 작업을 하면 된다.

셋째, 서술어를 기준으로 '누구를', '무엇을'에 해당하는 것을 찾아라. 이 말을 다르게 표현하면 목적어를 찾으라는 것이다. 이때 목적어를 수식하는 말이 있으면 관형어이고, 그 관형어가 절이면 곧 관형사절이다.

넷째, 서술어를 기준으로 '언제', '어디서', '어떻게', '왜'에 해당하는 것을 찾아라. 이 말을 다르게 표현하면 부사어를 찾으라는 것이다. 즉 '언제', '어디서', '어떻게', '왜'에 해당하는 것이 부사어이고, 그것이 절이면 부사절이다.

이 순서로 몇 문장만 분석해 보자.

(1) ㉠ 꿈이 없는 삶은 공허하다.
    ㉡ 나는 어제 내 친구가 좋아하는 선물을 샀다.
    ㉢ 하늘이 눈이 부시게 푸르다.

먼저 (1㉠)을 분석해 보자. 서술어는 '공허하다', '없는' 2개이다. 그러므로 서술어에 괄호를 매기면 아래와 같다.

꿈이 없는] 삶은 공허하다]

다음으로 주어를 찾는데, 안은문장(모문(母文)) 서술어의 주어부터 찾고 안긴문장(내포문) 서술어의 주어를 찾아라. 이때 수식어가 있으면 수식어를 포함해서 괄호를 매긴다. 수식어와 피수식어 관계 중에서 '관형어+체언' 구성은 항상 떨어지지 않고 한 몸으로 움직인다. 그렇기 때문에 분석할 때도 항상 '관형어'를 피수식어와 떼어 놓으면 안 된다. 관형어와 피수식어를 떼어 놓고 생각하다 보면 오류를 범하기 쉽다. 안은문장의 서술어 '공허하다'의 주어는 '삶'이다. 그런데 '삶'은 '꿈이 없는'의 수식을 받으므로 수식어를 포함하여 왼쪽 괄호를 매기면 아래와 같다.

[꿈이 없는] 삶은 공허하다]

　다음으로 안긴문장 서술어 '없는'의 주어를 찾아라. '없는'의 주어는 '꿈이'이다. 그래서 '꿈이'에 괄호를 매기면 다음과 같다.

[[꿈이 없는] 삶은 공허하다]

　다음으로 목적어를 찾아야 하는데, '없는', '공허하다' 모두 자동사이므로 목적어는 없다. 그리고 '언제, 어디서, 어떻게, 왜'에 해당하는 요소가 없으므로 문장 분석은 여기에서 끝내면 된다. [꿈이 없는]은 주어 '삶'을 수식하는 관형어인데, [꿈이 없는]이 절이므로 관형사절이다.
　같은 방식으로 (1ⓛ,ⓒ) 문장을 분석해 보라. 이를 분석하면 다음과 같다.

[나는 어제 [내 친구가 (선물을) 좋아하는] 선물을 샀다.]

　'어제'는 안긴문장의 서술어 '좋아하는'의 언제가 아니라, 안은문장의 서술어 '샀다'의 '언제'에 해당하는 정보이므로, 안은문장의 서술어 '샀다'를 수식하는 부사어이다. 그리고 안긴문장 서술어 '좋아하다'를 기준으로 '무엇을'에 해당하는 것이 '선물'인데, 피수식 명사 '선물'과 동일하기 때문에 '좋아하다'의 목적어 '선물'이 생략되었다. 그리고 안은문장의 서술의 '샀다'의 '무엇을'에 해당하는 것이 '선물'이고, 이 선물은 [내 친구가 좋아하는] 선물이니까 [내 친구가 좋아하는]은 '선물'을 수식하는 관형어이다. 이때 관형어가 절이니까 관형사절이다.
　(1ⓒ)은 다음과 같이 분석된다.

[하늘이 [눈이 부시게] 푸르다]

안은문장의 서술어 '푸르다'의 '어떻게'에 해당하는 것이 [눈이 부시게]이므로 부사어이다. 이때 부사어 [눈이 부시게]가 절이므로 부사절이다.

문장 분석에서 한 가지 주의할 점은 학교문법에서 '본용언+보조용언'을 하나의 서술어로 본다는 점이다.[1] '본용언+보조용언'이라는 것은 어찌 되었건 용언이 2개이다. 그렇지만 하나의 서술어로 해석하는 것인데, 이것은 단어는 아니지만 마치 합성어처럼 두 개의 용언이 하나의 용언으로 기능한다고 보는 것이다. 다시 말해 두 개의 용언이 복합된 하나의 서술어, 복합 서술어(complex verb)의 개념에 해당한다.

> (2) ㉠ 영호야, 이거 한 번 <u>먹어 봐</u>.
> ㉡ 나는 너를 <u>좋아하게 되었다</u>.
> ㉢ 보람이는 오늘 학교에 <u>가지 않았다</u>.
> ㉣ 나는 네가 <u>보고 싶다</u>.

> (3) ㉠ 보람이는 그 일을 <u>할 만하다</u>.
> ㉡ 바람이 곧 <u>강해질 듯하다</u>.
> ㉢ 영이는 나를 안 <u>좋아하는 척한다</u>.

(2)와 (3)에서 밑줄 친 부분이 '본용언+보조용언' 구성이다. (2)는 '용언 어간-보조적 연결어미+용언' 구조의 '본용언+보조용언' 구성인데 비해, (3)은 용언의 관형사형 뒤에 보조 형용사가 오는 '본용언+보조용언' 구성이다.[2]

1　'본용언+보조용언' 구성에 대한 자세한 설명은 ☞3.7. '너 두고 보자'에서 '보자'는 본용언인가요, 보조용언인가요? 참조.

2　(3)에서 '만하다, 듯하다, 척하다'는 원래는 '의존명사+용언' 구성이었는데, 의

학교문법에서는 용언이 2개이지만, '본용언+보조용언' 전체를 하나의 서술어로 본다. 그래서 (2)와 (3)은 용언(동사, 형용사)이 2개이지만 홑문장이다. 그래서 문장을 분석할 때 '본용언+보조용언' 구성을 서술어가 2개인 겹문장으로 분석하지 않도록 주의해야 한다.

존명사와 용언이 하나의 단위로 굳어져서 보조 형용사가 된 것이다. '만', '듯', '척'은 현대국어에서 의존명사로도 쓰인다.

'나는 나이지 네가 아니다.'는 대등하게 이어진문장 맞나요?

한마디로 설명

'나는 나이지 네가 아니다.'를 분석하면 아래와 같다.

[나는 나이지] [(나는) 네가 아니다]

위에서 보듯이 '나는 나이다', '나는 네가 아니다'라는 두 문장이 대등하게 이어진 이어진문장이다. 두 문장이 대등적으로 이어졌는지, 종속적으로 이어졌는지는 두 문장의 의미 관계에 대한 판단에 의해 결정된다.

두 문장을 연결하는 어미를 연결어미라고 하는데, 연결어미는 크게 대등적 연결어미와 종속적 연결어미로 구분한다.[1] 그런데 연결어미의 의미가 대등적인지 종속적인지는 말 그대로 의미에 따른 것이다. 그런데 의미에 대한 판단이 학자들마다 일치하지는 않는 경우도 있다. 그래서 모든 연결어미를 대등적 연결어미인지 종속적 연결어미인지를 명확히 가르기가 쉽지는 않다.

자세히 설명

이어진문장인지, 안은문장인지는 문장의 구조를 통해 판단한다. 이를 판단하는

---

1 대등적 연결어미와 종속적 연결어미 외에 보조적 연결어미가 더 있다. 보조적 연결어미 '-아/게/지/고'는 대등적 연결어미, 종속적 연결어미와는 그 성격이 이질적이어서 보통 따로 다루는 경우가 많다.

가장 간단하고 정확한 방법은 우선 괄호규약으로 괄호매김을 해 보는 것이다.

(1)   [산은 산이고] [물은 물이다]

(2)   [보람이는 [눈이 오는] 계절을 좋아한다]

(1)에서 보듯이 괄호가 '[ ] [ ]' 처럼 나란히 있으면 이어진문장이고, (2)에서 보듯이 '[[ ]]'처럼 괄호 안에 괄호가 있으면 안은문장이다.[2] 이처럼 이어진문장과 안은문장은 괄호규약을 통해 쉽게 확인할 수 있다. 참고로 쉼표(,), 마침표(.), 물음표(?)와 같은 문장 부호는 문장에 대한 분석 결과를 시각적으로 표시하는 하나의 기호이다. 그래서 문장 부호를 통해 문장을 이해하는 것은 본말이 전도된 것이다. 다시 말해 문장 부호를 통해 문장을 분석하려고 하거나 이해하려고 하면 안 된다.

그런데 대등하게 이어진문장인지 종속적으로 이어진문장인지는 괄호규약을 통해서는 알 수 없다. (3)은 (1)과 구조적으로 같은 이어진문장인데, (1)과 달리 종속적으로 이어진문장이다.

(3)   [비가 와서] [땅이 질다]

(1)과 (3)의 괄호규약의 결과는 '[ ] [ ]'로 같다. 이 말은 구조를 통해서는 대등하게 이어진문장과 종속적으로 이어진문장을 구분할 방법이 없다는 것을 의미한다.

---

2   안긴문장에 대한 보다 자세한 설명은 ☞3.11. '그건 내가 알 바 아니야.'는 관형사절을 안은문장인가요? 참조.

그러면 대등하게 이어진문장과 종속적으로 이어진문장을 어떻게 구분할 수 있느냐? 그것은 두 문장의 의미 관계를 통해서 구분한다. 즉 두 문장의 의미가 대등하다고 판단하면 대등하게 이어진문장이고, 두 문장의 의미가 종속적이라고 판단하면 종속적으로 이어진문장이다.

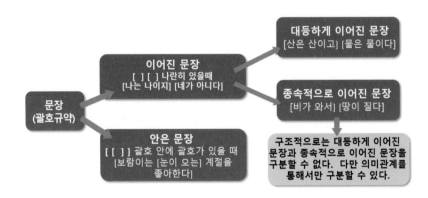

연결어미에 대등적 연결어미, 종속적 연결어미가 있으니까 연결어미가 대등적 연결어미인지 종속적 연결어미인지를 보면, 대등적으로 이어진문장인지 종속적으로 이어진문장인지 알 수 있는 것 아닌가 하고 물을 수 있다. 물론 결과적으로는 맞다. 그러나 두 문장을 연결한 연결어미가 대등적 연결어미인지 종속적 연결어미인지는 두 문장의 의미 관계에 대한 판단을 통해 결정된다. 그러니까 어떤 연결어미가 대등적 연결어미인지 종속적 연결어미인지가 먼저 결정된 것이 아니라, 두 문장의 의미 관계에 대한 분석의 결과 대등적 연결어미인지 종속적 연결어미인지가 결정된 것이다. 아무튼 이러한 분석을 통해 연결어미를 정의한 것이므로, 결과적으로는 연결어미의 종류를 알면 어어진문장이 종속적인지 대등적인지 파악할 수는 있다. 그런데 의미 관계에 대한 판단이 객관적이기 어렵고, 그러다 보니 학자들마다 의미 관계가 대등적인지 종속적인지에 대한 판단에 차이가 있는 경우들이 있다. 그래서 사전에서도 연결어미라고만 하고, 구체적으로 종속적 연결어미인지 대등적 연결어미인지는 밝히지 않는다.

기본적으로 논란의 여지가 없는 대등적 연결어미, 종속적 연결어미 몇 개씩만 제시하면 다음과 같다.

(4)　• 대등적 연결어미: -고, -(으)나, -(으)며, -지만
　　　• 종속적 연결어미: -(으)면, -(으)니, -아서/어서, -아도/어도

통사론의 관점에서는 대등하게 이어진문장인지, 종속적으로 이어진문장인지를 구별하는 것이 중요한 문제는 아니다. 앞에서 설명한 것처럼 괄호규약으로 분석했을 때의 구조는 같기 때문이다. 이것이 중요한 영역은 의미론의 영역이다.

통사론에서 중요한 문제는 종속적으로 이어진문장과 부사절로 안긴문장의 구별과 관련된 것이다.

(5)　㉠ [비가 와서] [땅이 질다]
　　　㉡ [땅이 [비가 와서] 질다]

(5㉠)은 종속적으로 이어진문장이고, (5㉡)은 부사절로 안긴문장이다. 종속적으로 이어진문장과 부사절로 안긴문장의 구별이 문제가 되는 이유는 어순 재배치 때문이다. 국어는 어순을 바꾸는 것이 비교적 자유로운 언어이다. 이는 (6)에서 분명하게 확인할 수 있다.

(6)　㉠ 보람이가 어제 영화를 보았다.
　　　㉡ 어제 보람이가 영화를 보았다.

국어가 이렇게 어순의 재배치가 자유로운 것은 국어가 첨가어라는 특성과 관련 있다. '보람이가'가 어느 위치에 가더라도 주격 조사 '가'가 결합했기 때문에 주어 라는 것을 알 수 있고, '영화를' 역시 목적격 조사 '를'이 결합했기 때문에 어느 위치 에 있더라도 목적어라는 것을 알 수 있기 때문이다.

　이러한 특성을 염두에 두고 다시 (5㉠)과 (5㉡)을 비교해 보자.

(7)　　　　　A　　　　　　　　B
[땅이 [비가 와서] 질다] ⇆ [비가 와서] [땅이 질다]

　(5㉠)의 '[비가 와서] [땅이 질다]'가 원래는 (5㉡)의 '[땅이 [비가 와서] 질다]'의 부사절로 안긴문장이었는데, 부사절이 문장의 맨 앞으로 이동해서 '[비가 와서] [땅 이 질다]'의 종속적으로 이어진문장이 되었을 수 있다. 반대로 (5㉡)의 '[땅이 [비가 와서] 질다]'가 원래는 (5㉠)의 '[비가 와서] [땅이 질다]'의 종속적으로 이어진문장 이었는데, [비가 와서]가 [땅이 질다] 안으로 이동해서 '[땅이 [비가 와서] 질다]'의 부사절로 안긴문장이 되었을 수도 있다. 이는 종속적으로 이어진문장과 부사절로 안긴문장을 명확하게 구분하기 어렵다는 것을 말해 준다.

　위에서 설명한 것처럼 [비가 와서]의 원래의 위치가 A였는지, B였는지를 정하 기 어렵다. 이러한 사실 때문에 통사론에서는 대등하게 이어진문장만 이어진문장 으로 두고, 부사절과 종속적으로 이어진문장을 구분하지 않기도 한다. 그런데 원래 어떤 구조였는지에 대해 상관하지 않고, 표면적으로 괄호규약 분석을 했을 때 '[] []'

구조이면 종속적으로 이어진문장이고, '[[ ]]' 구조이면 부사절로 안긴문장이라고 할 수 있다. 학교문법은 이러한 관점을 기본적으로 견지하면서 종속적으로 이어진 문장과 부사절을 구분하지 않는 관점 역시 수용하고 있다.

MEMO

4.

반의어와
중의성에 대한
Q & A

4.1. '위:아래'는 상보 반의어인가요, 정도 반의어인가요?

한마디로 설명

'위 : 아래'는 상보 반의어도 아니고, 정도 반의어도 아니다. 반의 관계의 또 다른 한 유형인 방향 반의어이다. 방향 반의어는 대칭 반의어라고도 한다.

반의어는 크게 상보 반의어, 정도 반의어, 방향 반의어로 나뉜다. 이 중에서 '위 : 아래'는 방향 반의어로 분류된다. 이러한 방향 반의어에는 '남 : 북', '오른쪽 : 왼쪽' 같은 것들이 있다. 방향 반의어 중에서 '남 : 북', '왼쪽 : 오른쪽'과 같이 중간 지점을 상정할 수 없는 경우는 상보 반의어에 가까운 속성을 띠지만, '위 : 아래'처럼 중간 지점을 상정할 수 있는 경우는 정도 반의어의 속성을 띠기도 한다. 그래서 일괄적으로 방향 반의어를 상보 반의어라고 하거나 정도 반의어라고 할 수 없고, 그래서 반의 관계의 또 다른 한 유형으로 분류한다.

자세히 설명

반의어를 이해하려면 먼저 반의 관계의 정의를 파악해야 한다. 반의 관계는 대립 관계라고도 한다.

- 반의 관계: 공통의 자질을 공유하면서 단 하나의 시차적 특성이 서로 대립
 되는 어휘 의미 관계

이러한 반의 관계를 가장 잘 설명해 줄 수 있는 의미 분석 방법이 성분 분석이다. 성분 분석은 어휘의 의미를 의미 자질로 분석하여 어휘간의 관계를 파악하는,

의미를 분석하는 방법 중의 하나이다.

> (1)　• 아버지 [+인간, +성인, +부모, −여성]
> 　　　• 어머니 [+인간, +성인, +부모, +여성]

위에서 [인간], [성인], [부모], [여성]은 어휘가 아니라 의미를 구성하는 의미 자질이다. 이러한 의미 자질의 속성을 가지고 있으면 '+', 가지고 있지 않으면 '−'로 구분한다. 이렇게 의미 자질로 어휘의 관계를 파악하는 방법을 성분 분석이라고 한다. 그리고 (1)에서 '아버지'와 '어머니'는 [여성]이라는 자질만 서로 대립될 뿐 나머지 자질은 모두 같다. 그래서 위의 반의 관계의 정의에 정확히 부합한다. 이때 '아버지'와 '어머니'를 반의어로 구별 짓는 [±여성] 자질을 시차적 자질이라고 한다.

반의 관계는 상보 반의 관계, 정도 반의 관계, 방향 반의 관계로 구분한다. 이때 반의 관계를 이루는 어휘를 반의어라고 한다. 따라서 반의어에는 상보 반의어, 정도 반의어, 방향 반의어가 있다. 의미론이 언어학의 다른 영역에 비해 상대적으로 늦게 출발한 학문이다 보니 용어가 통일되어 있지 않고, 같은 내용을 가리키는 용어가 여러 개 혼재하고 있다. 반의어는 달리 '반대어', '반대말', '상대어', '대립어'라고도 한다. 또한 상보 반의어는 달리 유무 반의어라고도 하고, 방향 반의어는 달리 대칭 반의어라고도 한다.

상보 반의어와 정도 반의어를 구별하는 기준은 3가지이다. 전형적인 상보 반의어인 '참:거짓', 전형적인 정도 반의어인 '높다:낮다'를 통해 이 3가지 기준을 적용해 보자.

첫째, 한쪽의 단어가 다른 한쪽의 부정을 함의하면 상보 반의어, 그렇지 못하면 정도 반의어이다.

X가 참이다 → X는 거짓이 아니다.

X가 거짓이 아니다. → X는 참이다.

X가 높다 → X는 낮지 않다.

X가 낮지 않다. ⇸ X는 높다.

둘째, 동시 부정이 불가능하면 상보 반의어, 가능하면 정도 반의어이다.

*X는 참도 아니고 거짓도 아니다.

X는 높지도 않고 낮지도 않다.

셋째, 비교 또는 정도 부사 수식이 불가능하면 상보 반의어, 가능하면 정도 반의어이다.

*X는 매우 참이다/거짓이다.

*X는 Y보다 더 참이다/거짓이다.

X는 매우 높다/낮다.

X는 Y보다 더 높다/낮다.

지금까지의 내용을 정리하면 아래와 같다.

한쪽의 단언이 다른 한쪽의 부정을 함의하지 않으면 <정도 반의어>	한쪽의 단언이 다른 한쪽의 부정을 함의 <상보 반의어>
X가 높다 ➡ X는 낮지 않다 (O) X가 낮지 않다 ➡ X는 높다 (X)	X가 참이다 ➡ X는 거짓이 아니다 (O) X가 거짓이 아니다 ➡ X는 참이다 (O)
동시 부정이 가능 <정도 반의어>	동시 부정이 불가능 <상보 반의어>
X는 높지도 않고 낮지도 않다 (O)	X는 참도 아니고 거짓도 아니다 (X)
비교 또는 정도 부사 수식이 가능 <정도 반의어>	비교 또는 정도 부사 수식이 불가능 <상보 반의어>
X는 매우/조금 높다/낮다 (O) X는 Y보다 더 높다/낮다 (O)	X는 매우/조금 참/거짓이다 (X) X는 Y보다 더 참/거짓이다 (X)

방향 반의어는 기준점이 있기 때문에 기준점의 양 극단만이 반의 관계를 이루는 반의어이다. 그래서 '남:북'은 반의어이지만, '남:동북'은 반의어가 아니다. 왜냐하면 기준점이 서로 같은 선상에 있지 않기 때문이다. 기준점이 같은 선상에 있지 않다는 것은 공통의 자질을 공유하고 있지 않다는 의미이다. 그러므로 반의 관계가 될 수 없다.

방향 반의는 상보 반의, 정도 반의와는 다른 유형의 반의 관계이다. 그럼에도 굳이 상보 반의어와 정도 반의어 중의 어느 하나에 귀속시키고자 한다면, 상보 반의어에 더 가깝다. 말 그대로 상보 반의어에 더 가깝다는 것이지 상보 반의어는 아니다. 방향 반의어는 기준의 양 극단인데, 경우에 따라서는 기준점의 중간 지점이 존재할 수도 있기 때문이다. 예컨대 '위:아래'의 경우 기준점의 중간 지점을 가리키는 '가운데'가 설정된다. '상:하'의 경우에도 '상-중-하'처럼 정도성이 드러난다.

반의어 중에는 상보 반의어와 정도 반의어의 중간적인 성격을 갖는 반의어도 있다. 정도성은 있지만, 중립 영역을 갖지 못하는 경우이다. 대표적인 예가 '옳다:그르다'이다. 이런 유형의 반의어를 '정도 상보 반의어'라고 한다.

(2) ㉠ X가 옳다 → X는 그르지 않다

　　　X가 그르지 않다 → X는 옳다

　　㉡ *X는 옳지도 않고 그르지도 않다[1]

　　㉢ X는 Y보다 더 옳다/그르다

(2㉠, ㉡)은 상보 반의어의 성격을 갖는다는 것을 보여 주고, (2㉢)은 정도 반의어의 성격을 갖는다는 것을 보여 준다.

　　의미론은 언어학의 다른 영역(음운론, 형태론, 통사론)에 비하여 엄밀성이나 정확성이 느슨한 편이다. 그것은 의미의 의미가 무엇인지를 정의하는 것부터가 쉽지 않고, 여전히 명확히 정의되지 못하고 있는 것과 무관하지 않다. 의미론은 언어학의 다른 영역에 비해 상대적으로 늦게, 거의 20세기 초에 와서야 본격적으로 발전한 분야이다. 그래서 너무 미시적으로 의미를 따지고 들어가면 오히려 더 혼란스러울 수 있다. 반의어에 대한 내용 역시 이런 점을 염두에 두고, 전형적인 예를 중심으로 생각할 필요가 있다. 특수하거나 특이한 사례나 상황을 가정하게 되면 개념 이해나 적용이 어렵게 된다.

---

[1]　논리적으로 '옳다/그르다'는 중간 지점이 없는 유무의 판단이다. 즉 옳거나 그르거나 둘 중의 하나이다. 그런데 현실 언어에서는 '옳지도 않지만 그르지도 않다.'는 식의 표현을 쉽게 들을 수 있다.

한마디로 설명

'-고 있다'는 동사에 결합하여 그 동사의 동작이 진행되고 있음을 나타낸다. 또한 '-고 있다'는 '상태 지속'의 의미도 가지고 있다. 즉 '-고 있다' 자체가 중의적인 의미를 가지고 있다. 그래서 '문제집을 풀고 있다.' 역시 '진행'과 '상태 지속' 두 가지 의미로 해석될 수 있어서 중의적이다.

　㉠ (지금) 문제집을 풀고 있다.: 진행
　㉡ (몇 시간째) 문제집을 풀고 있다.: 상태 지속

㉠은 문제집을 풀고 있는 동작이 진행되고 있다는 의미이고, ㉡은 문제집을 푸는 상태가 지속되고 있다는 의미이다. '-고 있다'에 의한 중의성은 ㉠, ㉡에서의 괄호처럼 맥락이 주어지면 자연스럽게 제거된다.

자세히 설명

중의성은 하나의 표현이 두 가지 이상의 의미로 해석되는 것을 말한다. 중의성은 여러 가지 이유로 생긴다. 중의성이 생기는 대표적인 예를 소개하면 다음과 같다.

중의성	예	의미
ⓐ 다의어	친구가 벌써 갔어.	❶ 이동의 의미 ❷ '죽다'의 의미

ⓑ 동음이의어	배가 크다.	❶ 먹는 배의 크기가 크다. ❷ 바다에 떠 있는 배의 크기가 크다.
ⓒ 관용어	미역국을 먹다.	❶ 미역국을 먹다. ❷ 실패하다.
ⓓ 수식어의 범위	착한 별이의 동생	❶ 착한 별이의 동생 ❷ 착한 별이의 동생
ⓔ 비교의 대상	별이는 아빠보다 엄마를 더 좋아해.	❶ 비교대상-단어 : 아빠/엄마 ❷ 비교대상-서술어가 이끄는 문장 아빠가 엄마를 좋아하다/ 별이가 엄마를 좋아하다.
ⓕ 전칭 양화사와 부정의 범위	모든 사람이 오지 않았어.	❶ 모두 온 것은 아니다. ❷ 한 사람도 오지 않았다.
	아직 다 못했어.	❶ 덜했다. ❷ 하나도 못했다.
ⓖ '-고 있다'	옷을 입고 있다.	❶ 동작이 진행되고 있다. ❷ 그러한 상태가 지속되고 있다.

ⓐ는 '가다'가 다의어이기 때문에 생긴 중의성이다. ⓑ는 동음이의어 '배' 중에서 어떤 '배'인지 확정되지 않아서 생기는 중의성이다. 즉 '배'가 먹는 배일 수도 있고, 타는 배일 수도 있기 때문에 중의성이 생긴다.

ⓒ는 어떤 표현이 관용어로 쓰이기도 하고, 관용어로 쓰이지 않기도 하기 때문에 생기는 중의성이다. 즉 '실패하다'의 의미가 아니라 진짜 다른 국이 아니라 미역국을 먹는 것을 의미할 수도 있다. 이처럼 관용어는 관용어로 쓰일 수도 있고 그렇지 않을 수도 있기 때문에 중의성이 생긴다.

ⓓ는 수식어의 수식 범위가 어디까지이냐에 따라 생기는 중의성이다. 수식어 '착한'이 별이를 수식할 수도 있고, '별이의 동생'을 수식할 수도 있어서 중의성이 생긴다. '착한'이 '별이'와 '별이의 동생' 둘 다를 수식하는 것도 상정할 수 있다.

ⓔ는 비교의 대상이 단어인지 서술어가 이끄는 문장인지에 따른 중의성이다. 즉 비교의 대상이 '엄마'와 '아빠'일 수도 있고, 서술어 '좋아하다'가 이끄는 문장 '아빠가 엄마를 좋아하다'와 '별이가 엄마를 좋아하다'일 수도 있다. 이처럼 비교 구문은 많은 경우 비교의 대상이 두 가지로 해석될 수 있는 중의성이 생긴다.

ⓕ는 '모든, 전부, 다'처럼 양의 전체를 지칭하는 전칭 양화사¹와 부정어('안' 또는 '-지 않다')가 함께 나올 때 중의성이 생긴다. 부정의 범위가 전칭 양화사가 가리키는 양의 일부인지, 전칭 양화사가 가리키는 양 전체인지에 따라 중의성이 생기는 것이다. 그래서 '모든 사람이 오지 않았다.'는 '모두 온 것은 아니다'는 의미와, '한 사람도 오지 않았다'는 의미, 두 가지로 해석된다. 또 다른 예로 '아직 다 못했어'의 경우, '덜 했다'를 의미할 수도 있고, '하나도 못했다'를 의미할 수도 있다.

질문의 대상이 된 ⓖ는 진행상을 나타내는 '-고 있다'가 동작이 진행되고 있음을 나타내는 의미에 더하여, 그러한 상태가 지속되고 있다는 의미도 가지기 때문에 생기는 중의성이다. 진행상을 나타내는 방법은 '-고 있다' 외에도 몇 가지 방법이 더 있다.

> (1) ㉠ 옷을 입고 있다.
> ㉡ 옷을 입는 중이다.
> ㉢ 옷을 다 입어 간다.
> ㉣ 옷을 입으면서 신발을 신는다.

---

1   양화사는 '조금', '많이'처럼 양을 나타내는 말을 이른다. 이 중에서 전체 또는 전부의 양을 지칭하는 말을 전칭 양화사라고 한다. 대표적인 전칭 양화사로는 '모두', '다', '전부', '온', '모든' 등이 있다.

진행상은 '-고 있다' 외에도 위에서 보듯이 (1ⓒ)의 '-는 중이다', (1ⓓ)의 '-아/어 간다' 그리고, (1ⓔ)의 어미 '-(으)면서'를 통해서도 나타낼 수 있다. 이 중에서 '-고 있다'는 진행의 의미에 더하여 상태 지속의 의미도 중의적으로 가진다.

중의성은 문장의 의미를 정확하게 해석하는 것을 방해할 수 있다. 하지만 대부분의 경우 하나의 문장이 독립적으로 홀로 있는 것이 아니라 문맥 안에 있기 때문에, 문맥 안에서 중의적으로 해석되는 경우는 드물다. 다만 문맥으로도 중의성이 해소되지 않아 정확한 해석을 방해할 때는 중의성을 해소함으로써 엉뚱하게 잘못 해석되는 것을 막아야 한다.

중의성을 해소하는 방법은 딱히 정해진 것이 없다. 어떤 식으로든 중의성을 해소만 하면 되기 때문이다. 다시 말해 원칙적인 방법은 없다는 뜻이다.

(2) 착한 별이의 동생 → 착한, 별이의 동생

수식의 범위에 의한 중의성은 (2)처럼 단순하게 쉼표 하나를 넣는 것으로도 중의성이 해소될 수 있다. 하지만 단순히 쉼표를 넣거나 위치를 바꾸거나 하는 방식으로는 중의성을 해소하기가 어려운 경우가 많다. 이런 경우는 맥락을 보충함으로써 중의성을 해소할 수밖에 없다.

(3) ㉠ 나는 아빠보다 엄마를 더 좋아해
   → 나는 아빠와 엄마 중에 엄마를 더 좋아해.
㉡ 옷을 입고 있다.
   • 진행: → (세수를 하고) 옷을 입고 있다.
   • 상태 지속: → (하루 종일) 옷을 입고 있다.

MEMO

5.

훈민정음과
국어사에 대한
Q & A

훈민정음 제자 원리 중에서 '합성'과 '합용'은 어떻게 다른가요?

한마디로 설명

훈민정음 제자 원리에 합성이라는 방식은 없다. 훈민정음 해례 어디에도 합성이라는 말은 나타나지 않는다. 즉 합성은 훈민정음에서 사용된 용어가 아니다. 그러므로 훈민정음에 대해 말하면서 합성이라는 용어를 사용하는 것은 적절하지 않다. 합성과 합용은 사전적 의미도 다르다.

훈민정음 해례 28자를 만든 원리는 상형(象形)과 가획(加劃)이다. 즉 해례 28자는 상형과 가획이라는 두 원리에 의해 만들어진 자(字)이다. 그리고 이렇게 만든 28자를 운용하여 또 다른 자(字)를 만들었는데, 이때 적용된 방식이 병서(竝書), 연서(連書), 합용(合用), ㅣ상합(ㅣ相合) 4가지이다. 병서와 연서는 자음자를 만드는 방식이고, 합용과 ㅣ상합은 모음자를 만드는 방식을 이른다. 이 중 '합용'에 의해 만들어진 자는 'ㅘ, ㅝ, ㆇ, ㆊ' 4자(字)인데, 이 4자는 초출자(ㅏ, ㅓ, ㅗ, ㅜ)와 재출자(ㅛ, ㅑ, ㅠ, ㅕ)를 합용한 것이다.

'합용'이라는 용어가 자음자의 설명에서도 나오기는 한다. 병서를 합용병서와 각자병서로 나누는데 이때 '합용'이라는 말이 등장한다. 합용병서는 'ㅅ+ㄱ → ㅺ'처럼 자음자 2자를 나란히 쓰는 방식으로 합용한 자라는 의미이다. 이처럼 자음자에서도 합용이라는 말이 나타나긴 하지만, 이때의 초점은 합용이 아니라 병서이다. 그래서 일반적으로 제자에서 '합용'이라고 할 때는 해례 28자 중 모음자의 2차적 운용 방식을 가리킨다.

훈민정음의 제자 원리를 말하라고 하면, 보통 상형(象形)과 가획(加劃)을 떠올린다. 맞는 말이다. 그런데 좀 더 정밀하게 말하면 훈민정음 해례의 28자 중 자음자 17자의 제자 원리가 상형과 가획이다. 해례 28자는 자음자가 17자이고, 모음자가 11자이다. 모음자 11자 중에서 'ㆍ, ㅡ, ㅣ'가 상형자인데, 순서대로 '天, 地, 人'을 상형하였다. 자음자는 조음기관이라는 구체적인 대상을 상형하였는데 반해, 모음자의 상형인 '천, 지 , 인'은 구체적인 대상이 아니다. 그래서 모음자의 상형을 추상적 상형이라고 한다.

해례 28자에서 모음자 11자 중에서 상형자 'ㆍ, ㅡ, ㅣ'를 제외한 8자, 'ㅗ, ㅏ, ㅜ, ㅓ, ㅛ, ㅑ, ㅠ, ㅕ'는 '出'의 개념으로 설명한다. 'ㅗ, ㅏ, ㅜ, ㅓ'는 초출자(初出字), 'ㅛ, ㅑ, ㅠ, ㅕ'는 재출자(再出字)라고 한다. 그런데 이때 '출(出)'은 제자 원리로 해석하지 않는다. 그래서 해례 28자의 제자 원리가 무엇이냐고 물을 때 상형과 가획이라고만 대답하고, '출(出)'을 포함하지 않는다.

상형과 가획은 각각 역할이 분담되어 있다. 무슨 말이냐 하면, 상형은 기본자를 만든 원리이고, 가획은 기본자를 바탕으로 또 다른 자를 만든 원리이다. 자음의 기본자는 '아설순치후'의 순서대로 'ㄱ-ㄴ-ㅁ-ㅅ-ㅇ'이고, 모음의 기본자는 'ㆍ, ㅡ, ㅣ'이다. 상형과 가획이라는 두 원리를 따르지 않고 만들어진 자를 이체자라고 하는데, 'ㆁ, ㄹ, ㅿ'이 이에 해당한다. 자음 17자의 제자를 도표로 나타내면 (1)과 같다. 가획을 하는 것은 소리가 세다(또는 거칠다)는 것을 나타낸 것으로 두 번 가획한 것은 한 번 가획한 것보다 소리가 더 세다. ㅅ(기본자)에 1차 가획한 것이 ㅈ이고, ㅈ에 다시 가획 즉, 2차 가획한 것이 ㅊ인데, 따라서 가획을 가장 많이 한 ㅊ이 가장 센 소리이다(ㅅ → ㅈ → ㅊ).

(1)

	기본자	상형 내용	가획자		이체자
			1차	2차	
아음	ㄱ	舌根閉喉之形 설근폐후지형	ㅋ		ㆁ
설음	ㄴ	舌附上齶之形 설부상악지형	ㄷ	ㅌ	ㄹ
순음	ㅁ	口形 구형	ㅂ	ㅍ	
치음	ㅅ	齒形 치형	ㅈ	ㅊ	ㅿ
후음	ㅇ	喉形 후형	ㆆ	ㅎ	

不厲(불려) ─────────→ 厲(려)
세지 않다　　　　　　　　　세다

* 설근폐후지형: 혀뿌리가 목구멍을 닫는 모양

* 설부상악지형: 혀가 윗잇몸에 닿는 모양

　　훈민정음 해례의 자(字)에는 (1)의 28자 외에도 많은 자들이 있다. 이들 자는 이미 만들어진 28자를 2차적으로 운용하여 만든 것이다. 28자를 2차적으로 운용하여 또 다른 자를 만드는 원리에는 병서, 연서, 합용, ㅣ상합 4가지가 있다. 이 중에서 병서와 연서는 자음자 17자를 2차적으로 운용한 원리이고, 합용과 ㅣ상합은 모음자 11자를 2차적으로 운용한 원리이다.

제자 원리

28자의 2차 운용

1. 상형의 원리

자음: ㄱ, ㄴ, ㅁ, ㅅ, ㅇ

모음: ·, ㅡ, ㅣ

2. 가획의 원리

ㄴ → ㄷ → ㅌ
1차가획 2차가획

지음

1. 병서

2. 연서

모음

3. 합용

4. 'ㅣ' 상합

각자병서   'ㄲ ㄸ ㅃ··'

합용병서   'ㄲ ㄸ ㅄ···'

'ㅸ ㆄ ㅃ ㅱ'

'ㅘ, ㅑ, ㅝ ㅖ'

1자 중성에 ㅣ 상합한 자
ㅣ ㅢ ㅐ ㅔ ㅚ ㅟ ㅒ ㅖ ㅛ ㅠ

2자 중성에 ㅣ 상합한 자
ㅙ ㅞ ㅙ ㅞ

먼저 해례 28자에서 자음 17자, 모음 11자는 다음과 같다. 자음자는 '아설순치후'의 순서로, 모음자는 '기본자-초출자-재출자'의 순서로 배열하였다.

(2) • 자음자: ㄱ ㅋ ㆁ / ㄷ ㅌ ㄴ ㄹ / ㅂ ㅍ ㅁ / ㅅ ㅈ ㅊ ㅿ / ㅇ ㆆ ㅎ
     • 모음자: · ㅡ ㅣ / ㅗ ㅏ ㅜ ㅓ / ㅛ ㅑ ㅠ ㅕ

     * ㄹ은 반설음, ㅿ은 반치음이다.[1]

훈민정음 해례 제자해에서 재출자를 설명하면서 '起於ㅣ(기어ㅣ)'라고 표현하고 있다. '起於ㅣ'를 음운론적으로 설명하면 /ㅣ/모음에서 출발하는 모음이라는 뜻인데, 현대 음운론으로 설명하면 /y/계 상향 이중모음이다. '起於ㅣ'는 제자 원리에 대한 설명이 아니고, 재출자인 'ㅛ, ㅑ, ㅠ, ㅕ'의 소리의 특성에 대한 설명이다.

현대국어에서 글자로서의 자음 자(字)가 아니라 음운으로서의 자음은 19개이다.

---

[1] 반설음, 반치음이라고 할 때 반(半)에 대해서는 학계에서 이견이 있다. 즉 이 반(半)이 조음 위치의 반이라는 주장과, 조음 방법의 반이라는 주장이 그것이다.

즉 현대국어 음운 체계의 자음체계에는 [k'], [t'], [p'], [s'], [ʧ']도 있다. 된소리 [k'], [t'], [p'], [s'], [ʧ']를 나타내는 한글 자모는 'ㄲ, ㄸ, ㅃ, ㅆ, ㅉ'이다. 그런데 해례 28자에는 된소리를 나타내는 자(字)가 포함되지 않았다. 그래서 왜 해례 28자의 자음 17자에 'ㄲ, ㄸ, ㅃ, ㅆ, ㅉ'이 빠졌느냐고 묻는 경우가 많다. 또한 현대국어의 단모음 10개 중에서 [e], [ɛ], [ö], [ü]를 나타내는 'ㅔ, ㅐ, ㅚ, ㅟ'가 해례 28자의 모음 11자에 왜 빠졌느냐는 질문도 자주 받는다.

이는 해례 28자의 제자와, 28자의 2차적 운용에 대해 이해를 하면 의문이 해소될 것이다. 자음자 17자에 'ㄲ, ㄸ, ㅃ, ㅆ, ㅉ'이 빠져 있는 이유는 'ㄲ, ㄸ, ㅃ, ㅆ, ㅉ'이 28자의 2차적 운용인 병서에 의해 만들어진 자(字)이기 때문이다. 그리고 'ㅔ, ㅐ, ㅚ, ㅟ'가 모음자 11자에서 빠진 이유는 'ㅔ, ㅐ, ㅚ, ㅟ'가 모음자의 2차적 운용인 'ㅣ상합'에 의해 만들어진 자(字)이기 때문이다.

그러면 합용한 것과 ㅣ상합한 것에 어떤 것이 있는지 살펴보자. 훈민정음 해례에는 '합용자(合用者)', 'ㅣ상합자(ㅣ相合者)'라고 되어 있다. 즉 글자를 뜻하는 '자(字)'가 아니라 '것'을 뜻하는 '자(者)'를 쓰고 있다. 글자 그대로 해석하면 '합용한 것', 'ㅣ상합한 것'이다. 그리고 그렇게 한 결과는 또 다른 하나의 자(字)이다.

(3)	二字合用者 이자합용자	ㅘ, ㆇ, ㅝ ㆊ (4자)	
	ㅣ相合者 ㅣ상합자	一字中聲之與 ㅣ 相合者十² 일자중성지여 ㅣ 상합자십 ㆍㅣ ㅢ ㅚ ㅐ ㅟ ㅔ ㅛㅣ ㅠㅣ (10자)	
		二字中聲之與 ㅣ 相合者四 이자중성지여 ㅣ 상합자사 ㅙ ㆋ ㅞ ㆌ (4자)	

365

2 '一字中聲之與 ㅣ 相合者十(일자중성지여 ㅣ 상합자십)'은 해례 28자의 모음 11자에서 ㅣ를 제외한 나머지 10자에 ㅣ를 결합시킨 것이다.

해례 28자 중에서 자음자 17자를 2차적으로 운용하여 또 다른 자음자를 만든 방식이 바로 병서와 연서이다. 이 중에서 병서를 언급할 때 훈민정음 해례 기술에 '합용(合用)' 이라는 용어가 등장한다.

(4) ㉠ 初聲合用則竝書 終聲同 〈해례 예의〉
초성합용즉병서 종성동

- 〈언해〉: 첫소리ᄅᆞᆯ 어울워 ᄡᅳᇙ디면 ᄀᆞᆯᄫᅡᄡᅳ라 乃냉終즁ㄱ소리도 ᄒᆞᆫ가지라
- 현대역: 초성을 합용하면 나란히 써라. 종성도 마찬가지이다.

㉡ 初聲二字三字合用竝書 … 各自竝書 … 〈해례 합자해〉
초성이자삼자합용병서 각자병서

(4㉠)에서 합용이라는 말이 나오는데, (4㉡)을 보면 '합용병서', '각자병서' 가 나타난다. 글자를 합용한다는 점에서 모음자의 합용도 합용이고, 자음자의 합용도 합용이다. 그런데 (4㉡)처럼 자음자의 합용은 '합용병서' 와 '각자병서' 로 구분하고 있어서, 자음자의 합용은 합용보다는 병서의 개념으로 설명하는 것이 일반적이다. 각자병서와 합용병서의 목록은 (5)와 같다.

(5)

병서	각자병서		ㄲ ㄸ ㅃ ㅆ ㅉ ㆅ
	합용병서	ㅅ계 합용병서	ㅺ ㅼ ㅽ ㅾ ᄻ (ㅻ ᄹ)[3]
		ㅂ계 합용병서	ㅲ ㅳ ㅄ ㅶ
		ㅄ계 합용병서	ㅴ ㅵ

3 'ㅻ', 'ᄹ'이 표기상으로는 나타나긴 하지만 실제 소리를 표기한 것으로 보기는 어렵다.

각자병서와 ㅅ계 합용병서는 된소리를 표기한 것이고, ㅂ계 합용병서는 실제 자음군 즉, 두 음운의 연쇄를 표기한 것이다.[4] 그러니까 표기상으로는 ㅅ계 합용병서와 ㅂ계, ㅄ계 합용병서가 모두 자음군이지만, 음운론적으로 실제 두 소리의 연쇄인 자음군은 ㅂ계와 ㅄ계 합용병서이다. ㅅ계 합용병서는 된소리를 나타내는 기호였으므로 음운론적으로는 자음군이 아니다. ㅄ계인 'ㅴ', 'ㅵ'은 각각 /pk'/, /pt'/처럼 /ㅂ/과 된소리의 연쇄를 나타낸 것이어서 음운론적으로는 ㅂ계 합용병서와 같다. 다만 편의적으로 ㅂ계 합용병서, ㅄ계 합용병서로 구분한다.

각자병서와 ㅅ계 합용병서는 자(字)의 형식은 서로 다르지만, 둘 다 된소리를 나타내는 자(字)였다. 중세국어에서 된소리 표기의 주된 방식은 ㅅ계 합용병서였다. 이후 〈한글맞춤법통일안〉(1933)에서 각자병서로 된소리 표기를 단일화하였고, 〈한글맞춤법〉(1988)도 이를 그대로 따라 지금까지 이어지고 있다.

연서는 직역하면 이어서 쓰기인데, 순음 /ㅂ, ㅍ, ㅃ, ㅁ/ 아래 'ㅇ'을 이어서 쓴 자를 이른다. 중세국어의 문헌은 세로쓰기 방식 즉, 종서이다. 종서이니까 이어서 쓰는 것은 아래에 쓰는 것이다. (6)은 연서에 대한 훈민정음의 기술을 그대로 가져온 것이다.

(6) ㅇ連書脣音之下則爲脣輕音 〈해례 예의〉
ㅇ 연서순음지하즉위순경음

- 〈언해〉: ㅇᄅᆞᆯ 입시울쏘리 아래 니ᅀᅥ 쓰면 입시울가ᄇᆡ야ᄫᆞᆫ소리 ᄃᆞ외ᄂᆞ니라
- 현대역: ㅇ을 순음 아래 이어서 쓰면 순경음이 된다.

4 어두자음군에 대한 자세한 설명은 ☞5.4. 중세국어의 초성 'ㅺ'은 자음군인가요? 참조.

(7) ㅸ ㆄ ㅹ ㅱ

순음은 'ㅂ, ㅍ, ㅃ, ㅁ' 4개이므로, 이 순음 아래 'ㅇ'을 이어서 쓴 순경음 역시 (7)의 4개이다. 순경음 4개 중에서 고유어 표기에는 'ㅸ'만이 쓰였다. 그러면 'ㆄ, ㅹ, ㅱ'은 왜 만들었는가? 'ㆄ, ㅹ, ㅱ'은 『동국정운』의 한자음 표기를 위해 만든 것이다. 그래서 'ㆄ, ㅹ, ㅱ'은 고유어 표기에는 전혀 나타나지 않고, 『동국정운』식 한자음 표기에만 나타난다.

참고로 『동국정운』의 한자음은 실제 15세기 당시 명나라의 한자음도 아니고, 그렇다고 15세기 당시 우리나라의 한자음도 아닌 음이었다. 우리나라의 한자음은 4세기 수나라 때 받아들인 한자음을 변화 없이 그대로 사용하고 있었는데 반해, 중국의 한자음은 원나라 때, 대략 13세기를 전후해서 급격한 변화가 있었다. 그래서 당시 중국의 한자음과 우리나라의 한자음이 서로 많이 달랐는데, 이 차이를 서로 조정하여 양국이 모두 소통할 수 있게 한 한자음이 『동국정운』의 한자음이다. 그래서 『동국정운』의 한자음을 이상적 한자음이라고 하고, 중세국어 당시의 실제 우리나라 한자음을 현실 한자음이라고 하여 구분한다. '世솅宗종御엉製졩訓훈民민正졍音흠'이 바로 전형적인 『동국정운』식 한자음 표기이다. 이를 현실 한자음으로 표기하면 '세종어제훈민정음'이다.

5.2. 훈민정음의 이체자 'ㆁ, ㅿ, ㄹ'가 가획의 원리를 따른 자인가요?

한마디로 설명

'ㆁ, ㅿ, ㄹ' 세 자(字)에 대해 훈민정음 해례에서는 이들이 이체자(異體字)이고, 가획의 뜻이 없다(無加畫之義)고 분명히 기술되어 있다. '無加畫之義(무가획지의)'는 문장 그대로 가획한 뜻이 없다로 해석하는 것이 일반적이다. 그런데 이를 가획은 했지만 가획을 한 뜻이 없다로 해석하는 경우도 있다. 전자로 해석하면 'ㆁ, ㅿ, ㄹ'은 가획자가 아니고, 후자로 해석하면 가획자는 가획자이다.

'이체자'가 가획자이냐 아니냐에 대해서는 학계에서 아직 논쟁중이다. 그래서 학교문법에서는 'ㆁ, ㅿ, ㄹ'에 대해 훈민정음 해례의 기술 그대로 이체자라고만 설명하는 것이 바람직하다. 이체자가 가획자인지 아닌지를 학교문법에서 굳이 단정적으로 말할 필요는 없다. 즉 상형자, 가획자, 이체자로 구분해서 설명하는 것으로 충분하다.

자세히 설명

훈민정음의 제자 원리의 두 축은 상형(象形)과 가획(加劃)이다.[1] 즉 상형과 가획을 통해 자음자를 만들었고, 모음자 역시 상형을 기반으로 하여 제자하였다. 훈민정음 해례 28자는 자음 17자(ㄱㄴㄷㄹㅁㅂㅅㅇㅈㅊㅋㅌㅍㅎㆁㄹㅿ), 모음 11자(ㆍㅡㅣㅏㅓㅗㅜㅑㅕㅛㅠ)이다.

자음자는 조음 기관의 모양을 상형하였고, 모음자 'ㆍ, ㅡ, ㅣ'는 각각 순서대로

---

[1] 제자 원리에 대한 보다 자세한 설명은 ☞5.1. 훈민정음 제자 원리 중에서 '합성'과 '합용'은 어떻게 다른가요? 참조.

天, 地, 人 즉, 하늘과 땅과 사람(天地人)을 상형하였다. 자음자의 기본자와 기본자의 상형 내용은 (1)과 같다.

(1)		기본자(상형)	상형의 내용
아음 (연구개음)	ㄱ	혀뿌리가 목구멍을 막는 모양 (舌根閉喉之形)
설음 (치조음)	ㄴ	혀가 위 잇몸에 닿는 모양 (舌附上齶之形)
순음 (양순음)	ㅁ	입 모양(口形)
치음[2]	ㅅ	이 모양(齒形)
후음	ㅇ	목구멍 모양(喉形)

즉 '아-설-순-치-후' 각 조음 위치에서 발음을 할 때의 조음 기관의 모양을 상형하여 기본자 'ㄱ ㄴ ㅁ ㅅ ㅇ' 5자를 만들었다. 이 5개의 기본자에 가획을 하여 나머지 자음자를 만들었는데, 여기서 가획은 소리의 세기가 더해짐을 뜻한다. 이렇게 가획을 하여 만든 글자는 ㅋ, ㄷ, ㅌ, ㅂ, ㅍ, ㅈ, ㅊ, ㆆ, ㅎ 9자이다. 이와 관련된 설명은 훈민정음 해례의 '제자해(制字解)'에 기술되어 있다.

---

2   치음의 조음 위치에 대해서는 현대국어 자음 체계의 '치조음'의 위치라고 주장하는 견해와, 해례의 설명대로 치조음보다 앞쪽, 즉 양순음과 치조음 사이라고 주장하는 견해가 있다.

(2)

제자해(制字解)	현대역
ㅋ比ㄱ聲出稍厲 故加劃 ㄴ而ㄷ ㄷ而ㅌ ㅁ而ㅂ ㅂ而ㅍ ㅅ而ㅈ ㅈ而ㅊ ㅇ而ㆆ ㆆ而ㅎ 其因聲加劃之義皆同	ㅋ은 ㄱ에 비하여 소리가 더 센 까닭에 획을 더하였다. ㄴ에서 ㄷ, ㄷ에서 ㅌ ㅁ에서 ㅂ, ㅂ에서 ㅍ ㅅ에서 ㅈ, ㅈ에서 ㅊ ㅇ에서 ㆆ, ㆆ에서 ㅎ 그 소리로 인하여 획을 더한 뜻은 모두 같다.

초성 17자에서 기본자 5자, 그리고 가획자 9자 외에 남은 세 자는 'ㆁ, ㅿ, ㄹ'인데, 이 세 자는 훈민정음 해례에서 〈제자해〉에서 이체(異體)라고 규정하고, 가획의 뜻이 없다고 기술되어 있다.

(3) (其因聲加劃之義皆同)　　而唯ㆁ爲異　　半舌音ㄹ　　半齒音ㅿ

　　　(기인성가획지의개동)　　이유ㆁ위이　　반설음ㄹ　　반치음ㅿ

　　亦象舌齒之形而異其體　　無加畫之義焉

　　역상설치지형이이기체　　무가획지의언

　　• 현대역: (그 소리로 인하여 획을 더한 뜻은 모두 같다.) 그러나 오직 ㆁ은 다르다. 반설음
　　　ㄹ과 반치음 ㅿ도 혀와 이를 상형한 것이나 (ㆁ과 마찬가지로) 그 체를 달리
　　　한 것으로 가획의 뜻이 없다.

지금까지 설명한 내용을 표로 정리하면 (4)와 같다.

(4) 조음 위치	기본자 (상형)	1차 가획 (가획자)	2차 가획 (가획자)	이체
아	ㄱ	ㅋ		ㆁ
설	ㄴ	ㄷ	ㅌ	ㄹ
순	ㅁ	ㅂ	ㅍ	
치	ㅅ	ㅈ	ㅊ	ㅿ
후	ㅇ	ㆆ	ㅎ	

 'ㆁ, ㅿ, ㄹ'가 가획자이냐 아니냐가 논란이 되는 이유는 해례의 기술 '無加畫 之義(무가획지의)'에 대한 해석상의 차이이다. 이에 대해 크게 두 가지 다른 해석이 있다.

  ㉮ '無加畫之義'를, 원문 그대로 가획을 한 뜻이 없다로 해석하는 것이다.
   이는 'ㆁ, ㅿ, ㄹ'을 가획자가 아니라고 보는 것이다.

  ㉯ '無加畫之義'를, 가획은 했지만 가획을 통해 나타내고자 한 뜻은 없다
   로 해석하는 것이다. 즉 가획을 해서 나타내고자 한 뜻은 소리의 세기인
   데(聲出稍厲 故加劃), 가획은 했지만 소리의 세기가 더해진 뜻은 없는 가
   획으로 보는 것이다. 이는 원문을 의역한 해석에 해당한다. 이렇게 보면
   'ㆁ, ㅿ, ㄹ'은 가획자가 된다.

 그런데 '無加畫之義'에만 초점을 맞추지 말고, 그 앞에 있는 기술 '亦象舌齒之 形而異其體 無加畫之義焉'에서 '異其體(그 체를 달리하였다)'를 함께 고려하면, 가 획의 뜻이 없다는 ㉮의 해석이 더 타당하다. 체가 다르다고 할 때 비교가 되는 체는 가획의 체이다. 그러므로 체가 다르다는 것은 곧 가획을 한 체와 다르다는 것으로

해석하는 것이 맞다.

가획을 한 것이 맞다면 굳이 '異其體(그 체를 달리 하였다)'를 앞에서 먼저 말할 이유가 없다. 가획을 했지만 가획을 한 뜻이 없다는 의미만 전달하려고 했다면, '異其體'를 앞에서 언급할 필요 없이 '無加畫之義(가획의 뜻이 없다)'라고만 해도 된다. 글의 순서상 '異其體'를 먼저 언급하고 있으므로 '無加畫之義'는 '異其體'에 대한 부연 및 상술로 보는 것이 글의 논리적 전개상 합리적인 해석이다. 그러므로 '이체'는 원문 그대로 가획의 체를 따르지 않은 체로 해석하는 것이 타당하다. 가획을 했지만 가획을 한 뜻은 없다로 해석하는 것은 원문을 의역한 것인데, 의역을 뒷받침할 만한 근거가 적어도 해례의 기술 내에서는 분명하지 않다.

'ㆁ, ㅿ, ㄹ'을 ◌처럼 즉, 가획자인데 단지 가획을 한 뜻이 없는 가획자로 보려면, 다음의 두 가지 문제가 해결되어야 그 타당성을 확보할 수 있다.

첫째, 가획은 각 조음 위치의 기본자에 획을 덧붙이는 방식이다. 즉 가획의 출발점은 (4)에서 보듯이 각 조음 위치의 기본자이다. 따라서 만일 'ㆁ(옛이응)'이 가획자라고 한다면, 'ㆁ(옛이응)'의 조음 위치가 아음이므로 가획의 출발점은 기본자인 'ㄱ'이어야 한다. 하지만 'ㆁ(옛이응)'은 'ㄱ'으로부터는 가획될 수 없다. 즉 'ㆁ(옛이응)'은 가획의 기본 원리와 틀에 맞지 않다.

그럼에도 불구하고 'ㆁ(옛이응)'을 가획자라고 한다면, 그것은 가획의 원리와 틀을 무시하고 단지 모양의 유사성에 기댄 해석이다. 'ㆁ(옛이응)'은 후음의 불청불탁음 'ㅇ'과 모양이 유사하다. 그래서 모양의 유사성만 생각하면, 가획의 출발점을 조음 위치는 다르지만 후음의 기본자 'ㅇ'에서 찾을 수는 있다. 하지만 이는 앞에서도 언급했듯이 가획의 원리와 틀을 위반한다.

'ㆁ(옛이응)'이 후음의 'ㅇ'에서 가획한 자(字)라고 주장하려면, 왜 가획의 원리와 틀을 위반하면서 모양의 유사성만 고려한 가획을 했는지에 대해 설명을 해야 한다. 해례에서는 ㆁ이 'ㅇ'과 유사해서 ㆁ자를 아음의 기본자로 삼지 않았다는 기술이 있는데, 이를 ㆁ을 'ㅇ'에서 가획한 근거로 해석하기도 한다. 하지만 이 기술은 ㆁ을 아음의 기본자로 삼지 않은 것에 대한 설명이지, ㆁ이 'ㅇ'에서 가획한 자임을 설명한 것은 아니다. 반면 'ㆁ(옛이응)'이 가획자가 아니라고 보는 ⑦의 해석에서는 '異其體'라는 설명 자체가 이미 가획의 예외에 대한 설명이므로 이러한 부담이 없다.

둘째, 만일 ⑭처럼 'ㆁ, ㅿ, ㄹ'가 가획자이지만 소리의 세기를 더하는 가획의 뜻이 없는 가획자라고 한다 하더라도, 문제는 단순히 가획의 뜻이 없는 것이 아니라 가획의 뜻에 반대되는 뜻이 더해지는 것을 납득시켜야 한다. 예컨대 'ㅅ'와 'ㅿ'의 관계에서 보면, 'ㅅ'는 무성 자음이고 'ㅿ'는 유성 자음이므로 소리의 세기는 'ㅅ'가 'ㅿ'보다 세다. 따라서 'ㅅ → ㅿ'은 가획의 원리에 따라 소리의 세기가 더해진 것이 아니라 오히려 가획을 하여 소리의 세기가 약해진 것이 된다. 이는 'ㄷ → ㄹ'도 마찬가지다. 소리의 세기가 약해진 것과, 소리의 세기를 더하는 뜻이 없는 것은 엄연히 다르다.

'無加畫之義(가획의 뜻이 없다)'를 소리의 세기를 더하는 뜻이 없다로 해석한다면, 'ㅿ'는 단지 'ㅅ'에 가획을 했지만 'ㅅ'에 비해 소리가 세지 않은 것이어야 한다. 그러나 'ㅿ'는 'ㅅ'에 비해 소리가 세지 않은 것이 아니라, 'ㅅ'에 가획을 해서 'ㅅ'에 비해 더 약해진 소리가 되었다. 'ㄷ → ㄹ' 역시 마찬가지로 가획을 한 'ㄹ'이 'ㄷ'에 비해 소리가 더 약하다. 그러므로 만일 'ㅿ, ㄹ'를 가획자로 해석하려고 한다면, 이때의 가획은 가획의 원리에 반하는 즉, 소리의 세기가 약해지는 뜻의 가획을 상정해야 한다. 소리의 세기가 세지는 가획과, 소리의 세기가 약해지는 가획 이렇게 두 가지 가획을 가정해야만 한다. 이러한 가정은 해례의 어디에서도 찾을 수 없고, 또한 당연히 타당하지도 않다.

이상의 사실을 통해 볼 때, '無加畫之義(가획의 뜻이 없다)'는 말 그대로 가획의 뜻이 없다로 즉, 가획하지 않았다로 해석하는 것이 타당하다. 가획을 하지 않은 자(字)이므로 'ㅿ'이 'ㅅ'보다, 'ㄹ'이 'ㄷ'보다 센 소리인지 약한 소리인지 자체가 상관이 없다. 그냥 가획을 하지 않은 자(字)일 뿐이다. 'ㆁ(옛이응)' 역시 마찬가지이다.

375

한마디로 설명

훈민정음에서 'ㆁ'(옛이응)은 아음(연구개음)의 불청불탁음이고,[1] 'ㅇ'은 후음의 불청불탁음으로 서로 달랐다. 'ㆁ(옛이응)'은 종성에서만 나타날 수 있는 소리였고, 그 음가는 [ŋ]이었다. 반면 'ㅇ'은 물리적으로 실재하는 소리를 나타내는 자(字)가 아니었다. 즉 음가(내용)가 없는 기호(형식)였다.

'ㆁ(옛이응)'은 국제음성기호 [ŋ]에 해당하는 소리로 현대국어의 연구개 비음이다. 반면 'ㅇ'은 실제로는 음가가 없는 기호였다. 즉 소리는 없고, 형식만 있는 일종의 형식 문자였다. 'ㆁ(옛이응)'은 초성에 나타날 수 없고 종성에서만 나타난다.[2] 그래서 'ㆁ(옛이응)'과 'ㅇ'이 어떻게 다른지에 대한 질문은 종성에 쓰인 'ㆁ(옛이응)'과 'ㅇ'의 구별과 관련되어 있다. 'ㅇ'은 초성에서든 종성에서든 내용이 없는 즉, 소리가 없는 형식 문자였다. 예컨대 한자음 '世솅宗종' 표기에서 보이는 종성 'ㅇ'이나 '語어'의 표기에서 보이는 초성 'ㅇ'이나 모두 소리가 없는 형식 문자였다.

만일 모음 [a]를 'ㅏ'로만 나타내면 글자의 꼴이 갖춰지지 않는다. 그래서 'ㅇ'을 넣어 '아'로 표기함으로써 비로소 글자의 꼴이 갖춰지게 된다. 이처럼 모음 표기에 쓰인 초성의 'ㅇ'은 글자의 꼴을 갖추기 위한, 형식만 있는 자(字)였고, 이는 현대국어도 마찬가지이다.

---

1   불청불탁음은 현대국어의 유성음에 해당한다. 아음의 불청불탁음은 'ㆁ(옛이응)' 밖에 없으므로, 결국 아음의 유성음은 비음이다.

2   '방올'을 '바올'처럼 종성의 'ㆁ(옛이응)'을 연철 표기한 예들이 없지는 않다. 이를 두고 'ㆁ(옛이응)'이 초성에서 발음되었다고 주장하는 경우도 있기는 하지만, 이러한 표기는 아주 예외적인 것이다. 소수 몇 표기 예를 가지고 'ㆁ(옛이응)'이 초성에서 발음되었다고 하는 것은 과잉일반화이다.

자세히 설명

훈민정음에서 'ㅇ' 자(字)는 후음 위치에서 나는 불청불탁음이다. 불청불탁음은 유성 자음을 뜻하는데, 그러면 초성에 후음의 유성 자음이 실재했다고 할 수 있느냐? 그렇지 않다. 즉 초성 표기에 쓰인 'ㅇ'은 소리가 없는 기호, 즉 내용이 없이 'ㅇ'이라는 형식으로만 존재하는 자(字)였다. 이는 현대국어도 마찬가지이므로 현대국어를 통해 이해하는 것이 더 쉬울 것이다.

(1)

'ㅇ'이 없는 표기	'ㅇ'을 넣은 표기
ㅏㅣ	아이
ㄴ개	안개

(1)에서 보듯이 모음의 표기를 'ㅇ' 없이 하게 되면, 글자의 꼴이 이상하다. 그래서 모음을 표기할 때는 형식 문자인 'ㅇ'을 초성 위치에 넣어서 나타낸다. 이러한 표기법적 조처는 중세국어에서도 마찬가지이다. 글자의 꼴을 갖추기 위해서는 초성을 비워 두면 안 된다는 인식은 훈민정음에서 분명히 확인할 수 있다.

(2)　初中終三聲　　　　合而成字〈合字解〉
　　　초중종삼성　　　　합이성자

• 현대역: 초성, 중성, 종성이 합쳐져야 글자를 이룬다.

위에서 보듯이 '합자해'에서 온전한 글자의 꼴을 갖추기 위해서는 초성, 중성, 종성이 다 있어야 한다고 기술하였다. 그래서 만일 모음 [a]를 초성 없이 'ㅏ'로만 나타내는 것은 글자의 꼴이 갖춰지지 못한 것으로 파악했음을 알 수 있다.

그런데 이 기술에 따르면 '아'로 표기한 것도 종성이 없으니까 글자의 꼴이 온전히 갖춰지지 못한 것 아니냐고 물을 수 있다. 이와 관련하여 훈민정음에서 종성을 설명하는 부분에 다음과 같은 기술이 있다.

(3)　且ㅇ聲淡而虛　　不必用於終　　而中聲可得成音也〈終聲解〉
　　　차ㅇ성담이허　　불필용어종　　이중성가득성음야

• 현대역: 단 ㅇ은 소리가 묽고 비어서 반드시 종성에 쓸 필요가 없다.

여기서 '소리가 묽고 비었다는 것'이 음성학적으로나 음운론적으로 어떤 상태인지를 명확히 말하기는 어렵다. 그러나 종성에 있든 없든 상관이 없다는 기술에서 음성학적으로도 거의 의미가 없거나 아주 미약한 소리였을 것으로 추정할 수는 있다. 그렇기 때문에 음운론적으로는 없는 소리로 해석할 수 있다. 종성에서 굳이 'ㅇ'을 쓸 필요가 없다고 말한 것은 이러한 까닭이다. 글자의 꼴을 위해서는 종성이 있어야 한다는 (2)의 기술이 원칙 규정이라면, 반드시 종성에 쓸 필요가 없다는 (3)의 기술은 일종의 허용 규정 같은 것으로 해석할 수 있다.

그런데 종성에 'ㅇ'을 쓴 경우도 있다. 그러면 종성에 'ㅇ'을 쓴 경우는 왜 그런가? 이 질문은 종성에 'ㅇ'을 표기한 글자가 우리말인지 한자음인지를 한번 확인해 보면 자연스럽게 알 수 있게 된다.

세종이 훈민정음을 창제한 첫 번째 동기는 애민 정신, 즉 백성들이 자기 뜻을 쉽게 글로 표현할 수 있게 하기 위함이었다. 그런데 훈민정음을 창제한 또 다른 중요한 동기는 한자음을 교정하는 일이었다. 그래서 세종은 훈민정음을 창제하고(1443년) 곧 이어 5년 뒤에 한자음 학습서에 해당하는 『동국정운』(1448년)을 편찬하도록 하였다. 『동국정운』의 한자음은 당시 중국의 한자음도 아니고, 그렇다고 우리나라 한자음도 아닌, 중국의 현실 한자음과 우리나라의 현실 한자음을 동시에 고려하여 양쪽이 모두 의사소통 가능하도록 조정한 한자음이다.[3] 그래서 『동국정운』의 한자음을 이상적 한자음이라고도 하여, 실제 현실 한자음과 구분한다.

---

3   중국어는 13세기 전후를 기점으로 입성 운미가 대부분 소멸되는 변화가 일어나고, 모음에도 많은 변화가 생긴다. 입성 운미가 소멸된다는 것은 '國', '甲'처럼 종성이 있는 한자음들이 종성이 없는 발음으로 변화되었다는 말이다. 현대 중국어 '國'의 발음이 [궈]인 것은 이러한 변화 때문이다. 그런데 우리나라 한자음은 4세기 무렵 수나라로부터 받아들일 때의 한자음을 그대로 유지하고 있다. 그래서 '國'의 우리나라 한자음과 중국 한자음이 서로 다르게 되었다. 세종은 이러한 사실을 누구보다 잘 알고 있었기 때문에, 당시 중국의 한자음과 우리나라 한자음의 차이를 조정하여 상호 소통이 가능한 한자음을 고안하게 되는데, 이것을 『동국정운』식 한자음이라고 한다. 『동국정운』식 한자음을 이상적 한자음이라고 하는 이유가 바로 이 때문이다.

종성에 표기된 'ㅇ', 초성에 표기된 'ㆁ(옛이응)'은 『동국정운』식 한자음에만 나타난다. 종성의 'ㅇ'은 15세기 당시 우리나라의 현실 한자음 중에 종성이 없는 한자음을 『동국정운』식 한자음으로 표기할 때 쓰였다. (4)가 『동국정운』식 한자음 표기인데, 여기에서 보면 '御엉'에서 초성에 'ㆁ(옛이응)', 종성에 'ㅇ'을 확인할 수 있다. '御'의 현실 한자음은 '어[ɡ]'인데, 『동국정운』식 한자음 표기에서는 초성에 'ㆁ(옛이응)', 종성에 'ㅇ'을 넣어 '엉'으로 표기하였다.[4]

(4) 世솅宗종御엉製졩訓훈民민正졍音흠

그러면 『동국정운』식 한자음 표기에 쓰인 초성 'ㅇ'과 'ㆁ(옛이응)' 그리고, 종성 'ㅇ'의 음가는 무엇인가?[5] 『동국정운』식 한자음 표기에 쓰인 초성 'ㅇ'과 초성 'ㆁ(옛이응)'이 어떻게 다른지를 알아보기 위해 먼저 'ㅇ'과 'ㆁ(옛이응)'에 대한 훈민정음의 설명을 살펴보자.

(5) ㉠ ㆁ 牙音 如業字初發聲
　　　 ㆁ 아음　여업자초발성

　　• 현대역: ㆁ는 어금닛소리이니 業업 자(字) 처음 펴서 나는 소리 같다.

4　(4)에서 '音흠'에 'ㆆ'이 초성에 나타난 것도 볼 수 있는데, 초성의 'ㆆ' 역시 『동국정운』식 한자음 표기에만 나타나고 우리말의 초성에는 나타나지 않는다. 다시 말해 고유어 표기에 'ㆆ'이 초성에 쓰인 경우는 없다. 고유어 표기에 'ㆆ'이 나타나기는 하는데, '니르고져 홇 배'의 '홇'에서처럼 관형사형 어미 '-(으)ㄹ' 뒤에서만 제한적으로 나타난다.

5　앞에서 우리말 표기에 쓰인 초성 'ㅇ'은 소리가 없는 형식 문자이고, 'ㆁ(옛이응)'은 초성에서 발음될 수 없다고 하였다.

ⓛ ㆆ 喉音 如欲字初發聲
　 ㆆ 후음　　여욕자초발성

• 현대역: ㆆ는 목소리이니 欲욕 자(字) 처음 펴서 나는 소리 같다.

　훈민정음의 설명을 그대로 따른다면 초성의 'ㆁ(옛이응)'은 '業'을 발음할 때의 초성과 같고, 초성의 'ㆆ'은 '欲'을 발음할 때의 초성과 같다. 이때 '業' 발음의 초성, '慾' 발음의 초성은 당시 15세기 국어의 우리 한자음의 발음이 아니라, 중국 운서의 발음이다. 현대국어에서 한자 '業'의 발음은 [əp]이고, '慾'의 발음은 [yok]으로 초성이 없다. '業'과 '慾'의 15세기 국어 현실 한자음 역시 현대국어와 다르지 않았다고 본다.

　당시 중국 한자음에서도 초성의 'ㆆ'과 'ㆁ(옛이응)'이 서로 비슷해서 혼용되었는데, 이는 훈민정음 〈제자해〉의 기술에도 나와 있다.

(6)　唯牙之ㆁ　雖舌根閉喉聲氣出鼻　而其聲與ㆆ相似
　　 아음지ㆁ　수설근폐후성기출비　이기성여ㆆ상사

　　 故韻書疑與喩多相混用 〈제자해〉
　　 고운서의여유다상혼용

• 현대역: 다만 아음의 'ㆁ(옛이응)'은 혀뿌리가 목구멍을 닫아서 소리의 기운이 코로 나오는데, 그 소리가 'ㆆ'과 비슷하다. 그래서 운서에서도 의모(疑母)와 유모(喩母)가 서로 많이 혼란스럽게 쓰인다.[6]

6　'疑母'는 'ㆁ(옛이응)'을 초성으로 가진 한자를 이르고, '喩母'는 'ㆆ'을 초성으로 가진 한자를 이른다.

(6)에서 보면 중국 한자음에서도 이미 초성의 'ㅇ'과 'ㆁ(옛이응)'이 서로 비슷해서 혼란스러웠다고 설명하고 있다. 중국 운서의 '喩母'의 초성이 정확히 무슨 음이었든지 간에 『동국정운』식 한자음 표기의 초성 'ㅇ'이 중국 한자음 '喩母'의 초성과 일치한다고 확증할 수는 없다. 『동국정운』식 한자음 표기가 이상적 한자음이었다는 사실에서, 그리고 현실 한자음의 초성 'ㅇ'은 음가가 없는 소리였다는 사실을 종합하여 추론할 수밖에 없다. 그러면 『동국정운』식 한자음 표기의 초성 'ㅇ'과 'ㆁ(옛이응)'이 실제 음가를 가진 소리를 나타내었다고 보기는 어렵다.

중세국어에서 초성의 'ㅇ'이 음가가 없는 형식 문자였다고 하면, (7)의 예를 들면서 아니라고 반문하는 사람이 있을 수 있다. (7)의 'ㅇ', 즉 종성 /ㄹ/의 연철을 막고 있는 'ㅇ'이 바로 반문의 근거가 된다.

(7) ㉠ 몰애[mol.ɦay] 〉 모래
     ㉡ 놀애[nol.ɦay] 〉 노래

현대국어와 달리 중세국어에서는 우리말 표기에 쓰인 'ㅇ'이 실제 두 가지 종류가 있었다고 보기도 한다. 이는 앞에서 살펴본 것처럼 글자의 꼴을 갖추기 위해 쓴 'ㅇ'과, (7)의 '몰애', '놀애'의 'ㅇ'을 구분하는 것이다. 만일 'ㅇ'이 음가가 없는, 단순히 글자의 꼴을 갖추기 위한 형식 문자였다면, '몰애', '놀애'의 종성 /ㄹ/이 연철되지 않고 분철되는 이유를 설명할 수 없다고 보기 때문이다. (7)에서 종성 /ㄹ/이 연철되지 않은 것은 바로 'ㅇ'이 실제 음가가 있는 'ㅇ', 국제음성기호로 나타내면 [ɦ]이었다고 보는 것이다. 이 [ɦ]은 [h]의 유성음이다. 음가가 있는 'ㅇ[ɦ]'은 16세기에 들어서면서 소멸된다. 그래서 (7)에서 보듯이 '몰애'는 '모래'로, '놀애'는 '노래'로 변하였다.

참고로 현대국어 '모래'의 경상도 방언은 '몰개'이다. 중세국어 '몰애'의 'ㅇ'을

[ɦ]으로 해석하는 근거가 바로 경상도 방언 '몰개'이다. 즉 경상도 방언의 '몰개'가 가장 앞선 시기의 형태이고, '몰개'에서 /ㄱ/이 약화되어 '몰애'가 되고 이후에 [ɦ]가 소멸되면서 '모래'가 되었다고 해석한다(몰개 〉몰애 〉모래).

중세국어의 초성 'ㅺ'은 자음군인가요?

한마디로 설명

자(字)의 관점에서는 자음군이지만, 소리의 관점에서는 자음군이 아니다. 즉 초성 'ㅺ'은 자(字)는 2개이지만, 소리는 자음군이 아니라 된소리 [k']를 나타내었다. 중세국 어에서 'ㅺ, �, ㅆ, �' 등 ㅅ계 합용병서 자(字)는 된소리를 나타내는 기호였다. 즉 두 개의 자(字)를 사용하여 하나의 소리를 나타내는 기호였다.

	중세국어	현대국어
표기	쭘	꿈
소리	k'um	k'um

'쭘','꿈'은 모두 **4개의** 자모로 이루어져 있지만, 소리는 **[k-u-m]**처럼 3개이다.

표기 '쭘', '꿈'은 모두 자(字)는 4개로 이루어져 있지만, 음운(소리)은 [k'-u-m]처럼 3개이다. 'ㅺ'은 'ㅅ+ㄱ' 2개의 단자모를 합친 하나의 자(字)이고, 'ㄲ'은 'ㄱ+ㄱ' 두 개의 단자모를 합친 하나의 자(字)이다.

이와 달리 ㅂ계 합용병서는 표기 그대로 두 개의 소리를 나타내는 기호였다. 즉 'ㅄ' 은 [ps], '�'은 [pt]처럼 ㅂ계 합용병서는 2개의 자(字)가 각각 소리를 가진, 즉 2개의 소리를 나타내는 자음군 표기였다.

　　세종이 훈민정음을 창제함으로써 비로소 우리의 문자로 우리말을 나타낼 수 있게 되었다. 즉 훈민정음 창제 이전에는 우리의 소리를 한자를 빌려서 불완전하게 표기할 수밖에 없었지만, 훈민정음이 창제됨으로써 우리말을 온전하게 표기할 수 있는 수단이 마련되었다. 그런데 언어가 변화하기 때문에, 중세국어 표기에 내재된 언어적 사실과 현대국어의 표기에 내재된 언어적 사실 사이에는 여러 가지 면에서 차이가 있다. 언어는 내용과 형식의 결합으로 이루어진 기호의 하나인데, 내용(소리)의 변화에 비해 형식(표기)의 변화는 매우 보수적이다. 그래서 내용(소리)이 변화했음에도 형식(표기)은 중세국어에서부터 현대국어까지 변화 없이 그대로 이어져 온 것들도 있다. 그래서 중세국어를 말할 때는 항상 표기와, 표기가 나타내는 소리의 대응 관계를 현대국어의 관점이 아니라 중세국어의 언어적 사실에 입각해서 생각해야 한다.

　　모든 기호는 내용과 형식의 결합으로 이루어져 있다. 훈민정음의 각 자(字)도 하나의 기호이다. 그래서 각 자(字)는 기호의 형식에 해당하고, 자(字)에 대응하는 소리는 기호의 내용에 해당한다. 모든 기호는 내용과 형식의 결합이 자의적이다. 그래서 하나의 기호에 하나의 소리가 결합하기도 하고, 또는 반대로 하나의 기호에 두 개의 소리가 결합하기도 한다.

(1)　ㅑ-ya, ㅕ-yə, ㅛ-yo, ㅠ-yu

(2)　㉠ ㅃ(ㅂ+ㅂ)-[p'], ㄸ(ㄷ+ㄷ)-[t'], ㄲ(ㄱ+ㄱ)-[k']
　　㉡ ㅐ(ㅏ+ㅣ)-[ɛ], ㅔ(ㅓ+ㅣ)-[e], ㅚ(ㅗ+ㅣ)-[ö], ㅟ(ㅜ+ㅣ)-[ü]···

(1)은 하나의 자(字)에 두 개의 소리가 결합한 것이고, 반대로 (2)는 두 개의 자(字)에 하나의 소리가 결합한 것이다. 물론 또 다른 경우, '눼(ㅜ+ㅓ+ㅣ)'처럼 세 개의 자(字)가 두 개의 소리 [we]에 대응되는 경우도 있다.

이러한 사실을 이해하고 중세국어 각자병서와 합용병서로 돌아가 보자. 세종이 훈민정음 해례 28자(자음 17자, 모음 11자)를 만들고 난 후, 이 28자를 활용하여 또 다른 소리를 나타내기 위한 자(字)를 만들었다. 이처럼 28자를 활용하여 추가로 자를 만드는 방식에는 병서, 연서, 합용, 'ㅣ相合(ㅣ상합)'이 있는데, 어두자음군이라고 말하는 표기는 이 중 병서이다.

어두 자음군이라는 용어에서 '자음군'은 두 개 이상의 자음으로 이루어져 있다는 의미를 전제하고 있다. 그런데 자음군은 표기의 관점에서 말할 수도 있고, 소리의 관점에서 말할 수도 있다. 두 경우의 내용이 같지 않다. 즉 표기의 관점에서는 자음군이지만, 소리의 관점에서는 자음군이 아닐 수 있기 때문이다. 그래서 그냥 '어두 자음군'이라고 하면, 그것이 표기의 관점인지, 소리의 관점인지 모호한 문제가 있다.

일반적으로 어두 자음군이라고 할 때는 ㅂ계 합용병서뿐만 아니라 ㅅ계 합용병서도 아우르는 의미로 쓰이고 있다. 자(字)라는 표기의 관점에서는 ㅂ계, ㅅ계 합용병서 모두 자음군이다. 하지만 소리의 관점에서는 ㅂ계 합용병서만 자음군이다. 그렇기 때문에 자(字)라는 표기의 관점인지, 소리의 관점인지가 모호한 상태에서 어두 자음군이라고 명명하는 것은 정확한 표현이 아니다. 소리의 관점에서 ㅅ계 합용병서는 자음군이 아니기 때문이다.

소리의 관점에서 어두 자음군은 ㅂ계 합용병서뿐이다. ㅂ계 합용병서는 실제 두 개의 소리를 두 개의 자(字)로 나타낸 것이고, 각자병서(ㅃ, ㄸ, ㅆ…)와 ㅅ계 합용병서는 하나의 소리(된소리)를 두 개의 자(字)로 나타낸 것이다.

어두 자음군은 위에서 언급한 것처럼 형식 즉, 표기를 가리키는 의미로도 쓰이고, 내용인 소리를 가리키는 의미로도 쓰인다. 그래서 어두 자음군이라고 할 때는 그것이 표기를 가리키는지, 소리를 가리키는지를 정확히 구별해서 이해해야 한다. 중세국어 병서 자(字) 목록은 (3)과 같다.

(3)

병서	각자병서		ㄲ ㄸ ㅃ ㅆ ㅉ ㆅ
	합용병서	ㅅ계 합용병서	ㅺ ㅼ ㅽ ㅾ ᄻ (ㅻ ᄹ)[1]
		ㅂ계 합용병서	ㅲ ㅳ ㅄ ㅶ
		ㅄ계 합용병서	ㅴ ㅵ

(3)은 표기로서의 병서 자(字)를 나타낸 것이다. 표기의 관점에서는 ㅂ계 합용병서 자(字)를 ㅄ계 합용병서 자(字)와 구별해서 말하는 게 일반적이다.

그런데 소리의 관점에서는 (4)에서 보듯이 ㅄ계 합용병서도 두 개의 소리를 나타내는 기호라는 점에서 ㅂ계 합용병서와 같다. 그래서 소리의 관점에서는 ㅂ계 합용병서와 ㅄ계 합용병서가 구분될 이유가 없다. 표기로서의 병서 자(字)에 대응되는 소리(音)는 (4)와 같다.

(4)[2]

각자병서		ㅃ	ㄸ	ㅆ	ㅉ	ㄲ	ㆅ
		p'	t'	s'	ʧ'	k'	?
합용병서	ㅅ계	ㅽ	ㅼ	ㅾ	ㅺ	ㅻ	ᄹ
		p'	t'	ʧ'	k'	?	?
	ㅂ계	ㅄ	ㅳ	ㅶ	ㅲ	ㅵ	ㅴ
		ps	pt	pʧ	pk	pt'	pk'

1 'ㅻ', 'ᄹ' 이 표기상으로는 나타나긴 하지만 실제 소리를 표기한 것으로 보기는 어렵다.

2 '?' 는 그 음가가 무엇인지 정확히 말하기 어렵다는 의미이다.

(3)에서 보듯이 각자병서와 ㅅ계 합용병서는 두 개의 자(字)로 하나의 소리 즉, 된소리를 나타내었다. 이는 중세국어에서 된소리를 나타내는 기호가 두 종류가 있었다는 것을 말해 준다. 즉 각자병서 자(字)로도 된소리를 표기하였고, ㅅ계 합용병서 자(字)로도 된소리를 표기하였다. 중세국어에서 된소리를 나타내는 주된 표기는 ㅅ계 합용병서 자(字)였는데, 이는 근대국어를 거쳐 20세기 초기까지 그대로 이어진다. 그러다가 〈한글맞춤법통일안〉에서 현재처럼 각자병서로 된소리 표기를 정하면서, 된소리 표기는 각자병서로 통일되었다.

ㅂ계 합용병서는 ㅅ계 합용병서와 달리 두 개의 자(字)로 이루어진 표기이면서 실제 소리도 두 개의 소리를 나타내었다. ㅂ계 합용병서가 두 개의 소리였다는, 다시 말해 음운론적으로 자음군이었다는 증거는 (5)에서 찾을 수 있다.

(5) ㉠ 좁쌀(〈조+쌀), 찹쌀(〈차+쌀), 멥쌀(〈뫼+쌀)

ㄴ 입때(〈이+때), 접때(〈저+때)

ㄷ 휩쓸다(휘+쓸다)

불파에 이은 경음화

(5㉠)에서 '좁쌀'은 원래 중세국어에서 '조'와 '쌀'의 결합한 합성어 '조쌀'이었다. 그런데 현대국어에서는 그 형태가 '좁쌀'이다. '조'가 '좁'이 된 것은 '쌀'에서 'ㅄ/ps/'의 'ㅂ/p/'가 '조'의 종성으로 내려왔기 때문이다.[3] 만일 'ㅄ'이 두 개의 소리인 /ps/가 아니라

---

3   '조+쌀'에서 /ㅂ/이 앞 음절 종성으로 내려가서 '좁슬'이 되고 나면, 음절말 불파에 이은 경음화가 일어나 [좁쌀]이 된다. 표기 '좁쌀'은 소리나는 대로 적은 것이다.

ㅅ계 합용병서 자(字)처럼 하나의 소리를 나타내는 자(字)였다면, 'ㅄ'이 분리되어 /ㅂ/이 '조'의 종성으로 내려가는 일이 있을 수 없다. '이빼 〉 입때'에서도 'ㅶ/pt'/'의 'ㅂ/p/'가 앞 음절 종성으로 내려간 것을 확인할 수 있다.

마지막으로 (6)에서 음가를 물음표로 나타낸 각자병서 'ㆅ' 그리고 ㅅ계 합용병서 'ㅺ', 'ㅼ'에 대해 살펴보자.

(6) ㉠ ᅘᅧ다(켜다)

㉡ ᄮᅡᄒᆡ(사내아이)

㉢ ᄯᅡㅎ(〉땅(地)), ᄯᅴ(띠(帶))

먼저 'ㆅ'의 경우, 음성학적으로 /ㅎ/(/h/)의 된소리를 상정하기는 어렵다. 즉 음성학적으로 /h/의 된소리가 존재하기 어렵다. 그렇기 때문에 'ㆅ'이 실제 /ㅎ/의 된소리를 나타낸 것이 맞느냐 하는 논란이 있다. 중세국어에서 'ㆅ'은 'ᅘᅧ다'로도 나타나지만 '혀다'로도 나타난다. 'ᅘᅧ다 ~ 혀다'처럼 두 표기가 중세국어에 같이 나타난다는 사실은 'ㆅ'을 된소리로 해석하기 어렵게 한다. 'ㆅ'이 'ㅎ'과 변별되는 음소였다면, 'ᅘᅧ다 ~ 혀다'와 같이 표기가 혼란스럽게 나타나지 않았을 것이기 때문이다. 중세국어에서 'ㆅ'로 표기되던 것에는 'ᅘᅧ다', 'ᅘᅧᆯ믈'이 있는데, 각각 현대국어에서는 '켜다', '썰물'이다(ᅘᅧ다〉켜다, ᅘᅧᆯ믈〉썰물).

그리고 'ㅺ'의 경우 비음 /ㄴ/의 된소리는 음성학적으로 있을 수 없는 소리이므로, 어쨌든 'ㅺ'을 /ㄴ/의 된소리라고 할 수는 없다. 그리고 'ᄮᅡᄒᆡ'에 대응되는 현대국어 어휘가 '사나이'이다. 이런 사실을 들어 'ㅺ'의 경우는 예외적으로 자음군 /sn/이었다고 주장하는 학자들이 있다. 같은 논리로 'ㅼ' 역시 /ㅌ/의 된소리가 있을 수 없으므로 'ㅼ' 역시 자음군 /st^h/이라고 주장하는 학자들이 있다.

그런데 'ㅺ'의 예는 (6㉡) 외에 찾을 수 없으며, 15세기 국어 문헌자료에서 나타나는 횟수는 단 1회이다. 'ㅼ'의 경우에도 (6ⓒ)의 '짜ㅎ', 'ㅼ' 두 예 외에는 찾을 수 없고, 15세기 국어 문헌 자료에서 '짜ㅎ', 'ㅼ' 각각 한 번씩밖에 나타나지 않는다. 그 예가 너무 적고, 예외적인 수준이기 때문에 'ㅿ', 'ㅼ'을 음운론적으로 자음군이라고 말하기는 어렵다. 그래서 'ㅿ', 'ㅼ'은 일종의 오각 즉, 목판에 글자를 새기는 각수가 글자를 잘못 새긴 것으로 해석한다. 특히 '짜ㅎ'의 경우에는 중세국어의 일반적인 표기가 'ㅻ'의 '짜ㅎ'였다는 점에서, '짜ㅎ'를 일종의 오각, 즉 오류 표기로 보는 것이 타당하다.

　이처럼 'ㆅ', 'ㅿ', 'ㅼ'은 실제 어떤 소리를 나타낸 자(字)였다기보다는 일종의 오류 표기 또는 표기 혼란으로 해석하는 일반적이다. 그러나 학문적으로 여전히 이들 병서 자(字) 역시 실제 소리를 나타내었다고 주장하는 학자들도 있다. 그러나 문헌자료상으로는 'ㆅ', 'ㅿ', 'ㅼ'이 음가를 가진 자(字)였다는 것을 뒷받침할 만한 증거를 찾기 어렵다.

5.5. 향찰, 구결, 이두는 어떻게 구분되나요?

한마디로 설명

향찰, 구결, 이두 모두 한자의 음이나 훈을 빌려서 우리말을 표기한, 차자 표기 방식이라는 점에서는 같다. 이 중 향찰은 향가 표기에만 쓰인 차자 표기를 이른다.

그리고 구결은 한문을 읽을 때 의미 단위나 호흡 단위로 끊어서 읽는데, 이렇게 끊을 때 들어가는 우리말 조사나 어미를 한자를 빌려서 표기한 차자 표기 방식을 이른다. 예컨대 '己所不欲勿施於人(기소불욕물시어인)'을 읽을 때 '己所不欲이면 勿施於人하라'라고 읽는데, 이때 우리말인 '이면', '하라'를 한자의 음 또는 훈을 빌려서 표기한 것이다. 구결은 종서로 쓰인 한문에 한자의 오른쪽 하단에 가는 붓으로 덧붙여 쓰는 표기 방식이었다.

마지막으로 이두는 한문의 '주어-서술어-목적어' 어순 구조를 우리말의 어순 구조인 '주어-목적어-서술어' 순으로 재배열하고, 우리말의 조사와 어미를 한자의 음 또는 훈을 빌려서 표기한 것을 이른다. 조사와 어미를 한자의 음 또는 훈을 빌려서 표기한 방식은 구결과 같다. 그러나 이두는 문장의 어순 자체를 한문의 어순이 아닌 우리말의 어순으로 재배치했다는 점에서 구결과는 전혀 다른 방식의 차자 표기이다.

자세히 설명

향찰, 이두, 구결 모두 한자를 빌려서 우리말을 표기한 차자 표기 방식을 이른다. 한자는 글자 하나가 음절인 음절 문자이면서 또한 글자 하나가 뜻을 가지고 있는 뜻 문자이다. 즉 한자 글자 하나는 훈과 음으로 이루어져 있다. 언어가 내용과 형식의 결합이라고 할 때 내용에 해당하는 것이 의미 부분인 훈이고, 형식에 해당하

391

는 것이 음과 문자이다. 예컨대 한자 '名'을 '이름 몡'이라고 하는데, 이때 훈에 해당하는 '이름'이 내용이고, 음에 해당하는 몡과 글자 '名'이 형식이다.

내용과 형식이 결합된 것으로서의 한자를 쓰는 것은 한자를 그대로 쓰는 것이지, 한자를 빌려서 쓰는 것이 아니다. 한자를 빌려서 썼다는 것은, 한자 한 글자에 결합된 훈만 빌리거나 아니면 음만 빌려서 우리말을 나타낸 것을 이른다.

왼쪽 그림에서 네모 친 부분이 『삼국유사』에서 향가 〈처용가〉에 해당하는 부분이다. 그냥 보면 한문인지 향찰인지 알 수 없지만, 한문을 해석하고 향찰 부분을 읽어 보면 향가라는 것을 알 수 있다. '唱歌作舞而退(창가작무이퇴)'를 해석하면, "노래를 부르고 춤을 추고 물러가면서 노래를 불렀다."이다. 그러고 나서 '東京明期月(해독: 동경 밝은 달)'로 시작하니까, 여기서부터가 향가라는 것을 알 수 있다. 왜냐하면 여기서부터 네모 친 마지막 부분 '何如爲理古(해독: 엇디 ᄒᆞ릿고)'까지를 한문으로 해석하면 전혀 의미가 파악되지 않기 때문이다.

향가도 차자 표기의 한 방식이므로 훈을 차용하거나 음을 차용하는 방식으로 우리말을 나타냈다. 처용가의 한 부분을 통해 살펴보자.

처용가 부분
향찰 표기 부분

> (1) 夜入伊遊行如可 〈처용가〉
>
> 밤드리(밤 들+이) 노니다가(놀니+다가)

진하게 밑줄 친 부분이 훈을 차용한 것이고, 나머지 글자들은 음을 차용한 것이다. '밤드리(밤들이)'에 대한 향찰 표기 '夜入伊'의 표기 방식을 보면 아래와 같다.

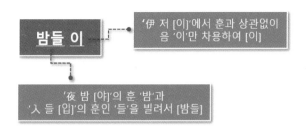

이처럼 기본적으로 ① 한자라는 글자를 빌려서, ② 한자의 훈만 빌려서, ③ 한자의 음만 빌려서 우리말을 표기한 것이다. 향찰은 향가 표기에 쓰인 차자 표기 방식인데, 현재 향가는 25수가 전해지니까, 향찰 표기는 향가 25수에서만 확인할 수 있다. 향찰은 (1)에서 보듯이 한자를 빌렸을 뿐이다. 그래서 향찰에 쓰인 한자는 한문과는 아무런 상관이 없다.

왼쪽은 『大明律』이라는 중국 명나라 법전을 이두로 언해한 『대명률직해』의 일부분이다. 네모 친 전체에서 윗부분의 큰 글자로 된 부분이 한문 원문이고, 아래의 작은 글자로 된 부분이 이두로 언해한 부분이다. 이두는 한문과 다르지만, 향찰처럼 한문과 무관하지도 않다. 즉 이두는 한문의 문장을 기반으로 하고 있다. 하지만 한문과 달리 한문의 어순

(한문 원문 / 원문을 풀이한 이두문)

三日 謀叛
謂謀背本國潛從佗國.
本國乙 背叛爲遣 彼國乙 潛通謀叛爲行臥乎事.

宗廟·山陵·宮闕等乙 毀亡 爲只 作謀叛 爲行臥乎事.

四日 惡逆

謂毆及謀殺祖父母·父·母·夫之祖父母·父·母·殺伯叔父母·姑·兄·姉·外祖父母及夫者.

謂殿及謀殺祖父母·父·母·夫之祖父母·父·母·殺伯

五日 不道
謂殺一家非死罪三人及支解人若採生造畜蠱

을 우리말의 어순으로 바꾸고, 우리말의 조사와 어미를 한자를 빌려서 표기한 것이다. 이때 조사와 어미를 나타낸 차자를 따로 이두자(吏讀字)라고 한다. 즉 이두문은 이두라는 차자 표기 방식으로 된 글을 이르고, 이두자는 조사와 어미를 나타낸 차자를 이른다. 이두문은 한문과는 다르지만, 한문과 완전히 무관한 것도 아닌, 한문을 우리말에 맞게 수정, 변용한 것이라고 할 수 있다.

> (2) 本國乙 背叛爲遣 彼國乙潛通謀叛爲行臥乎事〈대명률직해〉
> • 현대역: 본국을 배반하고 타국을 잠통모반하니누온 일

(2)에서 밑줄 부분 '乙'과 '爲遣', '爲行臥乎事'이 우리말을 표현한 부분이고, 다른 부분은 한문 원문이다. 그런데 잘 보면 한문 원문과 이두문에 있는 한문 부분의 어순이 다르다는 것을 확인할 수 있다. 즉 원문에서는 '謨背本國'의 '서술어-목적어' 어순인데, 이두문에서는 '本國乙背叛'처럼 우리말의 어순인 '목적어-서술어' 어순이다. 이처럼 이두문은 한문의 문장 구조인 '주어-서술어-목적어' 어순을 우리말의 어순인 '주어-목적어-서술어' 어순으로 바꾸고, 음이나 훈을 빌린 한자로 우리말의 조사와 어미 등을 함께 표기한 차자 표기이다.

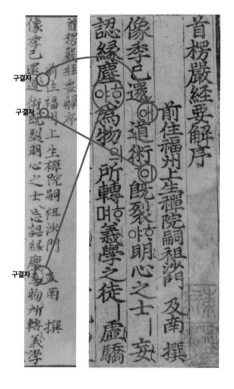

마지막으로 구결은 한문 원문을 읽을 때 의미 단위나 호흡 단위로 끊어 읽는데, 이렇게 끊어 읽는 사이사이의 우리말을 한자의 음이나 훈을 빌려서 표기한 것을 이른다. 왼쪽이 『능엄경』 원문의 일부이고, 오른쪽이 이를 언문으로 언해한 『능엄경언해』의 일부이다. 왼쪽에서 동그라미 친 부분이 구결자인데, 한문 원문을 그대로 두고 오른쪽 하단에 가는 붓으로 작게 덧붙여 써서 나타내었다는 것을 확인할 수 있다. 이 구결자와 오른쪽 『능엄경언해』의 언문 표기가 서로 대응되는데, 이를 통해서 구결자가 어떤 소리로 읽혔는지를 파악할 수 있다.

(3)은 〈능엄경〉의 일부를 가져온 것이다.

(3)   我常不開演ㅆ又소 〈능엄경〉

我常不開演ㅎ노라 〈능엄경언해〉

(3)에서 밑줄 친 부분 'ㅆ又소'가 구결자이고, 구결자의 우리말은 'ㅎ노라'이다. 구결자 중 '乙(을)'처럼 일부는 한자를 그대로 활용하기도 하였지만, 'ㅅ(爲)'처럼 많은 경우 한자의 특정 부분만을 활용하여 나타내었다. 즉 'ㅅ(ㅎ)'는 '爲'자의 부수 부분을 활용하여 나타낸 것이다.

5.6. '제 ᄠᅳ들 시러 펴디'에서 '제'는 대명사인가요?

중세국어에서 '제'는 '저+이' 또는 '저+의'가 축약된 형태이다. 즉 대명사 '저'에 주격 조사 '이'(저+이 → 제) 또는 속격 조사[1] '의'(저+의 → 제)가 결합하여 축약된 것이다. 질문의 '제'는 명사 'ᄠᅳᆮ'을 수식하고 있으므로 속격 조사 '의'가 결합하여 축약된 곡용형이다. 즉 대명사가 아니다.[2]

현대국어의 대명사에는 '저'도 있고 '제'도 있다. 이 중 '제'는 중세국어에서 곡용형이었던 것이 단어가 된 것이다. 언중들이 '제'에서 격 조사를 분석해 내지 못하게 되면서, 현재와 같은 대명사가 된 것이다.

자세히 설명

중세국어 속격 조사는 선행하는 체언이 유정물이면 '이/의', 무정물이면 'ㅅ'이 결합하였다. 다만 유정물이 높임의 대상이면 '이/의' 대신 'ㅅ'이 결합하였다.

---

1   국어사 개론서나 국어사 논문들에서는 '관형격 조사' 보다는 '속격 조사' 라는 명칭을 사용한다. 이는 국어사와 현대국어에서의 일종의 용어 사용의 관습적인 차이라고 할 수 있다. 관형격 조사나 속격 조사나 같은 것을 이르는 다른 형식이다.

2   중세국어에서는 모음조화에 의해 선행하는 체언 어간의 모음이 양성 모음이면 속격 조사 '이'가 결합하고, 음성 모음이면 속격 조사 '의'가 결합하였다. '저' 는 음성 모음이므로 '제' 는 '저+의'의 축약형이다.

속격 조사 이형태	결합 환경	예
이/의	유정물 체언	사ᄅᆞ미ᄠᅳ들, 孔雀(공작)이목
ㅅ	무정물 체언	나랏말ᄊᆞ미, 金ㅅ빛
	유정물 존칭 체언	世尊(세존)ㅅ일, 부텻道理(도리)

중세국어와 근대국어에서는 현대국어와 달리 속격 조사 '이/의'가 모음으로 끝나는 체언과 결합할 때 축약되었다. 현대국어에서는 이러한 축약이 일어나지 않는다.

(1) ㉠ 나+이 → 내, 너+의 → 네, 저+의 → 제
    ㉡ 소이 고기 → 쇠고기, 부텨의 말ᄊᆞᆷ → 부톄말ᄊᆞᆷ

속격 조사의 이형태로 'ㅣ'를 설정하는 경우도 있다. 즉 (1)의 '내', '쇠'를 '나+ ㅣ', '소+ ㅣ'로 분석하고, 'ㅣ'를 속격 조사의 이형태로 보는 것이다. 표면적으로 눈에 보이는 대로 분석한다면, 가능한 분석이긴 하다. 이렇게 분석하게 되면 속격 조사의 이형태 목록에 'ㅣ' 하나를 추가해야 한다.

그런데 표면적 분석만으로 속격 조사의 이형태 'ㅣ'를 추가할 수는 있으나, 단순히 이형태 하나를 추가하면 해결되는 것은 아니다. 이형태는 상보적 분포를 이루어야 한다. 그런데 모음 뒤에서 속격 조사가 항상 'ㅣ'로만 실현되는 것은 아니다. 즉 '나+이'가 '나이'로 실현되기도 하고, '내'로 실현되기도 한다. 이러한 분포는 이형태의 정의에 부합하지 않는다. 이형태는 분포상 상보적 분포를 이루어야 하기 때문이다. 또한 속격 조사의 이형태로 'ㅣ'를 설정하게 되면 주격 조사 '이'의 이형태

' ㅣ '하고 형태가 같아지게 되는 문제도 있다.[3]

이러한 까닭에 속격 조사의 이형태 목록에 ' ㅣ '를 추가하는 것보다는 모음 축약이라는 음운론적 교체로 설명하는 것이 타당하다. 따라서 '내', '쇠'를 '나+ㅣ', '소+ㅣ'로 분석하지 않고, '나+이', '소+이'로 분석하고, 모음 축약 규칙이 적용되어 '나이 → 내', '소이 → 쇠'가 된 것으로 설명한다.

속격 조사 '이/의'가 결합하여 축약된 (1)의 '내, 네, 제, 쇠, 부톄'는 주격 조사 '이'가 결합한 형태와 같다. 아래에서 보듯이 '이'가 결합했을 때나 '이/의'가 결합했을 때나 축약된 형태가 같다. 그래서 표면적인 형태만 보고서는, 주격 조사 '이'가 결합한 것인지, 속격 조사 '이/의'가 결합한 것인지 바로 알 수 없다. 대표적으로 '내'와 '부톄'를 살펴보자.

주격 조사 결합형	내 ← 나+이 부톄 ← 부텨+이
속격 조사 결합형	내 ← 나+이 부톄 ← 부텨+의

그러면 주격 조사가 결합한 것인지, 속격 조사가 결합한 것인지 어떻게 아느냐? 그것은 문맥에서 충분히 판단할 수 있다.

(2) ㉠ 내 비록 나히 늘그나 (내가 비록 나이가 늙으나)

부톄 니르샤듸 (부처께서 이르시되)

---

3   '孔子ㅣ'처럼 한자 뒤에서 주격 조사는 ' ㅣ '의 형태로 표기되었다. 이때의 ' ㅣ '는 축약이라고 볼 수 없다. 그래서 주격 조사의 이형태로 ' ㅣ '를 설정한다.

ⓛ 내 이베 들에⁴ 호라 (나의 입에 들게 하라)

　부톄 말솜 (부처의 말씀)

(2㉠)의 '내', '부톄'는 각각 '늙다', '니르샤디'의 주어이다. 그러니까 '내', '부톄'는 주격 조사 '이'가 결합한 '나+이', '부텨+이'의 축약형임을 알 수 있다. 이에 비해 (2ⓛ)의 '내', '부톄'는 각각 후행하는 체언 '입', '말솜'을 수식하고 있다. 따라서 '내', '부톄'는 속격 조사 '이/의'가 결합한 '나+익', '부텨+의'의 축약형임을 알 수 있다.

'내', '네', '제'가 주격 조사가 결합한 곡용형인지, 속격 조사가 결합한 곡용형인지는 문맥에 의해서 알 수도 있지만, 중세국어에서는 성조에 의해서도 구분이 되었다. 중세국어에서 성조는 글자의 왼쪽에 점으로 표시하였는데, 한 점은 거성, 두 점은 상성, 무점은 평성이었다. (3)에서 글자 왼쪽 점이 성조를 나타낸 것이다.

(3)

주격 조사 '이' 결합형	속격 조사 '이/의' 결합형
·내 (거성)	내 (평성)
:네 (상성)	네 (평성)
:제 (상성)	제 (평성)

399

4　15세기 국어에서는 /ㄹ/, /i, y/ 뒤에서 /ㄱ/이 탈락하는 현상이 있었다. 그래서 '들에'는 원래 '들게'에서 /ㄱ/이 탈락한 것이다(들게 → 들에). '들에'에서는 /ㄹ/이 연철 표기되지 않았다. 그래서 이 사실을 중요하게 여겨 '에'의 'ㅇ'을 형식 문자가 아닌 유성 후두마찰음 [ɦ]을 나타내는 'ㅇ'이라고 보기도 한다.

(3)에서 보는 것처럼 주격형과 속격형의 형태는 같지만, 주격 조사가 결합했을 때, 속격 조사가 결합했을 때 각각 성조가 달랐다. 그래서 중세국어에서는 성조만 보고서도 주격형인지 속격형인지를 알 수 있었다. 그러나 근대국어에 이르러 성조가 소멸되면서 성조에 의한 구분은 불가능해졌다.

'내', '네', '제'는 중세국어에서는 단어가 아니라 곡용형이었지만, 현대국어에서는 단어이다. 즉 현대국어에서는 대명사이다. 언중들이 '내', '네', '제'에 있는 격 조사를 분석해 내지 못하게 되면서 하나의 단어로 인식하게 되는 변화가 일어난 것이다. 여기에는 근대국어에 새로 생긴 주격 조사 '가'도 중요한 영향을 미쳤다. 중세국어에는 주격 조사가 '이' 하나밖에 없었는데, 근대국어 이르러 주격 조사 '가'가 새로 생겼다. 그래서 선행하는 체언이 자음으로 끝나면 '이'가 결합하고, 선행하는 체언이 모음으로 끝나면 '가'가 결합하였다. 이러한 새로운 결합 규칙에 의해 '내', '네', '제'도 모음으로 끝났기 때문에 다시 주격 조사가 결합한 (4)의 형태로 쓰이게 되었다.

> (4) 내가, 네가, 제가

(4)처럼 이미 주격형인 '내', '네', '제'에 다시 주격 조사 '가'가 결합하기 시작하면서, 자연스럽게 '내', '네', '제'를 하나의 단어로 인식하게 된 것이다.

그런데 '내', '네', '제'가 하나의 단어가 되었지만, 원래 격 조사가 결합한 곡용형이었던 흔적이 화석처럼 남아 있다. 그래서 격 조사와의 결합에 (5)에서처럼 제약이 있다.

(5)			
㉠	내가	네가	제가
㉡	*내를	*네를	*제를
㉢	*내의	*네의	*제의

(5㉠)처럼 주격 조사와는 결합할 수 있는데 반해 (5㉡)처럼 목적격 조사, (5㉢)처럼 관형격 조사와는 결합하지 못한다. (5㉡)처럼 목적격 조사와 결합하지 못하는 것은 '내, 네, 제'가 주격 조사의 결합형이거나 관형격 조사와의 결합형이었던 화석 때문이라고 할 수 있다. 즉 비록 하나의 단어가 되었지만, '내, 네, 제'에는 화석처럼 주격이 남아 있다. 주격과 목적격은 서로 충돌하여 함께 나타날 수 없는데, 이러한 이유로 (5㉡)처럼 목적격 조사와의 결합이 불가능하다.

동일한 격이 두 번 실현되는 것은 문법적으로는 충돌하지 않는다. (5㉠)이 가능한 것은 '내, 네, 제'에 화석으로 남아 있는 주격, 그리고 실제 주격 조사, 이렇게 동일한 격이 두 번 실현된 것이기 때문이다. 그런데 (5㉢)에서 보면 '내, 네, 제'와 관형격 조사와의 결합도 제약된다. 이는 단어가 된 '내, 네, 제'가 주격 조사와 결합한 '내, 네, 제'였음을 말해 준다. 즉 단어가 된 '내, 네, 제'가 주격 조사와의 결합형이기 때문에 (5㉠)처럼 같은 주격 조사와의 결합형은 가능하다. 하지만 (5㉢)의 관형격 조사와의 결합은 주격과 관형격으로 서로 충돌하기 때문에 불가능하다.

[낻까]의 표기가 왜 '낻가'가 아니고 '냇가'인가요?

중세국어 표기형 '냇가' 또는 '내ㅅ가'는 합성어가 아니라 구였다. 중세국어에서는 속격을 무정물과 유정물을 구분하여 유정물의 속격은 '의/의'라는 조사로, 무정물의 속격은 'ㅅ'이라는 조사로 나타내었다. 그래서 중세국어의 '냇가' 또는 '내ㅅ가'는 현대국어로 치면 '내의 가'에 해당하는 구였다. 속격 조사는 관형격 조사의 또 다른 이름이다.[1] 그런데 근대국어 이후 속격 조사는 유정물과 무정물을 구분하지 않고 '의/의'로 단일화되었다. 그래서 'ㅅ'은 더 이상 속격 조사로서의 기능을 할 수 없게 되었다. 하지만 'ㅅ'이 표기되었던 형태는 변하지 않고 그대로 '냇가'로 남아 현대국어에까지 이어지게 되었다.

그런데 현대국어 화자들은 '냇가'에 남아 있는 'ㅅ'이 중세국어의 무정물 속격을 나타내던 조사 'ㅅ'인지 알지 못한다. 그래서 현대국어 화자들은 '냇가'의 'ㅅ'을 어근과 어근이 결합하여 합성어를 이룰 때 두 어근 사이에 들어가는 소리 즉, '사이시옷'으로 인식하게 된 것이다.

자세히 설명

현대국어에서 사잇소리 현상이라고 할 때 그 대상은 합성어이다. 그래서 파생어는 사잇소리 현상의 대상이 아예 될 수 없다. '해님'이 표준어이고, '햇님'이 비표준

---

1   국어사에서는 '관형격 조사' 보다는 '속격 조사'를 더 선호한다. 이는 용어 사용의 관습적 차이일 뿐이다.

어인 이유가 바로 여기에 있다. 즉 '해+님'은 파생어이어서 사잇소리 현상의 적용 대상이 아니므로 '해님'이다.[2]

(1) 촛불[촏뿔], 냇가[낻까], 갯벌[갣뻘]

합성어 '촛불'은 '초+불'이 결합한 것인데, 표기는 /ㅅ/이 첨가된 '촛불'이다. /ㅅ/이 두 어근 사이에 첨가되었기 때문에 이를 사잇소리 현상이라고 한다. 첨가된 사잇소리가 /ㅅ/이기 때문에 구체적으로 말할 때는 사이시옷 첨가라고 한다. 사잇소리 현상에는 (2)도 포함된다.

(2) 발자국[발짜국], 산불[산뿔], 물고기[물꼬기], 봄바람[봄빠람]

(1)과 (2)의 공통점은 합성어이고, 후행 요소의 첫소리가 된소리가 되었다는 것이다. 차이점은 (1)은 /ㅅ/이 선행 요소의 종성에 표기되었다는 것이고, (2)는 표기상 선행 요소의 종성에 'ㅅ'이 나타나지 않는다는 것이다. (2)에서 'ㅅ'이 표기상 나타나지 않았지만, 후행 요소의 첫소리가 된소리가 된 것은 첨가된 'ㅅ' 때문이라고 본다. (2)는 선행 요소의 종성에 /ㅅ/을 표기하고 싶어도 현대국어의 표기법에서 이러한 표기를 허용하지 않는다.[3] 즉 (1)과 같이 /ㅅ/이 첨가된 것이 사실이어도 (1)처럼

---

2   현대국어에서의 사이시옷 첨가, /ㄴ/ 첨가에 대해서는 ☞1.4. '예삿일[예산닐]'은 사잇소리 현상인가요, /ㄴ/ 첨가인가요? 참조.

3   '믌가새', '숤가락', '삶불휘'처럼 중세국어 표기에는 겹받침 'ㄳ', 'ㅄ', 'ㅳ'이 나타난다. 하지만 현대국어 정서법에서는 'ㅄ', 'ㅳ' 겹받침을 허용하지 않는

/ㅅ/을 표기할 수가 없다.

　그런데 정말 첨가된 소리가 /ㅅ/이 맞을까 하는 의문이 제기된다. 우리가 실제 들을 수 있는 소리는 ⑴에서는 [ㄷ]이다. ⑵에서는 첨가된 소리를 알 수는 없다. 다만 후행 요소의 첫소리가 된소리가 되었다는 사실에서 무엇인지는 모르지만 후행 요소의 첫소리를 된소리로 만드는 어떤 소리가 첨가되었다는 것을 추론할 수 있다. ⑴과 ⑵의 경음화가 별개의 현상이 아니라 같은 현상이라고 본다. 그래서 ⑵에서 첨가된 소리는 ⑴과 같은 소리라고 가정한다. 그러므로 ⑴에서 첨가된 소리가 밝혀지면, ⑵에서 첨가된 소리도 같이 밝혀진다.

　그런데 왜 ⑴, ⑵에서 첨가된 소리를 /ㄷ/이 아닌 /ㅅ/이라고 하는 것일까? 음운론에서는 첨가된 소리가 /ㅅ/이 아니라 실제 들리는 그대로 /ㄷ/이라는 주장도 있다. 또한 음운이 아니라 후행 요소의 첫소리를 경음화시키는 음운 자질, 예컨대 경음성 자질이 첨가된 것이라는 주장도 있다. 단지 후행 요소의 첫소리를 경음화시키면서 [ㄷ]으로 발음되는 음운이라면 /ㅅ/, /ㄷ/ 말고도 /ㅈ, ㅊ, ㅌ, ㅆ/ 등도 후보로 가능하다. 그런데 왜 다른 것이 아닌 /ㅅ/이 첨가되었다고 하는 것일까?

　사실 음운론적으로 정확히 어떤 소리가 첨가된 것인지를 증명할 방법은 없다. 그럼에도 /ㅅ/이 첨가되었다고 하는 것은 역사적인 사실과의 연속성을 고려한 것이다. 이때 역사적인 사실과의 연속성이라는 것은 중세국어의 속격 조사 'ㅅ'이다. 중세국어에서 속격 조사는 속격 조사 앞에 오는 체언이 유정물이면 '인/의'로 나타내었고,[4] 속격 조사 앞에 오는 체언이 무정물이면 'ㅅ'으로 나타내었다. 즉 중세국어의 속격 조사는 체언이 유정물이냐 무정물이냐에 따라 각각 상보적으로 쓰였다. 선행하는 체언이 유정물인데, 그 유정물이 높임의 대상일 때는 '인/의'로 나타내지

다. 'ㄳ'은 '옰'처럼 체언에 몇 개 남아 있기는 하지만 극히 제한적이다.

[4]　'인'와 '의'는 모음조화에 의한 것이다. 선행하는 체언의 모음이 양성 모음이면 '인', 음성 모음이면 '의'가 결합하였다.

않고 'ㅅ'으로 나타내었다.[5]

　예컨대 '마리 소리(말의 소리)', '부텻 말쏨', '노랫 소리'를 비교하면 쉽게 이해될 것이다. '말'은 유정물이니까 '이'가 쓰였고, '부텨'는 유정물이면서 높임의 대상이어서 'ㅅ'이 쓰였다. 그리고 '노래'는 무정물이니까 'ㅅ'이 쓰였다.

　그러니까 (1)에서 '촛불'은 지금은 합성어이지만, 중세국어에서는 속격 조사 'ㅅ'이 결합한 구 구성이었다. 중세국어 '촛불'을 현대국어로 번역하자면 '초의 불' 정도의 구성이었다. 그런데 속격 조사를 유정물과 무정물에 따라 '이/의', 'ㅅ'으로 구분하던 것이 근대국어 이후부터는 더 이상 지속되지 않고 모두 '이/의'로 단일화되었다. 그리고 현대국어까지 그대로 이어져 내려오고 있다. 속격 조사 'ㅅ'은 소멸되었지만 속격 조사 'ㅅ'이 표기되었던 형태는 변화 없이 근대국어 이후 문헌에도 그대로 나타난다. 즉 속격 조사 'ㅅ'이 소멸된 이후에도 '촛불'은 '촛불'로 표기되었다. 그리고 그 발음은 후행 요소의 첫소리가 된소리로 실현되는 [촌뿔]이었다. 속격 조사 'ㅅ'이 소멸되었기 때문에 현대국어에서 '촛불'의 'ㅅ'은 더 이상 속격 조사일 수는 없다. 그래서 현대국어에서 '촛불'의 'ㅅ'은 합성어를 만들 때 두 어근 사이에 첨가된 소리 즉, 사이시옷으로 인식하게 된 것이다.

　속격 조사 'ㅅ'이 소멸된 이후에 만들어진 합성어에서도 '촛불[촌뿔]'처럼 후행 요소의 첫소리가 된소리로 실현되었다. 속격 조사 'ㅅ'이 소멸된 이후에 형성된 '최대+값[최맫깝]'도 'ㅅ'이 들어간 '최댓값'으로 표기하는데, 이때 첨가된 'ㅅ'은 중세국어 속격 조사 'ㅅ'과 아무런 상관이 없는 'ㅅ'이다. 속격 조사는 아니고, 어쨌든 음운 'ㅅ'이 첨가된 것이므로 이를 사이시옷이라고 한다.

5　중세국어 속격 조사에 대한 자세한 설명은 ☞5.6. '제 ᄠᅳ들 시러 펴디'에서 '제'는 대명사인가? 참조.

'촛불'에 내재된 국어사적 사실을 배제하고, 현대국어라는 공시태에서 (3㉠)과 (1)의 '초+불[촏뿔]'을 비교해 보라. 그러면 현상 자체는 똑같다. 그래서 '최대+값' 역시 '촛불'과 평행하게 'ㅅ'이 첨가되었다고 보고, '최댓값'으로 나타내게 된 것이다. (3㉡)은 (3㉠)과 같은 이유에 의해 된소리가 되었다고 보니까, (3㉡)에서도 동일하게 사이시옷이 첨가된 것으로 해석한다. 다만 (3㉠)과 달리 표기상에 'ㅅ'을 반영하지 못하는 것뿐이다.

'냇물'의 'ㅅ'도 '냇가'와 마찬가지이다. '냇물'은 '내+물'이 결합한 합성어이고, 그 발음은 [낸물]이다. 귀로 확인할 수 있는 소리는 [ㄴ]이 첨가되었지만, '낸물'로 표기하지 않고 '냇물'로 표기한다. 왜 그럴까? '냇물' 역시 중세국어에서는 (4)에서 보듯이 속격 조사 'ㅅ'이 결합한 구 구성이었다. 즉 '냇가'와 '냇물' 둘 다 중세국어에서는 속격 조사 'ㅅ'이 결합한 구 구성이었던 것이 근대국어 시기에 합성어가 된 것이다.

(4)	중세국어	근대국어	현대국어
표기 예	냇믈~내ㅅ믈[6]	냇물[낸물]	냇물[낸물]
성격	명사구	합성어	합성어

406

---

6   중세국어는 원순모음화가 일어나기 전이기 때문에 '물'의 중세국어 형태는 '믈'이다. 근대국어(대략 18세기 무렵)에 원순모음화가 일어나 '믈 〉 물'이 되었고, 이 '물'이 현대국어까지 그대로 이어져 오고 있다.

중세국어에서 무정물 속격을 나타내던 속격 조사 'ㅅ'이 소멸된 이후 '냇물'은 더 이상 구로 인식될 수 없게 된다. 그래서 '냇물'이 합성어로 변하게 되는데, 이 '냇물'이 현대국어까지 그대로 이어져 지금도 형태는 '냇물'이고 발음은 [낸물]이다.

지금까지 살펴본 것처럼 중세국어에서 '냇가'와 '냇물'이 구였고 이때 'ㅅ'이 속격 조사였다고 하더라도, 현대국어에서 '냇가'와 '냇물'은 합성어이고 이때의 'ㅅ'은 사이시옷이다. '냇가[낻까]'와 '냇물[낸물]'의 발음이 다른 것은 같은 /ㅅ/이 첨가되었지만, 첨가된 환경이 다르기 때문이다. 즉 같은 'ㅅ'이 첨가되었지만 음운 변동이 달리 적용되어 표면에 나타나는 결과가 각각 [ㄷ], [ㄴ]으로 서로 다를 뿐이다. 즉 '냇가[낻까]'에서는 첨가된 /ㅅ/이 음절의 끝소리 규칙에 의해 /ㄷ/이 되고, 이후 후행 요소의 첫소리가 된소리가 되었다(냇가 → 낻가 → 낻까). 이에 비해 '냇물'에서는 첨가된 /ㅅ/이 /ㄷ/이 된 후에 비음동화되어 /ㄴ/이 되었다(냇물 → 낻물 → 낸물).

지금까지 설명한 것처럼 '냇가'의 'ㅅ'과 '냇물'의 'ㅅ'은 기원적으로 같다. 표면적으로만 보면 '내+가[낻까]'는 [ㄷ]이 첨가된 것이고, '내+물[낸물]'은 [ㄴ]이 첨

가된 것으로 서로 다른 것 같지만, 실제로는 동일하게 기원적으로 속격 조사 'ㅅ'에 그 뿌리를 두고 있다.

속격 조사 'ㅅ'이 소멸된 이후에 만들어진 '최댓값(최대+값[최댇깝])'처럼 속격 조사 'ㅅ'이 소멸되고 난 이후에 '냇물'과 평행하게 합성어들이 만들어졌다. (5)가 이러한 합성어들인데, (5)의 'ㅅ'은 속격 조사 'ㅅ'과는 아무런 관련이 없는 'ㅅ' 즉, 사이시옷이다. 물론 현대국어에서는 '냇물'의 'ㅅ' 역시 사이시옷이다.

> (5) 비눗물(비누+물)[비눈물], 노랫말(노래+말)[노랜말]

(5)에서도 표면적으로만 보면 '비누+물[비눈물]'처럼 선행 요소의 종성에 [ㄴ]이 첨가되었지만, '냇물'과 평행하게 해석하여 'ㅅ'이 첨가된 것으로 본다. /ㅅ/이 첨가되면 음절의 끝소리 규칙이 적용되어 /ㄷ/이 되고, 이어서 비음동화되어 결국 /ㄴ/이 된다(비누+물 → 비눗물 → 비눋물 → 비눈물).

5.8. 움라우트와 전설모음화는 같은 것인가요?

한마디로 설명

　　움라우트를 전설모음화라고 명명하는 경우도 있기는 하지만, 일반적으로 움라우트와 전설모음화는 다른 현상을 가리킨다. 움라우트는 독일어에서 차용한 용어로 그 의미는 후설 모음이 전설 모음으로 바뀌는 현상을 이른다. 전설모음화도 용어 그대로의 뜻은 전설모음화니까 그 내용은 후설 모음이 전설 모음으로 바뀌는 현상이다. 그래서 움라우트를 달리 전설모음화라고 하는 경우가 있다. 그러나 일반적으로 전설모음화는 '슳다 〉 싫다', '즐다 〉 질다', '아츰 〉 아침'처럼 /ㅅ, ㅈ, ㅊ/ 아래에서 /ㅡ/ 모음이 /ㅣ/ 모음으로 바뀌는 현상을 이른다.

　　그래서 전설모음화라는 용어가 사용되었다면, 용어가 가리키는 내용이 무엇인지를 확인할 필요가 있다. 움라우트는 주로 학문문법에서 많이 사용하는 용어이고, 학교문법이나 어문규정에서 사용하는 용어는 'ㅣ 모음 역행동화'이다.

자세히 설명

　　움라우트는 근대국어에서 발생한 현상이다. 즉 중세국어에서는 움라우트가 일어나지 않았다. 움라우트는 후설 모음이 전설 모음으로 바뀌는 현상인데, 움라우트가 발생하려면 모음 체계 내에 전설 모음이 있어야 한다. 그런데 중세국어에서는 아래 (1)에서 보듯이 전설 모음이 /ㅣ/ 모음 하나밖에 없었다. 그래서 후설 모음이 전설 모음으로 바뀌려고 해도 바뀔 전설 모음이 /ㅣ/ 모음 외에는 없었기 때문에 움라우트가 일어날 수 없었다.

(1)

중세국어 모음체계		
전설	후설	
ㅣ	ㅡ	ㅜ
	ㅓ	ㅗ
	ㅏ	·

근대국어 모음체계			
전설		후설	
ㅣ i	ㅟ ü	ㅡ ɨ	ㅜ u
ㅔ e	ㅚ ö	ㅓ ə	ㅗ o
ㅐ ɛ		ㅏ a	

* 한글 자모 옆의 i, e, ɛ, a, ə, o, u, ɨ, ö, ü 는 국제음성기호이다.

자모 'ㅐ, ㅔ, ㅚ, ㅟ'는 훈민정음 창제 때 만들어진 문자이므로 중세국어에도 있었고, 근대국어를 거쳐 현대국어까지 변화 없이 그대로이다. 그런데 중세국어에서 자모 'ㅐ, ㅔ, ㅚ, ㅟ'가 나타내는 실제 소리는 근대국어처럼 단모음이 아니라 순서대로 이중모음 [ay], [əy], [oy], [uy]였다. 표기 'ㅐ, ㅔ, ㅚ, ㅟ'가 단모음 [ɛ], [e], [ö], [ü]로 발음하게 된 것은 근대국어에 와서의 일이다. 이를 정리하면 ⑵와 같다.

(2)

자모 (형식)	소리(내용)		
	중세국어	→	근대국어
ㅐ	ay	→	ɛ
ㅔ	əy	→	e
ㅚ	oy	→	ö
ㅟ	uy	→	ü

움라우트는 전설 모음의 존재를 전제해야 한다고 하였으므로 움라우트의 발생은 적어도 단모음이 생성된 이후여야 한다. 전설 위치에 단모음이 생겨난 것이 근

대국어이다. 따라서 움라우트의 발생도 근대국어이다.

자모 'ㅐ, ㅔ, ㅚ, ㅟ'의 형식은 중세국에서 근대국어를 거쳐 현대국어에 이르기까지 한 번도 바뀐 적이 없다. 그러나 자모가 나타내는 소리는 (2)에서 보듯이 중세국어와 근대국어가 달랐다. 현대국어는 근대국어를 그대로 계승하였다. 그래서 중세국어 자료에 나타나는 'ㅐ, ㅔ, ㅚ, ㅟ'와, 근대국어 자료나 현대국어의 'ㅐ, ㅔ, ㅚ, ㅟ'를 동일한 것으로 보면 안 된다. 문자 기호는 같지만, 기호가 나타내는 내용 즉, 소리는 다르기 때문이다.

이를 증명하는 것이 바로 근대국어에 나타나는 '아기 → 애기'류의 움라우트이다. 왜냐하면 움라우트는 전설 모음의 존재를 전제로 하는데, '애기'의 'ㅐ'가 여전히 중세국어의 이중모음 [ay]였다면 움라우트가 일어날 수 없기 때문이다. '아기'가 '애기'로 바뀌었다는 것은 이미 모음 체계에 전설 모음 [ε]가 존재한다는 것을 증언하는 것이다. 따라서 '아기'에서 바뀐 '애기'의 'ㅐ'는 중세국어의 [ay]가 아니라 단모음 [ε]이어야 하는 것이다.

(3)에서 보듯이 근대국어로 오면서 중세국어에서 'ㅏ, ㅓ, ㅗ, ㅜ, ㅡ'로 표기되던 것들이 'ㅐ, ㅔ, ㅚ, ㅟ, ㅢ'로 표기된 것들이 나타난다. /i, y/ 앞에서 '아기'가 '애기'로 바뀌었다면, 이는 움라우트 외에 다른 것을 상정할 수 없다. 그렇기 때문에 '애기, 에미, 괴기, 귀경'의 'ㅐ, ㅔ, ㅚ, ㅟ'는 단모음 [ε], [e], [ö], [ü]로 해석할 수 있고, 또한 그래서 아래의 예들은 모두 움라우트가 적용된 것이다.

(3)

중세국어	근대국어
아기	애기
어미	에미
머기다(먹이다)	메기다
자피다(잡히다)	재피다
고기	괴기
구경	귀경

움라우트는 후설 모음과 전설 모음 사이에 자음이 하나 있을 때에만 적용된다. 즉 '후설 모음-개재자음- i/y'의 연쇄에서 일어난다. 모음과 /i/(또는 /y/) 사이에 오는 자음이라고 해서 이를 개재자음이라고 하는데, (4)에서 보듯이 개재자음이 없을 때는 움라우트가 일어나지 않는다. 그리고 개재자음이 있어야 하지만, 단 (5)에서 보듯이 개재자음이 경구개음(/ㅈ, ㅊ, ㅉ/)일 때는 움라우트가 일어나지 않았다.

(4) ㉠ 오이 → *외이
   ㉡ 아이 → *애이

(5) ㉠ 가지 → *개지
   ㉡ 바지 → *배지

학교문법과 어문 규정에서는 움라우트 대신 'ㅣ모음 역행동화'라는 용어를 사용한다. 'ㅣ모음 역행동화'는 용어 자체에 조건환경과 동화의 방향에 대한 정보가 들어 있다. 동화주가 전설 모음 /ㅣ/ 또는 반모음 /y/이니까[1] 동화되는 모음은 당연히 전설 모음이 아닌 모음 즉, 후설 모음임을 내포한다. /ㅣ/가 전설 모음인데 동화되는 모음이 전설 모음이라면, 같은 전설 모음이므로 동화라는 말을 쓸 이유가 없다. 이처럼 'ㅣ모음 역행동화'라는 말 자체에 '후설 모음이 /ㅣ/ 모음의 전설성에 동화되는 현상이고, 그 동화의 방향은 역행'이라는 의미가 내포되어 있다. 다만 움

---

1 반모음 /y/는 /ㅣ/ 모음이 발음되는 위치에서 /ㅣ/ 모음보다 더 높은 곳에서 발음된다. /ㅣ/가 전설 고모음이니까, /y/ 역시 전설에서 조음되며 /ㅣ/ 모음보다 더 높은 곳에서 조음되는 음운이다. 그리고 공명도는 저모음일수록 큰데, 그렇기 때문에 공명도는 /ㅣ/ 모음이 반모음 /y/보다 크다(i〉y).

라우트가 일어나는 조건환경에는 '학교[hak-kyo] → 핵교[hɛkkʼyo]'처럼 /y/도 포함되는데, 'ㅣ모음 역행동화'라는 용어에는 조건환경 /y/가 용어 자체에서 빠지는 것처럼 인식될 수 있는 문제가 있다.

움라우트라고 하든 ㅣ모음 역행동화라고 하든 같은 현상을 이르는 다른 명칭이라는 것을 이제 분명히 알았으리라 생각한다. 그리고 움라우트(ㅣ모음 역행동화)의 내용은 /i, y/의 전설성에 후설 모음이 동화되어 전설 모음으로 바뀌는 현상이다. 조음 위치의 전후 개념으로 보면 결국 이는 후설 모음의 전설모음화라고 할 수 있다. 그래서 움라우트, ㅣ모음 역행동화의 결과로 바뀐 모음이 전설 모음이라는 사실에서 이를 전설모음화라고 할 수 있고, 실제 전설모음화라는 용어로 명명하기도 한다. 이처럼 전설모음화는 동화의 결과 바뀐 소리의 조음 위치상의 특성 즉, 전설 모음으로 바뀌었다는 사실에 초점을 맞춘 용어이다.

그런데 일반적으로 '전설모음화'는 움라우트와 전혀 다른 의미로 사용된다. 즉 (6)처럼 국어사에서 근대국어 시기에 일어난 /ㅅ, ㅈ, ㅊ/ 아래의 /ㅡ/ 모음이 /ㅣ/ 모음으로 바뀌는 현상을 가리킨다. 현대국어에서도 남부방언에서는 산발적이긴 하지만 여전히 이러한 교체가 나타난다(으슬으슬 → 으실으실, 쓸데없이 → 씰데없이 등).

(6)

중세국어	근대국어
슳다	싫다
슴겁다	싱겁다
즘싱	짐승
즐다	질다
브즈런하다	부지런하다
아츰	아침
거츨다	거칠다

/ㅡ/는 모음 체계에서 후설 모음이고, /ㅣ/는 전설 모음이다. 따라서 /ㅡ/ → /ㅣ/는 조음 위치상으로 보면 후설 모음이 전설 모음으로 바뀌는 교체이다.[2] 그래서 (6)을 전설모음화라고 할 수 있다. 그러나 후설 모음이 전설 모음으로 교체한다는 부분에서는 움라우트와 같지만, 교체의 내용이나 조건, 원인은 움라우트와 완전히 다르다. 동화의 방향 역시 (6)은 /ㅅ, ㅈ, ㅊ/ 아래에서 /ㅡ/가 /ㅣ/로 바뀌는 것이므로 순행동화이지만, 움라우트는 역행동화이다.

이제 전설모음화가 두 가지 의미로 사용되기도 한다는 것을 확인하였으므로, 더 이상 움라우트와 전설모음화의 관계에 대해 헷갈리지 않으리라 생각한다.

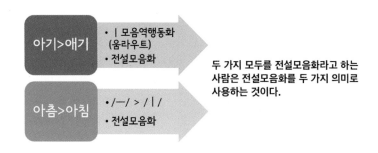

그래서 '전설모음화'라고 할 때는 그 내용이 무엇인지 문맥에서 확인할 필요가 있다. 본인이 이 용어를 쓸 때도 그 내용이 무엇인지 분명히 밝히고 써야 한다. 이러한 혼란을 피하기 위해서 많은 개론서들에서 전설모음화를 (6)을 가리키는 용어로만 사용한다.

414

2 　전설 모음이 조음되는 위치는 자음에서 경구개 위치이고, 후설 모음이 조음되는 위치는 자음에서 연구개 위치이다. 이렇게 보면 (6)은 /ㅅ, ㅈ, ㅊ/이 자기보다 먼 위치의 /ㅡ/ 모음을 자기하고 가까운 /ㅣ/ 모음으로 동화시키는 것이다. 그렇기 때문에 (6)은 조음 위치 동화이다.

참고문헌

강범모(2005), 『언어』, 한국문화사.

강신항(1987), 『훈민정음연구』, 성균관대학교출판부.

고영근(2020), 『표준 중세국어 문법론』, 4판, 집문당.

고영근·구본관(2008), 『우리말 문법론』, 집문당.

교육인적자원부(2002), 제7차 고등학교 『문법』, 두산.

구본관 외(2015), 『한국어 문법 총론』Ⅰ, 집문당.

구본관 외(2015), 『한국어 문법 총론』Ⅱ, 집문당.

권재일(2012), 『한국어 문법론』, 태학사.

김광해 외(1999), 『국어지식탐구』, 박이정.

김광해(1997), 『국어지식교육론』, 서울대학교출판부.

김동소(1998), 『한국어변천사』, 형설출판사.

김방한(1983), 『한국어의 계통』, 민음사.

김완진(1996), 『음운과 문자』, 신구문화사.

김진우(2004), 『언어』, 깁더본, 탑출판사.

김창섭(1996), 『국어의 단어 형성과 단어구조 연구』, 태학사.

남기심 외(2019), 『새로 쓴 표준 국어 문법론』, 한국문화사.

남기심(2001), 『현대국어 통사론』, 태학사.

노대규 외(1991), 『국어학 서설』, 신원문화사.

박병채(1989), 『국어발달사』, 世英社.

박승혁(1997), 『최소주의 문법론』, 한국문화사.

박영순(2007), 『한국어 화용론』, 박이정.

배주채(2013), 『한국어의 발음』, 개정판, 삼경문화사.

415

서정목(1994), 『국어 통사 구조 연구 Ⅰ』, 서강대학교출판부.

서정목(2017), 『한국어의 문장 구조』, 역락.

송철의(1992), 『국어 파생어형성 연구』, 태학사.

신승용(2003), 『음운변화의 원인과 과정』, 태학사.

신승용(2007), 『국어 음절음운론』, 박이정.

신승용(2012), 『국어사와 함께 보는 학교문법 산책』, 태학사.

신승용(2013), 『국어 음운론』, 역락.

신지영 외(2012), 『쉽게 읽는 한국어학의 이해』, 지식과 교양.

심재기 외(1984), 『의미론서설』, 집문당.

심재기(1982), 『국어어휘론』, 집문당.

안병희·이광호(1990), 『중세국어 문법론』, 학연사.

윤평현(2008), 『국어 의미론』, 역락.

이광호(2004), 『근대국어 문법론』, 태학사.

이기문(1972a), 『국어음운사연구』, 국어학회.

이기문(1972b), 『개정 국어사개설』, 탑출판사.

이성범(2019), 『소통의 화용론』, 한국문화사.

이익섭(1992), 『국어표기법연구』, 서울대학교출판부.

이익섭(2011), 『국어학 개설』, 학연사.

이익섭·임홍빈(1983), 『국어문법론』, 학연사.

이정훈(2012), 『발견을 위한 한국어 문법론』, 서강대학교 출판부.

이진호(2005), 『국어 음운론 강의』, 삼경문화사.

이현희(1994), 『중세 국어 구문연구』, 신구문화사.

이호영(1996), 『국어음성학』, 태학사.

이환묵 외(1988), 『훈민정음의 이해』, 한신문화사.

임지룡 외(2005), 『학교문법과 문법교육』, 박이정.

임지룡(1995), 『국어 의미론』, 탑출판사.

임지룡(2018), 『한국어 의미론』, 한국문화사.

전상범(1995), 『형태론』, 한신문화사.

전상범(2004), 『음운론』, 서울대학교출판부.

정 국(1994), 『생성음운론의 이해』, 한신문화사.

정연찬(1997), 『개정 한국어 음운론』, 한국문화사.

정한데로(2019), 『발견을 위한 한국어 단어형성론』, 서강대학교 출판부.

주시경(1914), 『말의 소리』, 신문관.

최전승 외(2008), 『국어학의 이해』, 개정판, 태학사.

최현배(1937), 『우리말본』, 연희전문학교출판부.

허 웅(1975), 『우리 옛말본 — 15세기 형태론』, 샘문화사.

허 웅(1981), 『언어학 — 그 대상과 방법』, 샘문화사.

허 웅(1985), 『국어 음운학』, 샘문화사.

허 웅(1999), 『16세기 우리 옛말본』, 샘문화사.

홍윤표(1994), 『근대 국어연구(Ⅰ)』, 태학사.

황화상(2013), 『현대국어 형태론』, 개정판, 지식과 교양.

Antilla, R.(1972), *An Introduction to Historical and Comparative Linguistics*, New York : Macmillan.

Aronoff, M. & K. Fudeman(2005), *What is Morphology?*, Blacwell.

Austin, J. L.(1962), *Zur theorie der Sprechakte*, Stuttgart. [장석진 편, 『오스틴의 화행론』, 서울대출판부].

Beaugrande, R. & W.U. Dressler(1981), *Einführung in die Textlinguitik*, Tübingen. [김태옥 외 역, 『담화·텍스트언어학 입문』, 한신문화사].

Bloomfield, L.(1933), *Language*, New York : Holt, Rinehart and Winston.

Bybee, J.(1985), *Morphology*, Amsterdam : John Benjamins.

Bynon, T.(1977), *Historical Linguistics*, Cambridge University Press. [최전승 옮김(1992), 『역사언어학』, 한신문화사].

Chomsky, N. & Halle, M.(1968), *The sound pattern of English*, New York : Harper.

Clement, G. N. & S. J. Keyser (1983), *CV Phonology*, MIT Press.

Haegeman, L.(1991), *Introduction to Government & Binding Theory*, Blackwell.

Jakobson, R.(1931), *Prinzipien der Historischen Phonologie*. [한문희 옮김(1991), 『음운학 원론』, 民音社].

Labov, L.(1994), *Principles of Linguistic Change : Internal Factors*, Blackwell.

Lass, R.(1984), *Phonology,* Cambridge University Press.

Leech, G. N.(1974), *Semantics*, Harmondsworth : Penguin.

Lyons, J.(1968), *Introduction to Theoretical Linguistics*, Cambridge University Press.

Lyons, J.(1981), *Language and Linguistics*, Cambridge University Press.

Nida, E. A.(1949), *Morphology; The Descriptive Analysis of Word*, University of Michigan Press.

Ogden, C. K. & I. A. Richards(1923), *The Meaning of Meaning*, London : Routledge and Kegan Paul. [김봉주 역(1986), 『의미의 의미』, 한신문화사].

Sapir, E.(1921), *Language : An Introduction to the Study of Speech*, New York : Harcourt, Brace.

Saussure, F. de.(1916), *Cours de linguistique générale*, Paris : Payot, [최승언 옮김(1990), 『일반언어학 강의』, 民音社].

Scalise, S.(1984), *Generative Morphology*, Dordrecht : Foris. [전상범 역(1987), 『생성형태론』, 한신문화사].

Ullman, S.(1962), *Semantics : An Introduction to the Science of Meaning*, Oxford : Basil Blackwell. [남성우 역(1987), 『의미론: 의미 과학입문』, 탑출판사].

Wittgenstein, L.(1953), *Philosophical Investigations*, Oxford. [강범모(2020), 『언어 : 풀어쓴 언어학 개론』, 개정 4판, 한국문화사].

저자 소개

신승용

서강대학교 학사, 석사, 박사
이화여자대학교 BK21 연구교수(2003)
영남대학교 사범대학 국어교육과 교수(2004~현재)

주요 저서 및 논문

『문법하고 싶은 문법』(공저, 2020), 『국어음운론』(2013), 『국어학개론』(2013), 『국어사와 함께 보는 학교문법산책』(2010), 「시 수업의 시 낭송과 연계한 음운 변동 교수-학습」(2019), 「『독서와 문법』 '음운의 변동' 단원에 대한 비판적 검토」(2015), 「문법 교육에서 구(句)와 어(語)의 문제」(2011) 외 논저 다수.

안윤주

경북기계공업고등학교 국어교사(현재)
영남대학교 사범대학 국어교육학과 문법교육전공 박사과정 재학 중(현재)

저서 및 경력

『문법하고 싶은 문법』(공저, 2020)
미래엔 국어 교과서 교사용 자료집 집필(2017~2020)
대구 거꾸로교실 전문학습공동체 회장(2018~2019)
대구중등협력학습지원단(2017~현재)
(사)미래교실네트워크 이사(현재)

문법하고 싶은 문법

초판 1쇄 발행 2020년 9월 4일
초판 2쇄 발행 2020년 9월 25일
초판 3쇄 발행 2021년 1월 25일
초판 4쇄 발행 2022년 2월 10일
초판 5쇄 발행 2024년 6월 18일

지은이   신승용 안윤주
펴낸이   이대현
편집   이태곤 권분옥 임애정 강윤경
디자인   안혜진 최선주 이경진
마케팅   박태훈 한주영

펴낸곳   도서출판 역락
출판등록 1999년 4월 19일 제303-2002-000014호
주소   서울시 서초구 동광로 46길 6-6 문창빌딩 2층 (우06589)
전화   02-3409-2060
팩스   02-3409-2059
홈페이지 www.youkrackbooks.com
이메일   youkrack@hanmail.net

ISBN 979-11-6244-558-7 93710